KB097463

유엔과 세계평화

유네스코 아태교육원 국제기구 총서 2

유엔과 세계평화

인　쇄: 2013년 11월 22일
발　행: 2013년 11월 29일
기　획: 유네스코 아시아태평양 국제이해교육원
엮은이: 박흥순·조한승·정우탁
발행인: 부성옥

발행처: 도서출판 오름(www.oruem.co.kr)
등록번호: 제2-1548호(1993. 5. 11)
주　소: 서울특별시 서초구 서초동 1420-6
전　화: (02) 585-9122, 9123 / 팩　스: (02) 584-7952

ISBN　978-89-7778-411-6　　93340

* 잘못된 책은 교환해 드립니다.
* 값은 뒤표지에 있습니다.

copyright ⓒ 2013 by APCEIU

이 도서의 국립중앙도서관 출판시도서목록(CIP)은 서지정보유통지원시스템
홈페이지(http://seoji.nl.go.kr)와 국가자료공동목록시스템(http://www.nl.go.
kr/kolisnet)에서 이용하실 수 있습니다.　(CIP제어번호: CIP2013024373)

이 저서는 2012년 정부(교육과학기술부)의 재원으로 한국연구재단의 지원을 받아
수행된 연구임(NRF-2012S1A5B4A01035996)

유네스코 아태교육원 국제기구 총서 2

유엔과 세계평화

박흥순 · 조한승 · 정우탁 엮음

APCEIU 오름

United Nations and World Peace

Edited by
PARK HeungSoon · CHO HanSeung · CHUNG Utak

APCEIU · ORUEM Publishing House
Seoul, Korea
2013

발간사

　오늘날 국제사회는 단일국가의 힘만으로는 해결하기 힘든 문제들로 몸살을 앓고 있다. 이러한 전지구적 문제에 대응하기 위해 이른바 글로벌 거버넌스가 주목받고 있고, 그 핵심적 주체로서 국제기구에 대한 국내외의 관심 역시 증가하고 있다. 또한 국제기구에 대한 한국의 참여 역시 날로 증가하고 있으나, 국제기구에 대한 전문적·체계적 연구는 그리 활발하지 않은 실정이다. 이에 유네스코 아시아태평양 국제이해교육원은 한국연구재단의 후원을 받아 3개년 동안 종합적이고 체계적인 국제기구 연구를 실시하고 이를 국제기구 총서 시리즈로 발간하여 국제기구학 발전의 토대를 마련하고자 한다.

　유네스코 아시아태평양 국제이해교육원은 유네스코의 대표적 교육사업인 국제이해교육을 중점적으로 실현하고자 하는 유네스코 카테고리 II 국제기구이다. 유네스코는 전쟁의 원인을 인간의 마음에서 찾는 철학에 기초하여 인간의 마음속에 평화의 씨앗을 심고자 국제이해교육을 주창하였다. 이러한 취지에 공감한 대한민국 정부는 2000년에 유네스코와 협정을 맺고 유네스코 아시아태평양 국제이해교육원을 설립하였다. 국제이해교육은 '모든 사람들이 더불어 함께 사는 세상을 만들기 위하여, 다른 나라와 민족, 문화와 생활습관 등을 바르게 이해하고, 민주주의와 인권, 사회 정의와 평등, 지속가능한 발전과 평화로운 세계를 일구어 내는 세계시민의식 함양'을 목표로 한다. 따라서 아태국제이해교육원이 전지구적 문제의 해결에 핵심적 역할을 하고 있는 국제기구에 대해 체계적 연구를 진행하고 국제기구 총서 시리즈를 발간하는 것은 매우 타당하고 적절한 사업이다.

국제기구 총서 시리즈는 연구의 총론으로서 국제기구에 대한 이론적 검토와 더불어 역사적 발전을 조망해보는 제1권과 개별 국제기구에 대한 심층적 연구를 담은 각론 9권을 포함한 총 10권으로 발간될 예정이다. 특히 각론 중 첫 번째인 이 책은 가장 대표적인 국제기구인 유엔을 선정하여 유엔의 구조와 의사결정과정, 그리고 국제사회에서의 유엔의 존재가치와 전통적·비전통적 이슈들에서의 유엔의 역할을 살펴봄으로써 유엔이 세계평화에 어떻게 이바지하고 있는지에 대해 연구하고 있다. 또한 유엔 창설 이래 지속적으로 제기되어온 유엔개혁 문제와 유엔에서 한국의 역할에 대해서도 바람직한 방향을 제시하고자 한다. 이러한 개별 국제기구에 대한 깊이 있는 연구는 앞으로 계속될 다른 국제기구 연구에도 좋은 길잡이가 되어줄 것으로 기대된다.

마지막으로 이 책의 출판을 위해 연구 및 집필진으로 적극적으로 참여해주신 교수님들과 한국연구재단의 지원에 깊은 감사를 드리며, 이 책이 국제기구 연구에 토대를 제공하고, 나아가 국제이해교육의 증진에 일조할 수 있기를 진심으로 바란다.

2013년 11월
유네스코 아시아태평양 국제이해교육원장
정우탁

머리말

　오늘날 유엔^{UN} 혹은 국제연합은 매스컴에서나 강의실은 물론 일상생활에
서까지도 익숙한 용어가 되었다. 유엔은 1945년 창설된 이래 지난 70여 년
간 한국과 전 세계에 걸쳐 다양한 활동을 해오면서 국제사회의 중요한 기구
로서 자리 잡았고 그 역할이 확대되어왔다. 유엔은 세계평화와 국제협력,
그리고 인권신장 및 경제, 사회 개발 등을 목적으로 하여 세계 193개국을
회원국으로 가진 세계의 의회, 국제외교의 중심지로 일컬어진다. 특히 1990
년대 초 시작된 탈냉전의 시대적 상황과 세계화^{globalization}의 커다란 흐름 속
에서 국제적 난제의 해결을 위해서 개별 국가나 정부를 넘어서 공동의 노력
을 경주할 필요성이 커진 가운데, 유엔은 국제적 협력의 구심점으로서 등장
하였다. 그리하여 유엔은 국가, 비정부기구^{NGO}, 기업 등과 더불어 국제사회
에서 글로벌 거버넌스^{global governance}의 중요한 축이며, 이 시대의 중요한 행
위자로서 간주된다. 국제사회에 대한 다양한 기여를 인정받아 유엔 자체를
비롯하여 관련기구와 인사들이 10번 이상이나 노벨평화상을 받은 것은 우
연이 아니라고 할 수 있다.
　유엔은 특히 1991년 유엔가입과 2006년 반기문 유엔 사무총장의 선출
이래 한국과 한국인에게 더욱 가까운 존재로 여겨지기 시작하였다. 한국은
유엔의 공식회원국이 된 이후 재정분담금, PKO(평화유지활동) 참여, 그리

고 ODA(공적개발원조) 확대 등으로 유엔외교를 강화하여왔다. 오늘날 선진 중견국으로서 대유엔 외교를 통하여 유엔에 대한 지원은 물론 유엔의 각종 활동을 통하여 국제사회에 기여하는 다자외교는 한국외교의 중심 분야의 하나로서 자리 잡았다. 한국이 세계 10위권의 경제력에 버금가는 외교력과 국제적 영향력을 강화하는 데 있어서 유엔은 아주 적절한 기회이며 수단이 된다. 더구나 한국은 이미 건국 당시부터 유엔과의 특별한 인연을 가지고 있다. 1948년 유엔의 감시하에 '5.10' 총선거를 통하여 그해 8월 15일 대한민국의 수립이 이루어졌고, 그 결과 한반도 유일의 합법정부로 승인받았다. 또한 '6.25' 당시 유엔 역사상 최초로 '유엔군'을 파병하여 북한의 침략을 격퇴하고 한국의 영토보존과 자유민주주의의 수호에 결정적인 지원을 하였다. 전후 복구과정에서도 각종 물자 및 경제적 지원을 통하여 한국이 최빈국에서 오늘날의 경제대국으로 발전하는 토대를 구축하는 데 기여한 바 있다. 유엔은 현재에도 북한의 핵개발을 국제규범의 위반으로 규정하고 2006년 이래 강력한 경제제재를 부과하고 있는 점에서 한반도 안보에서 여전히 중요한 역할을 하고 있다.

오늘날 유엔의 역할이 활성화되고 한국의 외교에서 중요성이 커짐에 따라서, 여러 측면에서 자연스럽게 유엔을 비롯한 국제기구에 대한 관심이 커진 것이 현실이다. 대유엔 외교를 통하여 한국의 이익을 제고하고 국제사회에 기여하기 위한 외교부의 관련 부서의 기능과 역할이 확대되어 왔다. 학계나 전문가 그룹에서도 유엔 관련 주제의 심층적 연구나 한국 및 국제사회의 유엔정책의 개발을 위한 노력이 증가하고 있다. 또한 대학교육에서도 유엔의 의제나 활동에 대하여 보다 정확하고 폭넓은 이해를 필요로 하게 됨에 따라서, 유엔 관련 전공이나 교양과목이 증가하고 모의유엔회의, 동아리활동 등 학생활동의 참여도 증가하고 있다. 특히 '제2의 반기문'을 꿈꾸는 많은 젊은이들이 유엔 공무원을 비롯하여 국제사회의 전문가 및 봉사자로서 진출하기 위한 야심찬 계획하에 유엔에 대하여 더욱 열심히 공부하고 싶어 한다.

학계에서는 그동안 유엔 혹은 국제기구 분야의 교육 및 강의 수요가 증대함에 따라서 국제기구에 관하여 체계적인 이해를 도모하고 교육할 수 있는 관련 서적의 발간 필요성을 논의하여 왔다. 특히 대학생은 물론 일반인들이 유엔의 실체 및 다양한 역할과 활동에 대하여 공부할 수 있는 입문서 혹은 개론서의 필요성을 인식하였다. 그러한 논의가 구체적으로 성사된 것은 마침 2012년 유네스코 한국위원회 및 유네스코 아시아태평양 국제이해교육원APCEIU의 주도로 국제기구 총서를 발간하고자 하는 노력이 한국연구재단의 기초학문 토대연구과제로 선정(연구책임자 정우탁, 공동연구자 박흥순, 조동준, 조한승, 최동주)된 것이 계기가 되었다. 국제기구 총서 시리즈는 국제기구 전반에 대한 체계적 연구를 위해 총론 1권과 각론 9권, 총 10권으로 발간될 예정이다.

국제기구 총서 시리즈의 각론 중 첫 번째 책인 『유엔과 세계평화』 단행본은 인문학 토대연구의 취지에 맞게 그동안 축적된 한국의 유엔 연구 및 교육의 역량을 결집하여 중견국가 한국의 시각에서 유엔의 기본이론, 최근 현황, 그리고 향후과제에 대한 이해를 도모하는 것에 중점을 두었다. 프로젝트의 연구진 및 집필진은 다년간 이 분야의 교육, 연구 혹은 실무경험을 가지고 있는 전문가들로 구성되었다. 공동 편저자인 박흥순(선문대), 조한승(단국대)을 비롯하여 박재영(경상대), 이신화(고려대), 오영달(충남대), 이서항(단국대), 그리고 정우탁(APCEIU) 등이 이번 연구수행과 집필에 처음부터 끝까지 함께 참여하였다. 집필진은 본서의 취지와 목적에 걸맞은 집필의 방향, 체계와 구성, 내용을 전체적으로 정하고, 각자의 세부 영역 주제별로 역할을 분담하였다. 집필진은 연구수행과정에서 세 번의 공개 발표회와 워크숍을 가졌고, 집필 단계에서도 수차례의 회의와 상호 토론을 통해 내용을 수정, 보완하기도 하였다.

　구체적으로 제1장에서는 유엔의 존재가치와 국제사회에서의 역할과 의미를 파악함으로써 유엔에 대한 올바른 이해를 추구한다. 제2장에서는 유엔의 의사결정 과정과 결과에 영향을 미치는 유엔의 구조structure와 과정process에 대해 살펴본다. 제3장은 전통적으로 유엔의 가장 주된 임무로 여겨져 온 안보분야에서의 유엔의 역할에 대해 논하고 있다. 제4장은 전통적 이슈인 안보 외에 새롭게 유엔의 핵심 임무로 등장한 바 있는 인권, 환경, 개발 분야에서의 유엔의 활동에 대해 살펴보고 있다. 제5장에서는 국가와 국제기구 외의 또 다른 글로벌 거버넌스의 중요행위자로서 비정부기구Non-governmental organization를 살펴보고, 유엔과 이들의 관계에 대해 고찰해본다. 제6장에서는 창설 이래 꾸준히 제기되어온 유엔 개혁과 관련된 주요쟁점에 대해 살펴보고, 유엔의 도전과제에 대해 논의해본다. 마지막으로 제7장에서는 유엔이 세계평화에 어떻게 이바지하고 있는지, 또한 그러한 유엔에서 한국은 어떠한 역할을 하고 있는지를 중심으로 논하면서 국제기구 총서 2권을 마무리하고 있다.

　이 책은 유엔에 대하여 관심을 갖고 있는 대학생, 대학원생 및 일반시민들의 기초적인 지식과 소양을 배양할 수 있는 입문서 혹은 개론서로서의 성격을 가지고 있다. 이 책의 초점은 1차적으로 유엔의 이론과 실제에 대하여 기본적인 이해를 도모하는 것에 있으며, 2차적으로는 이러한 기초지식을 바탕으로 후속적으로 유엔 관련 이슈나 각론 분야의 보다 전문적인 교육이나 연구가 가능하도록 기반을 마련하는 데 있다고 할 수 있다. 따라서 이 책이 한국에서의 유엔 관련 교육이나 연구, 그리고 정책개발 등에 관심을 가지고 있는 모든 이들에게 유용한 교재나 자료로서 활용되고, 일반시민들이 유엔의 역할과 활동에 대하여 보다 손쉽게 이해하는 데 도움을 주며, 나아가서 유엔활동에 직접 참여하는 '세계시민'의 꿈과 열정을 키우는데도 기여하기를 기대한다.

이 책이 만들어지기까지 많은 이들의 도움이 있었다. 우선 국제기구 총서의 연구과제를 토대학문연구의 과제로서 선정, 지원해준 한국연구재단과 심사자 여러분께 감사를 표하고자 한다. 또한 아태국제이해교육원이 국제기구 총서 연구의 주관기관 및 총서 집필의 총괄기관으로서 주도적 역할을 하지 않았더라면 본서는 탄생하지 못했을 것이다. 총괄책임자인 정우탁 원장과 행정적 지원을 도맡아 준 김광현 팀장, 김도희 박사를 비롯한 여러분에게 감사를 드린다. 또한 연구조교로서 자료 정리 및 편집을 도와준 이미지, 이정원, 이나래, 안현지, 허윤정 조교의 수고에도 감사의 마음을 전한다. 그리고 무엇보다도 한국에서의 유엔 및 국제기구의 연구와 교육의 발전에 대한 관심과 열정으로 연구 및 집필에 함께 참여하여 주신 집필자들에게도 감사를 드린다. 끝으로 지난 70여 년간 한국과 특별한 인연을 이어올 뿐만 아니라 인류의 보다 나은 세상을 위해 기여해온 유엔의 커다란 업적과 지속적인 노력에 대하여 감사와 경의를 표하는 바이다.

공동 편저자 박흥순 · 조한승

차례

부록

제**1**장

유엔의 기원, 발전, 역할과 국제사회

박흥순

서론

Ⅱ 유엔의 창설 및 발전 역사

Ⅲ 유엔체제의 현황 개요

Ⅳ 유엔, 유엔학과 국제정치이론의 이해

Ⅴ 유엔, 국제사회의 미래와 세계평화

Ⅵ 결론: 유엔의 이해와 연구를 위한 과제

I. 서론

오늘날 국제사회에서 가장 많이 회자되는 명칭의 하나가 유엔United Nations: UN 혹은 국제연합이다. 1945년 제2차 세계대전의 종전과 함께 창설된 이래 유엔은 지난 70여 년간 국제사회의 포괄적 국제기구로서 그리고 국제행위자로서 다양한 이슈에서 중요한 역할을 수행하여왔다. 유엔평화유지활동PKO, 새천년개발목표MDGs, 경제제재, 반인도범죄, 안보리 결의, 반기문 사무총장 등은 학자는 물론 일반시민에게도 익숙한 용어가 되었다. 유엔은 그 헌장에서 명시한 바, 국제평화 및 안전의 유지와 국가 간의 우호관계 촉진 등 국제사회의 목표를 위하여 다양한 분야에서 활동하고 있다. 가령 핵문제, 국가 간 분쟁 및 내전 등 분쟁, 인권보호 및 신장, 지구온난화 등 환경문제, 빈곤 등 개발의제 등을 포함하여 수십 가지 분야의 문제를 다루고 있다.[1] 유엔의 기구나 그 활동, 가령 안보리, 총회, 인권이사회, 국제통화기금IMF, 국제원자력기구IAEA 등의 유엔기관이나 전문 및 보조기구 등에는 강대국, 중견국, 개도국을 막론하고 대부분 국가가 참여하고 협력한다.

---

1) 유엔의 공식 홈페이지는 www.un.org이다. '전자유엔(e-UN)'을 표방한 유엔은 매우 광범위하고 최신의 각종 정보와 자료를 제공하고 있다.

그렇다면 유엔은 과연 무엇이며 어떠한 역할을 하며, 또한 국제사회에서 반드시 필요한 존재인가? 그리고 유엔은 과연 이론적으로 어떻게 이해, 설명할 것인가? 유엔에 대한 기대와 요구에 상응하여 유엔은 과연 충분한 권한과 역량을 갖고 있는 것인가? 그리고 유엔은 그 목적과 취지에 걸맞은 성과를 거두고 있는 것인가? 그렇다면 유엔회원국은 왜, 무엇을 위하여 유엔에 참여하고 활동을 지원하는 것인가?

세계 제1차 및 2차 대전의 인류사회의 비극적 참사에 대한 반성으로서 새로운 국제질서를 위해 '국제평화 및 안전'의 유지를 목적으로 탄생한 후, 현재에 이르기까지 유엔은 꾸준한 발전을 이룩하였다. 일반적으로 오늘날 유엔은 국제사회에서 중요한 행위자이며 제도로서 자리 잡은 것은 엄연한 현실이다. 유엔은 '우리 인민들We, the People'이라는 헌장 전문의 표현이 강조하듯이, 유엔회원국들이 그들의 국가이익을 추구하면서도 또한 '국제사회'의 공동 이익을 도모하는 장소이며 수단으로서 역할을 하고 있다. 회원국은 유엔활동을 통하여 개별외교나 양자외교가 아닌 다자외교를 전개함으로써 외교전개의 다변화, 그리고 공동이익을 추구할 수 있는 기회를 갖고 있다. 유엔과 같은 외교적 수단은 군사력과 같은 하드파워hard power를 넘어 소프트파워soft power 측면에서 외교역량을 강화하는 데 활용될 수 있다. 즉, 유엔은 개별국가가 달성할 수 없는 국제질서를 유지하고 국제적 난제를 해결하고 공동번영을 추구함으로써, 국제공공재public goods 창출에 기여하는 점에서 그 존재의의를 갖는다.

나아가 21세기 국제사회가 당면한 많은 글로벌 이슈를 해결하는 데 있어서 다자적 협력의 구심점으로서 유엔의 역할에 대한 관심이 증가하고 있다. 유엔은 그동안 변화하는 국제사회 속에서 꾸준한 진화와 적응을 통하여 그 역할과 활동을 확대하여 왔다. 여러 측면에서 제도적·기능적 및 규범적 변화를 보이며 유엔은 중요한 국제사회의 구심적 기관으로 자리 잡았다. 동시에 유엔은 '세계화globalization'의 급속한 확산과 지구촌에서 야기하는 난제problematique, 가령 국제분쟁, 내전, 비확산, 인권억압, 난민, 지구온난화, 빈곤 등에 대응하여 그 스스로 혹은 국제사회의 협력을 결집할 수 있는 대안

으로서의 잠재력을 갖고 있기도 하다. 그러나 유엔의 많은 기여에도 불구하
고 냉전시대를 통하여 오랜 기간 동안 그 정체성과 역할에 대하여 유엔의
'위기론', '무용론,' 혹은 '대체론' 등 여러 논란이 제기되기도 하였다. 더구나
오늘날 광범위한 국제적 현안에 비추어, 유엔이 과연 적실성 있는 역할을
지속할 수 있겠는가에 대하여 여전히 의문이 제기되는 것이 사실이다. 그것
은 유엔 자체가 가진 특성, 즉 주권국가들의 연합체, 자체의 군사적·재정적
역량의 부재, 그리고 강대국 중심의 특권체제와 갈등 및 대립에 기인한 제약
등에 기인한다.

그렇다면 과연 현재의 유엔의 현황과 상태는 어떠하며, 21세기를 넘어
향후 유엔의 위상과 역할은 어떠할 것인가? 국제사회의 변화와 유엔의 역할
에 대한 엇갈린 평가와 기대에 비추어, 세계 최대의 포괄적 국제기구인 유엔
의 존재와 가치에 대하여 보다 심층적이고 체계적인 규명과 이해, 그리고
그 전망을 하는 것은 여러가지 측면에서 매우 유용하다. 이 장은 유엔의
존재가치와 국제사회에서의 역할과 의미를 파악함으로써 유엔에 대한 올바
른 이해를 하기 위하여, 유엔의 역사적 발전, 그 활동과 기여, 그리고 미래의
발전과 과제에 관하여 분석, 조명, 전망하는 데 중점을 둔다. 이를 위하여
본 연구는 첫째, 유엔의 국제기구로서의 창설연원과 과정, 둘째, 유엔체제의
기본적 성격과 정체성 그리고 유엔의 6개 주요기관 등 기본적 구조와 권한
을 분석, 정리하고 유엔의 변화를 파악하며, 셋째, 유엔의 이론적 이해를
위해서 관련 주요개념을 정의하고, 국제기구의 연구 방법론과 국제정치의
이론적 틀에서 유엔에 관한 시각을 분석하고, 구체적인 유엔의 역할과 기능
을 살펴보고, 넷째, 유엔의 역할과 기여에 대한 평가를 통하여 유엔의 실제
행태 및 제약요소에 대하여 파악하고, '글로벌 거버넌스global governance' 시대
가 유엔의 역할에 미치는 영향과 다양한 행위자의 관계를 규명한 후, 다섯
째, 끝으로 유엔의 이해와 연구를 위해서 필요한 구체적 이론적·학문적 과
제를 제시하고자 한다.

이 장에서는 '유엔과 세계평화'의 관점에서 유엔의 기본성격과 역할, 유엔
의 기본구성 및 작용, 주요 이슈에서의 구체적 활동(안보, 인권, 개발, 환경

등), 유엔의 개혁 및 한국의 대유엔정책을 체계적으로 규명하는 데 있어서, 기본적인 역사적 및 이론적 정보를 제공하게 될 것이다. 이와 같은 접근은 유엔학 및 국제기구학의 '한국적 연구'를 통하여 유엔에 대한 올바른 이해와 지속적인 후속 연구의 기반을 제공할 수 있을 것이다. 나아가서 점차 더 관심이 증대하는 유엔에 대한 전문교육과 시민교육의 자료로서 활용될 수 있다. 또한 이러한 논의는 한국이 유엔회원국 및 국제사회의 일원으로서 그리고 선진 중견국으로서 정치·외교적, 군사적, 경제적 역할을 수행함에 있어서, 보다 더 '유엔을 향한 그리고 유엔을 통한' 다자외교의 리더십을 보다 강화하고 이를 활용하는 국가정책 및 전략을 개발, 추진하는 데도 활용될 수 있을 것이다.

II. 유엔의 창설 및 발전 역사

1. 국제기구의 등장과 발전

국제기구international organizations의 발전은 국제사회의 발전과 그 궤를 같이 하였다고 볼 수 있다.[2] 그것은 유럽에서 전개된 30년전쟁의 결과로 체결된 바, 1648년의 웨스트팔리아Westphalia 조약의 성립과 함께 시작된 정치적 단위로서의 민족국가의 형성을 배경으로 시작되었다고 할 수 있다. 그러나 17세기와 18세기에 있어서 국가 간의 관계를 연결하는 국제기구는 거의 형성

---

2) 국제사회의 국제질서유지에 관한 근대 국제조직의 기원은 역사적으로는 단테(Dante), 크루세(Emeric Cruce), 쉴리(Duc de Silly) 같은 유럽의 사상가들에 의한 여러 평화계획안들까지 거슬러 올라갈 수 있다. F.H. Hinsley, *Power and Pursuit of Peace* (Cambridge, UK, Cambridge University Press, 1963), pp.20-25; Harold K. Jacobson, *Networks of Interdependence* (New York, Alfred A, Korpf, 1979), p.24.

되지 않았다. 국가 간의 관계는 형성되었을지 모르지만, 아직 국제사회 international society는 형성되지 않았기 때문이다. 본격적으로 국제기구가 태동한 것은 19세기에 접어들어서 비로소 이루어지기 시작하였다.[3]

우선, 국제안보 및 평화분야에서는 1815년 나폴레옹전쟁의 결과로서 체결된 '비엔나협약'과 이른바 유럽협조체제 Concert of Europe가 연원이라고 할 수 있다. 유럽협조체제는 전후 승전국인 오스트리아, 영국, 프러시아, 러시아 등 강대국이 유럽의 질서를 위해서 정기적인 회합, 전쟁의 종결이 아닌 전쟁의 방지협의, 그리고 양자주의가 아닌 다자주의 multilateralism라는 특징을 가지고 등장한 국제관계의 새로운 개념이었다. 이러한 유럽협의체제 Congress system는 단순히 세력균형에 의존하기보다는 느슨한 형태의 집단조치를 마련하고, 유럽사회 내에서 최초로 평화와 안보를 위한 스스로의 제도와 협약, 의사결정절차를 마련했다는 점에서 국제기구의 효시로서 그 의미가 크다.

그러나 이러한 안보분야에 있어서의 국제협력장치는 아직 미약한 상태에 있었으며, 제도적으로 더 발전되지 못하였다. 1898년과 1908년에 개최된 제1차 및 제2차 헤이그 만국평화회의 Hague conferences는 단순히 유럽국가들이 아닌 세계의 주요국가들이 분쟁의 중재제도와 군축을 위한 논의를 함으로써 국제사회의 보편성과 주권평등의 원칙을 선보였다는 점에서 진일보하였으나, 국제기구로서의 제도적 정착은 여전히 미흡하였다.

이에 비해서 19세기에 있어서 경제 및 사회분야에 있어서는 보다 큰 진전이 이루어졌다. 즉 18세기부터 시작된 산업혁명에 힘입어 통신·교통의 발달, 무역의 증가, 그리고 유럽강대국들의 제국주의적 정책의 결과로 국가 간의 교류가 빈번해졌다. 산업혁명의 결과와 유럽국가들 간 그리고 시민들

---

3) 국제기구의 본격적인 발전이 이루어질 수 있었던 배경에는 몇 가지 조건이 있었다. 그것은 1) 독립적인 정치적 단위로서 기능하는 많은 국가들의 존재, 2) 이들 정치적 공동체 사이의 상당한 정도의 접촉, 3) 국가들 간의 상호공존으로 야기되는 문제들에 대한 인식, 4) 상호 간의 관계를 규율하는 제도적 장치와 체계적인 방법을 설치할 필요성에 대한 인정이 그것이다. 말하자면 19세기에는 위와 같은 조건들이 점차 충족되기 시작하였다고 할 수 있다.

간의 접촉이 증가하자 유럽 내의 상호의존interdependence을 증대시켰고, 이에 따라 각국은 상호협력을 확대하게 되었다. 그리하여 원활한 무역, 교통, 통신을 위한 협력의 필요성에서 라인강, 엘베강, 다뉴브강 등에서의 자유로운 항해를 보장하기 위한 초국가적 장치로서 국제적 공공 관리청, 즉 국제하천 위원회River Commissions를 탄생시켰다. 또한 통신문제를 다루기 위해서 1868년에 ITB현 ITU, 1874년에 GPU현 UPU가 일종의 국제공공연맹international public unions으로서 설치되었고, 이들 공공연맹의 사무국은 후에 국제관료제도international civil service의 효시가 되었다. 이러한 기구들의 특징은 각국이 큰 어려움 없이 그 권한을 위임할 수 있는 기술적 문제를 주로 다루는 점이다. 또한 이와 함께 각 국내에서 인도적·종교적·경제적·과학적·기술적 문제를 다루는 사적단체들, 가령 국제적십자사ICRC 혹은 국제노동기구ILO 등이 생겨나기 시작했으며, 이들은 공적기구들과 상호보완적인 관계를 가지고 발달해 왔다고 할 수 있다.

19세기에 있어서의 기초적인 각종 국제기구의 등장에 힘입어 20세기 초에 이르러 국제연맹League of Nations의 탄생을 보게 되었다. 국제연맹은 제1차 세계대전이라는 인류초유의 경험을 바탕으로, 1919년 베르사유Versailles 강화조약의 한 부분으로서 새로운 차원의 국제질서를 수립하려는 열망으로 창설되었다. 1914년 발발한 세계 대전의 참혹한 피해는 국제사회에 엄청난 충격을 주었으며, 열강들과 세계지도자들은 세계대전을 반복하지 않기 위한 결의로서 전혀 새로운 상설국제기구의 창설을 제창하였다. 윌슨Woodrow Wilson 미국 대통령을 비롯하여 로드 경Sir Cecil Rhodes 등 지도자들은 강대국에 의해 운영된 유럽협의제도가 제 기능을 하지 못했음을 지적하고, "법과 민주주의에 기초한 정의로운 세계질서"를 구축하기 위하여, 상설적인 구조와 기관을 가진 국제기구 창설을 주도하였다. 그리하여 군축, 분쟁의 평화적 해결, 집단안보, 제재, 위임통치 등의 안보문제는 물론, 노동, 여성, 아동보호, 상업의 자유, 질병통제 등 경제적 및 사회적 문제를 다루는 포괄적 국제기구로서 국제연맹을 창설하였다. 국제연맹의 조직은 이사회, 총회, 그리고 사무국의 3개 기관과 국제노동기구ILO 및 상설중재재판소PCIJ 등 2개의 보조기관으로 이루어지고, 그 본부는 제네바에 두었다.

국제연맹 규약Covenant은 전쟁의 위험을 경감하고 전쟁발생 시 이를 평화적으로 해결하거나 국제사회의 집단제재를 통하여 침략국가를 응징하는 등 국제평화와 질서를 유지하기 위한 국제사회의 이상을 반영하였다(규약 16조). 국제연맹의 핵심은 전통적인 '세력균형'에 의존하는 국제질서 대신, '집단안보collective security' 장치, 즉 타국에 대하여 무력침략을 한 국가에 대하여 국제연맹의 회원국들이 단결하여 공동으로 응징함으로써 잠재적 전쟁 도발국가를 억제하고 전쟁의 실제 도발국가를 제재하는 제도의 채택이라고 할 수 있다.[4] 국제연맹은 주권평등과 영토보존 원칙에 기초하여 국제사회의 협력제도를 명문화한 최초의 보편적·포괄적인 상설 국제기구라는 점에서 매우 괄목할 만하다. 그러나 그 이상과 목표에도 불구하고 국제연맹의 실제 활동성과는 기대에 미치지 못했다. 특히 그 핵심인 집단안보 제도가 제대로 작동하지 못했다.

가령 이탈리아의 에티오피아 침략, 그리고 일본의 만주침략 등 명백한 규약의 위반사태에 대하여 국제연맹은 실질적인 조치를 취하지 못했다. 이러한 배경에는 만장일치제unanimity 같은 국제연맹 자체의 구조적 한계, 미국의 미가입, 그리고 주요 강대국의 횡포 등을 억제하지 못하는 국제정치적 현실이 작용하였기 때문이다. 이와 같은 국제연맹의 무기력한 권한과 역할은 독일의 재무장을 막지 못하고 결국 2차 세계대전의 발발을 억제하는 데 전혀

---

[4] '집단안보'는 개념적으로 "국가들 간의 공동목표를 위하여 한 개 또는 여러 국가들에 의한 타국에 대한 무력침략을 억제하거나 만약 억제가 실패하면 그 무력침략을 제압하는 일련의 강제조치"이다. 기본 성격은 국가 간의 상호협력을 통하여 '압도적 힘(preponderance of power)'이 어떠한 침략국가에 대해서도 어느 곳이나 어느 때를 막론하고 적용되는 점이다. 집단안보는 모든 국가에 대하여 안보를 보장하고 힘의 자의적 사용으로 기존 국제질서에 도전하는 국가에 대한 전체 국가들의 응징이다. '전체를 위한 하나, 하나를 위한 전체(One for all, all for one)'가 상징적 표현이라고 할 수 있다. 집단안보는 체제 내의 침략국가에 대하여 나머지 국가들이 단결하여 응징하는 제도로서, 체제 외의 침략에 대응하여 국가들이 공동 대응하는 집단방위(collective defense)와 구별된다. Inis Claude, Jr., *Power and International Relations* (New York: Random House, 1962), p.110.

기여하지 못하는 결과를 낳았다. 결국 국제연맹은 단 20여 년간의 생애를
마감하고, 그 대신 1945년 종전과 더불어 유엔의 창설을 보게 되었다.

2. 유엔체제의 형성 역사

유엔체제의 역사적·제도적 발전

연도		
• 1815	유럽회의(Concert of Europe)	
• 1868		국제전신국(현 ITU)
• 1874		일반우편연맹(현 UPU)
• 1919	국제연맹(League of Nations)	국제노동기구(ILO)
• 1922		국제항공위원회
• 1945	유엔(UN)	식량농업기구(FAO)
• 1946		유네스코(UNESCO)
		세계은행(IBRD),
		국제통화기금(IMF)
• 1947		세계보건기구(WHO)
		국제민간항공기구(ICAO)
• 1950		국제기상기구(IMO)
• 1957		국제해사기구(IMO)
• 1959		국제원자력기구(IAEA)
• 1964		유엔통상개발회의(UNCTAD)
• 1965		유엔공업개발기구(UNIDO)
• 1972		세계지적재산권기구(WIPO)
• 1994		세계무역기구(WTO)
• 2002		국제형사재판소(ICC)

유엔은 2차 대전 기간 중, 루스벨트 Franklin Roosevelt, 처칠 Winston Churchill, 스탈린 Joseph Stalin 등 연합국의 지도자들이 2차 대전 후의 세계질서유지를 위한 보편적인 기구로서 구상하고 논의한 결과로서 1945년 10월 24일 창설되었다. 국제연맹의 경험과 2차 대전의 발발에 대한 반성을 바탕으로 창설된 것이 유엔이다. 유엔은 직접적으로는 국제연맹의 승계자였지만 2차 대전 기간 중의 꾸준한 논의와 준비의 결과, 그 내용이나 제도적인 측면에서 보다 더 포괄적이고 정교하고, 진보적인 조직이라고 할 수 있다.

유엔의 창설은 2차 대전의 발발과 더불어, 미국 국무성의 주도로 1940년 1월부터 추진되었다. 미 국무성은 다양한 민간조직으로부터 전후 국제기구 창설을 위한 의견을 수렴, 반영하였다.5) 이러한 새로운 국제기구 창설을 위한 미국의 태도는 국제연맹 가입을 거부했던 이전의 미국의 입장과는 많은 차이를 보여 준 것이다. 루스벨트 대통령과 헐 Cordell Hull 국무장관의 국제기구 창설노력은 미국 의회 지도자들로부터 전폭적인 지지를 받았다.6)

새로운 국제기구 창설을 위한 씨앗은 공식적으로 1941년 8월 14일 미국

---

5) 가령 1939년 국제기구 전문가들이 구성한 The Commission to Study the Organization of Peace, 그리고 The Commission for a Just and Durable Peace, The Universities Committee on Postwar International Problems, 그 밖에도 미국 AFL-USCOC, 외교협회(CFR), 외교정책협회(FPA), 국제연맹협회(League of Nations Association) 등이 활동을 전개하였다. 이러한 노력의 결과는 1944년 가을에 덤바트 오크스 제안(Dumbarton-Oaks Proposals)으로 공표되었다. 영국의 경우에는 로버트 세실 경(Lord Robert Cecil)이 주도한 국제연맹동맹(League of Nations Union)의 제안, 1940년 International Chamber of Commerce와 카네기재단(Carnegie Endowment for International peace)의 프로젝트, 미-캐나다 국제법 학자 및 전문가들의 보고서 등이 그것이다.

6) 이러한 배경에 힘입어 1942년 초부터 국무성 내에 관련 전문가로 이루어진 자문위원회(Advisory Committee on Postwar Foreign Policy)가 구성되고, 헌장의 제정을 수행하기 위한 특별연구팀(Division of Special Research)이 구성되어 유엔창설의 준비 기능을 담당하였다 1940~1943년 기간 중 미국 내에서 한때 단일기구보다는 지역적 혹은 분권화된 국제기구 등의 창설에 관한 관심이 계속 증대되었다(1943년 5월 UN Conference on Food and Agriculture, 1944년 7월 Bretton Woods 회의 - 세계은행, IMF 창설 등). 그러나 1943년 헐 장관의 주도 아래 전지구적, 포괄적 기구창설의 방향으로 추진이 이루어졌다.

의 루스벨트 대통령과 영국의 처칠 간의 합의인 대서양헌장The Atlantic Charter 에서 싹트기 시작하였다. 이 헌장에서 양국 지도자는 "경제 분야에서 모든 국가들의 최대한의 공조"를 촉구하는 한편, "총괄적인 안보의 보다 광범위하고 상시적인 기구의 창설"을 시사하였다.7) 이러한 선언내용은 경제 및 안보 역할을 포함하는 전지구적인 국제기구 창설을 제안한 것이다. 대서양헌장의 원칙을 포함하는 연합국들의 선언에 대하여 1942년 1월까지 26개국이 지지를 표명하였다. 국제기구 창설에 관한 초기의 모호한 표명은 1943년 10월 3대국 외상회의에 의한 모스크바 선언Moscow Declaration on General Security에서 보다 명백해졌다.8) 모스크바 선언은 "평화 및 안보의 조직과 유지를 위한" 전쟁 중의 지속적인 협력을 공약하는 한편, "가장 실질적으로 빠른 시일 내에 일반적인 국제기구 창설이 필요함"을 명백히 인정하였다. 이 선언에서 소련도 처음으로 명백하게 국제기구 창설을 지지한 것이다.

모스크바 선언 이후, 미국의 주도로 미, 영, 소 등 3국 간 협의가 본격화되었다. 그 결과 헌장의 단일안 마련을 위한 회의가 1944년 8월 21부터 미국 수도 워싱턴의 덤바튼 오크스Dumbarton Oaks에서 개최되었다. 10월 7일까지 2단계의 회의 끝에 덤바튼 오크스 안proposals으로 광범위한 공동합의가 이루어졌다. 1944년 여름까지 연합국은 전반적으로 공세를 취하고 있었지만, 전반적인 승리는 아직 명확하지 않은 상태에서 중국 포함 4개국의 긴밀한 협조가 지속되었다. 이 제안에서 앞으로 개최될 국제기구 창설회의에서 논의할 기본 사항들, 가령 목적, 성격, 회원국, 기관들, 권한 등에 관하여 합의가 된 것이다.9)

---

7) 처칠 수상은 보다 분명하게 국제기구창설을 언급할 것을 희망한 반면, 루스벨트는 미국의 일반 여론이 '고립주의적'인 점을 감안하여 강력한 '국제주의적' 입장을 표명하는 것을 주저하였다. 이러한 미국의 다소 소극적 입장은 1941년 12월 일본이 진주만을 공격하여 미국을 침략하고, 2차 대전이 본격화됨으로써 적극적으로 선회하였다.

8) 참석자들은 미국의 Cordell Hull, 영국의 Anthony Aden, 소련의 Vyacheslav Molotov, 그리고 중국의 Foo Ping-sheung이다.

9) 주요 내용들은, 1) 목적: 국제평화 및 안정의 유지, 국가 간의 우호관계촉진 등, 2) 성격: 초기 국제기구들 및 국제연맹의 전통에 따라 회원국의 주권평등의 기반, 3) 회원

그러나 다른 중요한 의제는 여전히 제대로 다루어지지 않았다. 가령 PCIJ를 대체할 새로운 사법재판소의 문제, 그리고 국제연맹의 위임제도 mandate system를 비롯한 식민주의 문제 등이 그것이다. 더욱이 몇 가지 중요한 문제들에 합의가 이루어지지 못했는 바, 이 문제들은 결국 1945년 2월 초 '3 거두Big Three, 즉 루스벨트, 처칠, 스탈린' 간의 마지막 회합인 얄타Yalta 회담에서 타결되었다.10) 또한 '평화 애호국가'의 개념을 보다 명확히 하여 1945년 3월 1일까지 공동의 적국, 즉 주축국에게 전쟁을 선언한 모든 국가에게 창설국 지위를 부여하기로 합의하였다.11) 또한 새로운 신탁통치제도를 신설하여, 신탁통치이사회Trusteeship Council가 국제연맹하의 위임국가, 적국하의 식민지 및 자발적인 신탁통치 참여 국가들을 관리하도록 하였다. 그리고 프랑스를 포함하여 5대 강대국 주도로 1945년 4월 샌프란시스코에서 국제기구 유엔회의UN Conference on International Organization를 개최하기로 결정하였다.12)

4월 25일 샌프란시스코 유엔회의는 46개국이 참가한 가운데 개최되었고,

국: 모든 국가들이 궁극적으로 "평화 사랑" 국가가 되는 것을 전제로, 모든 평화를 사랑하는 국가들에게 개방, 그리고 안보리와 총회의 조치에 의한 신입 회원국의 가입, 4) 기관: 5개의 주요기관(모든 강대국을 포함하는 안보리, 모든 회원국이 참여하는 총회, 사무국, 재판소, 그리고 경제사회이사회) 및 향후 필요한 보조기관으로 구성, 5) 권한: 안보리가 평화 및 안보의 유지에서 1차적 책임을 부담하고, 이 경우 모든 결정을 상임이사국의 만장일치합의에 의함 등이다. Lawrence Ziring et al., *The United Nations*, 4th ed. (Thomson & Wadsworth, 2005), pp.24-25.

10) 가령 소련은 덤바튼 오크스회의에서 주창한 포괄적이고 무제한적인 거부권(veto power) 대신에, 절차문제(procedural matters)나 분쟁당사자의 경우에는 예외적인 것을 수용했다. 소련은 또한 소련연방 내의 15개국에 대한 회원국 요구 대신 우크라이나와 백러시아 포함 3개국만의 회원국 자격부여를 수락하였다.

11) 이에 따라 당시 주축국이던 독일, 일본, 이탈리아 및 스페인은 창설회원국에서 제외된 것이다.

12) 덤바튼 오크스 제안은 약소국들로부터 비판과 수정요구를 받았다. 1945년 2월~3월에 걸쳐 멕시코시티에서 개최된 전민주회의(Inter-American Conference on Problems of Peace and War)에서 지역 국가들은 회원국의 보편성, 보다 강력한 총회의 권한, 국제재판소, 지적 및 도덕적 협력기구, 안보리에서의 라틴아메리카 국가에 대한 비중 강화 등을 요구하였다.

그 후 4개국이 추가로 참여하고, 폴란드가 나중에 서명에 참여하여 도합 51
개국이 유엔 창설회원국이 되었다. 유엔창설회의는 주로 미국이 주도하면서
도 연합국 간의 단결차원에서 영국, 소련의 공동 노력과 중국의 참여(프랑
스는 거절) 하에 이루어졌다. 샌프란시스코회의의 의제는 덤바튼 오크스회
의 안을 기초로 얄타회담에서 수정된 바의 초안을 기초로 하였다. 회의 진
행의 기본적 규칙은 회원국 자유토론, 동등한 투표권, 그리고 중요문제에서
3분의 2 이상의 참석 및 투표 등 의사결정방법에 의하여 이루어졌다. 유엔
창설회의에서 약소국 및 중견국의 요구에도 불구하고 헌장 초안에서 커다란
변화는 생기지 않았고, 다만 핵심사항을 제외한 몇 가지 부차적인 중요항목
에서 다소의 변경이 이루어졌다.13)

그리하여 회의 결과 유엔헌장UN Charter은 1945년 6월 26일 51개국 대표
에 의해서 서명되었다. 그리고 전 회원국으로 구성된 준비위원회Preparatory
Commission가 발족하여 유엔의 기관들의 첫 회합 준비와 국제연맹의 활동의
인수 등에 관하여 조치를 취하게 되었다. 헌장서명 이후 각 회원국은 각국
별 국내절차에 따라 헌장의 비준ratification을 위한 조치를 취하기 시작하였
다.14) 미국을 포함한 5개 상임이사국을 포함한 대다수 국가(51개국 중 29
개국)의 비준, 기탁이 이루어짐에 따라 1945년 10월 24일 유엔헌장이 발효
되었다. 1945년 12월 27일까지 모든 회원국이 비준을 완료하였다. 그리하
여 1946년 1월 10일 제1차 유엔총회가 런던에서 개최됨에 따라서 유엔이
작동하기 시작하였다.15) 결국 유엔은 2차 대전의 서방 전승국을 중심으로

---

13) 가령 유엔헌장 개정에 관한 검토회의 개최, 분쟁해결에서의 지역적 기구의 역할 강화,
  헌장 제51조의 집단적 방위권(collective self-defense)의 인정, 헌장 XI장 "비자치영
  토에 관한 선언," 경제사회이사회의 유엔주요기관(a principal organ) 지위 확보 및
  역할 확대, 그리고 총회의 권한 강화, 사무국 및 사무총장의 권한 강화, 그리고 국제
  사법재판소(ICJ)의 신설 및 주요기관(organ)지위 부여 등이 그것이다.

14) 미국의 경우, 1945년 7월 28일, 미 상원은 유엔헌장을 89대 2의 찬성으로 승인하였
  다. 비준 표결을 둘러싼 광범위한 토론이나 그 결과 이루어진 초당적인 압도적인 찬
  성은 미국 역사상 전례없는 기록이라고 할 수 있다.

15) 1945년 말, 유엔본부를 미국에 두기로 결정함에 따라서, 임시사무실이 뉴욕시내 및

유럽협조체제 및 국제연맹같은 국제제도를 모색해온 전통을 바탕으로, 보다 발전된 성격과 형태의 '국제기구'를 통하여 새로운 국제평화 및 질서를 유지하려는 노력의 결실로서 탄생된 것이다.

III. 유엔체제의 현황 개요

1. 유엔의 개념, 임무, 목적 및 원칙

유엔의 정체성

- 뉴욕에 소재하는 유엔본부를 포함하여 주요 혹은 독립적인 기관 및 기구로 구성된 정부간국제기구(IGO)
- 유엔체제(UN System) 혹은 유엔가족(UN Family)으로 일컬어지는 상호연관된 다양한 기구 및 기관들의 협력 네트워크
- '1국 1표주의'에 바탕한 독립된 주권국가들(sovereign states)의 연합체
- 글로벌 거버넌스에서 중요한 당사자 역할을 하는 국제기구 행위자
- 상설적인 전지구적 회의 외교(conference diplomacy)체제
- 제도화된 다자주의(multilateralism)의 전형
- 2013년 현재 193개국 회원국, 약 5만 명의 직원으로 이루어진 세계 최대의 국제조직

유엔은 뉴욕시에 소재하는 유엔본부 자체를 비롯하여 상호연관되거나 독

인근지역에서 마련되었다. 한편, 몇 달간의 유엔본부 소재지를 물색하던 중, 록펠러 (John D. Rockefeller, Jr)가 제공한 뉴욕 맨해튼을 소재지로 결정하게 되었고, 그 후 몇 년간의 공사 끝에 1950년대 초 건물이 완공되었다.

립적인 여러 개의 기구 및 기관으로 이루어진 정부간국제기구^{IGOs}이며, 폭 넓게 하나의 '유엔체제^{UN System}' 혹은 '유엔가족^{UN Family}'이라고도 불린다. 유엔은 지구촌의 거의 모든 국가를 망라하는 보편적이고 포괄적인 지구촌 최대의 국제기구로서 그 활동영역과 이슈는 안보는 물론 경제, 사회, 문화 등 국제사회의 거의 모든 문제를 통괄한다.

유엔은 헌장에서 명시한 바(제1조)와 같이 그 목적을 "국제평화와 안전의 유지"를 비롯하여, "국가 간의 우호관계유지", "경제·사회·문화·인도적 문제와 인권의 신장을 위한 국제협력," 그리고 "국제관계의 이해와 조화를 위한 중심지"로서 역할을 한다고 명시하고 있다. 유엔헌장은 19장 111개 항으로 구성되어 있다. 유엔은 주요한 원칙으로서 주권평등, 분쟁의 평화적 해결, 무력사용금지, 국내문제불간섭 등의 원칙(헌장 제2조)에 입각하여 조직된 주권국가들의 연합체의 성격을 갖고 있다. 동시에 상설적인 회의외교^{conference diplomacy} 장치이며, 다자간 포럼^{multilateral forum}이며, 그 스스로 독립된 국제사회의 행위 주체자이다.

이와 같은 목적 달성을 위해서 유엔은 여러 조직을 가지고 있는 바, 기본적으로 헌장^{Charter}에 의거 6개의 주요기관^{principal organs} 즉 총회, 안전보장이사회, 경제사회이사회, 신탁통치이사회, 국제사법재판소, 그리고 사무국으로 구성되어 있다(헌장 제7조). 그 밖에 유네스코^{UNESCO}, 세계보건기구^{WHO}, 국제통화기금^{IMF} 등 16개의 전문기구 및 IAEA 등 2개의 독립기구, 그 밖에 37개의 관련기구를 가지고 있다. 뉴욕의 유엔본부를 비롯하여 제네바 지부, 비엔나 사무소 등과 아시아태평양경제사회이사회^{ESCAP} 등 전 세계에 산재해 있다. 유엔 회원국은 1945년 51개국으로 출발하여 현재 193개국으로 증가하였고, 사무국요원을 비롯한 국제공무원들은 전 세계에 걸쳐 약 5만 명에 이르고 있다.

유엔의 예산은 평균적으로 연간 경상 경비 약 12억 달러, PKO 경비 약 30~40억 달러, 각종 사업비용 약 100억 달러 등 170억~180억 달러 수준이다. 그리고 재정은 정규분담금, PKO 분담금, 그리고 자발적 기여금으로 구성되며, 국가의 경제역량을 고려하여 각국의 '지불능력^{capacity to pay}'에 의해

결정된다. 지불능력이란 각국의 GNP, 경제수준, 대외부채 등을 고려하여 유엔분담금위원회가 정한 비율에 따른 것이다. 가령 정규분담금(2013년)의 경우, 전체 회원국 중 미국 22.0%, 일본 10.8%, 독일 7.1%, 프랑스 5.6%, 영국 5.2% 등이 전체의 약 50%, G-7의 경우 전체의 70%, 한국을 포함한 상위 20여 개국이 전체의 85%를 지불한다. 나머지 170여 개국이 약 10%, 즉 대부분의 개도국은 0.01%, 최빈국의 경우 그 1/10의 일인 0.001%를 부담한다.

2. 유엔의 기본구조 및 구성

유엔의 6개 주요기관(principal organs)

- 총회(193개국 전회원국으로 구성, 헌장 제4장)
- 안전보장이사회('거부권'을 가진 상임 5개국, 비상임 10개국 등 15개국, 헌장 제5장~8장)
- 경제사회이사회(54개국, 헌장 제9장~10장)
- 신탁통치이사회(상임이사국 및 식민지관리국, 헌장 제11장~13장)
- 사무국(유엔 사무총장 및 전문직, 일반직 등의 국제공무원으로 구성, 10여 개의 부서로 구성, 헌장 제15장)
- 국제사법재판소(9년 임기의 15명의 국제재판관으로 구성, 국가 간 분쟁에 대한 평결 및 권고적 의견 제시 권한, 헌장 제14장)

유엔의 6개 주요기관에 관하여 간단히 그 권한과 역할을 살펴보기로 한다.

1) 총회

총회General Assembly는 유엔의 구조상 6개 주요기관 중 최고의결기구로서 역할을 한다(헌장 제4장). 현재 193개국의 회원국을 포괄하여 "세계의 의회"로서 국제사회의 토론장, 국제여론의 규합자, 지구촌 회합장own meeting 으로 일컬어질 수 있는 바, 이에 따른 도덕적 상징성과 권위를 가지고 있다. 유엔회원국의 가입은 '평화애호국가'로서 유엔안보리의 추천과 총회의 승인 으로 이루어진다(제4조). 특히 회원국들은 유엔헌장의 기본원칙인 주권평 등, 국내문제불간섭의 원칙 등에 따라 총회에서 1국 1표제의 주권국가의 특권 을 가지고 있다. 유엔총회는 국제평화 및 안전의 유지에 있어 어떠한 사태 에 관해서도 토의할 수 있으며, 이에 관해 유엔회원국 및 안전보장이사회에 권고를 할 수 있다(제10조). 또한 국제평화와 안전을 위태롭게 할 우려가 있 는 사태에 대하여 안보리의 주의를 환기시키는 역할을 한다(제11조 제3항).

총회는 다른 기관으로부터 보고를 받고 심의하며, 특히 유엔의 예산심의 및 승인에 관하여 전적인 권한을 갖고 있다. 총회의 회기는 정기총회, 특별 총회, 긴급특별총회 등으로 구분된다. 정기총회는 통상 매년 9월 셋째 화요 일부터 12월까지 개최되며, 통상 약 200개 이상의 각종 의제를 다루게 된 다. 특별총회는 주요한 국제의제가 있는 경우, 최소 2주 전에 공고하여 개최하 는 집중 회의이다. 주로 단일 의제, 가령, 지역분쟁, 인권, 아동, 여성 등 주요 문제를 다루게 되며, 많은 경우에 '정상회담summit meeting'이나 고위급회의, 혹은 전지구적 회의global conference와 함께 개최된다. 긴급특별총회Emergency Special Session는 국제적 긴급사태 시 최소 24시간 전에 공지하여 소집하는 경우이다. 가령, 중동사태 등이 그러한 사안이다. 총회의 의사결정은 일반 적으로 중요문제인 경우 출석한 회원국의 2/3 이상의 찬성으로 이루어지는 바, 가령 신규회원국 가입 및 제명, 안보리 비상임이사국 및 경사리 이사국 선출 등이 그것이다. 다른 사항은 과반수의 찬성으로 이루어진다.

총회의 최고기관으로서의 위상과 역할에도 불구하고, 두 가지 측면에서 제약을 가지고 있다. 첫째는 형식적인 권한에도 불구하고 총회는 어디까지 나 토의기관이며, 헌장규정에 의하여 총회는 대부분 '권고recommendation'를 할 수 있지만, 그 권고는 법적 구속력이 없다. 유엔총회는 안보리가 어떠한 사태와 관련하여 유엔회원국 및 안보리에 권고를 할 수 있다(제10조). 그러 나 안보리가 유엔헌장이 부여하는 임무를 수행하고 있는 동안에는 그 사태에 대하여 안보리가 요청하지 않는 한 어떠한 권고도 하지 못한다(제12조). 따라서 헌장의 주요목적인 국제평화의 안전 및 평화유지에서는 안보리에 비하여 권한이 절대적으로 약하다. 둘째, 2013년 현재 유엔회원국은 193개국이지만, 인구 및 영토, 경제력, 군사력 등에서 커다란 편차를 가지고 있다.16) 총회의 증대하는 규모와 구성의 이질성은 유엔이 국제사회의 난제를 위한 논의나 행동을 취하는데 갈등의 요인으로 작용할 수밖에 없다. 따라서 이러한 현실은 유엔이 이른바 '수다 장소 talking shop'에 불과하며, 따라서 유엔은 'NATO No Action, Talking Only'라는 냉소를 받는 이유이기도 하다.

그럼에도 불구하고 다양한 국가들의 협력과 갈등 문제를 다루는 국제사회의 토론장으로서, 그리고 협의와 토론으로서 국제적 난제를 해결하는 수단으로서의 유용성에서 총회는 그 가치가 크다. 또한 안보리가 국제평화 및 안전의 유지에 관한 일차적인 책임을 제대로 수행할 수 없는 경우, 유엔총회가 그 역할을 수행할 수 있는 여지가 있다. 이러한 역할은 1950년 유엔총회 결의 제377(V)호 '평화를 위한 단결 Uniting for Peace' 결의에 의해 가능하다.17)

2) 안전보장이사회

유엔안전보장이사회 안보리, Security Council의 권한 및 임무는 헌장 제6장에서 8장에 이르는 포괄적 규정에 근거하고 있다. 유엔헌장은 안보리가 유엔의 6개 '주요기관' 중 제1차적 책임 primary responsibility, 즉 최고기관임을 명시하고 있다. 안보리는 15개 이사국으로 구성되지만, 헌장상 전 회원국을 대신해서

---

16) 유엔회원국은 인구 1만 5천 명의 리히텐슈타인으로부터 인구 2억 5천만의 미국이나 심지어 15억 인구의 중국과도 대등한 주권국가로서 동등한 지위를 보장받는다. 국제사회의 현실을 반영하는 총회에서 회원국의 3/4 이상은 이른바 개도국 혹은 저개발국가이며, 그중 약 50여 개국은 '최빈국'이다.

17) 평화단결결의는 안보리의 거부권의 행사 등으로 그 책임을 다하지 못할 때에는 안보리를 대신하여 총회가 필요한 집단적 조치를 취하도록 회원국에게 권고할 수 있다는 취지이다. 이 결의안은 한국전쟁 당시, 소련의 지속적인 거부권행사로 인하여 유엔의 군사활동이 제약을 받게 되자, 미국이 주도하여 채택한 총회에서 채택한 것이다. G.A. Res. 377(V), U.N. GAOR, 5th Sess., Supp. No.20, U.N. Doc. A/1775(14 December 1950).

국제평화 및 안전의 유지를 위한 역할을 하는 최고, 핵심기관이다. 그리하여 5개 상임이사국(P-5, 미국, 영국, 프랑스, 중국, 러시아)과 10개 비상임이사국(E-10)에 의한 안보리 의사결정은 법적 구속력을 가지므로 모든 국가는 이를 수락할 의무가 있으며, 안보리의 논의는 총회의 논의에 우선하도록 되어 있다. 헌장에 명시된 바 상임이사국의 특별한 지위는 또한 '거부권^{veto}'에 의해서 보장된다.18) P5의 이러한 '특권'은 주권평등과 유엔의 보편성과 배치되는 것이지만, 강대국 중심의 국제정치적 현실, 특히 2차 대전 연합국들의 우월적 입장을 반영한 결과라고 할 수 있다. 비상임이사국 선출은 헌장(23조1항)에 의거 '형평성 있는 지역적 배분^{equitable geographical distribution}'을 고려하여 2년 임기로 선출된다.19)

안보리의 권한은 크게 두 가지로 구분될 수 있는 바, 첫째, 헌장상 제6장(분쟁의 평화적 해결)에 의한 권한이다. 즉 유엔안보리는 분쟁의 평화적 해결을 위해서 각종 비군사적·외교적 방법을 사용한다. 가령 외교적 조치로서, 외교, 협상, 주선, 중재를 자체적 혹은 유엔의 다른 기관이나 국가와 협력하여 실시하는 것이 그 대표적인 예이다. 이를 위하여 사무총장(혹은 특별대표, 개인특사 등)의 활용이나 예방외교^{preventive diplomacy}, 그리고 경고(성명서 등), 결의문, 요주의국가 리스트^{black list}, 도덕적 제재^{shaming and naming} 등의 외교적 압박 혹은 국가간 사법적 해결 — ICJ(국제사법재판소), 국제해양재판소 등을 통한 해결의 촉구 등이 그 방법이다.

둘째, 안보리 권한의 핵심이 되는 것은 유엔헌장 제7장에 근거한 광범위한 권한 및 역할이라고 할 수 있다. 특히 헌장 제39조('평화에 대한 위협, 평화의 파기, 침략행위' 등), 헌장 제41조(경제, 외교적 제재 등 비군사적

---

18) 유엔안보리 의제의 실질문제(중요문제)는 반드시 5개 상임이사국의 동의(기권 혹은 투표불참석)에 의해 가결된다. 즉 거부권행사의 대상이 된다. 상임이사국 지위 및 거부권의 유래에 관하여 Edward Luck, *UN Security Council: Practices and Promises*(Routledge, New Yok, NY, 2006), pp.9-15.

19) 창설 초기 비상임이사국은 6개 국가였으나, 1963년 헌장개정 시 10개국으로 확대되었다. 현재 10개국은 유엔총회의 1963년 '신사협정'에 따라 아시아·아프리카 5개국(각 2개국 및 3개국), 남미 2개국, 서유럽 등 2개국 및 동유럽 1개국으로 분포되어 있다.

제재), 그리고 헌장 제42조(전면적 혹은 제한적 군사제재)가 주요한 내용이
다. 즉 집단안보collective security(강제조치)(고강도 전쟁 수행), 평화강제peace
enforcing(헌장 '제6과 3/4장'이라고 일컫는 저강도 전쟁), 평화유지활동PKO
(헌장 '제6과 1/2장'의 국제적 경찰활동), 그리고 분쟁후 평화구축활동post-
conflict peacebuilding이 그 주요활동이 된다. 또한 국제형사법적 역할로서 '상설'
국제형사재판소ICC 및 '임시적' 특별재판소(가령 구유고전범재판소ICTY, 르
완다전범재판소ICTR, 캄보디아 특별재판소, 시에라리온 특별재판소 등)의
설치, 운영에 따른 중대한 국제범죄자(개인)에 대한 처벌 권한도 안보리의
역할에 포함된다.20)

　이러한 안보리의 권한이 중요한 것은 '국제평화 및 안전의 유지'라는 일반
규정general clause에 관하여 안보리가 전적이고 독점적으로 그 의미와 내용을
해석, 적용한다는 점이다. 가령, 국제안보 개념의 확대에 맞추어, 내전 등
국내분쟁, 에이즈AIDS, 인권, 지구온난화 등이 새로운 국제안보의 문제로서
안보리의 의제가 된 것은 전적으로 안보리의 인식과 입장에 따른 것이다.21)
안보리의 회의는 특별한 회기가 없으며, 안보리 의장 혹은 회원국의 요청에
의해 언제든지 소집될 수 있는 점에서 매우 독특하다. 안보리의 의사결정은
실질문제와 절차문제냐의 여부에 따라 다르며, 전자의 경우 P5를 포함한
9개국의 찬성을 요하지만, 후자의 경우 단순히 9개국의 찬성으로 가능하다.

---

20) ICC나 특별재판소 등은 주요한 개인 범죄자에 대한 처벌로서 주로 '반인도범죄(crime
against humanity),' 전쟁범죄, 인종범죄(genocide) 등에 대한 범죄를 다룬다. 박흥
순, "국제정의와 국제재판소: 반인도범죄에 대한 국제재판소의 대응,"『국제기구저널』
제2집 1호(2007), pp.5-31. 2009년 수단의 인종범죄 사태와 관련하여 바시르(Bashir)
수단 대통령 및 카다피(Qadaffi) 리비아 국가원수에 대한 ICC의 기소 및 체포결정은
안보리의 결의에 의한 회부에 따른 것이다.
21) 물론 안보리는 어디까지나 주요한 정치적 의사결정기관인 점에서, 그 하부 혹은 산하
기구 혹은 기관을 필요로 하며, 유엔의 다른 기구 및 기관과 역할을 동반 혹은 제휴하
여 수행하기도 한다. 가령 미국 등 주도의 다국적군(multinational forces) 활동,
PKO의 창설 및 운영, 관련 평화구축 활동을 위한 NGO와의 협력, 그리고 비군사
국제기구들(WHO, UNICEF, UNHCR, ICRC) 등의 인권, 인도적·경제적·사회적 지
원활동이나 역할 제휴 등이 그것이다.

안보리는 그 고유권한이나 판단에 따라 의장성명presidential statement, 대언론성명press release, 그리고 결의문resolution 등의 여러 방법을 통하여 그 의사를 결집, 표명한다. 보통 의장성명이나 대언론성명을 통한 의사표명은 경고나 권고적 성격이 강하지만, 어디까지나 자발적인 준수나 태도 혹은 입장의 변경을 유도 혹은 압박하는 방법이다. 이에 비하여 결의문은 공식적인 안보리의 의사결정으로서 '합의제consensus' 혹은 투표에 의해서 보다 구속력 있는 공식적인 의사표명의 방법이다. 유엔은 결의문을 통하여 경고나 권고를 하기도 하지만, 중대한 사안의 경우 헌장 제7장 혹은 제6장에 근거하여 다양한 조치를 취할 수 있다. 이러한 결의문은 일종의 연성법soft law으로서 국제법적 효력을 가지며 그 자체가 안보리를 비롯하여 유엔기관의 권한행사의 근거가 된다. 현재까지 2,100개 이상의 결의문을 채택하였고 이 중 800개 이상이 국제사회에서 구속력을 가진 것으로 여겨진다.[22]

유엔안보리의 특권적 지위는 5대 강대국의 독점적 역할은 물론, 불과 15개 이사국이 전체 회원국을 대신하여 전적인 권한을 갖는 점에서 유엔의 민주성, 책임성 등의 논란의 대상이 되고 있다. 유엔의 핵심기관으로서의 안보리의 구성, 권한 등을 어떻게 조정할 것인가의 논의가 오랫동안 유엔개혁의 중심의제가 된 이유가 바로 그것이다.

3) 경제사회이사회

유엔 경제사회이사회경사리, ECOSOC는 주로 거시적 관점에서 무역, 금융, 재정을 포함하여 유엔의 경제 및 사회 분야의 각종 프로그램, 보조기관, 기능적 위원회, 지역적 위원회, 관련 전문기구 및 독립기금의 활동을 '조정

---

22) 2004년 4월 채택된 안보리 결의안(1540호)이 대표적인 사례이다. 9.11 사태 이후 핵무기를 비롯한 대량파괴무기가 비국가 단체, 특히 테러그룹 등에 확산되는 것을 방지하기 위하여 5개 상임이사국을 중심으로 대응조치를 협의한 끝에 채택된 것이다. 이 결의안하에서 회원국들은 핵무기 등 대량살상무기나 관련물질, 그리고 미사일 등 전달수단을 구입 또는 판매하는 '테러집단'에 대하여 응징을 취해야 하는 의무를 가지고 있다.

coordination'하고, 관련된 연구의 수행, 보고서 제출이나 필요한 권고를 하는 임무를 담당한다(헌장 제9장 및 10장). 현재 54개국으로 구성된 이사회의 논의의제는 매우 광범위한 바, 가령 개발, 금융, 투자 등 경제문제를 비롯하여 인권, 교육, 여성, 보건, 환경, 문화 등 많은 전지구적 문제를 다루고 있다. 경사리는 이러한 업무들의 조정을 비롯하여 연구 및 보고, 그리고 각종 권고를 총회, 회원국 및 전문기구들에게 권고하거나 필요한 서비스를 제공한다.

경사리의 구성은 총회에서 선출된 3년 임기의 이사국(매년 18개국씩 교대로 선출)으로 이루어지며, 유엔 초창기 18개국으로부터 헌장개정의 결과 27개국, 그리고 현재 54개국으로 증가하였다. 경사리는 이사국 수가 많을 뿐만 아니라, 유엔의 주요기관 중 가장 복합적이고 광범위하며 많은 예산지출이 관련된 활동을 수행한다. 경사리의 회기는 연간 4주간으로서, 뉴욕과 제네바에서 매년 교대로 개최된다.

이와 같은 광범위한 의제와 역할, 그리고 네트워크에도 불구하고, 경사리는 경제·사회 분야의 전지구적 정책을 개발, 조정 혹은 파악하기 위한 충분한 권한과 자원을 갖추지 못한 제약을 가지고 있다. 첫째, 경제·사회분야의 의제는 매우 광범위하여, 주제의 다양성, 이질성 그리고 현재 54개국으로 구성된 경사리에서의 논의가 비효율적이고 종종 회원국 간의 첨예한 이해관계를 야기하게 마련이다. 둘째, 많은 경우 의제에 대한 합의와 결의문 도출이 이루어지지만, 합의의 구체적인 실현이나 해결을 위한 재정문제 등 실제적 지원 문제에서는 각국이 책임을 회피하는 등 실효성이 부족한 경우가 많다. 셋째, 유네스코 UNESCO, 세계보건기구 WHO, 그리고 국제통화기금 IMF나 세계은행 IBRD 등 '브레턴우즈' 기구는 유엔 내에서도 독특한 의사결정체제를 가지고 있으며, 몇몇 국가들이 독점적으로 운영하고 있다. 그리고 이들 전문기구들은 사무총장, 이사회는 개별적인 의사결정을 할 수 있는 그 자체가 독자적인 국제기구이다. 넷째, 전문기구가 아닌 개별기금의 경우, 가령 유엔아동기금 UNICEF, 유엔개발계획 UNDP, 혹은 지속개발가능위원회 Commission on Sustainable Development의 경우 그들은 독립적이거나 전문기구가 아니다. 이들은 총회에 의하여 설치되고 개별 자체사무총장의 책임하에 놓이게 된다. 이 기구들은 대부분 회원국들에 의해서 서로 다른 시기에 상호 간의 연관이나 조정없이 설치되었다. 또한 각기 별도로 프로그램을 시행, 관리, 재정지원, 운영하고, 종종 같은 분야나 지역에서 조정이나 협력없이 업무를 수행하기도 한다.

또한 유엔 사무총장도 전문기구나 그 프로그램에 대한 통제권한이 없다. 다만, 경사리에 의해서 설치된 행정통제위원회ACC의 당연직 의장으로서 관련전문기구와 프로그램에 대한 관여를 할 수 있지만, 실제로는 이러한 조정이나 통제는 큰 성과를 거두지 못하고 있다.[23] 이러한 현실은 선진국을 포함한 많은 국가들로부터 경사리를 포함한 경제·사회분야 기구 및 프로그램의 전반적인 개혁요구를 불러일으키고 있다. 따라서 경사리의 권한, 구조 및 역할에 관하여는 유엔 개혁논의의 주요 대상의 하나가 되고 있는 실정이다.

4) 사무국

유엔사무국Secretariat은(헌장 제15장) 총회와 이사회 등 유엔의 집행기관을 보좌하여 정책이나 프로그램을 직접 시행하거나 시행하도록 보조하며 이에 따른 업무를 집행한다. 유엔사무국은 유엔의 주요활동분야를 망라하는 여러 개의 부서로 구성되어 있다. 현재 총회 및 회의 업무국, 정무국, 군축국, PKO국, 법률국, 인도문제조정관실 등으로 나누어지며, 유엔 사무총장의 통괄하에 업무를 수행한다. 사무국요원은 크게 영구직과 임시직으로 구분된다. 영구직의 경우, 정치적 임명직(사무총장 및 사무부총장, 사무차장(보)), 그리고 정년이 보장되는 전문직(선임국장급 D2부터 P5에서 P1에 이르는

---

23) 이런 현실에서 경제·사회 문제에서 의제나 재정에서 영향력을 가지고 있는 주요 선진국들은 문제를 유엔 내부보다는 유엔체제 밖에서 각국이 개별적으로 쌍무적 혹은 다자적으로 다루려고 하는 경향이 강하다. 즉 대다수 개도국으로 구성된 경사리보다는 선진국이 개별적으로 쌍무적 혹은 다자적 입장에서 공식개발원조(ODA)를 운영하기를 더 원하기 때문이다. 또한 G-7 정상회담이나 각료급 회담, OECD, EU 등 지역경제기구 등에서 주로 다루고자 한다.

전문관료), 일반직general service으로 구성된다. 임시직의 경우는 정년이 보장
되지 않는 계약직 혹은 임시파견gratis 등의 파견직secondment이 있다.

유엔업무의 독립성과 자율성을 보호하기 위하여 사무국의 대부분의 직원
은 국제공무원international civil servant으로서의 신분과 지위를 갖고 있다. 이들
은 일정함 범위 내에서 그 기능 수행과 관련하여 외교적 혹은 국제기구의
직무수행을 위한 특권과 면책 특권을 가진다. 유엔헌장은 유엔 사무총장과
사무국 직원은 유엔외부로부터 지시를 받지 않도록 규정하고 있다(제100
조). 사무국 직원은 총회가 정한 바의 규정에 따라 사무총장이 임명한다.
그 기준은 "최고 수준의 능률성, 역량 및 청렴성"이며 그 밖에도 '지역적 고
려'가 기준이 된다(제101조). 유엔의 업무 및 활동이 팽창함에 따라 관련부
서의 확대와 국제공무원의 증가가 꾸준히 이루어졌다. 오늘날 유엔 직원은
뉴욕 및 제네바 본부의 1만 4천여 명을 포함 전 세계에 걸쳐 약 5만 명
이상(전문직 18,000명 포함)에 이른다. 유엔직원의 다양한 역할에도 불구하
고, 유엔의 만성적인 열악한 재정상황에 비추어, 유엔의 행정의 능률성을
개선해야 한다는 요구가 지속적으로 제기되어왔다. 실제로 '팽배한 관료주
의bloated bureaucracy'를 개혁해야 한다는 개혁방안이 실제로 여러 차례에 걸쳐
추진되었다.[24]

유엔사무국의 정점에서 유엔업무를 총괄하는 것이 유엔 사무총장Secretary-
General이다. 유엔 사무총장은 대외적으로 유엔을 대표하는 최고위직 인사이
다. 한마디로 사무총장은 전체적으로 유엔을 상징하고, '세계이익'을 도모하
는 세계의 최고 외교관의 권위와 역할을 갖고 있다. 또한 사무국을 위시하
여 유엔이 가지고 있는 방대한 인력과 전문성, 그리고 정보의 축적은 많은

---

24) 유엔의 행정 및 경영 효율화를 위한 방안으로서 유엔행정의 '슬림'화, 일부 민영화
   (privatization) 등이 논의 혹은 추진되어 왔다. 미국 주도의 이러한 개혁 압박에 대하
   여, 상당수 개도국들이 이를 유엔개혁을 빌미로 1국 1표주의의 보편성을 무시하고
   개도국의 집단영향력이나 재정결의권 등을 약화시키려는 음모로 간주하고 있는 실정
   이다. 그러나 미국 등 선진국의 입장에서 유엔의 개혁과제는 시급하며 유엔의 개혁
   없이는 유엔에 대한 재정기여금을 제한하거나 유엔을 통한 다자협력 대신 양자 혹은
   일방주의적 외교에 치중하겠다는 태도를 보여주곤 한다.

회원국들에게 영향을 준다. 유엔 사무총장은 안보리의 추천을 거쳐 총회에서 선출된 5년 임기의 인사로서, 관행적으로 10년(연임)까지 재직한다. 제1대 트리그브 리^{Trygve Lie}로부터 현재 반기문 사무총장까지 총 8명의 사무총장이 재직하였다.

사무총장의 권한과 역할은 유엔헌장(제7조, 제97조~101조)에 의거하여 크게 행정적 측면과 정치적 측면의 두 가지로 이루어진다. 행정적 역할로서 내부적으로 유엔 사무총장은 유엔의 '최고행정관^{Chief Administrative Officer: CAO}'의 역할을 수행한다. 즉, 대내적으로 유엔사무국의 모든 행정업무를 통괄하고 예산을 편성·배정하며, 직원 임명 등 인사권 행사 등 유엔이 하나의 조직으로서 기능하기 위해서 필요한 '내부관리^{housekeeping}'를 책임지고 있다. 또한 유엔이 원활한 '회의외교' 장소와 기회가 되도록 각종 회의, 회합을 위한 사무국의 지원업무를 통괄하는 것이다.

유엔 사무총장의 실질적인 권한과 역할은 주로 정치외교적 역할에서 찾을 수 있다. 유엔 사무총장은 안보리와 총회와의 관계에서 일정한 역할을 담당하는 바, 절차적 관여권한과 정치적 관여권한이 그것이다. 즉, 사무총장은 다른 주요기관, 즉 안보리나 총회 등에 사무총장의 자격으로서 참석하고(제 98조), 또한 이들 기구들로 부터 위탁된 기타 임무를 수행한다. 이것은 사무총장이 안보리 등 유엔 내의 중요기관회의의 소집을 요청하거나, 회의에 참석하고 의견을 개진함으로써 유엔의 각종 의사결정과정에 관여할 수 있는 광범위한 권한을 의미한다. 또한 유엔 사무총장은 "사무총장의 의견상 국제평화와 안전의 유지를 위협할지 모르는 어떤 문제도 안보리의 주의를 환기할 수 있는" 권한(제99조)을 가지고 있다. 유엔 사무총장은 이러한 포괄적 규정에 바탕하여 헌장 제6장에서 규정한 바 중재·협상 등 분쟁의 평화적 해결을 위한 역할을 수행하는 것이 중요한 활동의 하나이다.[25] 또한 사무총

---

25) 사무총장은 중재역할에 있어서 재량에 의하여 그의 임무를 위임(delegate)하는 것이 보통이며, 대부분 개인대표(Personal Representative) 혹은 특별대표(Special Representative)의 임명을 통하여 이루어진다. 이러한 사무총장의 '사절(envoy)'들은 흔히 사무국 내의 고위관리인 경우가 많으나(가령 Yasushi Akashi, Ismat Kittani 등), 명

장은 이와 같은 공식적 권한을 폭 넓게 해석할 뿐만 아니라 그 스스로의 주도에 의해서 보다 다양한 역할을 수행한다.[26]

5) 신탁통치이사회

유엔신탁통치이사회Trusteeship Council는 원래 국제연맹 시대의 식민지 위임Mandate제도에서 유래된 '비자치 영토non-self governing territories'의 관리를 담당하는 유엔기관으로 창설되었다(헌장 11장, 12장, 13장). 이사회의 구성은 5개 상임이사국을 포함하여, 당시의 식민지관리국가로 이루어졌다. 1945년 당시 신탁통치 대상국가(지역)는 총 13개국으로서 주로, 국제연맹하에 있던 독일의 구식민지, 그리고 미국이 2차 대전 후 일본으로부터 해방시킨 태평양 도서 국가들이었다. 신탁통치이사회의 감독 활동은 신탁통치지역의 주민 상태에 관하여 보고서를 제출하고, 연례보고서의 작성 제출, 그리고 해당지역에 대한 정기 방문 등을 포함한다. 이러한 신탁통치이사회의 역할은 대상지역들이 일정한 절차를 거쳐 점차 신탁통치를 종료하고 독립국으로서 전환하였고, 마침내 1993년 태평양의 팔라우Palau가 독립을 선언함으로써, 사실상 지구상에 더 이상 신탁통치지역이 존재하지 않음으로써 종료되었다. 따라서 헌장상 신탁통치이사회의 기능은 여전히 존재하지만, 사실상 그 기능이 정지된 것이다.

신탁통치지역들이 사라짐에 따라, 신탁통치이사회의 역할과 기능, 그리고 그 존재의의에 관하여 논란이 제기되었다. 즉, 사실상 더 이상 그 존재의의가 없어진 신탁통치이사회를 그대로 사문화할 것이 아니라, 이를 다른 용도로 활성화하자는 제안이다. 탈냉전 시대에 특히 대두된 내전국가나 이른바

성과 신망을 받고 있는 유엔외부의 인사인 경우도 있다(전 미국무장관 Cyrus Vance, 전 한국외무장관 한승주 교수 등) 박홍순, "유엔사무총장의 중재역할," 박홍순 편, 『국제기구학』(동림사, 2004), pp.289-302 참조.

26) 사무총장은 유엔의 연례보고서, 각종 제안서, 혹은 성명서, 연설 등을 통하여 국제사회의 과제와 유엔의 역할에 대한 관심과 '아젠다'를 제시하고 그 해결을 위해서 전 세계 지도자들과 접촉, 협의하거나 관심을 촉구하기도 한다.

실패한 국가^{failed state}를 관리 혹은 복구하는 기능을 부여하여 이른바 '신 신 탁통치'를 활성화하자는 제안이 그 하나이다.27) 또 다른 제안은 신탁통치이 사회에게 '전지구적 공동재^{global commons},' 가령 해양, 해저^{seabed} 및 우주에 관련된 환경이나 상태를 감시하는 역할을 부여하는 방안이다. 이 밖에도 신 탁통치이사회를 소수민족과 원주민^{indigenous peoples}을 위한 포럼으로 전환하 는 안 등이 제의되었다. 그러나 헌장의 개정 노력이 없는 가운데 신탁통치 이사회의 새로운 역할을 모색하는 논의는 아직 큰 진척이 이루어지지 못하 고 있다.

6) 국제사법재판소

국제사법재판소^{International Court of Justice: ICJ}는 국제법에 따라 국제적 법률 분쟁의 해결을 도모하고, 총회나 안보리 등 국제기관들이 회부하는 법률문 제에 관하여 권고적 의견^{advisory opinions}을 제공하는 역할을 수행한다(헌장 제14장). 국제연맹시대의 PCIJ가 일종의 외곽기관인데 비하여, 국제사법재 판소는 유엔의 6개 주요기관의 하나이다. 헤이그에 소재하는 국제사법재판 소에는 헌장에 의거 모든 유엔회원국이 자동적으로^{ipso facto} 재판소 규정^{ICJ Statute}의 당사국이 된다. 15명의 재판관은 "세계의 주요 문명권과 주요한 법 체계를 대표하는" 국제법의 전문가로서 구성되지만, 그들은 각국의 입장이 나 이익을 대변하기보다는 독립적·중립적으로 활동하게 되어 있다. 이들은 총회와 안보리에 의해서 9년 임기로 선출(매 3년마다 5명씩 선출)되며, 연 임될 수 있다.

---

27) 유엔은 평화구축(peace-building) 활동으로서 분쟁 중이거나 분쟁 후 국가재건을 위 한 각종 지원활동 등을 강화하고 있고, 이러한 활동은 유엔의 가장 중요한 활동의 하나로 자리 잡았다. 가령 캄보디아, 소말리아, 구유고연방, 코소보, 동티모르에 이르 기까지 유엔은 선거, 정부재건, 경제개발, 경찰 및 군대 편성 훈련, 교육 등 다양한 활동을 지원하고 있다. 그러나 대부분 임시적 형태로 진행되고 있다. 따라서 신탁통 치제도를 준용하여 보다 안정적이고 체계적으로 국가의 재건을 할 수 있도록, 기왕의 신탁통치이사회를 활용하자는 안이다. 그러나 이러한 제안은 강대국들의 자의적이고 부당한 개입을 초래할 수 있다는 우려를 낳는 것이 사실이다.

국제사법재판소는 강제관할권이 없으며, 오직 당사국의 자발적 제소(회부)에 의해서만, 관할권을 가지게 된다noncompulsory jurisdiction. 뿐만 아니라 국제사법재판소는 판결을 강제할 수 있는 권한이나 경찰 같은 집행기구를 갖고 있지 않다. 따라서 판결의 이행은 해당국의 자발적 준수나 이행, 그리고 이른바 '창피의 힘power of shame'에 의존하게 된다. 특히 대부분 국가들이 정치적으로 민감한 문제에 관하여 재판소의 법률적 판단을 구하지 않는 상황에서, 국제사법재판소의 역할은 제약을 갖고 있다. 국제사법재판소는 국제법의 해석과 국제관습법의 준수를 결정함에 있어서, 가령 1946년부터 2008년까지 총 114건의 소송을 다루었다. 국제사법재판소의 회부건은 특히 탈냉전 시대에 개도국들의 재판소에 대한 신뢰 증가와 각종 국제조약의 해석과 관련한 분쟁의 증가와 더불어 증가한 편이다. 그동안 재판소는 식민지 문제, 영토문제, 대륙붕 문제, 어업관할권 문제 등 국제분쟁에서 중요한 결정을 내린 바 있다. 국제사법재판소는 또한 지금까지 국제기구들에게 25개의 '권고적 의견'을 내린 바 있다. 가령 유엔 직원의 부상이나 사망의 경우에 대한 국가의 책임(1949)이나 유엔 PKO 경비의 회원국 부담(1962) 등이 대표적이다.[28]

3. 유엔의 주요 변화 및 발전

유엔은 창설 이래 꾸준한 변화를 겪었는 바, 이는 한편으로는 국제사회의 변화를 반영하면서, 다른 한편으로는 유엔 자체의 내부 변화에 의해서 이루

---

28) 국제사법재판소는 유엔체제 내의 다른 국제재판소들에 의해서 보완적 역할이 이루어진다. 가령 다른 전문기구들, ILO의 행정재판소, 세계은행의 투자분쟁재판소(SID) 등이나 별도의 헌장에 의거 독립적으로 구성된 재판소, 즉 국제해양재판소(UNTLOS), 국제형사재판소(ICC) 등이 그것이다. 그 이외에 임시적 특별재판소로서 구유고전범재판소(ICTY), 르완다 전범재판소(ICTR), 그리고 시에라리온, 캄보디아 특별법정 등이 있다.

어졌다. 유엔은 하나의 조직으로서 정태적이 아닌 '동태적^{dynamic}'인 존재라는 점에서, 유엔와 올바른 이해를 위해 창설 이래 유엔의 주요 변화 및 추세를 살펴보면 다음과 같다.

첫째, 유엔회원국 등의 증가이다. 창설당시 51개국이던 회원국은 현재 193개국에 이른다. 1960~70년대 폭발적인 신생독립국의 탄생, 그리고 90년대 초 탈냉전에서 구소련 연방의 해체에 따른 국가들의 독립이 그 주요 요인이라고 할 수 있다. 또한 동·서독의 동시 가입, 그리고 남·북한의 동시 가입, 그리고 신탁통치 종료 국가들의 가입 등 사실상 전 세계의 모든 국가들이 참여하게 되었다.29) 따라서 유엔은 명실 공히 지구촌의 모임이 되었다.

둘째, 주요 국가들의 영향력 변화이다. 가령 2차 대전 당시 주축국이던 일본, 독일, 그리고 이탈리아가 유엔회원국이 되었다. 특히 일본 및 독일의 경우 유엔 재정분담금에서 각각 2위, 3위를 차지하고 있고, PKO 참여 등의 군사적 기여도 증대하였다. 안보리 개혁 등 논의에서 가장 유력한 상임이사국 후보로서 언급되는 실정이다. 이에 비하여 총회의 증대하는 규모와 구성의 이질성은 회원국 간의 분열과 갈등의 요인이 되기도 하였다. 자동적 다수로서 77그룹(G-77)은 '인류의 공동유산^{Common Heritage of Mankind}', '신국제경제질서^{New International Economic Order: NIEO}' 등을 주창함으로써 국제의제에 대한 집단적 요구를 하기도 하였다. 이에 대응하여 미국을 비롯한 서방 선진 국가들이 총회, 그리고 유엔 자체를 도외시하는 경향을 초래하게 되었다. 그러나 이른바 비동맹 그룹^{NAM} 혹은 제3세계로서 결집력을 자랑하던 대다수의 개도국 간의 응집력은 탈냉전 시대에는 상당히 약화되었다.30)

셋째, 유엔의 역할과 활동에 대한 제약요인으로서 창설 초기부터 존재했

---

29) 1971년 중국(PRC)이 대만(자유중국)을 대신해서 '중국(China)'의 합법적 대표로서 대체되었으며, 1991년 구소련의 해체와 함께 러시아가 안보리 상임이사국의 지위를 승계하였다. 2002년에는 그동안 영세중립국으로서 유엔가입을 거부했던 스위스도 회원국이 되었고, 최근 가입국은 2012년 가입한 남수단이다.

30) 다만 유엔의 관례상 이른바 신사협정(gentlemen's agreement)에 따르는 지역적 그룹이나 NAM(비동맹회의), 지역그룹 등 비공식협의그룹(코커스그룹)은 유엔의 의사결정과정에서 여전히 중요한 역할을 하는 것으로 자리 잡았다.

던 냉전체제가 붕괴되고 새로운 국제체제가 자리 잡았다. 창설 초기부터 40여 년간 지속된 동서냉전, 즉 미국과 소련을 정점으로 이른바 양극체제bipolar system하의 갈등구조에서 유엔은 이러한 현실을 반영하기 마련이었다. 특히 총회의 갈등은 물론, 유엔의 핵심기관인 안보리는 기능이 거의 마비되었으며, 그 대신 거의 모든 국제분쟁은 주로 유엔체제 밖에서 다루어졌다. 그러나 탈냉전 시대에는 안보리가 제 기능을 발휘하기 시작하였는 바, 이는 새로운 국제사회의 변화와 많은 난제에 공동 대응해야 한다는 인식에서 가능해졌다. 안보리 기능의 '정상화'는 한국전 이후 처음으로 발동된 1991년 걸프전에서의 집단안보 적용을 비롯하여, 폭발적으로 증가한 국제분쟁이나 내전과 관련하여 P-5 간의 긴밀한 협력을 통하여 집단지도력collective leadership을 발휘하는 데서 반영되었다. 또한 안보리 내부적으로는 사전에 의견을 정리함으로써, 공식회의에서는 정식투표 없이 합의제consensus에 의해 결의를 채택하는 것이 관례화되었다. 더구나 최근에는 미국 중심의 패권체제hegemony로부터 중국의 부상과 함께 G-2 시대라는 공동패권체재로의 이행을 반영하기 시작하였다.

넷째, 유엔은 전반적으로 국제평화를 위한 포괄적 임무를 다양하게 확대하여 왔다. 특히 안보리는 이라크전쟁, 코소보분쟁을 비롯하여 북한의 핵개발, 리비아 내전 등뿐만 아니라, 에이즈AIDS, 기후변화, 테러리즘 등도 새롭게 국제평화 및 안전에 대한 위협이라고 규정하고 이에 대한 국제사회의 대응을 논의하게 되었다. 가령 헌장 제6장과 제7장에 이르는 권한을 확대 적용하여, 특히 평화활동peace operations의 확대 및 강화가 두드러진다. PKO로부터 평화구축에 이르는 각종 유엔활동은 분쟁관리의 주요한 수단으로 발달하였으며, 이는 유엔헌장의 신축적인 해석과 적용이라는 점에서 유엔의 적응성을 보여준다. 특히 PKO는 헌장 '6과 1/2장'이라는 별칭이 시사하듯이, 헌장의 명시적 근거가 없음에도 불구하고 유엔의 가장 두드러진 활동으로 대두되었다.[31] 1948년 중동분쟁에 대한 개입 이래, 1988년까지 13개의

---

31) 탈냉전 직전 1988년 유엔은 5개의 PKO 활동에 약 1만 명의 요원들이 참여하였고,

활동(그리고 1979~1988까지는 전무)에 비해, 그 이후 54개의 새로운 PKO
가 창설되고, 2013년 6월 현재 16개가 활동 중이다.[32] 특히 전통적 PKO로
부터, 제2세대 혹은 제3세대 PKO로의 확대는 변화하는 국제사회의 요구에
따라 신축성 있게 대응하는 것을 반영하고 있다.[33]

끝으로, 전통안보로부터 비전통안보, 그리고 국가안보로부터 인간안보로
의 규범과 가치의 변화가 두드러진다. 이에 맞추어 유엔 내부의 기구 등
제도적 변화, 그리고 사회개발, 인권, 환경, 여성 등 다양한 주제에 대한 유
엔의 이니셔티브등 유엔 활동의 활성화가 이루어졌다. 심지어 유엔안보리는
2001년 에이즈도 국제안보에 대한 위협으로 간주하여 논의하기도 하였
다.[34] 살펴본 바, 평화활동의 확대, 인도적 개입 및 보호책임, 새천년개발목

그 비용은 약 2억 3천만 달러 정도였다. 탈냉전 직후 1994년경에는 13개의 PKO에
약 7만 명의 인원과 연간 약 40억 달러에 달하였다. PKO 관련 역량강화를 위한 조치
가 취해졌는 바, 유엔사무국의 24시간 PKO 상황센터, 1992년 인도지원국(DHA)의
인도지원 조기경보체제, 1993년 PKO 상비체제(SAS) 도입, 1995년 신속배치본부
(UNRADHQ), 2000년 8월 PKO 개혁을 위한 이른바 브라히미 보고서(Brahimi
Report)의 채택 등이다. 특히 전통적으로 PKO 참여를 하지 않던 미국 등 5대 상임이
사국도 참여하고 있다.

32) www.un.org./depts/dpko/dpko/cu-mission/body/htm
33) 전통적 혹은 제1세대 PKO는 소위 '5원칙' 즉 중립성, 경무장 혹은 비무장, 자기방위,
당사자 동의, 그리고 자발적 참여 등의 원칙에 따라 수행된다. 분쟁 당사자 간의 분쟁
확대 방지, 완충지대 형성, 정전 감시 등의 활동이 주를 이루고 있다. 탈냉전 시대에
는 특히 국가 간의 분쟁뿐만 아니라, 이른바 국내분쟁 혹은 내전 등에도 PKO 활동이
증가하였는 바 이는 제2세대 PKO로의 변화이다. 가령 인도적 지원, 난민구호, 선거
감시 등의 활동영역을 포함하는 이른바 복합적·다면적인(complex, multidimen-
sional) 평화활동의 수행에 관한 것이다. 가령 UNTAG(나미비아), UNTAC(캄보디
아), 동티모르 등에서의 유엔 PKO 활동이 그러하다. 제3세대 PKO는 필요에 따라
헌장 제7장의 위임하에서 보다 강제적인 성격을 갖는 PKO의 형태, 이른바 평화강제
(peace-enforcing) 임무로 일컬어지는 형태이다. 그리하여 저강도 수준의 군사활동
을 포함하여, 인도적 구호활동의 보호, 휴전협정의 강제부과, 그리고 '실패한 국가
(failed state)'의 재건 등의 임무를 담당한다. 특히 집단적 군사조치를 취하고, 필요한
경우 당사국의 동의나 승인을 요하지 않는 점에서 그리고 주로 내전 사태에 치중한
점에서 제1 혹은 제2세대와 다르다. 이는 소말리아, 구유고연방(보스니아 와 헤르츠
고비나), 코소보, 소말리아 등의 유엔활동에서 이루어졌다.
34) 유엔은 홈페이지의 '유엔의제(agenda)' 항목에서 Africa Initiative에서 Youth까지 45

표^{MDGs} 및 지속가능한개발목표^{SDG}의 전지구적 목표, 인권이사회의 보편적 정례검토^{UPR}의 도입 및 적용, 반인도범죄 등 처벌을 위한 ICC 창설, 각종 인권규범의 확대, 유엔제재의 다양화 및 정교화 등 여러 측면에서 유엔의 제도와 활동에 반영되어왔다. 특히 탈냉전 시대에 이르러, 이러한 주제에 대한 유엔주도의 전지구적 회의^{global conference}나 당사국회의, 유엔특별총회 등의 개최, 그리고 관련 NGO들의 활발한 활동 증가 등은 국제사회의 의제가 전지구적인 차원에서 글로벌 거버넌스의 문제로 대두하였음을 그대로 반영하고 있다.³⁵⁾

IV. 유엔, 유엔학과 국제정치이론의 이해

유엔은 20세기 중반 국제평화 및 안전을 위한 새로운 국제기구로 창설된 이래 국제관계에서 다양한 역할과 기능을 수행하여 왔다. 유엔은 주권국가 들의 연합체이면서 동시에 주권국가와는 별개의 조직체로서, 그리고 국제사 회의 주요한 행위자^{actor}로서, 헌장에 명시된 바 목표를 위해 기능하고 있다. 이러한 유엔의 존재와 기여 및 성과를 이론적으로 어떻게 이해할 것인가? 유엔은 과연 국제기구로서 어떠한 정체성을 갖고 있으며, 또한 국제사회의 작동과 어떻게 연관되어 있는가? 이러한 질문에 대한 답변은 유엔에 대한

개의 활동영역을 예시하고 있다. www.un.org./partners/civil-society/agenda/htm 참조.

35) 전지구적(글로벌) 회의는 1972년 인간환경회의(스톡홀름)를 제외하고 주로 탈냉전 시대와 시작과 함께 활성화되기 시작했는 바, 아동문제 세계정상회의(1990, 뉴욕)를 필두로, 환경개발(1992, 리우), 사회개발(1993, 코펜하겐), 인권(1993, 비엔나), 여성(1995, 북경), 인간정주(1996, 이스탄불), 지구온난화(1997, 교토) 등의 주요 의제를 중심으로 개최되었다. 이와 함께 유엔 '특별총회'로서 2001년 군축, 2002년 아동문제, 그리고 2000년 밀레니엄 총회(The Millennium Assembly)가 개최되었다.

보다 분석적이고 이론적인 이해를 위해 필요한 답이 될 것이다.

1. 국제기구의 개념과 유엔

유엔이 하나의 국제기구라고 한다면, 과연 국제기구의 명확한 개념은 무엇인가? 오늘날 국제사회에는 수만 개의 국제기구가 존재하지만, 국제기구 international organization를 엄격한 의미에서 정의하기란 쉽지 않다. 그러나 일반적으로는 국제기구 IGO는 3개 이상의 정부간 혹은 비정부간 회원들의 합의에 의해 회원들의 공동의 이익을 추구하기 위하여 성립된 공식적이고 지속적인 구조라고 정의 된다. 구체적으로는 위와 같은 개념을 기초로 몇 가지 특징에 의해서 국제기구를 정의할 수 있다. 즉, 국제기구는 a) 3개 혹은 그 이상의 회원국이나 단체, b) 공동목표, c) 제도적 장치, 즉 상설사무소, 총회, 이사회 등, d) 다자적 국제조약(협약, 헌장, 정관 등), 그리고 e) 국제적 법적 인격을 가져야 한다.36) 이런 특징에 비추어 유엔이 전형적인 국제기구라고 규정하는 것이 명백해진다. 그러므로 이와 같은 국제기구의 정의를 고려할 때 특히 조직의 구조와 통합정도별로 유사한 (혹은 전혀 별개의) 국제회의체나 기구와는 다른 성격을 갖고 있다. 가령 유엔은 임시적 국제회의나 '코커스'그룹 APEC, SCO, ARF, Coffee Club, G-77 등과 구별되며, 국가들의 주권을 초월하거나 그 권한을 통제하는 초국가적 supranational 혹은 전권을 갖는 기구 가령 EU가 아니며, 더구나 국가들의 권한을 위임받는 세계정부 world government 와도 거리가 멀다. 말하자면 유엔은 어디까지나 '주권국가 sovereign state들의 연합체'이며, 주권평등을 바탕으로 '제도적 틀을 가진 상시적 정부간기구 혹은 독립적 의사결정구조를 가진 국제기구 성격을 갖고 있다고 할 수 있다.37)

---

36) Werner J. Feld and Robert S. Jordan, *International Organizations: A Comparative Approach*, 3rd, ed. (Westport, CT: Praeger, 1994), pp.10-11.

국제기구의 분류

1. 목적 및 기능적 구별
   가) 단수 혹은 복수 기능 여부
   - 단독 기능: 안보, 보건, 아동, 환경 등 단일한 기능 수행
   - 복합 기능: 유엔, 유럽연합, 미주기구 등 복합적 혹은
     다차원적 기능을 수행
   나) 목적, 기능의 성격
   - 정치적 기능: EU, ASEAN
   - 경제적 기능: IMF, IBRD, WTO, APEC
   - 군사·안보적 기능: NATO, OSCE
   - 사회·문화적, 기술적 기능: UNESCO, UNIDO

2. 회원 자격별 구별
   가) 범주
   - 보편적: 회원 자격의 전 세계적 보편성(일반성)—유엔, IBRD 등
   - 지역적: 회원 자격의 지역적 제한성—APEC, NATO, EU 등
   나) 회원 성격
   - 정부간기구: 정부나 국가가 회원이 됨
   - 비정부간기구: 비정부단체나 개인이 회원이 됨

3. 구조와 조직의 통합정도별 구별
   가) 임시적 회의나 코커스
   나) 제도적 틀을 가진 정부간기구
   다) 독립적 의사결정구조를 가진 국제기구
   라) 초국가적기구
   마) 세계정부

---

37) 유엔이 국가들의 연합체에 불과하고 회원국들의 동의나 지원 없이 스스로의 독자적
역할을 할 수 있는 데는 근본적인 제약이 있다. 더구나 유엔자체, 특히 안전보장이사
회(안보리)의 법적 강제력에도 불구하고 실제로는 그것을 이행할 자체 군사력이나
경찰력을 갖고 있지 않다. 또한 유엔은 그 경비를 유엔회원국의 분담금에 의존하고
있으며, 그 스스로의 독립된 재원이나 재정조달방법이 거의 없다.

또한 이와 같은 국제기구의 개념은 다른 유사한 개념과는 구별하는 것이 마땅하다. 가령 국제기구는 보다 포괄적인 개념인 국제제도international institutions, 즉 법이나 인간의 전통에 의해서, 혹은 공식적·비공식적으로 성립된 국제사회의 기본적 구조나 집단적 형식과 구별된다. 예를 들어 전쟁, 무역, 외교, 세력균형 등은 국제사회의 제도의 형태이며 국제기구도 국제제도의 하나라고 할 수 있다.[38] 또한 국제기구는 그 하위개념이라고 할 수 있는 세부 조직이나 기관organs과도 구별된다. 그리하여 유엔안보리나 총회는 유엔이라는 국제기구의 하나의 하부 혹은 부수기관이며 독립된 법적 인격체가 아니라는 점에서 차이가 난다.

국제기구는 또한 국제레짐international regime, 즉 국제사회의 일정한 영역에 있어서의 협력에 관한 명시적 혹은 묵시적 규범, 원칙, 규칙과 의사결정구조라는 개념과도 구별된다. 가령 핵비확산Non-proliferation레짐은 NPT 조약을 중심으로 핵의 평화적 이용과 확산을 방지하는 국제규범과 이를 준수하기 위한 다양한 장치와 수단, 그리고 행위주체자를 갖고 있다는 점에서 국제기구와 다르며, 국제원자력기구IAEA나 유엔안보리와 같은 국제기구나 기관이 포함되기는 하지만, 이들과 구별되는 개념이라고 할 수 있다. 또한 국제사회가 '안보딜레마security dilemma' 문제를 해결하기 위해서 유엔에서 '집단안보' 제도를 채택한 점에서, 전통적인 세력균형balance of power이나 동맹, 혹은 북대서양조약기구NATO 같은 집단방위 제도와도 구별된다고 하겠다. 또한 유엔은 '제도화된' 다자주의multilateralism 및 다자외교multilateral diplomacy의 전형인 점에서 일방주의나 양자주의와도 다르다는 점이 분명하다. 또한 전지구적인 상설적인 회의외교conference diplomacy장치이며 전지구적 포럼global forum인 점에서, 임시적 국제회의나 지역적 기구와도 다르다고 할 수 있다.[39]

---

38) Hedley Bull, *The Anarchical Society* (New York: Columbia University, 1977).
39) 다자외교는 역사적으로 19세기부터 출현하여 20세기에 전면적으로 발전한 외교의 형태이다. 다자외교는 흔히 3개국 이상 사이의 관계인 다자주의(mutilateralism)를 기초로 하는 국가 대외정책의 한 형태이다. 보다 엄격하게는 3개국 이상 국가 간의 국제규범과 원칙에 입각하여 국제문제를 해결해나가는 외교방식이라고 할 수 있다. 이

2. 국제기구론의 이해와 연구방법론

유엔이 전형적인 국제기구라고 할 때, 유엔의 이론적 이해는 이른바 '국제기구학'의 틀 가운데서 보다 체계적·분석적으로 이루어질 수 있을 것이다. '국제기구학(혹은 국제기구론, 국제기구연구)International Organizations Studies'은 유엔 및 유엔기구United Nations Organizations를 포괄하는 유엔체제UN System를 비롯하여 정부간국제기구IGOs에 대한 체계적인 이해, 즉 국제기구의 정체성과 활동영역 및 내용에 대한 체계적인 분석, 설명, 이해를 도모하는 사회과학적 학문영역이라고 할 수 있다. 국제기구론은 기본적으로 사회과학의 한 분야로서 독자적인 학문적 정체성과 영역을 정립해 나가고 있다.[40]

러한 '신외교'는 17세기부터 발전하여 현재까지 지속되어온 이른바 프랑스식 외교제도, 즉 국가 간 양자 중심의 '구 외교(혹은 전통적 국가 간 외교)'와는 달리, 보다 공개된 외교, 그리고 침략전쟁 억지와 분쟁의 평화적 해결 포럼이 되는 다자적 국제회의 개최나 국제기구의 성립으로 특징지어진다.

[40] 국제기구론은 국제기구와 그 활동영역을 포함하여 국제정치학 혹은 국제관계학의 한 분야를 구성하며, 따라서 국제정치의 기본 패러다임(paradigm)의 입장에서 이론적으로 이해할 수 있다. 국제기구학의 이론이란 국제사회에서 엄연히 존재하고 활동하는 유엔 등 국제기구의 존재 의미, 성격, 활동 그리고 그 역할에 관하여 체계화 그리고 이해하는 일반적 연구방법을 말한다.

국제기구론의 대표적 교재로서는 Margaret P. Karns & Karen A. Mingst, *International Organizations: The Politics and Processes of Global Governance* (Lynne Rienner, Boulder, 2004), and *The United Nations in the Cold War Era* (Lynne Rienner, Boulder, 1998); Lwarence Ziring, Robert Riggs & Jack C. Plano, 4th ed., *The United Nations: International Organizations and World Politics* (Wadworth, Belmont, CA, 2005); A. Leroy Benett, *International Organizations: Principles and Issues*, 6th ed. (Prenctice Hall, Englewood Cliffs, NJ, 1995); Harold Jacobsn, 2nd ed, *Networks of Interdependence* (Random House, New York, 1984); Inis L. Claude, Jr., 4th ed., *Swords into Plowshares* (Random House, New York, 1978); Evans Luard, *The United Nations* (St.Martin's, New York, 1997); Nigel D. White, *The United Nations System* (Lynne Rienner, Boulder, 2002); Paul F. Diehl, ed., 3rd. ed., *The Politics of Global Governance: International Organization in an Interdependent World* (Lynne Rienner, Boulder, 2005), 한국의 경우 주요 교재는 김순규, 『국제기구론』(박영사, 2000); 박재영, 『국제기구정치론』(법문사, 2001); 박치영, 『유엔정치론』(법문사, 2000); 서창록, 『글로벌 거버넌스』(집문당, 2003); 오기

국제기구의 연구방법론은 기본적으로 국제정치학의 한 분야로서의 국제기구 이론의 접근방법인 바, 위에서 살펴본 연구영역의 범주와 대상을 바탕으로 그중 어느 분야에 대하여 중점을 두느냐에 따라 그동안 꾸준한 변화와 발전이 이루어졌다. 연구는 기본적으로 다음과 같은 5가지의 연구방법론을 사용하는 바,41) 공식제도론적 접근, 제도과정론적 접근, 조직역할론적 접근, 그리고 국제레짐적 접근, 그리고 글로벌 거버넌스의 접근방법 등이 그것이다.

첫째, 공식제도론적formal institutions 접근은 주로 유엔 또는 국제기구의 공식적 제도의 분석, 고찰에 중점을 둔다. 따라서 국제기구의 공식적 요소, 즉 헌장(규약), 표결절차, 위원회 구조 등을 고찰하고, 국제기구가 실제 활동을 통하여 헌장 등에서 명시된 목적과 임무 등을 어떻게 수행하고 있는지를 파악, 규명하는 방법이다.

둘째, 제도과정론적institutional processes 접근은 국제기구 내의 실제적인 의사결정과정분석에 중점을 둔다. 이것은 헌장이나 명목상의 유엔활동이 실제와의 차이가 있을 수 있음을 전제로, 왜 유엔이 실제로 그렇게 또는 다르게 행동하는지를 고찰한다.42) 이 접근법은 나아가서 기구 내에서의 결과에 영향을 미치는 전반적인 영향력의 요소 등을 주목한다. 가령 강대국의 입장, 공식·비공식그룹의 형성과 작용, 조직 리더의 입장이나 관료조직의 정치역학이 어떻게 결의안이나 프로그램, 예산, 회원국 간 연대, 그리고 국제기구의 경향orientation 등에 영향을 미치는가를 분석한다.

평, 『국제기구론』(법문사, 1995); 최종기, 『국제기구론』(법문사, 1987) 등이다.

41) 연구방법에 관한 논의는 다음의 분석으로부터 요약한 것이다. Friedrich Kratochwil & John Gerad Ruggie, "International Organizations: The State of the Art on the Art of the State," *International Organizations*, Vol.40, No.4(1986), pp.753-776; Courtney B. Smith, *Politics and Process at the United Nations*(Lynne Rienner, Boulder, 2006), pp.6-12; 윤영관, "국제기구와 한국외교 — 이론적 관점에서," 윤영관·황병무 외, 『국제기구와 한국외교』(민음사, 1996), pp.19-41.

42) 가령 냉전 등의 국제정치적 요소, 안보리 거부권 등의 제도적 요소 등이 유엔의 행태와 작동에 영향을 미치는 것이 그 예이다.

셋째, 조직 역할적organizational role 접근은 단순히 유엔이 수행하는 행동을 넘어 전반적인 국제거버넌스의 과정 속에서 유엔의 실제적 혹은 잠재적 역할을 파악하는 것에 중점을 둔다. 여기에는 3가지 종류가 있다. 즉, i) 중요한 국제문제의 해결에서 유엔이 하는 역할, 가령 국제안보에서의 예방외교나 PKO, IAEA의 핵안전조치활동, 탈식민지활동, 다자적 개발지원 활동, 남북문제의 구조적 조정, 그리고 전지구적 공동재global commons 등이 그것이다. ii) 신기능주의적Neo-functionalism 입장에서 국제적인 문제의 기능적 측면을 다루는 것이다. 따라서 가령 국제기구의 적극적 역할을 통하여 이러한 문제를 해결해나가는 과정 혹은 가령 정치엘리트, 국제대표단, 그리고 일반 대중등 참여자들의 태도변화에 따른 기능의 차이 등이다. iii) 유엔이 어떻게 국제사회의 여러 요소들을 반영, 확대 혹은 수정하는지에 대해 다루는 것이다. 국제기구는 정당성을 제공하고 의제agenda 를 설정하고, 초국가적 연대의 포럼이나 정책조정의 도구, 그리고 전지구적인 지배dominance 구조가 강화 혹은 약화되는 수단이라는 점에 중점을 두는 것이다.

넷째, 국제레짐적international regime 접근이다. 레짐은 여러 가지로 정의할 수 있지만 "다양한 이슈영역에서 국가들이 그들의 기대를 조정하고 행동 측면을 조직하는 관리체제"라고 할 수 있다. 가령 무역레짐, 금융레짐, 해양레짐 등이 그 예이다. 국제레짐은 국제사회에서 국제체제의 변화나 국제기구의 존재, 부재 혹은 약화 가운데서도 어느 정도 자율성을 갖고 국가의 행위를 억제 혹은 규율한다. 따라서 국제레짐적 접근은 레짐이 추구하는 목적과 규범, 실제 국가들의 행태, 그리고 역할의 파악, 그리고 레짐의 형성, 진행혹은 쇠퇴에 중점을 두는 것이다.

다섯째, 글로벌 거버넌스global governance 의 접근이다. 글로벌 거버넌스의 입장은 단순히 국가행위자 등이 아닌 전지구적, 지역적 혹은 초국가적 행위자와 그 관리체제에 중점을 두는 것이다. 즉, 국가행위자가 다룰 수 없거나 다룰 의지가 없는 문제들을 다루어나가는 관리체제가 어떻게 형성, 집중, 혹은 분산되는가를 고찰한다. 따라서 그 연구의 중점은 "공동목적을 실현하거나 공동문제를 해결하기 위해 국가와 국제기구 같은 공적 기관과 NGO

같은 사적 기관이 지방적 차원에서 전지구적 차원으로 다층적으로 공식 혹
은 비공식의 정치적 조정을 해 나가는 체제"라고 할 수 있다.[43] 따라서 국
가, 국제기구, NGO 등의 행위 주체자와 그들 간의 역학 관계 그리고 공동
과제를 포괄적으로 다룬다.

살펴본 바 다섯 가지 연구방법론은 학문적으로 지난 수십 년간 국제기구
의 발전 그리고 국제사회의 변화와 함께 단계적으로 발전되어 왔다. 그러나
이러한 방법론은 각기 개별적으로 고립되어 사용되는 것이 아니라 누적적으
로 그리고 병행하여 사용되고 있다. 이러한 변화는 연구대상과 연구방법의
확대와 발전을 통해서 유엔 등 국제기구에 대한 이해를 도모함으로써 유엔
학의 발전에 기여하는 결과를 가져왔다. 그러므로 유엔의 체계적이고 포괄
적 이해와 연구를 위해서 이와 같은 다각적 연구방법의 접근이 계속 요구된
다고 하겠다.

3. 국제정치학 이론에서 본 유엔

유엔 등 국제기구의 역할을 이해하고 설명하는 데 있어서 일반적인 국제
정치의 분석 패러다임을 적용할 수 있다. 그 대표적인 것이 현실주의Realism,
자유주의Liberalism, 구성주의Constructivism 시각 등이다.[44] '현실주의' 입장은 국

---

43) David Held & Anthony Macgrew, eds., *Governing Globalization: Power, Au-
thority and Global Governance* (Cambridge: Polity Press, 2003), pp.9-13; Thomas
G. Weiss & Leon Gordenker, eds., *NGOs, the UN & Global Governance* (Boulder:
Lynne Rienner, 1996).

44) 국제기구에 관련하여 국제정치이론을 적용하여 세부 분야별로 국제기구의 역할과 실
제를 분석, 조명한 연구는 Kelly-Kate S. Pease, *International Organizations: Per-
spectives in the Twenty-First Century*, 4th ed. (New York, Longman, 2010)이
대표적이다. Pease는 현실주의와 자유주의를 주류(mainstream) 이론으로, 그리고 마
르크스주의(Marxism), 여성주의(Feminism), 구성주의(Constructivism)를 비판(critical)
이론으로 분류·접근하고 있다. 국내에서는 한국정치학회 편, 『정치학이해의 길잡이:
국제정치와 안보』(법문사, 2008)가 대표적이다.

제기구를 주권국가들의 이익을 추구하기 위한 각축장으로 보고 있다. 국제사회의 힘의 불균형에 비추어 주로 강대국의 외교수단으로 간주하며, 주로 강대국 간의 이해관계를 반영하는 것에 불과하다는 입장이다. 국제기구로서 유엔은 그 독자성이나 자율성을 보장받지 못하며, 유엔 안보리의 구조에서 거부권을 가진 상임이사국의 특권을 비롯하여 주요한 국제기구의 결정이나 그 이행은 주로 강대국의 의지와 견해를 반영하여 이루어지는 것을 의미한다. 그러므로 이 관점에서 국제기구의 유용성은 주로 강대국의 이해관계 여부에 따라서 이루어진다.

이에 비해, 자유주의적 혹은 자유주의적 제도주의Liberal Institutionalism 관점에서 국제기구는 단지 강대국의 이해관계만을 반영하는 것이 아니다. 국제기구는 그 자체의 독립성과 자율성을 가지고 공동의 이익을 추구하기 위한 역할을 한다. 가령 유엔헌장에 의한 목적을 달성하기 위한 자체의 제도와 틀을 가지고 있다. 유엔의 각종 기관이나 회의, 그리고 유엔관료들은 강대국 등 특정국가의 이익을 넘어서 국제공동체의 이익을 위하여 규범을 설정하거나 집행하는 경우가 많다. 또한 국제기구는 다양한 국가들이 안보 현안에 대하여 토론하고 의견을 조율하는 토론장으로서 역할을 한다. 특히 유엔은 중견국가는 물론 약소국들도 연대를 형성하고 개별국가가 가질 수 없는 단합된 힘을 행사할 수 있는 규범, 제도나 기회를 제공하는 점에서 매우 유용한 존재가 될 수 있다.

새로운 이론적 시각으로서 '구성주의'적 입장에서 국제기구에 대한 이해는 '사회적으로 구성된 바socially constructed,' 즉, 국제기구의 존재, 의미 및 가치를 어떻게 구성원들이 설정하고 해석하느냐에 달려 있다. 따라서 국제기구의 존재와 역할은 선험적이거나 정적인 것static 이 아니라 아이디어, 규범, 가치 등이 행위자(구성원)에게, 그리고 행위자 상호 간에, 국제기구 조직 내에서 작용하고 영향을 미치는 가에 따라 달라진다고 본다.

그러므로 유엔의 역할을 이론적으로 이해하는 데 있어서 이와 같은 다양한 국제정치학적 시각을 이해, 적용할 수 있다. 유엔의 다양한 성격과 존재 및 역할에 비추어 이와 같은 패러다임 가운데 어느 특정한 접근방법만으로서 일관되고 설득력 있는 설명이나 예측을 할 수 없다. 유엔 등 국제기구의 중요성과 역할을 강조함에 있어서는 주로 자유주의적 시각에서 접근을 하는 것이 타당하되, 일정한 범주와 영역에서는 현실주의적 시각이나 구성주의적 시각을 함께 고려하는 것이 적실성을 가진다고 할 수 있다. 가령 유엔 안보리나 기타 주요 국제기구들은 구조적으로 국제정치의 힘power의 논리나 강대국의 이해관계를 반영하는 경우가 많다. 하지만 세계화의 확산과 보편적 규범의 강화 등으로 국제기구는 일정한 수준에서 그 자체의 의사결정구조와 절차에 따라서, 그리고 보다 큰 국제사회의 공통이익을 위하여 작동하는 경향이 강해지고 있다. 또한 회원국들과 국제사회의 인식, 정책, 태도 등에 따라 국제기구의 역할과 기여에 상당한 영향을 미치는 경우가 증가하고 있다고 보는 것이다.

4. 유엔의 역할 및 기능

유엔의 역할 및 기능

- 역할(role)
  - 국제사회의 수단(tool)
  - 국제사회의 포럼(forum)
  - 국제사회의 독립적 행위자(actor)

- 기능(function)
  - 규범(norm)의 창설
  - 투명성의 확보
  - 전문지식 혹은 자원의 제공
  - 정당성(legitimation)의 제공

유엔은 국제기구로서 그 존재의의 및 가치는 무엇인가? 과연 국제사회에 있어서 무엇을 가지고 어떻게 기여하게 되는가? 이러한 질문에 대한 대답은 유엔이 일반적으로 국제사회에서 무슨 역할을 하며, 또한 구체적으로 어떻게 작동, 기능하는가를 살펴봄으로써 가능하다.

1) 유엔의 역할(role)

일반적으로 국제기구로서 유엔의 역할은 크게 국제사회의 수단, 포럼(토론장), 그리고 독립적 행위자로서 나누어 볼 수 있다.

(1) 국제사회의 수단

국제기구는 일반적으로 국제사회의 문제를 다루기 위한 국제사회의 수단이며, 동시에 회원국들의 외교적 수단으로서 작용한다. 국제사회는 공통의 관심사를 공동으로 논의·대처하는 데 있어서 상시적이고 지속적인 장치를 통하여 대처해 나가는 것이다. 한 국가가 국제기구 내에서 영향력을 미치는 정도는 그 조직 내에서의 국가의 지위와 역할에 의해서 판단할 수 있다. 그러므로 유엔을 비롯한 주요한 국제기구의 의사결정과정이나 논의에서 강대국들이 흔히 주도적인 영향력을 행사하는 것은 국제사회의 현실을 반영하는 것이다. 동시에 약소국들도 국제기구를 국가정책의 수단으로서 적극적으로 활용하기 위해 노력한다. 약소국들은 77그룹 혹은 비동맹회의 NAM, 아랍그룹 Arab League 등 코커스그룹 caucus group 이나 투표블록 voting bloc 을 형성하여 개별국가가 가질 수 없는 협상력이나 투표수를 확보하기 위해 연대하는 경우가 많다. 마찬가지로 중진국들은 국제기구를 외교정책의 적극적 수단으로 활용하며, 특히 강대국과 후진국사이에서 중재와 중간자의 역할을 통해서 이해관계의 조정역할을 함으로써 외교적 입지와 국제적 영향력을 강화한다.

(2) 국제사회의 포럼

국제기구는 국제사회의 주요관심사에 대하여 일정한 장소와 시간에 회합하여 토론, 논의, 협상, 정보교환, 그리고 배우는 기회를 제공한다. 유엔의

총회를 비롯 안보리 등이 국제분쟁이나 국제사회의 관심사에 대하여 수시로
혹은 정기회의를 통하여 논의하는 것이 바로 그러하다. 국제사회에 있어서
주요의제에 관하여 관계 당사국이 한자리에 모여서 논의를 통하여 문제에
대한 공동의 인식과 대응방안을 모색함으로써 국제협력을 강화하는 것은 국
제사회의 질서와 평화를 위해서 매우 필요한 역할이다. 더구나, 이러한 다자
적 협상과 논의방식은 개별적 혹은 쌍무적 거래와 협의를 넘어, 상호관심사
를 함께 다룬다는 점에서 시간적 혹은 경제적으로 매우 효율적인 방식이다.
특히 전지구적인 상호의존이 강화되고 전지구적 난제global problematique에 대
처하기 위해서는 공동 협력이 필요하다는 점에서, 국제기구는 국가 간의 상
호이해와 협력을 위한 채널과 촉진제가 되는 것이다.

(3) 국제사회의 독립적 행위자

국제기구는 단순히 회원 국가들의 의사와 의지를 반영하는 것이 아니라,
때에 따라서는 어느 정도까지 그 자체의 독립된 지위와 역할을 수행하기도
한다. 가령 유엔사무국은 회원국들의 관심분야에 대한 충실한 전문적 보조
업무를 담당하고 있지만, 가령 유엔 사무총장은 그 고유 권한 내에서 스스로
의 판단과 재량에 의해서 분쟁해결과 국제적 관심사를 해결하기 위한 중재
활동과 세계 외교관으로서 임무를 수행한다. 유엔 사무총장은 유엔 내의 다
른 기관과의 관계에서 사무총장의 자격으로서 행동하고, 또한 이들 기관으
로부터 위탁된 기타 임무를 수행한다. 그러나 이러한 기본적 기능 이외에
소위 정치적 역할, 즉 "국제적 평화와 안전의 유지를 위협한다고 인정되는
사항에 관하여 안전보장이사회의 주의를 환기시킬 수" 있는 광범위한 역할
을 가지고 있다. 따라서 사무총장의 활동의 구체적인 범위, 내용, 정도는
사무총장의 재량에 달려 있는 것이다. 이러한 사무총장의 역할이 어느 경우
에는 특히 강대국들의 입장과 상반되거나 마찰을 일으키는 경우가 있다.

2) 유엔의 기능(function)

유엔의 기능으로는 여러 가지가 있지만, 특히 규범의 창설, 투명성의 확

보, 전문지식 혹은 자원의 제공, 정당성의 제공을 들 수 있다.

(1) 규범의 창설

국제기구는 협상이나 회의를 통해서 국제사회의 다양한 공동관심사에 대하여 논의하고, 이에 대한 원칙과 기준을 정하고, 나아가서 이들을 수행하는데 필요한 수단을 마련하는 규범[norm]의 창설 기능을 수행하는 경우가 많다.[45] 국제사회에서의 권한과 의무를 뒷받침하는 중요한 준거로서, 특히 자발적 혹은 강제적 방법으로 국제사회의 유지를 위해서 필요한 제도를 마련한다. 그러므로 오늘날 유엔을 비롯한 국제기구는 새로운 환경의 변화에 따라 새로운 규범을 창설하거나 규범을 수정, 보완함으로써 국제사회의 난제들을 해결하려고 끊임없이 노력하고 있다. 핵 확산금지를 비롯한 화학무기금지협약[CWC]나 생물무기금지협약[BWC] 등 대량살상무기의 규제에 관한 원칙들, 대인지뢰규제 등 안보 및 평화를 비롯하여, 지구온난화, 생물다양성 등에 환경관련규범들, 그리고 세계인권선언을 비롯하여 시민적·정치적 규약을 비롯한 약 60개 이상의 주요 인권관련 규약과 조약은 바로 국제기구 내에서의 논의와 협상을 통하여 국제사회가 설정한 국제규범이다.

(2) 투명성의 확보

국제기구는 회의외교, 공개논의, 다자외교라는 특성상 국제사회의 구성원들에게 국제사회의 다양한 문제에 관하여 그 내용과 논의과정을 이해시키고 참여하게 함으로써, 국제사회에서 '투명성[transparency]'을 제고하는 기능을 수행한다. 투명성이 필요하고 중요한 것은 국제사회에서 '안보딜레마'로 야기되는 상호불신과 불만을 방지 혹은 해소하고, 국제관계에서 신뢰와 안정성

---

45) 규범(Norm)이란 광범위한 의미에서 국제사회를 유지하기 위해서 국제사회가 명시적·묵시적으로 합의, 준수하는 원칙과 관행을 말하며, 이는 국제법, 조약, 관습법, 관습, 혹은 보편적 가치 등의 형태로 존재한다. 국제규범은 국내사회와 마찬가지로 국제사회의 마찰과 갈등을 해소하고 협력과 공조를 유도함으로써 국제사회의 질서를 지키기 위한 수단으로서의 의미를 갖는다.

을 마련하는 데 긴요하기 때문이다. 그러므로 국제사회의 현안에 대하여 다자 간 대화나 논의를 통하여 상호의 차이점과 공동관심사에 대한 이해를 도모함으로써 신뢰를 쌓을 수 있다. 가령 NPT 조약하에서의 조약가입국의 정기보고서 제출이나 IAEA 규정에 따른 정기, 임시, 혹은 특별사찰은 당사국의 조약이행 여부에 대하여 투명성을 확보하는 데 그 목적이 있다. 또한 무역 및 관세일반협정 GATT 조약하에서 국제사회의 변화와 무역추세의 변화에 따라 농산물, 서비스 산업, 지적 재산권 등의 문제 등 무역 분쟁의 여지가 많아지자, 우루과이협상 UR 을 통하여 세계무역기구 WTO 의 강화된 체제를 탄생시킨 것은 무역에 관한 투명성을 강화함으로써 국제사회의 안정성과 예측성을 증진시키기 위한 것이었다.[46)

(3) 전문지식 혹은 자원의 제공

국제기구는 회원국에게 필요한 전문지식 expertise 혹은 정보를 제공하거나, 때로는 물질적 · 인적 자원을 공여함으로써 회원국들에게 혜택을 부여한다. 가령 국제사회의 난제의 하나로서 대두한 환경문제는 그 복잡성에 비추어 많은 과학적 · 기술적 지식과 정보를 필요로 하며, 유엔환경계획 UNEP 을 비롯한 환경관련 국제기구는 회원국들에게 다양한 과학적 지식과 최신정보를 제공한다. 또한 유엔개발계획 UNDP 을 비롯하여 유엔산업개발기구 UNIDO, 세계은행 IBRD 등 개발관련 국제기구들은 특히 제3세계나 개발도상국가들에게 개발에 관한 경험, 지식, 정보는 물론이고 필요한 재정적 · 인적 지원을 제공하는 것이 그 주요활동이다. 사실, 제3세계에 대한 다자적 지원은 유엔자체 및 세계보건기구 WHO, 유네스코 UNESCO, 유엔아동기금 UNICEF 등 전문기구, 그

---

46) 투명성이 확보되지 못할 때, 국제기구는 이러한 문제를 시정하거나 강제하는 규정이나 장치를 갖고 있는 경우가 많다. 그러므로 1993년 이래 북한의 핵개발 의혹과 관련하여 북한의 핵사찰준수를 요구하고 그 불이행에 관하여 국제사회의 여론과 유엔안보리의 제재를 부과한 것이나, WTO체제하에서 무역분쟁의 제소제도를 통하여 이에 대한 심의, 결정 안건이 증가하고 있는 것은 역시 투명성을 제고하는 국제기구의 역할을 의미하는 것이다.

리고 각종 프로그램의 활동을 통하여 이루어진다는 점에서, 특히 그 기능이 두드러진다. 그리고 많은 국가들이 NPT 조약의 불공정성에 대한 우려와 불만에도 불구하고 조약 당사국으로서 의무를 이행하는 것도, NPT가 규정하고 또한 IAEA가 수행하는 '핵의 평화적 이용'을 위한 정보와 전문기술의 지원에 대한 기대 때문이다. 국제기구는 그 스스로의 전문적 조사, 연구능력이나 정보수집능력을 통하여 필요한 정보를 수집하는 경우가 늘어나고 있다. 국제통화기금IMF의 각종 경제자료, UNDP의 「세계인간개발보고서HDR」, 유엔난민최고대표소UNHCR의 「세계재난보고서World Disaster Report」 등의 자료는 국제기구의 광범위한 전문분석 및 정보능력을 나타내는 것이다. 또한 유엔의 PKO 상황센터, 유엔인도지원조정관실의 조기경보체제는 국제분쟁이나 이로 인한 재난에 대한 파악과 사전예방을 위한 자체의 체제이다.

(4) 정당성의 제공

국제기구는 국제사회의 현안이나 활동에 있어서, 특히 집단적 정당성collective legitimation을 확보하는 주요한 기능을 제공한다.[47] 국제기구에서의 각종 논의, 협상, 결의 등은 일정한 사안에 대하여 회원국의 인식, 태도, 정책의 변화를 유도할 수 있을 뿐만 아니라, 국제사회에서 정당성을 갖추게 하고 이러한 정당성은 그 목적하는 바의 정책이나 활동이 국제사회의 지지를 받는 데 기여한다. 그런 의미에서 가령 유엔총회에서의 세계인권선언 채택, 신경제질서NIEO 결의안 채택, 그 밖에 유엔 인권위원회의 보고서 채택, 대인지뢰금지협약 체결 등은 국제사회에서 정당성을 갖고 있다.

마찬가지로 유엔안보리가 성명서, 결의문의 채택이나 집단안보의 발동 혹은 경제제재의 부과 등 각종 활동을 하는 것은, 안보리가 전 세계의 회원국의 입장을 대변한다는 점에서 국제사회에서 권위와 정당성을 갖는 것이

---

47) 정당성(legitimacy)이란 국제사회에서 합법성, 합리성, 그리고 도덕성을 바탕으로 자발적인 참여와 지지를 확보하는 것이다. 국제사회에서 정당성이 주요한 이유는 국제기구의 활동이나 기능이 국제사회의 신뢰와 지지를 받음으로써 그 목적의 달성을 용이하게 하고 국제사회의 협력을 촉진하기 때문이다.

다. 그러므로 한국전쟁이나 걸프전쟁에서 이루어진 유엔집단안보의 적용은, 사실은 그 군사작전의 수립에서 활동까지 미국이 주도가 되었음에도 불구하고, 유엔의 활동으로서 국제적 정당성을 갖는 것이다. 또한, 제3세계 국가들이 유엔총회나 유엔통상개발기구UNCTAD 등 수적인 우세가 강한 국제기구를 선호하는 것은 이러한 국제기구가 그들의 관심현안을 보다 용이하게 관철시키고, 그러한 기구에서의 논의나 결의가 국제사회의 이름으로 정당성을 강화하기 때문이다.

V. 유엔, 국제사회의 미래와 세계평화

1. 유엔의 역할과 기여에 대한 평가

유엔이 국제사회의 염원과 이상을 반영하여 전지구적인 국제기구로서 꾸준한 진화하여온 것은 다행한 일이다. 이러한 변화는 유엔회원국을 비롯하여 국제사회의 다양한 요구와 당면한 난제에 대응하려는 유엔의 노력에 의하여 점진적으로 이루어졌다고 할 수 있다.

유엔이 국제사회의 주목을 받는 것은 특히 탈냉전 시대에서 세계화의 흐름 속에 국제적 난제가 팽창하고, 그 해결을 위한 구심점으로서 유엔의 역할이 커졌기 때문이다. 유엔은 '우리 인민들We the People'이라고 일컬어진 세계인들에게 최대 공약수의 공동이익을 마련하는 중요한 다자외교의 장이다. 한때 냉전 시대의 갈등 속에서 국제사회의 주변자 역할에서 유엔은 점차 다자협력을 통한 국제평화, 개발과 번영, 그리고 정의와 인권신장을 위한 주요한 국제사회의 중심자가 되었다. 이러한 역할을 통하여 개별국가 이익과 세계 이익을 조화하는 기회를 제공함으로써 국제평화 및 안전의 유지라는 인류의 공동목표를 달성하는 데 기여한다. 살펴본바와 같이 유엔이 매우 독특한 국제사회의 주요한 국제기구로서 국제제도로서 기여해 왔음이 명백하다. 그리고 유엔은 여전히 국제사회에 기여할 수 있는 잠재력과 역량을 가지고 있다.

그러나 유엔의 주요한 장점과 권한에도 불구하고 유엔의 기본적 정체성과 구조, 그리고 국제사회의 현실상 여러 가지 제약을 가질 수밖에 없다. 유엔의 특성에 비추어 이러한 문제에 대한 올바른 인식과 이해를 갖는 것이 유엔의 미래와 세계평화에 대한 역할을 모색하는 데 중요하다. 유엔의 이와 같은 특성을 분석해 보면 다음과 같이 요약할 수 있다. 첫째, 유엔의 정체성 측면에서, 유엔은 기본적으로 주권국가sovereign states들의 '연합체'이며, 주권을 초월하거나 제약하는 독립적 혹은 '초국가적supra-national' 기구가 아니다. 유엔은 그 원칙으로서 주권평등에 기초한 '1국 1표주의', '내정불간섭' 등 국제법적 원칙을 반영하고 있다. 따라서 회원국들의 동의나 지원 없이 스스로의 독자적 역할을 할 수 있는 데는 근본적인 제약이 있다.[48] 유엔의 활동, 그리고 그 성과는 유엔 자체보다는 대부분 회원국들의 의사와 정치적 의지에 의해서 영향을 받게 된다. 국제사회는 유엔이 가지고 있는 권한과 역량 이상으로 강력한 유엔의 활동을 주문을 하는 한편, 다른 한편으로는 유엔 회원국들은 국가주권의 평등과 보호 원칙을 강조함으로써 모순된 입장을 보이고 있다. 다른 한편 회원국들은 유엔의 다양한 활동을 요구하지만 실제로 유엔에 필요한 재원을 부담하거나 확대하는 데는 대부분 소극적이다.

둘째, 유엔의 구조나 활동은 국제사회에서 국력에 의한 차이와 힘의 균형에 의해서 영향을 받을 수밖에 없는 것이 현실이다. 헌장상 안보리의 권한이나 P-5의 특권 및 거부권은 유엔헌장의 보편성, 특히 총회의 주권평등 원칙과는 상치된다. 안보리의 구성, 구조, 그리고 권한 등에서 상당수 회원국들의 비판이 있고 이에 따라 개혁 요구가 지속적으로 제기되는 실정이다. 그 밖에도 PKO관련 규정의 신설, 안보리와 총회와의 관계 재설정 등 논의

---

48) 보다 자세한 논의에 관하여, 박흥순, "안보리 개혁과 글로벌 거버넌스," 백진현 편, 『한국과 글로벌 거버넌스』(해성국제문제연구소 연구보고서, 2009) 참조.

는 주요 국가들의 미온적 태도로 진척이 어려운 실정이다. 유엔의 민주성, 투명성, 대표성 그리고 효율성문제를 동시에 강화하면서, 기존 상임이사국은 물론 안보리 진출희망국가, 대다수 개도국 등으로 분화된 요구를 만족시킬 수 있는 소위 '마법의 해결책'은 어려운 난제로 남아 있다.[49] 나아가서 유엔의 재정문제 개선, 경제사회 개발 분야의 능률성 제고, 신탁통치이사회 등의 권한 재구성 등 유엔 자체의 구조와 관행을 개선해야 되는 것이 시급한 과제이다.

셋째, 유엔 안보리의 법적 강제력에도 불구하고 실제로는 그것을 이행할 유엔 자체의 상비군 등 독자적 군사력이나 경찰력이 미비하다는 근본적 제약이 있다.[50] 나아가서 국제규범의 적용이나 군사적 개입문제 등에서 특히 강대국 간 혹은 강대국과 개도국 간의 이해관계가 첨예한 갈등을 야기하곤 한다. 회원국들은 대부분 국가주권 우선의 원칙을 고수하고, 유엔의 역할이 그 국가들의 주권을 억압하거나 침해하는 것에 대하여 항상 예민한 반응을 보이며 유엔 자체의 독립이나 자주성에 대하여 견제를 하는 입장이다. 가령 제3장에서 논의되듯이 '인도적 개입humanitarian intervention'이나 '보호책임Responsibility to Protect: R2P'의 합법성 혹은 정당성은 인권의 '보편성과 특수성' 논란, 그리고 서방국가와 중국이나 개도국 간의 갈등을 야기하여, 결국 유엔

---

49) 2005년 코피 아난 사무총장의 이니셔티브로 21세기에 걸맞은 유엔의 안보리 개혁논의가 본격화되어, 소위 일본, 독일, 인도, 브라질 등 소위 G-4 등의 상임이사국 진출 희망 국가들의 개혁 노력은 한국, 이탈리아, 파키스탄 등 중견국가로 구성된 '커피클럽'의 강력한 반대 속에 무산되었다. 반기문 사무총장 취임 이래 유엔개혁의 노력은 지속되고 있으며, 유엔총회는 정부간 협상을 진행함으로써 실질적으로 개혁을 위한 논의는 계속 진행되는 실정이다.

50) 현재 유엔체제하에서 유엔의 집단안보나 제한적인 군사력의 발동은 '위임' 혹은 개별 국가 주도에 의하여 임시적, 다국적군에 의존(1950년 한국전, 1991년 1차 이라크전의 예)하거나 또한 지역적 기구에 위임(NATO, OSCE, AU, ECOWAS 등)해야만 한다. 그러나 안보리 내부의 갈등이나 유엔의 군사적 개입활동에 대한 논란이 항상 제기되고 있다. 또한 현재 유엔의 가장 대표적인 군사활동의 하나인 PKO 활동은 기본적으로 소극적 경찰활동에 주로 국한되는 것이며, 이 또한 회원국의 다국적 군사·비군사 요원의 참여에 의존하는 것이다.

활동의 정당성에 관하여 지속적인 비판이 제기되고 있다. 대부분의 유엔의 군사력 동원, 특히 평화강제 등 강력한 군사활동의 경우, 미국을 비롯한 주요 국가의 군사적 지원에 의존해야 하는 것이 현실이다.

넷째, 유엔의 실질적 이행역량과 관련하여 효용성 문제가 계속 제기되는 실정이다. 가령 경제제재를 비롯하여 유엔안보리가 부과한 다자적 제재 multilateral sanctions에 대하여, 실효성 논란이 야기되고 있다. 현재 안보리가 다양한 이유로 부과한 금수조치, 자산동결 등 경제제재 등은 회원국가의 참여 미비, 효율적 감시체제 미비, 제재 위반국(대상국 및 참여국)에 대한 응징 미비 등 구조적·운용적 미비점을 가지고 있다. IAEA 등의 강제조치도 해당 주권국가의 반발과 비협조에 직면하여 효과를 거두지 못하고, 유엔 인권이사회 등 인권기구의 조치도 주로 '도덕적 제재shaming and naming'에 국한되어 있으며, 해당국가에 대한 실질적인 압박수단이 되지 못하는 한계를 가지고 있다.

다섯째, 유엔은 그 경비를 유엔회원국의 분담금에 의존하고 있으며 그 스스로의 독립된 재원이나 재정 조달방법이 거의 없다. 따라서 현재 P-5를 비롯하여 G-8, 그리고 G-20 국가들이 유엔재정의 약 85%를 부담하고 있는 실정에서 이 국가들의 의지와 입장이 나머지 170여 개국보다 중시되는 현실은 불가피하다. 유엔이 다양한 활동을 위하여 지출하는 비용은 인건비, 사업비 등을 합쳐서 연간 약 170~180억 달러를 사용할 뿐이다. 미국이 이라크전쟁에 쏟아 부은 비용이 약 2조억 달러에 비하면, 유엔이 국제사회를 위해서 사용하는 비용은 매우 미약하다고 하겠다.

그리고 끝으로, 유엔의 활동내용과 임무의 우선순위 및 범위에 관하여도 회원국 간에 갈등이 크다. 즉 동서 냉전의 갈등 종식과 더불어 회원국들 간의 이념적·정치적 갈등은 약화되었으나, 특히 선진국과 개도국 간의 '남북' 경제적 갈등이나 강대국과 약소국 간의 갈등은 여전히 커다란 과제로 남아 있다. 빈곤, 문맹감소, 영아 사망률 감소 등 유엔의 새천년개발목표는 이와 같은 간격을 국제적 협력을 통하여 해소하고자 하는 의도이나, 그 목표 달성 가능성은 크지 않은 것이 현실이다. 유엔의 활동이나 정책은 대다수

회원국에게 매우 유용한 기회를 제공하는 것이 사실이지만, 실제 그 이행은 선진국 등의 '선한 의지good will'에 의존할 수밖에 없는 것이 또한 현실이다.

2. 세계화 및 글로벌 거버넌스와 유엔의 역할

21세기에 있어서 '세계화'의 진척에 따라 '글로벌 거버넌스global governance' 시대가 등장함으로써 국제사회의 의제와 협력주체에 변화가 생겼다. 글로벌 거버넌스는 전 세계에 걸쳐 지구촌의 문제 혹은 과제 해결을 다양한 행위 주체자 간에 공동노력을 통하여 대처해 나가는 21세기의 새로운 패러다임 을 의미한다.

글로벌 거버넌스는 '글로벌 시민사회global civil society'라는 전지구적 공동체 의 대두를 전제로 다양한 구성원들의 공동 목표와 규범을 추구하고 협력, 공존하는 글로벌 사회의 새로운 현상의 반영이기도 하다. 21세기 국제사회 는 세계화의 확산과 이에 따른 정치적·경제적 상호 의존, 보편적 가치의 확산과 기술 및 정보의 공유 등으로 인하여 다양한 국제행위자, 즉 주권국가 state뿐만 아니라 정부간국제기구Intergovernmental Organization: IGO, 비정부기구 Non-governmental Organization: NGO, 다국적기업Multi-national Corporations: MNCs 등 간 의 협력과 공조를 필요로 한다. 국제 지역 분쟁과 내전을 비롯하여 대규모 난민, 환경 파괴, 빈곤과 경제적 불평등의 확산 등 소위 인간안보human security의 문제가 전지구적 관심사로 대두하는 반면, 독자적인 국가의 관례화 된 대응에는 커다란 한계가 있기 때문이다.[51]

---

51) 오늘날 국제사회는 새로운 차원의 안보문제에 당면하고 있는 바, 이른바 전통적 안보, 즉 국가안보나 군사안보 중심의 '상위정치(high politics)' 문제뿐만 아니라, '비전통안 보(non-traditional security)' 혹은 '하위정치(low politics),' 가령 환경, 보건, 인권, 빈곤, 난민, 국내분쟁, 테러, 식량·자원 등의 문제가 모두 국제안보의 주된 의제가 되었다. 즉 국가 중심적 개념에서 인간 개개인의 안전과 복지를 위한 '인간안보 (human security)' 혹은 '포괄적 안보(comprehensive security)'로 확대된 것이다.

그러므로 전지구적 문제를 해소 혹은 해결하는 데 있어서 유엔을 비롯한 다자적 국제기구, 그리고 각국과 전 세계 시민을 대표하는 비정부기구와의 공동 노력의 필요성이 점점 증대하고 있고 또한 실제로 그러한 활동이 이루어지고 있다. 국제문제를 해결해나가는 주요한 접근방안으로서 유엔 등 다자기구 및 제도, 다양한 국제조약의 확산과 전지구적 회의에 따른 다자적 해결 방식의 발전과 이로 인한 학습효과 등이 더욱 유엔을 국제사회의 주요한 장치로서 촉진시키고 있다.

전반적으로 글로벌 거버넌스시대는 유엔의 위상 및 역할에 대하여 여러 측면에서 영향을 미칠 수 있는 바, 다음과 같은 점에서 적어도 세 가지 중요한 시사점을 갖고 있다. 첫째, 다자주의의 확산이라는 측면이다. 전 지구화의 확대와 심화에 따라 결국 국제사회에서 다양한 난제를 해결하는 데 있어서 전지구적 협력이 필요하고 그 협력의 구심점의 하나로서 유엔이 역할을 증대할 수 있는 여건이 강화될 것이다. 현재의 유엔 그리고 개혁된 유엔은 보다 많은 주요 국가들이 참여하는 체제와 영역을 확대하는 것이라는 점에서 다자주의를 통한 전지구적 협력이 강화될 수 있는 여지가 커진다고 할 수 있다. 국제사회에서의 다자협력을 통한 소프트 파워의 중요성에 비추어 유엔은 바로 이러한 소프트 파워의 주요한 내용이 되는 것이다

둘째, 유엔의 역량의 강화라는 측면이다. 여러 가지 논란에도 불구하고, 유엔은 국제사회에서 전반적으로 그 역할이 확대 혹은 강화될 여지가 더욱 커졌다. 개별국가보다는 유엔을 통한 공동 혹은 집단의 노력은 결국 유엔의 권한과 역량을 강화함으로써 현실성 있게 실현될 수 있다. 가령 유엔의 개혁 등은 유엔의 국제평화안보 위한 기능이나 운영을 강화하게 됨으로써 실질적으로 보다 국제평화 및 안보에 효율적인 기여를 할 수 있게 된다. 집단안보, 제재, PKO 등 국제사회에서 유엔이 주도하는 '평화활동'을 비롯하여 외교적 조처등도 국제적 권위와 실질적인 강화를 갖게 됨으로써 유엔의 역할 및 임무강화를 가져오는 결과를 갖게 될 것이다.

셋째, 유엔의 정당성의 강화라는 측면이다. 유엔의 적실성과 정당성의 차원에서 유엔의 개혁요구가 대표성, 민주성, 책임성 및 투명성 등의 소위 '선

한 거버넌스good governance'를 강화하기 위한 국제사회의 요구에 의해서 제기
되어온 것이다.52) 유엔의 변화는 국제사회에서 지난 수십 년간에 걸쳐 진행
된 변화와 더불어 각국 간의 국력의 변화 국제정치적인 현실을 반영하고,
이들 국가들에게 국제평화 및 안전을 위한 기여 기회를 부여하는 것은 불가
피하고 당연한 조처로 여겨질 것이다.

넷째, NGO와의 연대강화이다. 글로벌 거버넌스의 입장에서, 유엔의 실
질적인 거버넌스 역할을 기대하기 위해서는 NGO와의 협력이 강화되는 것
이 필요하다. 현재의 유엔체제하에서 특히 수천 개의 NGO들이 '공식적 협
의지위consultative status'를 가지고 유엔의 활동에 참여하고 있거나 영향을 미
치고 있다(헌장 제71조). NGO의 참여가 없는 유엔의 활동은 상상조차 할
수 없을 정도에 이르렀다. 그렇기 때문에 분명한 시대적 추세는 유엔-NGO
관계는 기존의 경제사회이사회 관련 영역들에서뿐 아니라 군축, 선거감시,
인권보호, 평화유지 등 모든 영역에 걸쳐 광범위하게 더욱 제도화되면서 강
화되고 있다. 더구나 1990년대부터 활성화된 유엔 주관의 맘모스 국제회의,
가령 환경개발(1992, 리우), 사회개발(1993, 코펜하겐), 인권(1993, 비엔나),
여성(1995, 북경) 등에서 NGO들은 정부 대표자들 이상으로 많은 기여를
하였다.53)

또한 현재 UNDP를 비롯한 각종 유엔기구 및 프로그램의 활동과 이행에
서 NGO들은 유엔과의 계약이나 위임을 받아서 활동하는 경우가 점차 늘어

---

52) '선한 거버넌스'란 거버넌스의 필수적인 원칙을 갖추고 거버넌스가 추구하는 바람직한
   목표를 지향하는 것이라고 할 수 있다. 그러한 가치와 원리로서 효과성, 책임성, 민주
   성을 갖춘 거버넌스 그리고 그 이외에 '인권의 보호'와 '법의 지배에 대한 존중' 등이
   포함되기도 한다.

53) NGO들은 전지구적 회의의 개최 결정 과정이나 의제 선정 및 논의, 결의문, 선언문
   등의 작성 과정에 직접 참여하거나 간접적인 방법, 즉 자국 정부나 유엔 관료에 대한
   로비, 의견서 제출 등을 통하여 영향력을 발휘하는 경우가 많다. 더욱이 공식회의
   이외에 이른바 시민회의(People's Assembly) 혹은 시민포럼(People's Forum)을 독
   자적으로 구성하여 병행회의(parallel conference)를 개최하고 각국 정부들과는 별도
   의 정책이나 입장을 제시하기도 하였다. 회의 참석 NGO들은 수백 개에서 수천 개에
   이르며 참석자들도 공식회의 참가자보다 훨씬 많은 경우가 대부분이다.

나고 있다. 나아가서 NGO는 유엔과의 협력하에서 주요 문제에 관한 필요한 정보와 자료를 교환하고 지구시민사회의 다양한 입장을 반영하며 정부 등 국가 회원들의 입장을 보호 혹은 반대함으로써 유엔의 전반적 역할을 활성화할 뿐만 아니라 국제사회의 의제가 보다 합리적이고 정당성 있게 처리되도록 기여하고 있다.

물론, 글로벌 거버넌스의 논의와 그 의미에 대하여 비판적 입장도 많다. 가령 유엔, NGO 등 비국가행위자non-state actors의 역할 증대와 글로벌 거버넌스의 등장에도 불구하고, 아직 '글로벌 시민사회'의 대두가 시기상조이며 글로벌 거버넌스의 실행에는 많은 장애가 있다는 비판도 크다. 전반적으로 정부나 국가행위자의 국제문제해결 능력이나 영향력은 점차 감소하고 있지만, 국제사회는 여전히 국가중심의 국제체제를 무시할 수 없으며 국가주권 우선의 원칙과 내정불간섭의 원칙을 고수하고 있다. 인도적 개입, 국제보호책임과 같은 새로운 국제규범의 대두에도 불구하고 군사력과 강제력을 독점하고 있는 국가행위자는 안보와 평화의 문제에 있어서 주도적 역할을 여전히 하고 있는 것이 현실이다. 또한, 유엔과 NGO 관계가 모두 긍정적이고 협력적인 관계만을 유지하고 있는 것인 아니다.[54] 미국을 비롯한 선진국 중심의 세계화 전략이 가져오는 부작용과 병폐에 대하여 반발하면서 특히 WTO, World Bank, IMF 등 국제 경제기구의 정책과 프로그램의 수정을 요구하는 강력한 '반세계화anti-globalization' 운동을 전개하기도 한다.

그러나 글로벌 거버넌스의 현상과 과정은 엄연한 국제사회의 추세인 점에서, 유엔이 할 수 있고 해야 할 역할은 매우 크고 중요하다. 이러한 변화 속에 무엇보다도 유엔의 기본적 구성요소로서 유엔회원국들의 인식과 적극적인 협력태도가 제일 중요하다. NGO의 급격한 팽창과 역할 강화, 글로벌 세계시민사회의 등장 그리고 선한 글로벌 거버넌스의 추구는 국제사회 그리

---

54) '글로벌 거버넌스' 시대에 NGO들이 유엔이나 국가에 버금가는 실질적인 파트너가 되기 위해서는 NGO 자체의 투명성과 책임성을 제고해야는 커다란 과제를 안고 있다. 즉 민주적 관행과 절차, 투명한 재정과 운영 등을 통하여 회원 그리고 사회로부터 더욱 신뢰와 정당성, 도덕성을 가져야 한다는 점이 제기되고 있다.

고 인류에게 커다란 변화를 의미한다. 주권국가 중심의 국제체제는 비교적 항구적이고 안정적임에도 불구하고, 21세기의 새로운 추세 속에 국제체제와 국제행위자들의 개별적 역할 그리고 그들 상호간의 역학관계가 중대한 변화를 야기하고 있다. 따라서 유엔과 같은 범세계적 국제기구를 중심으로 국제사회의 행위자들을 포용하는 글로벌 거버넌스체제를 구축하는 것이 바람직하다. 유엔과 국제사회가 당면한 많은 난제와 유엔의 제약에도 불구하고 유엔은 글로벌 거버넌스의 중요한 주체이며 행위자로서 국가, NGO 등과 함께 국제사회에서 독특한 역할을 수행하는 기회와 역량은 계속 증대해 나가야 할 것이다.

VI. 결론: 유엔의 이해와 연구를 위한 과제

글로벌 거버넌스의 심화 속에서, 전반적으로 국가의 국제문제해결 능력이나 영향력은 점차 감소하고 있음에도 불구하고 국제사회는 여전히 국가중심의 국제체제를 무시할 수 없으며 국가주권 우선의 원칙과 내정불간섭의 원칙은 중요한 유엔 및 국제법상의 원칙으로 존중된다. 그렇다고 하더라도 대부분의 국가들은 유엔의 역할과 활동에 대하여 협력을 하며, 정치외교적 지지는 물론 다양하게 인적·재정적·군사적 지원을 제공하고 있다. 유엔창설 이래 한두 국가를 제외하고 어떤 회원국도 유엔을 자발적으로 탈퇴하거나 유엔의 존재를 부인한 적이 없다(가령 유엔의 강력한 군사적 제재를 받은 이라크, 리비아나 강력한 경제제재를 받고 있는 북한도 유엔의 결의를 비난은 하지만, 유엔 자체를 비난하거나 유엔 탈퇴를 고려하지 않았다).

유엔은 강대국뿐만 아니라 약소국이나 중견국가들에 있어서도 개별적 외교적 노력을 통해서나 혹은 회원국 간의 협력과 결집을 통하여 개별국가가 가질 수 없는 영향력을 행사하는 중요한 수단이 되고 있다. 유엔이 강대국의 첨예한 이해관계가 걸린 전쟁과 평화의 문제에서는 제한적인 역할을 할 수밖에 없음에도 불구하고, 유엔은 더 많은 영역에서 다양한 활동을 통하여 국제사회의 평화와 안전 그리고 번영을 위해서 많은 기여하고 있다. 유엔은 국제사회의 요구와 기대에도 불구하고 그 자체의 독립적 기구로서의 역량이 취약하며, 회원국인 주권국가들의 연합으로서 그들의 의지와 역량에 따라 그 역할을 수행해야하는 근본적 성격에는 변화가 없을 전망이다. 그러나 이러한 개혁은 유엔의 중요성과 필요성을 인식하고 적극적인 의지를 가진 회원 국가들의 절대적인 지지와 행동에 의해서만 개선될 수 있는 과제이기도 하다.

NGO의 급격한 팽창과 역할 강화, 글로벌 세계시민사회의 등장 그리고 선한 글로벌 거버넌스의 추구는 국제사회 그리고 인류에게 커다란 변화를 의미한다. 주권국가 중심의 국제체제는 비교적 항구적이고 안정적임에도 불구하고, 21세기의 새로운 추세 속에 국제체제와 국제행위자들의 개별적 역할 그리고 그들 상호 간의 역학관계가 중대한 변화를 야기하고 있다. 따라서 유엔과 같은 범세계적 국제기구를 중심으로 국제사회의 행위자들을 포용하는 글로벌 거버넌스체제를 구축하는 것이 바람직하다. 유엔이 글로벌 거버넌스의 중요한 주체이며 행위자로서 국가, NGO 등과 함께 국제사회에서 독특한 역할을 수행하는 기회와 역량은 계속 증대할 것이라는 점에서는 이의가 없을 것이다.

그렇다면 이와 같은 유엔을 보다 정확히 이해하고 나아가서 유엔이 적실성 있는 국제기구로서 국제사회에서 계속 존재하고 기여하도록 모색하기 위해서 이론적·학술적으로 어떠한 연구 노력이 필요한가? 이러한 과제의 해결노력은 유엔에 대한 보다 체계적이고 올바른 이해를 도모함으로써, 유엔학 및 국제기구학의 발전에 이바지함은 물론 한국의 정책적 시사점을 제시하게 될 것이다. 유엔의 연구는 무엇보다도 이론의 개발, 적용을 통하여 유엔 자체와 유엔의 활동에 대한 분석, 설명이 중요한 요건이다. 이와 같은 발전과 더불어 학문의 성숙을 위해서는 관련 세부 분야에서의 연구, 교육의 균형 있는 발전과 연계, 그리고 새로운 이론의 발전추세에 대한 이해, 그리고 학제간 연구 등 인접학문과의 교류 및 공조가 요구된다. 이러한 내용을 세부적으로 제시하면 다음과 같다.

첫째, 다양하고 균형 있는 심층적 세부 연구의 확대이다. 유엔연구는 유엔에 대한 총론적·개론적 연구를 넘어 세부 분야별로 연구, 교육영역의 확대를 꾀해야 할 시점이다. 가령 주요 주제별로 보면 국제안보(집단안보, 경제제재, PKO 등 유엔평화활동), 비확산 및 군비통제(핵무기 및 핵물질) 인권(인권체제 및 인도적 개입), 인도적 재난 및 지원, 지구온난화 등 환경, MDG 및 Post-MDG 등 개발, 그리고 유엔개혁(안보리개편, 재정 개혁) 등이 그것이다. 물론 이 분야들에 있어서 전반적인 이론과 실제에 대한 분석, 이해와 더불어 주로 한국과 관련된 주요 이슈별로 연구들이 이루어지고 있다. 그러나 서구권의 일반적인 수준에 비하여 전반적으로는 축적된 연구 성과가 아직 미흡하며, 현재의 학문업적들이 과연 심층적 연구와 높은 수준의 내용을 갖고 있느냐 하는 비판이 있을 수 있다. 각 전문 기구별 혹은 이슈에 관하여 그리고 한국적 입장에서 대 유엔정책이나 다자외교 전반주제를 망라하는 개론서나 종합서도 아직 발간되지 못한 것이 학계의 실정이다. 또한 이와 같은 연구의 수준은 교육 자료의 미흡으로 인하여 결국 교육의 비효율성을 초래한다.

물론 기본적으로 유엔 관련 전공학자층의 수적 열세는 수준 높은 토론과 상호 비판을 통해서 해당 분야의 연구를 축적하고 발전시키는 데 제약을 갖고 있다. 그러나 유엔연구에 대한 관심과 지원을 유발하는 노력과 함께 학회나 기존 학자들 간의 협력과 분업을 통하여 각 세부 분야별로 보다 체계적인 연구에 힘써야 한다. 국가적 수요나 학문적 균형의 입장에서 중·장기적인 과제로서 다룰 수 있는 주제는 유엔의 활동이나 국제사회 현실에 비추어 많이 있다. 가령 유엔자체의 역학이나 변화, 주요국가 혹은 그룹(가령 유럽연합EU, 아세안ASEAN, 아프리카연합AU)의 외교정책과 대유엔 정책의 분석, 이해, 그리고 유엔 자체 내의 정치적 역동성에 대한 분석연구가 필요하다. 또한 국제경제기구, 유엔 사무총장의 역할, 사회 및 경제개발, 보건 및 질병, 평화구축활동 등 그리고 유엔 내부의 정책결정 등 국제관료 및 국제행정, 유엔 행정개혁 등에 대한 심층연구도 중요한 과제이다.

둘째, 글로벌 거버넌스의 이론과 현상에 대한 이해와 적용이다. 유엔 등 국제기구의 역할과 활동에 대하여 올바른 이해를 위해서는 세계화와 글로벌 거버넌스의 시대적 추세와 내용에 대한 포괄적 이해도 필요하다. 현재의 세계는 국가중심의 국제사회에서 전지구적 사회 global society 로의 이행, 그리고 전지구적시민사회 global civil society 의 출현으로 규정되기도 한다. 이러한 다차원, 다양한 수준의 글로벌 거버넌스의 '현상'과 '과정'에 비추어 유엔의 연구·교육은 글로벌 거버넌스의 입장에서 접근하는 것이 보다 타당하다. 세계유엔체제학회 ACUNS 의 세계적 국제기구 학술지의 명칭이 *Global Governance: A Review of Mulitlateralism and International Organization* (Lynne Rienner)인 점과 인기있는 국제기구론 개론서의 제목이 *International Organizations: The Politics and Processes of Global Governance* (Margaret Karns와 Karen Mingst 공저)인 것은 이러한 추세를 잘 반영한 것이다.

국제사회에서 글로벌 거번너스는 국제기구학뿐만 아니라 여러 학문 분야에서 다양하고도 포괄적으로 논의, 규정되는 화두이다. 더구나 국제기구학의 입장에서 글로벌 거버넌스는 패러다임과 연구대상, 방법론의 전환을 가져오는 현상이며 화두이다. 그러므로 국제기구로서 유엔을 국제체제와 국제사회의 맥락 가운데서 이해할 뿐만 아니라, 나아가서 보다 넓게 글로벌 거버넌스에 있어서의 국가, NGO, 다국적 기업 등의 상호관계와 역동성 속에서 그 활동과 역할을 파악하는 노력이 필요하다. 따라서 국제기구 자체뿐 만 아니라, 일반적인 그리고 각 이슈에 있어서의 타 행위자와의 관계, 역할에 분석, 설명이 필요해진다. 그러한 바탕위에서 유엔 등 국제기구의 가능성 그리고 제약을 파악하고, 국제평화와 안전을 위해서 바람직한 역할과 기능, 활동, 그리고 방향을 제시하는 것이 필요하다.

셋째, 학제적 연구 및 교류의 강화이다. '국제기구학'은 주로 국제사회의 주요행위자 하나인 국제기구를 다루는 것이며, 그 독자적인 학문적 대상, 영역과 범주 그리고 연구방법론을 갖추고 있다. 그러나 국제사회의 변화에 따라 유엔의 역할과 활동이 포괄적으로 국제사회의 거의 모든 분야에 걸쳐 확대되고 그 내용이 복합적이 되면서 국제기구학의 영역이 타학문과 중복 혹은 제휴되는 경향이 늘고 있다. 바람직한 것은 국제기구의 역할과 활동 분석 그리고 정책대안의 제시라는 측면에서 '학제간interdisciplinary' 연구를 통하여 학문으로서 영역과 대상을 확대하는 것이다.55) 국제기구론의 기존 체계와 역사에 비추어, 우선 국제기구학 자체의 학문적 독자성과 정체성에 대한 확고한 기반 정립을 바탕으로 관련 학문분야와의 제휴가 가능할 것이다. 이러한 시도는 국제기구의 '현상'에 대한 올바른 고찰과 실사구시적 대안에서 분석과 설명, 그리고 예측이나 대안을 제시하는 데 보다 적실성을 갖추게 될 것이다.

특히 유엔학 혹은 국제기구학은 국제관계학의 국제정치이론은 물론 국제 협력과 다자주의, 주요국가 및 지역의 외교정책, 국제정치경제학 등과 밀접한 관련이 있다. 나아가서 글로벌 거버넌스의 입장에서나 학제간 협력의 필요성의 측면에서, 국제인권법, 국제인도법 등 국제법적 고찰과 국제행정론 등 행정학적 접근과 이해도 필요하다. 또한 대량살상무기WMD, 군축 등 국제안보, 국제인권, 국제환경·자원, 국제개발, 국제경제, 국제교육, 여성, 사회개발 등의 다양한 인접 학문영역 혹은 세부영역과의 협력 혹은 공조가 요청된다. 그리고 국제행위자로서 NGO 자체와 유엔-NGO 상호 관계와 역할에 대한 규명으로서 'NGO론'에 대한 이해도 중요한 분야이다. 또한 규범적 측면에서 '평화학'의 학문적 내용과 관심도 일정한 수준에서 유엔학에서 다루어질 수 있을 것이다.56)

끝으로, 중견국가middle power의 이론과 실제에 대한 실제에 대한 연구이

---

55) 가령 지역학(Area Studies) 연구나 교육이 갖는 성격과 내용이 바람직한 '학제간' 연구의 대표적 예라고 할 수 있다.

56) 평화학(Peace Studies)도 학제간 연구와 교육의 대표적 사례라고 할 수 있다. 평화학은 냉전시대에 있어서는 그 관심이 전쟁의 방지나 해소 등 주로 '소극적 평화'에 치중하였으나 탈냉전 시대에는 '적극적 평화'에 관심을 가지고 있다. 국제사회의 새로운 관심사, 즉, 지역분쟁, 빈곤, 인권, 환경, 여성, 난민, 마약, 에이즈 등 이른바 '전지구적 난제(Global Problematique)'의 해소가 그 주안점이다. 이런 점에서 유엔학의 관심영역과 매우 일치한다.

다. 중견국 외교의 특징은 다자외교이며 유엔은 바로 이러한 다자외교의 제
도화된 틀이라는 점에서 중견국에 대한 이해도 중요하다.[57] 전반적으로 국
가의 외교정책이나 행태를 규명하는 데 있어서 강대국이나 약소국(혹은 개
도국)에 비하여, 중견국의 개념, 역할 그리고 입장을 파악하는 데는 소홀한
것이 국·내외 학계의 실정이다. 중견국의 정의는 다양하지만 중견국이란
개념은 일반적으로 강대국, 혹은 약소국이 아닌 국가 혹은 중간 정도의 국가
라는 포괄적인 국력을 의미한다. 특히 경제력을 중심으로 할 때는 선진국과
개발도상국(후진국)에 속하지 않는 중간 정도의 경제력을 가진 국가라고 할
수 있다. 보다 적극적인 의미로는 강대국에 버금가는 국력을 가지고, 국제사
회에서 제한적이고 선별적으로 리더십을 발휘하는 국가라고 정의할 수 있
다. 또한 보다 분석적으로 보면, 중견국가란, 현재의 국제질서를 유지하는
것은 선호하되 강대국 위주의 운영에 대해서는 저항감을 갖고 있는 국가로
서 국가 간 분쟁 해결 및 협력문제 등에 있어 양자적 방법보다 다자적 방법
을 선호하는 국가를 의미한다.[58]

---

57) 박흥순, "중진국의 역할과 다자외교," 신정현 외 공저, 『21세기 한국의 선택』(도서출
　판 우석, 1997), pp.569-588.
58) 현재 중견국을 구별하는 통용된 기준은 없으며, 그 기준이 무엇이고 과연 어느 국가가
　중견국으로 볼 것인가를 분류하는 것은 쉽지 않다. 다만, 이론적으로 중견국이란 어
　떠한 국가인가는 국력, 역할, 그리고 인식이라는 3가지 방법에 의해서 보다 체계적으
　로 규정될 수 있다. 중견국은 첫째, 국력의 정도에 의해서 다른 국가와의 상대적 위치
　에서 정의될 수 있다. 가장 많이 쓰이는 객관적 기준은 경제력이며 특히 국민총생산
　(GNP)이다. 그 밖에도 국민개인소득(PI) 그리고 생산성이나 그 밖에 잠재적 국가역
　량의 요소, 즉 영토, 천연자원, 인구 등을 기준으로 삼을 수 있다. 이 밖에 중요한
　것은 일정한 군사력, 정치적 수준 및 외교역량의 측면이라고 할 수 있다. 둘째, 역할
　의 측면에서는 지역적 차원에서 혹은 세계적 차원에서 국제사회의 목표, 즉 평화와
　안보를 중심으로 한 국제질서유지와 국제사회의 정의(justice)의 성취에 기여하는 역
　량을 기준으로 할 수 있다. 그러한 역량으로서 국제사회에서 가) 국제체제의 수호
　및 세력균형의 유지에 기여하는 것, 나) 중재 및 조정자로서 분쟁의 예방, 해결이나
　억제를 하는 것, 그리고 다) 국제기구에 대한 지원, 활동 참여 등 국제사회의 주요
　장치를 유지하는 책임을 맡는 것 등을 포함한다. 국제정의의 추구는 가령 반 식민주
　의, 인종차별주의의 배척, 또한 강대국과 약소국 사이에서 경제정의의 구현을 위한
　선도적 역할을 말한다. 셋째, 중견국의 또 다른 요건은 국제사회의 인식과 인정

중건국 외교는 강대국이나 약소국과 구별되는 특성과 역할이 있는 점에서 중건국 외교의 이론과 실제에 대한 보다 체계적인 규명과 대안의 제시를 위한 연구가 강화되어야 한다.[59) 이러한 중건국 외교에 대한 규명은 한국에게도 많은 정책적 시사점을 제시할 수 있을 것이다. 특히, 한국이 지향해야 할 국가적·외교적 정체성과 국제정치적 역할을 새롭게 정립하는 차원에서 중건국가의 역할, 그리고 대 유엔정책 등 다자외교에 대한 이해가 강화되어야 할 것이다. 이는 한국이 캐나다, 호주처럼 국제사회에서 정치적 및 외교적·도덕적 리더십을 갖는 데 있어서 좋은 준거가 될 것이다. 특히 국제적리더십을 발휘하거나 한반도의 평화적 통일을 추구하는 과정에서 국제적지지를 이끌어내는 데도 유용할 수 있다.[60) 가령 한국이 산업화, 경제선진화, 민주화에 성공한 '귀감role model'으로서 선진국과 개도국 간의 교량역할bridging role이나 '틈새외교niche diplomacy'를 전개할 수 있는 명분과 기회를 제공하기 때문이다.[61)

(recognition)이다. 즉, 상당 기간 동안의 성과를 바탕으로 국제문제에서 일정한 역할을 담당하는 자격과 능력에 대한 신뢰가 형성되어야 한다. 그러나 중건국 전부가 이러한 요건을 모두 갖추어야 하는 것은 아니며, 또한 현실적으로 이러한 요건을 다 갖추고 있지도 않다.

59) 한국의 성장에 맞추어 정부가 역대로 소위 '중건국가', '아시아 중심국가,' 혹은 '세계 선진 국가' 지향의 국가적 목표와 외교방향에 관한 노력을 기울였음에도 불구하고, 실제로 한국외교의 정체성과 역할에 관한 확고한 정의나 국민적 합의는 여전히 불투명하다. 그러므로 한국이 세계 10위권의 경제력 그리고 지정학적인 역할과 위상에 비추어, 현실적으로 중건(중진)국가 혹은 중강국가(Advanced Middle Power)로서의 정체성을 확립하는 것이 합리적일 것이다.

60) 북한 핵개발문제와 관련된 안보리의 역할, IAEA의 활동, 유엔 인권위원회에서의 대북한 결의안, 대 북인도적 지원 등이 이미 이루어지고 있다. 또한 향후 사태 여하에 따라 유엔의 집단안보, 강제활동, PKO, 중재 등 평화조성, 혹은 평화구축을 위한 역할을 맡을 수 있을 것이다.

61) 김우상, 『신한국책략 III: 대한민국 중건국 외교』(세창출판사, 2011)는 한국의 중건국 외교추구와 중추적 동반자(pivotal partnership) 역할을 주창하고 있다. 특히 pp.3-19 참조.

더 읽을 거리

마가렛 칸즈 / 카렌 밍스트 저, 김계동 외 역. 『국제기구의 이해 (2판)』. 명인문화사, 2011.

글로벌 거버넌스의 개념과 틀 속에서 국제기구에 관한 기초적인 이해를 도모하는 개론서이다. 국제사회에서 유엔을 비롯한 정부간국제기구, 비정부기구(NGO), 국가의 역할을 파악하면서, 이들이 각 이슈별, 즉, 평화 및 안보, 개발 및 복지, 인권보호, 환경보호에 있어서 작동하는 글로벌 거버넌스의 사례를 설명한다.

박수길 편. 『21세기 유엔과 한국 — 새로운 도전과 과제』. 도서출판 오름, 2002.

21세기 국제사회의 변화 가운데서 유엔을 포괄적으로 조명하면서, 특히 국제기구로서 그리고 다양한 글로벌 이슈를 해결하는 데 있어서 유엔의 기여와 역할을 평가하고, 한국의 대유엔 정책의 방향과 과제를 제시하고 있다. 국제기구 전공 학자 및 연구자는 물론 한국의 전·현직 외교관 등이 각 분야별로 집필함으로써 이론 및 실무적 측면에서 유엔을 파악한다.

평화포럼21 편. 『다자외교 강국으로 가는 길』. 화정평화재단 및 21세기 평화연구소, 2008.

20세기 이후 본격화된 다자주의 및 다자외교의 관점에서 학자 및 외교관들이 국제적 및 지역적 현황과 의제를 살펴보는 개론서이다. 평화, 개발, 인권, 유엔 등 주요 의제, 그리고 동아시아 지역 전반과 중국, 일본 등 다자외교의 다양한 현황과 쟁점을 설명하고, 또한 다자외교 협상의 실제 사례를 '현장의 목소리'로서 심층적으로 소개, 평가한다.

📖 *Basic Facts About the United Nations*, revised ed. New York: UN Dept. of Public Information, 2011.

유엔사무국이 발간한 유엔에 관한 종합적인 기본 소개서이다. 유엔의 주요기관, 프로그램 및 기금, 전문기구를 포함한 유엔체제 전반을 나열식으로 소개하고, 평화 및 안보, 경제 및 사회개발, 인권, 국제법 등 각 영역에서의 실제사례에서 유엔기구들의 역할과 활동을 설명한다. 초판(1995년간) 이후, 20여 년 만에 발간된 개정판으로서, 2011년 초까지의 최신자료와 정보를 사용하고 있고, 부록에서도 유엔회원국현황, 유엔센터 등의 안내, 유엔기구 홈페이지 목록 등 유용한 자료를 제공한다.

📖 Pease, Kelly-Kate S. *International Organizations: Perspectives in the Twenty-First Century*, 4th ed. New York: N.Y., Longman, 2010.

국제기구의 개념과 역할을 국제정치학의 이론적 관점에서 체계적으로 분석, 설명한 이론적 개론서이다. 국제정치의 기본 패러다임으로서 현실주의(Realism)와 자유주의(Liberalism)의 소개는 물론 주요 비판이론(마르크스주의, 여성주의 및 구성주의)을 설명하고, 이러한 관점들이 안보, 무역, 개발, 환경, 인권 및 인도적 문제 등 글로벌 의제의 주요 현상과 사례의 이해에 어떻게 적용, 설명되는가를 명료하게 보여준다.

📖 Weiss, Thomas G., David P. Forsythe, Roger A. Coate, and Kelly-Kate Pease. *The United Nations and Changing World Politics*, 6th ed. Boulder. CO., Westview Press, 2010.

국제사회의 변화 가운데서 유엔의 역할을 국제안보 및 평화, 인권 및 인도적 문제, 지속가능한개발의 3개 분야에서 각 이슈별로 체계적·심층적으로 고찰하는 기본서이다. 각 분야별로 이슈의 기본개념과 유엔기구 및 관련 기관들의 구성, 권한 변화를 파악하고, 주요한 실제사례 등 활동내용, 쟁점 및 성과를 평가하고, 향후의 당면 과제에 대하여 고찰한다.

📖 Ziring, Lawrence, Robert E. Riggs, and Jack C. Plano. *The United Nations: International Organizations and World Politics*, 4th ed. Bellmont, CA, Thomson & Wadsworth, 2005.

유엔의 역사 및 구조, 구성, 권한 및 활동 등 전반에 관하여 포괄적으로 설명하는 가장 전형적인 유엔입문서의 하나이다. 국제기구의 발전, 그리고 유엔의 일반적 구성 및 의사결정체제 및 과정을 상세히 설명하고, 각 기관별 및 주요이슈, 즉 집단안보, 분쟁해결, 군축, 사회, 기술협력, 경제발전 등 분야에서의 유엔의 역할과 활동을 살펴본다.

제2장

유엔의 구조와 과정

박재영

I. 서론

본 장은 유엔에 대한 총체적인 이해를 돕기 위한 노력의 일환으로 유엔의 구조structure와 과정process을 분석적으로 살펴보는 것을 목표로 한다. 가장 중요한 이유는 이러한 구조와 과정이 유엔의 수행하는 과업의 성과performance나 결과outcome에 중대한 영향을 미친다는 점이다.

이를 위해 우선적으로 유엔이라는 조직을 구성하고 있는 주요한 인적 구성요소인 회원국과 옵서버의 지위를 살펴보고자 한다. 이어서 유엔을 구성하고 있는 물적 요소인 총회, 안전보장이사회, 경제사회이사회, 신탁통치이사회, 사무국, 국제사법재판소라는 6개 주요기관들을 들여다보고자 한다. 이들을 들여다봄에 있어서 특히 이들의 지위, 구성, 임무, 권한 등에 중점을 두고자 한다.

이러한 구조적인 특징과 함께 이들 기관들의 의사결정의 절차와 과정을 총회와 안전보장이사회를 중심으로 살펴봄으로써 과정적인 요소에도 주목하려고 한다. 이러한 유엔의 구조와 과정을 논하는 가운데 이들의 현실과 더불어 구조와 과정에 가해지고 있는 개혁논의도 살펴보고자 한다.

본 장은 여기에 그치지 않고 유엔의 구조와 과정에 영향을 미치면서 결과적으로 유엔의 성과나 결과에 영향을 미치는 또 다른 요소들로서 유엔의 재정문제와 유엔기관 사이의 상호관계 역시 부수적으로 다루고자 한다. 이들을 살펴보는 가운데 재정의 부족을 타개하기 위한 제안들과 유엔기관들의 활동의 중첩을 극복하기 위한 조정coordination의 문제를 간단히 소개하고자 한다. 유엔은 외부의 환경과 부단히 상호작용을 하면서 환경에 영향을 주기도 하지만 환경의 영향을 적지 않게 받고 있는 것도 사실이다. 따라서 유엔과 긴밀한 관계를 형성하고 있는 유엔 밖의 기구들로서 유엔체제의 일원인 전문기구와 비정부기구NGO가 유엔과 어떠한 관계를 가져오고 있으며 이러한 관계가 어떠한 변화를 경험해오고 있는가를 더불어 살펴보고자 한다.

II. 유엔의 구성요소와 지위

유엔은 회원국과 옵서버를 구성요소로 한다. 따라서 이들을 구분하여 각각의 지위에 대해 살펴보고자 한다.

1. 회원국[1]

유엔은 지역기구regional organization와는 달리 보편적 기구universal organization로서 일정한 자격요건을 갖춘 모든 국가에게 문호가 개방되어 있으며 현재 193개 회원국으로 구성되어 있다. 가입요건을 규정하고 있는 헌장 제4조 1항에 따라 회원국이 되려면 우선 헌장이 규정하고 있는 의무를 수락할 뿐 아니라, 이러한 의무를 이행할 능력과 의사가 있다고 인정되어야 하며, 평화를 애호하는 국가이어야 한다.

---

1) 박재영, 『유엔과 국제기구』(서울: 법문사, 2007), pp.187-206 참조.

이러한 가입요건에 있어서 문제가 되었던 것은 「회원국은 헌장의 의무 가운데 하나로서 국제평화와 안전의 유지를 위한 강제조치에 협력할 의무가 있는데, 이러한 의무와 영세중립국의 지위가 양립할 수 있는가」 하는 것이다. 영세중립국 가운데 스위스는 양립할 수 없다는 판단하에 유엔에 가입하지 않았다가 2002년에서야 유엔에 가입했다. 오스트리아는 스위스와는 달리 1955년에 영세중립국이 되자마자 군사적 조치에 참가하지 않는 것을 조건으로 가입했다.

유엔의 역사를 살펴볼 때 회원국의 유엔가입은 가입요건의 충족여부만으로 결정되지 않고 정치적 고려가 중요한 요인으로 작용했다. 유엔에 가입하기 위해서는 거부권이 적용되는 안보리의 추천이 필요하며 총회에서 참석하여 투표한 국가의 2/3 이상의 찬성이 있어야 한다. 냉전시대에 미국과 소련이 상대방 진영에 속하는 국가들의 가입에 경쟁적으로 거부권을 행사함으로써 한국을 비롯한 적지 않은 국가들의 유엔가입이 배제되었다.

회원국이 지위와 관련하여 살펴보아야 할 또 다른 문제는 대표권 문제이다. 회원국에서 합법적으로 정권이 바뀌는 경우 유엔에서 대표권의 문제는 발생하지 않는다. 그러나 내전이나 쿠데타와 같은 비합법적인 방법으로 정부가 변경되었을 경우 문제가 발생한다. 이때 구정부가 무너졌거나 회생할 기미가 없을 경우 총회의 신임장위원회 Credential Committee 심사를 통해 새로운 정부가 해당 국가의 정당한 대외적 대표기관임이 승인되어야 한다. 복수의 정부가 정통성을 경합적으로 주장하는 경우 신임장위원회가 아닌 총회의 본회의에서 심의하게 된다.

유엔헌장은 회원국의 권리정지에 관한 규정을 두고 있다. 제5조는 총회로 하여금 안보리의 권고에 의거하여 안보리의 예방조치나 강제조치의 대상이 된 유엔 회원국에 대해 회원국으로서의 권리와 특권의 행사를 정지할 수 있도록 하고 안보리로 하여금 정지된 권리와 특권을 회복시킬 수 있도록 하고 있다. 제19조는 정규예산 연체금의 금액이 그 당시까지의 만 2년간에 그 국가가 지불하여야 할 분담금의 금액과 같은 액수이거나 이를 초과한 회원국은 총회에서 투표권을 가지지 못하도록 하고 있다. 단 지불 불이행이 회원국의 불가피한 사정에 기인한다고 총회가 인정할 경우 투표가 가능하다. 유엔헌장 제6조에 따라 헌장에 포함된 원칙들을 지속적으로 위반한 유엔 회원국은 안보리의 권고에 의거하여 총회가 제명할 수 있다. 유엔헌장은 국제연맹 규약과는 달리 탈퇴에 관한 명시적인 규정을 두고 있지 않지만 탈퇴를 금지하고 있는 것은 아니다.

2. 옵서버(observer)

옵서버 지위와 관련하여 유엔헌장은 전혀 규정을 두고 있지 않아 구체적인 옵서버 지위는 관행과 선례에 기반을 두고 유엔총회 본회의의 결의안에 의해 부여된다. 유엔이 옵서버 지위를 두는 이유는 직접적인 이해관계를 가지고 있는 행위자에게 관심사항에 대해 의사표시를 할 수 있는 기회를 제공하고 이들로부터 토의의 결과물에 대한 존중을 이끌어내기 위한 것이다.

1) 옵서버의 종류와 지위

옵서버는 유엔의 정회원국이 보유한 권리와 특권의 일부를 가진다. 구체적인 권리와 특권은 옵서버가 어떤 부류에 속하는가에 따라 달라질 뿐 아니라 부류가 같다고 해도 결의안이 구체적으로 어떠한 권리와 특권을 부여하는가에 따라 달라지기 때문에 일률적으로 논할 수 없다. 그럼에도 불구하고 확실한 공통점이 있다면 옵서버 조직은 표결권을 갖지 못한다는 것이다. 유엔에서 옵서버는 다음과 같이 4부류로 구분되어 왔다.

(1) 비회원국 옵서버(non-member state observer)

비회원국 옵서버란 말 그대로 유엔 회원국이 아니면서 옵서버 지위를 가진 국가를 의미한다. 이러한 옵서버 지위를 가지려면 최소한 하나 이상의 전문기구 회원국이어야 한다. 한국도 1991년에 정회원국으로 가입하기 전에 이러한 지위를 정기간 보유한 바 있다. 현재 이 부류의 옵서버로는 바티칸The Holy See과 팔레스타인Palestine이 있다.

바티칸은 1964년에 옵서버 지위를 획득했고 2004년에 통과된 결의안 A/RES/58/314를 통해 권리가 확대되었다. 확대된 권리에 따라 바티칸을 언급하고 있는 결의안이나 수정안과 결정에 공동제안국이 될 수 있는 권리를 포함하여 정회원국이 가지는 권리의 대부분을 가지게 되었다. 물론 표결권과 유엔총회에서 후보를 낼 수 있는 권리는 부여받지 않았다.

팔레스타인은 2012년 11월 29일 이전까지는 또 다른 옵서버의 또 다른 부류인 '단체와 국제적인 조직entities and international organization'에 속했었다. 일찍이 팔레스타인해방기구PLO가 1974년 유엔총회 결의안을 통해 자결권을 인정받았고 또 다른 결의안인 A/RES/3237(XXIX)을 통해 '옵서버 단체observer entity'의 자격을 획득하여 유엔총회뿐 아니라 유엔총회의 후원 아래 개최되는 국제회의의 회의와 업무에의 참가를 요청받게 되었다. 1988년에 결의안 A/RES/43/160은 중간 매개자가 없이 문건을 회람할 수 있는 권리를 부여했고 결의안 A/RES/43/177은 'PLO'란 명칭 대신에 '팔레스타인Palestine'으로 부르도록 했다.

1998년에는 결의안 A/RES/52/250을 통해 표결권과 후보를 낼 권리를 제외하고 팔레스타인과 중동문제에 관한 의제항목을 다루는 결의안이나 수정안 혹은 결정에 대해 공동제안을 할 수 있는 권리를 포함하여 정회원국과 거의 동일한 권리와 특권을 보유하게 되었다. 2011년에 유엔 정회원국 가입 신청이 안보리의 반대로 무산되었으나 2011년 10월 전문기구의 하나인 유엔교육과학문화기구UNESCO의 정회원국이 됨으로써 비회원국 옵서버의 자격 조건을 갖추게 되었다. 이어서 2012년 11월 29일 유엔총회 결의안(A/RES/67/19)을 통해 '비회원 옵서버 국가'로 인정받게 됐다. 이로써 팔레스타인은 유엔의 정회원국은 아니지만 '옵서버 국가state'로 지위가 격상되었다.[2] 당

---

[2] 팔레스타인에게 비회원 옵서버 국가의 지위를 부여한 것은 국제사회가 간접적으로 팔레스타인을 국가로 승인했다는 것으로 해석할 수 있으며 이후로 유엔의 공식문건에서

결의안은 지위의 격상과 관련하여 추가적인 권리와 특권에 대해 전혀 언급하고 있지 않아 지위가 격상되었지만 1998년에 획득한 권리와 특권을 그대로 유지하는 것으로 이해된다.

(2) 단체와 국제조직(entities and international organization)

두 번째 부류는 단체와 국제조직으로서 세 번째 부류인 정부간기구와 구별된다. 이 부류에 유일하게 속해 있던 팔레스타인이 2012년 11월에 비회원국 옵서버지위를 획득함으로써 현재 이 부류에 속하는 조직은 하나도 없다.

(3) 정부간기구(intergovernmental organization)

세 번째 부류는 우리가 흔히 국제기구라고 부르는 정부간기구인데 이 부류에 속하는 70개의 정부간기구는 다음과 같이 2가지 하위부류로 구별된다. 첫 번째 하위부류는 유엔총회의 회의와 업무에 옵서버로서 상시적으로 참가초청을 받으며 유엔본부에 상설대표부를 유지할 수 있는 정부간기구이다. 두 번째 하위부류는 유엔총회의 회의와 업무에 옵서버로서 항상 참여초청을 받으나 유엔본부에 상설대표부를 유지할 수 없는 정부간기구이다.

(4) 그 밖의 단체(other entities)

네 번째 부류는 그 밖의 단체이다. 구체적으로 유엔총회의 회의와 업무에 옵서버로서 상시적으로 참가초청을 받으며 유엔본부에 상설대표부를 유지할 수 있는 그 밖의 단체이다. 이 부류에 속하는 조직은 국제적십자사위원회ICRC, 국제적십자사연맹IFRC, 국제의원연맹IPU, 국제올림픽위원회IOC, 몰타기사단Sovereign Military order of Malta이다.[3]

사무국은 팔레스타인을 'State of Palestine'으로 칭하게 된다. 팔레스타인이 비회원 옵서버 국가의 지위를 얻은 결과 유엔 산하기구와 국제형사재판소(ICC)에 회원국으로 가입할 수 있다. 따라서 팔레스타인이 이스라엘을 국제형사재판소(ICC)에 제소하는 것도 가능하다.

3) 'Sovereign Military order of Malta'는 우리말로 '몰타기사단'으로 번역되는 단체로서

정부간기구의 하위부류

1) 상설대표부 유지 가능한 대표적 정부간기구
- African Union(AU), Caribbean Community(CARICOM)
- European Union(EU), International Criminal Court(ICC)
- International Criminal Police Organization(INTERPOL)
- International Organization for Migration(IOM)
- International Seabed Authority(ISA)
- International Union for the Conservation of Nature and Natural Resources(IUCN)
- League of Arab States(LAS)
- Organization of the Islamic Cooperation(OIC)

2) 상설대표부를 유지할 수 없는 대표적인 정부간기구
- African Development Bank(AfDB)
- Asian Development Bank(ADB)
- Association of Southeast Asian Nations(ASEAN)
- Organization for Economic Cooperation and Development (OECD)
- Organization for Security and Cooperation in Europe(OSCE)
- Organization of American States(OAS)

2) 특수한 옵서버로서의 유럽연합(EU)

유럽연합은 1974년에 정부간기구로서의 옵서버의 지위를 획득했고 2011년에 추가적인 권리를 부여받았다. 이러한 추가적인 권리에는 결의안과 수정안을 제출할 권리가 포함되는데 이러한 권리는 가장 높은 수준의

로마에 본부를 두고 있는 국제구호단체이다. 현재 1만 명에 이르는 남녀 기사(Knights and Dames)를 거느리고 있으며, 전 세계에 걸쳐 수십 개의 병원과 보건클리닉을 운영하고 있다.

권리를 갖는 '비회원국 옵서버'도 가지지 못한 권리로서 유엔의 정회원국의·
권리와 크게 다르지 않다. 이 때문에 EU의 옵서버 지위를 '특급옵서버지
위super-observer status'라고 부른다. 이와 더불어 유엔총회 본회의에서 국가원
수나 정부수반들이 행하는 일반토의(기조연설)와 고위급회의의 발언자명부
에서 앞쪽에 놓이도록 했다. 이에 대해 단순히 정부간기구 옵서버로 취
급받고 있는 아프리카연합AU을 비롯한 다른 지역기구들의 불만이 적지
않다.

3) 옵서버 지위 부여의 제한

유엔은 1994년에 결의안을 통과시켜 옵서버 지위를 부여함에 있어서 제
한을 가하고자 했다. 구체적으로 옵서버 지위가 너무 많이 부여되고 있다
는 인식 아래 향후 옵서버의 지위는 국가와 유엔총회가 관심을 가지는 활
동을 수행하는 정부간기구에 국한한다는 내용이다. 이로써 단체와 국제조
직 부류와 그 밖의 단체라는 부류에 속하는 옵서버는 더 이상 생기기 어렵
게 되었다.

III. 유엔의 조직구조(organizational structure)[4]

유엔은 헌장에 기초하여 설립된 6개의 주요기관principal organs인 총회, 안
보리, 경제사회이사회, 신탁통치이사회, 사무국, 국제사법재판소와 결의
resolution를 통해 설립된 보조기관subsidiary organ으로 구성되어 있다. 이들 주
요기관들은 헌장개정 없이 창설이 가능한 보조기관들을 다수 설립하여 실질
적인 손발이 되도록 하고 있다.

---

4) 박재영, 『모의유엔회의 핸드북』(서울: 법문사, 2008), pp.36-54.

유엔은 총회와 이사회처럼 회원국들이 국익의 관점에서 접근하는 기관과 사무국처럼 국제공무원으로 구성되어 국제적인 관점에서 접근하는 기관이 공존하고 있다. 또한 총회와 같이 모든 회원국을 구성요소로 하여 형평성을 중요시 여기는 기관과 소수의 선출된 국가들로 구성되어 효율성을 중요시 여기는 이사회가 공존하고 있다. 이처럼 국가의 주권보호와 국제기구의 권한강화라는 상반된 필요와 더불어 형평성 추구와 효율성 추구라는 상반된 필요가 조직의 구조에 반영되어 있다.

1. 총회(General Assembly)

1) 지위와 구성

총회는 현재 193개 회원국으로 구성된 형식상의 최고 의사결정기관으로서 산하에 여러 보조기관을 두고 있다. 여러 보조기관 가운데 가장 주요한 역할을 하는 것은 6개의 주요위원회Main Committee이다. 총회 스스로 의제들을 논의하기도 하지만 대부분의 의제들을 성격에 따라 이들 주요위원회에 배분하여 전문적으로 논의하도록 한다.

주요위원회란 구체적으로 군축과 군비관리를 포함한 정치와 국제안보문제를 취급하는 제1위원회, 경제와 재정문제를 다루는 제2위원회, 인권과 사회문제를 취급하는 제3위원회, 평화유지활동PKO과 같은 특별정치와 탈식민문제를 다루는 제4위원회, 행정과 예산문제를 취급하는 제5위원회, 법률문제를 취급하는 제6위원회이다. 이러한 주요위원회는 모든 회원국을 구성요소로 하는 전체위원회committee of the whole로서의 특징을 지니며 위원회에서 통과된 결의안은 총회에서 채택이 되어야 최종적으로 확정이 된다.

총회는 위원회 형태의 또 다른 보조기관으로서 주요위원회 이외에 신임장위원회Credentials Committee와 같은 절차위원회와 분담금위원회Committee on Contribution와 같은 상설위원회를 두고 있다. 이와 더불어 유엔개발계획UNDP, 유엔난민최고대표사무소UNHCR, 유엔환경계획UNEP, 세계식량계획WFP 등과 같은 국제기구 형태의 보조기관 역시 두고 있다.

유엔은 1년에 1회 9월 셋째 주 화요일에 개회되는 정기총회와 더불어 필요에 따라 특별총회와 긴급특별총회를 개최한다. 총회의 의장단bureau은 의장President과 21명의 부의장으로 구성되고 주요위원회의 의장단은 1명의 의장Chair, 3명의 부의장, 1명의 보고관으로 구성된다. 총회의 의장단과 주요위원회의 의장은 절차위원회의 하나로서 운영위원회General Committee를 구성하여 총회 의장을 보조하여 회의를 조정하는 역할을 수행한다. 각 회원국은 자국의 대표단으로서 최고 5명의 대표와 5명의 교체대표를 둘 수 있다.

2) 임무와 권한

유엔총회의 임무와 권한에 관한 사항은 유엔헌장(제10-17조)에 명시되어 있다. 총체적으로 총회는 유엔의 최고 의사결정기관으로서 헌장의 범위 내에 있거나 헌장에 규정된 기관의 권한과 임무에 관한 어떠한 문제나 사항에 관해 토의할 수 있고 권고할 수 있다. 단 안보리가 분쟁이나 사태와 관련하여 헌장이 부여하고 있는 임무를 수행하고 있는 동안은 안보리의 요청이 없이는 권고가 불가능하다. 이런 점에서 총회의 역할은 안보리에 비해 부차적인 역할을 한다고 볼 수 있다. 그러나 1950년에 한국전쟁이 발발했을 때 총회가 '평화를 위한 단합Uniting for Peace' 결의를 채택함으로써 안보리가 강대국의 거부권 행사로 마비되어 평화유지에 필요한 조치를 취할 수 없을 때 총회가 무력행사를 포함한 조치를 권고할 수 있게 되었다.[5]

총회는 다른 주요기관의 보고를 받고 토의하고 권고할 수 있고 유엔의 예산을 심의하고 승인하며 각 회원국의 예산 분담률을 결정한다. 총회는 자체의 의장단을 비롯하여 다른 주요기관의 구성요소(안보리의 비상임이사국, 경제사회이사회와 신탁통치이사회 이사국, 안보리와 합동으로 국제사법재판소의 판사)와 총회 산하의 일부 보조기관의 구성요소를 선출하거나 임명

---

[5] 이후에 이에 따른 구체적인 조치를 취한 예로는 1956년의 수에즈운하 위기와 헝가리사태, 1958년의 레바논문제, 1960년의 콩고사태, 1967년의 제3차 중동전 등이 있다.

한다. 총회는 정치분야를 비롯한 여러 분야에서 연구를 제안하고 권고할 수 있고 일반적 복지나 국가 간의 우호를 해칠 우려가 있다고 인정되는 사태에 대해 평화적 조정peaceful adjustment을 위한 조치를 권고할 수 있다. 총회는 대외적 권한으로는 국제기구를 일방의 당사자로 하는 협력협정 등을 체결하는 경우 이 기구를 최종적으로 대표하며 회원국 가입을 심의하고 유엔헌장 개정을 제의할 수 있다.

2. 이사회

1) 안전보장이사회(Security Council: SC)

(1) 지위와 구성

안전보장이사회(이하 안보리)는 미국, 영국, 프랑스, 중국, 러시아 5개 상임이사국과 총회가 선출하는 10개 비상임이사국으로 구성된다. 비상임이사국 선출 시 국제평화와 안전의 유지 및 유엔의 기타 목적에 대한 공헌도, 형평성, 지리적 배분 등이 고려된다. 이들의 임기는 2년이고 임기만료 직후에는 재선될 수 없고 매년 5개 이사국이 바뀐다. 한국은 1996~1997년에 비상임이사국으로 활동했고 2013~2014년의 2년 동안 이사국으로 다시 활동을 시작했다. 안보리의 의장국은 매달 바뀌며 이사국 중에서 국가명의 영문 알파벳순에 의해 순환한다.

유엔 회원국이 아니거나 안보리의 이사국이 아닌 국가의 경우라도 자국의 이해관계가 특별하게 영향을 받는다고 이사회가 동의할 경우 토의에 참가할 수 있다. 최근에는 이러한 규정을 느슨하게 해석하여 많은 국가들로 하여금 토의에 참가하도록 하고 있다, 안보리 역시 보조기관으로서 가입심사위원회와 군사참모위원회 등을 두고 있다.

(2) 임무와 권한

안보리는 헌장 제24조에 의해 국제평화와 안전의 유지에 관한 1차적 책임을 진다. 헌장은 안보리로 하여금 이러한 책임을 다하도록 하기 위해 제6장, 제7장, 제8장 및 제12장에서 특정의 권한을 부여하고 있으며, 이에 따라조사권이나 권고의 권한 등을 가진다. 안보리는 유엔의 다른 이사회(경제사회이사회와 신탁통치이사회)와는 달리 헌장 제25조에 따라 권고가 아닌회원국에 대해 법적 구속력을 지닌 결정을 내릴 수 있는 권한을 보유하고있다.

헌장 제6장은 분쟁의 평화적 해결을 위한 안보리의 권한을 규정하고 있다. 이에 따라 안보리는 어떠한 분쟁이나 국제적인 마찰로 이어지거나 분쟁을 발생하게 할 우려가 있는 사태에 대해 조사할 수 있다. 이러한 분쟁과사태가 국제평화와 안전을 위태롭게 할 우려가 있다고 결정하면 적절한 조정의 절차나 방법을 권고할 수 있다. 그러나 이러한 권고는 회원국에 대해법적 구속력이 없다.

헌장 제7장은 분쟁의 강제적 해결을 위한 권한을 규정하고 있다. 이에따라 안보리는 평화에 대한 위협, 평화의 파괴, 또는 침략행위의 존재를 결정하고 국제평화와 안전을 유지하고 회복하기 위해 권고를 하거나 군사적혹은 비군사적 강제조치를 결정할 수 있다. 안보리의 강제조치는 권고와는달리 법적 구속력을 지닌다. 안보리는 헌장에 언급되어 있지 않은 PKO를승인하는 권한도 보유하고 있다.

이밖에 안보리는 군비규제계획의 작성(제26조), 국제사법재판소의 판결사항의 집행(제94조), 지역적 분쟁에 대한 지역적 처리의 장려(제52조), 지역적 강제행동의 허가(제53조) 등을 한다. 이와 더불어 회원국의 가입, 회원국의 권리와 특권의 정지, 회원국의 제명을 총회에 권고할 수 있다(제4조-제6조). 사무총장의 임명을 위해 총회에 권고할 수 있고(제97조) 국제사법재판소 판사를 선출하기도 한다(국제사법재판소규정 제8조).

2) 경제사회이사회(Economic and Social Council: ECOSOC)

(1) 지위와 구성

경제사회이사회(이하 경사리)는 총회에서 선출되는 임기 3년의 54개 이사국으로 구성된다. 이들 이사국들은 매년 18개국씩 바뀌며 안보리와는 달리 곧 바로 재선이 가능하다. 이들 이사국들 역시 안보리 비상임이사국들과 마찬가지로 지리적인 배분을 고려하여 선출된다. 설립 당시 이사국의 수가 18개였으나 수적으로 증가한 개도국의 요구에 의해 1965년에 헌장개정을 통해 27개 국가로 늘어났고, 1973년에 또 다른 헌장개정을 통해 현재의 54개 국가로 늘어났다. 이사국 선출을 위한 특별한 자격요건은 없으나 경제력을 가지고 있는 선진국들이 선출에 좀 더 유리하다고 볼 수 있다.

의장단은 1인의 의장과 4인의 부의장으로 구성되며 1년간 이사회 회의의 조직과 운영을 관장하게 된다. 의장은 중소 국가에서 나오는데 2013년의 경우를 예로 들면 콜롬비아 외교관이 의장직을 수임했다. 경사리는 1년에 한번 7월에 4주의 회기로 회합을 가지며 1998년 이래 매년 4월에 세계은행IBRD 및 국제통화기금IMF과 회합을 가져오고 있다.

경사리는 산하에 많은 보조기관을 두고 있는데 주요 보조기관에는 세계의 여러 지역의 경제(사회)문제를 다루는 지역위원회regional commission와 사회발전과 인권에 관한 사항을 다루는 기능위원회functional commission가 있다. 지역위원회로서 한국이 속해 있는 아시아·태평양경제사회위원회ESCAP를 비롯한 5개 대륙의 지역위원회가 있다. 대표적인 기능위원회로는 지속가능발전위원회CSD와 여성지위위원회CSD 등이 있다. 이러한 보조기관 이외에 사업조정위원회CPC, 인간정주위원회CHS, 비정부기구위원회CONGO와 같은 상설위원회 역시 두고 있다.

(2) 임무와 권한

경사리의 주된 임무는 유엔의 경제적·사회적·문화적·인도적 활동을 지휘하고 관리하는 것이다. 구체적으로 경제·사회·문화·교육·보건 및 관련 사항에 관해 연구와 보고를 하거나 제안할 수 있으며, 이에 관해 총회·회원국·관련 전문기구에 권고할 수 있다. 인권과 기본적 자유를 존중하고 준수할 것을 촉진하기 위해 권고할 수 있으며, 그 권한에 속하는 사항에 관하여 국제회의를 소집하고 총회에 제출하기 위한 협약안을 작성할 수 있다.

경사리는 유엔헌장 제71조에 따라 그 권한 내에 속하는 사항과 관련이 있는 비정부기구NGO와의 협의를 위해 적절한 약정을 체결할 수 있으며 헌장 제57조와 제63조에 근거하여 전문기구와 제휴관계를 설정하는 조건을 규정하는 협정을 체결할 수 있다. 전문기구와의 제휴협정에 근거하여 전문기구와의 협의, 전문기구에 대한 권고, 그리고 총회와 회원국에 대한 권고를 통하여 전문기구의 활동을 조정할 수 있다. 또한 전문기구로부터 정규적인 보고를 받기 위한 적절한 조치를 취할 수 있다. 이밖에 총회가 위임하는 사항을 수행한다.

3) 신탁통치이사회(Trusteeship Council: TC)

(1) 지위와 구성

신탁통치이사회는 국제연맹으로부터 물려받은 위임통치 지역과 제2차 세계대전 후 패전국으로부터 분리된 과거 식민지 지역 및 자발적으로 유엔의 신탁통치 지역으로 들어온 11개 신탁통치 지역의 점진적인 독립을 성취할 목적으로 설립되었다. 그러나 최후의 신탁통치 지역이었던 팔라우Palau가 1994년 10월 1일에 독립하여 유엔에 가입하면서 신탁통치이사회는 역사적 사명을 완수하고 현재는 개점휴업 상태에 있다. 이 때문에 신탁통치이사회는 1994년 5월 25일 의사규칙ROP을 개정하여 연차모임을 가져야 하는 의무를 없애고 대신에 필요할 경우에 회합하는 것으로 개정했다.

2005년 3월 코피 아난 제7대 사무총장은 유엔개혁의 일환으로 헌장의 개정을 통해 신탁통치이사회의 폐지를 제안한 바 있다. '글로벌거버넌스위원회The Commission on Global Governance'는 지금까지의 신탁통치 개념을 지구환경에 대한 인류공동의 신탁통치 개념으로 발전시켜 신탁통치이사회에게 해양·대기·외기·남극대륙으로 구성되는 인류 공동의 지구환경에 대한 권한을 주자는 대안을 제시한 바 있다.

(2) 임무와 권한

신탁통치이사회는 신탁통치제도하에 있는 신탁통치지역의 행정을 감독하여 지역주민의 복지를 증진시키고 자치나 독립을 향해 점진적 발전을 하도록 돕는 것을 주여 임무로 한다. 신탁통치이사회는 신탁통치지역 주민의 정치·경제·사회·교육발전에 대한 시정권자의 보고서를 심의하고, 신탁통치지역 주민의 청원을 수리하여 심사하며, 신탁통치지역을 정기적으로 방문하는 등의 헌장상의 권한을 갖는다.

3. 사무국(Secretariat)

1) 지위와 구성

사무국은 1인의 사무총장과 직원(전문직 직원과 기능직 직원)으로 구성된다. 사무총장은 안보리의 추천을 받아 총회에서 선출되며 임기는 5년이고 중임할 수 있다. 한국 국적의 반기문 외교통상부 장관이 2006년 말에 사무총장에 당선되어 2007년부터 업무를 시작하여 2011년 말에 1차 임기를 마쳤고 2012년 1월 1일부터 2016년 말까지 5년간 연임하게 되었다. 사무국의 직원들은 사무총장이 임명하며 유엔에 대해서만 책임을 지는 국제공무원 International Civil Servant으로서 어떤 특정 국가의 간섭 없이 독립성과 중립성을 유지해야 한다.

정부의 대표로 구성되는 총회나 이사회와 달리 사무국이 국제공무원으로 구성되는 이유는 회원국의 영향력으로부터 독립하여 자율성을 확보하기 위한 것이다. 구체적으로 유엔헌장 제100조는 사무국 직원인 사무총장과 직원은 그 임무의 수행에 있어 어떠한 정부나 유엔 외의 어떠한 당국으로부터도 지시를 받거나 구하여서는 안 되며, 회원국들은 이들 업무의 국제적인 성격을 존중해서 영향을 주지 않도록 해야 한다고 규정하고 있다.

2) 임무와 권한

국제기구의 사무국은 아주 드물게 행정업무를 넘어서 정치적인 업무에도 관여하기도 하는데 이러한 전형적인 예가 바로 유엔 사무국이며 보다 구체적으로는 사무총장이다. 구체적으로 사무국은 PKO를 관리하고, 국제분쟁을 중재하며, 경제적·사회적 추세에 대해 조사하고, 인권과 지속가능한 발전과 같은 주제에 대해 연구물을 준비하기도 한다. 이밖에 세계의 미디어에 유엔의 활동을 알리고, 세계적으로 관심이 되고 있는 이슈를 주제로 한 회의를 조직하며, 발언과 문서를 유엔의 공식언어로 통역하고 번역하는 일을 한다.[6]

유엔 사무총장은 수석행정관으로서 이러한 사무국의 업무를 지휘하고 감독하며, 국제사법재판소[ICJ]를 제외한 유엔의 모든 기관의 회의에 참가하여 사무총장의 자격으로서 행동하고, 이들 기관으로부터 위임을 받아 이들 기관의 결정사항을 집행하는 임무를 수행한다. 사무총장은 또한 유엔의 업무에 대한 평가와 방향제시, 회원국들의 관심전환 촉구, 당면문제의 우선순위와 제시 등을 내용으로 하는 연례보고서[Annual Report]를 총회에 제출한다. 사무총장은 이러한 행정업무에서 나아가 국제평화와 안전의 유지를 위협한다고 인정되는 사항에 대하여 정치적 재량권을 가지고 안보리의 주의를 환기시킬 수 있다. 사무총장은 회원국 간에 분쟁이 발생하는 경우 분쟁해결을 위한 조정의 역할을 맡는 등 다양한 정치적 역할을 수행하기도 한다. 사무총장의 실질적인 임무와 권한은 사무총장의 적극적인 헌장의 해석 등을 통해 확장되었다.

---

6) United Nations, Basic Facts about the United Nations (New York: UN DPI, 2011), pp.16-20.

4. 국제사법재판소(International Court of Justice: ICJ)

1) 지위와 구성

국제사법재판소는 국제연맹 때 설치된 상설국제사법재판소^{PCIJ}를 이어받은 후신으로서 총회와 안보리에서 선출된 9년 임기에 중임이 가능한 15명의 재판관으로 구성되는 유엔의 주요기관이다. 재판관은 이들의 국적이 아닌 개인적 자질에 기초하여 선출되며, 이들은 세계의 주요한 법체계가 국제사법재판소에서 대표되도록 유념해야 한다. 2인 이상의 재판관이 동일한 국가 출신이어서는 안 되며 재판관은 임기 중에 다른 직업에 종사하여서도 안 된다. 재판부는 통상적으로 전원출석으로 개정되나 분쟁 당사국의 요청이 있는 경우 소재판부를 설치할 수 있고 이러한 소재판부의 결정은 전원재판부에 의해 내려진 것으로 간주된다. 국재사법재판소는 환경문제에 관한 재판부Chamber for Environmental Matters를 두며 매년 간이재판부Chamber of Summary Procedure를 설치한다.

국제사법재판소는 유엔헌장과 불가분의 일체를 이루는 국제사법재판소규정에 따라 그 임무를 수행하도록 되어 있다. 모든 유엔 회원국이 당사국이 되지만 회원국이 아니어도 안보리의 권고와 총회가 규정하는 조건에 따라 국제사법재판소규정의 당사국이 될 수 있다.

2) 임무와 권한

국제사법재판소의 주된 기능은 국가들에 의해 맡겨진 법적인 분쟁을 해결하는 것이다. 재판의 준칙은 조약, 국제관습, 법의 일반원칙 그리고 법규 결정의 보조수단으로서의 판결과 학설이며 당사자 사이에 합의가 이루어질 경우 형평과 선이 적용될 수 있다. 강제적 관할권은 존재하지 않으며 일정한 예외를 제외하고는 한쪽 당사자의 청구만으로는 재판의 의무가 생기지 않는다. 그러나 판결은 구속력을 가지며 당사국이 이를 이행하지 않을 경우 안보리가 적절한 조치를 취하게 된다.

국제사법재판소는 이러한 사법적 재판 이외에 총회, 안보리, 유엔의 보조기관, 전문기구의 요청에 따라 권고적 의견advisory opinion을 제시할 수 있다. 총회와 안보리는 어떠한 법적 문제에 대해서도 권고적 의견을 요청할 수 있고 유엔 보조기관과 전문기구도 총회의 승인을 받을 경우 각자의 활동범위 내에서 발생하는 법적 문제에 대해 권고적 의견을 요청할 수 있다.

IV. 유엔의 의사결정

유엔의 의사결정은 비공식회의와 공식회의를 거쳐 이루어진다. 실제에 있어서 대부분의 의사결정은 비공식회의를 통해 이루어지며 공식회의는 비공식회의의 결정을 공식화하는 의미를 가진다. 유엔의 의사결정을 비공식회의 과정과 공식회의 과정으로 나누어 살펴보고자 한다.[7]

1. 의사결정과 비공식회의

1) 협의체(caucusing group)

유엔총회 본회의와 위원회에서 대표단들이 기조연설과 의제항목별 발언을 하고 결의안 상정 후 결의안에 대한 찬반발언을 한다. 그러나 이러한 공식회의에서 실질적인 토의가 이루어지는 일은 거의 없다. 의제항목을 둘러싼 실질적인 논의와 타협은 비공식회의informal meeting에서의 비공식협의informal consultation를 통해 이루어진다. 유엔총회의 경우 이러한 비공식협의는 '협의체'라는 이해관계에 따라 형성되는 각종 그룹을 단위로 개최된다. 국가들은 정치, 역사, 문화, 지리적인 위치 등에 기초하여 협의체를 구성하여

---

7) 박재영(2007), pp.450-483.

공동의 이익을 추구함으로써 개개 국가 단위로 행동했을 때의 제한적인 힘과 영향력의 한계를 극복하고자 한다.

유엔에서의 이러한 움직임은 1957년에 4개의 지역그룹^{regional group}인 중남미 그룹, 아시아·아프리카 그룹, 동유럽 그룹, 서유럽과 기타 그룹이 유엔총회의 승인을 얻으면서 시작되었다. 현재 유엔 회원국들은 아시아^{Asia}, 아프리카^{Africa}, 중남미카리브^{Latin America and the Caribbean: GRULAC}, 중부와 동부 유럽^{Central and Eastern Europe: CEE}, 서유럽과 기타 그룹^{Western Europe and Others Group: WEOG}의 5개 지역그룹에 소속되어 있다. 그러나 이러한 지역그룹은 실질문제에 대한 협의보다는 각종 선거관련 입후보 조정업무를 주로 하고 있다.[8]

유엔 회원국들은 이렇게 자생적으로 5개의 지역그룹으로 나누어지나 정치와 인권문제에 있어서는 일반적으로 유럽연합^{EU}과 비동맹운동조직체^{NAM}로 나누어져 서로 간에 입장을 조율한다. 경제문제에 있어서는 일반적으로 유럽연합^{EU}과 77그룹^{G-77 and China}으로 나누어져 서로 간에 입장을 조율한다.

유엔 내에는 이들 이외에 아프리카연합^{AU}, 아프리카·아시아그룹^{Afro-Asian Group}, 이슬람회의^{Islamic Conference}, 북유럽그룹^{Nordic Group}, 리우그룹^{Rio Group}, 칸즈그룹^{CANZ Group}, 저스칸즈그룹^{JUSCANZ Group}, 동남아국가연합^{ASEAN}, 카리브공동체^{CARICOM}, 아프리카국가그룹^{Group of African States}, 남아프리카국가그룹^{Southern African States}, 남아프리카개발공동체^{SADC}, 도서국가연합^{AOSIS} 등의 다양한 그룹들이 존재한다. 그러나 이러한 그룹들은 5개 지역그룹과는 달리 유엔에 의해 공식적인 위상을 부여받고 있지 않는 그룹으로서 상황에 따라

---

8) 미국은 어떤 지역그룹에도 속하지 않으나, 서구 및 기타 그룹에 옵서버 자격으로 참석하며 선거 시에는 서구 및 기타그룹으로 분류된다. 키리바시(Kiribati)는 지리적으로 아시아에 속하나 현재 어떠한 지역그룹에도 속하지 않고 있다. 터키는 아시아 그룹과 서구 및 기타 그룹에 동시에 참여하나 선거 시에는 서구 및 기타 그룹으로 분류된다. 이스라엘은 서구 및 기타그룹에 속한다: United Nations, "United Nations Regional Groups of Member States," http://www.un.org/depts/DGACM/RegionalGroups.shtml(검색일: 2013.6.5).

리우그룹/칸즈그룹/저스칸즈그룹

. . . .

■ 리우그룹

아르헨티나(Argentina), 볼리비아(Bolivia), 브라질(Brazil), 칠레(Chile), 콜롬비아(Colombia), 코스타리카(Costa Rica), 도미니카 공화국(the Dominican Republic), 에콰도르(Ecuador), 엘살바도르(El Salvador), 과테말라(Guatemala), 온두라스(Honduras), 멕시코(Mexico), 니카라과(Nicaragua), 파나마(Panama), 파라과이(Paraguay), 페루(Peru), 우루과이(Uruguay), 베네수엘라(Venezuela)

■ 칸즈그룹

캐나다(Canada), 오스트레일리아(Australia), 뉴질랜드(New Zealand)

■ 저스칸즈그룹

일본(Japan), 미국(US), 캐나다(Canada), 호주(Australia), 뉴질랜드(New Zealand)

다양한 이슈에 있어서 합의에 이르기 위해 회합을 갖는 그룹이다.

협의체에 속하는 국가들은 공동의 이익을 위해 합의를 도출하고자 하지만, 모든 이슈에 걸쳐 완전한 합의에 도달하는 것은 아니다. 종종 일부 국가들은 국익을 위한 우선순위에 있어서의 차이로 인해 표결에서 협의체와 의견을 달리하여 입장을 피력하기도 한다. 이러한 이유로 인해 이들을 '투표블록voting bloc'이라고 부르지 않고 단순히 '협의블록caucusing bloc'이라고 부른다.

2) 비공식협의

유엔의 의사결정에 있어서 비공식회의에서 전개되는 비공식협의의 역할은 대단히 중요하다. 의사결정에 있어서 대략적으로 95%가 비공식회의에서 결정되고 5%만이 공식회의에서 결정된다고 할 정도이다. 이처럼 비공식회의가 실질적인 토의의 장이 될 수밖에 없는 이유는 간단하다. 공식 회의장에서 물밑 협상을 전개하기 어렵고 다른 국가들과 실질적인 대화를 가지기 어렵기 때문이다. 공식회의는 미디어 등을 통해 자신의 국가의 국민과 외부에 공개될 수 있기 때문에 국가 대표단들은 경직되게 국익을 일관되게 추구하는 모습을 보일 수밖에 없다. 이 때문에 실질적인 협상은 누가 구체적으로 어떤 양보를 했는가를 알기 어려운 비공식회의에서 이루어진다. 비공식회의는 또한 회의내용을 기록으로 남기지 않는다는 점에서 공식회의와 다르며, 이러한 점 때문에 국가들이 공식회의 때보다 좀 더 유연하게 토의에 임할 수 있다.

유엔이 설립된 1940년대에 있어서 유엔은 문제의 해결을 위한 장이 아니라 미소 양진영 간의 이념의 선전장과 대결장으로서의 역할을 주로 하면서 대부분의 의제들은 비공식회의장이 아닌 공식회의장에서 논의되곤 했다. 그런데 어떠한 요인들이 이러한 경향에 변화를 가져다주었을까?

이러한 경향의 변화는 유엔에 있어서 협의체의 등장 및 정착과 밀접한 관련이 있다. 1960년대 신생 독립국들의 유엔으로의 대거 등장은 힘의 결집을 위한 새로운 협의체의 탄생을 가져왔고 이들 협의체의 탄생은 협의체 내에서의 비공식협의뿐 아니라 협의체 사이의 비공식협의의 필요성을 가져왔던 것이다.9) 이러한 요인과 더불어 합의consensus에 의해 많은 의사결정이 이루어지면서 비공식협의의 필요성은 더욱 증대되었다. 수적으로 우세한 개도국 그룹과 수적으로는 열세지만 유엔이 내린 의사결정의 대부분을 집행하는 데 있어서 필요한 재정의 대부분을 떠맡고 있어 선진국들이 서로를 통제하기 어렵게 되면서 합의가 중요한 의사결정의 기제가 되었고 그 결과 합의에 이르기 위한 비공식협의가 중요한 의사결정의 과정이 되었다.

---

9) M. J. Peterson, *The General Assembly in World Politics* (Allen & Unwin: Boston, 1986), pp.92-93.

3) 비공식회의의 특징

비공식회의의 종류에는 우선 조직을 구성하고 있는 구성요소 전체의 비공식회의와 협의그룹별 비공식회의로 구별된다. 구성원 전체로 이루어지는 비공식회의를 '공식-비공식회의formal-informal meeting'라고 부른다. 이러한 비공식회의가 진행되는 가운데 이견이 노정되어 접점을 찾을 필요가 있을 경우 일단의 비공식협의를 가지는데 이를 '비공식-비공식회의informal-informal meeting'라고 한다. 여기에서도 의견 수렴이 필요할 경우 '비공식-비공식-비공식회의informal-informal-informal meeting'를 가지기도 한다. 이러한 비공식회의는 주로 실무자들이 참여하는 비공식회의인데 이를 통해 협상이 타결되지 않을 경우 대사와 같은 고위급 대표가 참여하여 마지막 교섭을 비공식적으로 가지게 되는데 이러한 비공식회의를 '정치적 회합political meeting'이라고 한다.[10]

이와 같은 비공식회의는 공식회의와 여러 면에서 차이가 나지만 중요한 차이를 중심으로 살펴보면 다음과 같다. 공식회의라고 해서 모든 국가의 대표단이 참가하는 것이 아닌 것처럼 전체의 비공식회의에도 모든 국가가 참가하는 것은 아니지만 참가 대표단의 수는 공식회의 때보다 훨씬 적다. 이는 비공식회의에는 특정의 의제항목에 관심을 많이 가지고 있는 국가의 대표들만이 주로 참석하기 때문이다(이러한 전체 비공식회의는 협의그룹들이 자체적으로 비공식회의를 가진 후 의견이 어느 정도 조율된 상태에서 개최되기 때문에 그룹을 대표하는 국가들의 발언이 주를 이룬다). 공식회의의 경우 유엔총회의 의사규칙ROP이 반드시 적용되지만 비공식회의의 경우 공식적인 의사규칙을 적용되어야만 하는 것이 아니며 종종 공식회의의 방식의 적용이 고무될 뿐이다. 공식회의의 경우 회의는 공식적으로 기록이 되나 비공식회의의 경우는 공식적인 기록을 작성하지 않고 의장에 의해 비공식적인 요약기록이 작성될 수 있을 뿐이다. 공식회의의 경우 본회의에는 회원국 대표단 이외에 사무총장과 옵서버들만이 발언을 할 수 있고 그 밖의 다른 행위자가 발언을 하려면 본회의의 경우는 결의나 결정이 필요하고 위원회의

---

10) United Nations, *Chronicle*, No.1(2002), pp.59-63.

경우는 발언을 요청받아야만 한다. 그러나 비공식회의의 경우는 유엔기관
UN organs이나 NGO 대표에게 발언권을 주는 것은 의장의 재량이다. 공식회
의의 결정은 그 자체가 공식적인 결정인데 반해 비공식회의의 결정은 여전
히 비공식적인 것이기 때문에 공식회의에서 승인이 되어야 공식화가 된다.
예컨대 위원회 전체의 비공식회의에서 이견이 심할 경우 비공식-비공식협의
informal-informal consultation가 개최되는데 이곳에서 결정된 것은 다시 전체 비
공식회의에서 승인이 되어야 비공식회의의 결정이 된다.11)

2. 의사결정과 공식회의

1) 정족수 조건(quorum requirements)

정족수에는 두 가지가 있는데 우선 의사결정이 유효하게 이루어지기 위
해서는 의사진행에 필요한 최소한의 출석수가 충족되어야 한다. 이렇게 회
의를 개시하기 위해 충족시켜야 하는 출석수를 '개회정족수'라고 한다. 유엔
총회의 경우, 회의를 열어 토의를 시작하기 위해서는 본회의의 경우 회원국
의 1/3, 위원회의 경우 회원국의 1/4 이상의 출석이 필요하다.12)

개회정족수를 채워 일단 회의가 유효하게 개시된다고 해도 유효한 의사
결정을 하기 위해서 또 다른 별도의 좀 더 많은 수의 출석수를 요구하는
경우가 있다. 이러한 출석수를 '의결정족수'라고 부른다. 따라서 개회정족수
를 채워 개회가 되기는 했으나 의결정족수를 채우지 못할 경우 토의는 가능
하지만 의사결정을 할 수 없는 것이다. 유엔총회의 경우는 본회나 위원회
를 불문하고 동일하게 의결정족수로서 구성국의 1/2 이상의 출석을 요구한

---

11) 내용의 일부를 다음 책에서 참고하였음: The Permanent Mission of Switzerland
    to the United Nations, *The PGA Handbook: A Practical Guide to the United
    Nations General Assembly*(New York, 2011), p.104.
12) 유엔회의에서 대표단들의 제 시각에 회의에 참석하지 않고 지각을 많이 하는 관계로
    실제에 있어서 이러한 개회정족수가 적용되지 않고 일단 개회가 된다.

다.13)

안보리의 경우 총회와는 달리 정족수에 대한 특별한 규정을 두고 있지 않으나 표결방식에 관한 규정으로부터 의사결정을 하기 위해서는 당연히 9개 이사국의 출석이 필요하다는 것을 미루어 짐작할 수 있다. 구체적으로 안보리에 있어서 절차상의 문제에 대한 결의는 단순히 9개 이사국의 찬성을 필요로 한다. 절차문제가 아닌 실질문제에 대한 결의에는 5개 상임이사국을 포함한 9개 이사국의 찬성투표가 필요하다고 규정하고 있다. 따라서 별도의 규정은 없지만 의결정족수로서 최소한 9개 이사국의 출석이 필요하다는 것을 알 수 있다.

2) 다수결제와 가결필요표수

의사결정을 위한 정족수가 채워지면 의사결정에 들어갈 수 있다. 이때 결정의 채택되기 위해 얼마나 많은 수의 표를 필요로 하는가를 의미하는 '가결필요표수'를 국제기구들은 정해 가지고 있다.

유엔총회의 경우 각 회원국은 총회에서 1개의 투표권을 행사한다. 유엔헌장 제18조 2항에 따라 중요문제important questions의 경우 출석하고 투표한 국가의 2/3 다수로서 결정한다. 중요한 문제란 국제평화와 안전의 유지에 관한 권고, 안보리 비상임이사국의 선출, 경사리와 신탁통치이사회의 이사국의 선출, 신 회원국 유엔 가입의 승인, 회원국으로서의 권리와 특권의 정지, 회원국의 제명, 신탁통치제도의 운영에 관한 문제와 예산문제를 포함한다. 중요문제에 대한 추가지정을 포함하여 여타 문제에 대한 결정은 출석하고 투표하는 국가의 단순 과반수simple majority의 찬성으로 의사결정을 한다. 이때 주의할 것은 계산의 기준이 '출석하여 투표하는 회원국의 수'라는 점이다. 따라서 결석한 국가나 출석해서 기권하는 국가는 이러한

---

13) 이러한 개회정족수나 의결정족수는 결정 자체가 유효하게 성립하기 위해 몇 표가 필요한가를 의미하는 '가결필요표수'와는 다른 것이다. 유엔총회는 가결필요표수로서 통상적으로 참석하여 투표한 국가의 1/2 이상을 요구한다.

계산에서 제외된다.

유엔 안보리의 이사국은 1개의 투표권을 지닌다. 회의 개최의 시기·장소·방법, 의사규칙의 채택, 의장의 선임방법, 회의의 공개·비공개여부, 보조기관의 설치, 이해관계국의 참가와 분쟁당사국의 참가의 권유 등에 대한 결정과 같은 절차상의 문제에 대한 결의는 5개 상임이사국과 10개 비상임이사국으로 구성된 15개의 이사국 중 단순히 9개 이사국의 찬성만을 필요로 한다. 그러나 그 밖의 문제 즉 절차문제가 아닌 실질문제에 대한 결의에는 5개 상임이사국을 포함한 9개 이사국의 찬성투표가 필요하다. 유엔 안보리에 있어서 어떤 사항이 절차문제인가 아니면 실질문제인가를 결정하는 것은 실질문제로 간주되어 상임이사국 5개국을 포함한 9개 이사국의 찬성을 필요로 한다. 따라서 상임이사국의 거부권의 대상이 되어 이를 두고 '이중 거부권double veto'이라고 부른다. 유엔헌장의 문구에 따르면 실질문제에 대한 결정은 5개 상임이사국 모두의 찬성표를 필요로 한다고 하나 기권을 거부권의 행사로 인식하지 않는 것이 안보리의 오랜 관행으로서 확립되었다. 또한 상임이사국의 결석 역시도 거부권의 행사로 보지 않는 관행이 형성되어 있다.[14)]

경제사회이사회에서 54개 이사국들은 1인의 대표를 가지며 1개의 투표권을 행사한다. 모든 결정은 출석하여 투표하는 이사국의 과반수에 의해 성립한다.

3) 합의에 의한 의사결정

의사결정은 크게 두 가지 방식 즉 이제까지 위에서 언급한 표결에 의한 방식과 여기에서 살펴볼 표결에 의하지 않는 '합의consensus'라는 방식에 의

---

14) 중국의 대표권 문제를 둘러싸고 불만을 표시하기 위해 1950년 1월부터 소련이 안보리를 떠났으며 이 사이에 한국전쟁과 관련한 중대한 결의가 통과되었다. 이러한 결의의 통과에 소련이 반발함으로써 상임이사국의 결석이 거부권의 행사냐 아니냐의 논란이 발생했으나 이를 계기로 상임이사국 중 어느 한 국가의 결석 시에도 결의가 성립되는 관행이 시작되었다.

해 이루어진다. 유엔의 일부 기관은 헌장의 공식적인 개정을 거치지 않은 채 의사결정 방식으로서 헌장에 규정되어 있지 않는 이러한 합의라는 방식을 사용하고 있는데 그 대표적인 예가 바로 총회와 안보리이다. 실제에 있어서는 많은 의제들이 이와 같은 표결에 의하지 않고 합의로 결정된다.

합의라는 말은 통상적으로 '일반적인 의견의 일치가 존재하는 상태'를 지칭하나, 국제기구의 의사결정과 관련하여 사용될 경우는 제한적으로 '표결에 의하지 않는 채택절차'를 의미한다. 합의란 '공식적인 반대의 부재absence of any formal objection'를 의미하며 합의로 통과되기 위해서는 모두가 지지를 표하거나 반대하거나 불만을 가지고 있는 국가가 있더라도 최소한 침묵을 지켜야 한다. 즉 합의가 성립되기 위해서는 어떠한 형태로든 공식적인 반대가 존재해서는 안 된다.

유엔총회의 경우 헌장에 언급되어 있는 표결에 의한 의사결정보다 오히려 헌장에 언급되어 있지 않은 이러한 합의에 의한 의사결정이 훨씬 더 많으며 전체 의사결정 중에서 합의로 채택된 결의안draft resolution과 결정decision의 비율이 약 75~80%에 이르고 있다. 안보리에서도 거부권 행사에 의한 이사국들 간의 갈등을 해소하기 위한 방편으로 비공식협의과정을 통한 이러한 합의가 종종 이용되고 있다.

이러한 합의제가 유엔에서 처음 사용된 것은 1962년 외기권의 평화적 이용을 위한 위원회Committee on Peaceful Use of Outer Space: COPUOS에서였다. 두 번째로 사용된 것은 1964년이었는데, 이 당시 소련과 프랑스가 주도적으로 유엔의 평화유지활동비 지불을 거절하자 2년 치에 해당하는 분담금 체납 시 총회에서의 투표권을 정지한다는 유엔헌장 제19조의 적용을 둘러싸고 논란이 전개되었다. 이러한 사태를 수습하기 위해 사무총장이 주축이 되어 긴밀한 협의가 진행되었으며 결국 총회는 표결을 거치지 않고 동 조항을 적용하지 않기로 결의했으며 이로써 합의제가 정착하기 시작했다.

합의제가 1960년대에 이르러 유엔에서 의사결정 방식으로 활발하게 사용하게 되었는데 그 배경을 살펴볼 필요가 있다. 우선 지역그룹과 기타 협의체의 등장과 이들의 활발한 역할이 교섭negotiation과 협의consultation 에 있어서

주도적인 역할을 하면서 광범위한 비공식협의를 가능하게 했다. 둘째, 1960
년대에 회원국의 수가 증가하고 의제의 수가 증가하면서 정해진 시간 내에
문제를 해결하기 위해 회원국들은 비공식협의(informal consultation)를 수용하지
않을 수 없게 되었으며, 나아가 결의안을 공식적으로 제안하기에 앞서 미리
제출하여 토의를 하지 않을 수 없게 되었던 것이다. 셋째, 1960년대 이래
다수의 신생국가들이 국제기구에 가입하게 됨으로써 어떠한 지역그룹 또는
이해그룹도 결정이 성립하는 데 필요한 다수를 확보하기 어렵게 되자 표결
에 따른 대결을 피하기 위한 정치적인 편의제도로서 등장했다. 넷째, 이러한
합의제가 활발하게 사용되게 된 보다 직접적인 요인은 총회에서 수적 우위
를 바탕으로 한 후진국들 표의 우위와 선진국들의 힘의 간극을 메우는 데
유용했기 때문이다. 즉 1960년대 말까지 개도국들은 수적인 우위를 바탕으
로 소수의 선진국들이 반대하는 결의안들을 다수결을 통해 통과시켰다. 그
러나 개도국들은 이러한 결의안을 집행하는 데 필요한 자원을 보유하고 있
는 선진국들을 강제할 수 있는 힘과 수단을 결하고 있어 다수결 표결이 별
의미가 없다는 것을 깨닫게 되었다. 그 결과 합의가 중요한 의사결정 방식
으로 등장하였는데 이는 바로 수적 우위를 점하고 있는 개도국과 이들이
통과시킨 결의안의 집행에 요구되는 자원을 보유한 선진국의 타협물인 것이
다. 다섯째, 냉전이 종식되면서 유엔이 이제 더 이상 동서 간의 이념적인
대결에 얽매이지 않게 되면서 공식회의에서의 표의 대결에서 벗어나 활발한
비공식협의를 통한 합의제가 더욱더 사용빈도가 높아졌다. 여섯째, 국제사
회의 지구화(globalization)가 가속화되면서 초국적인 이슈들이 점차적으로 증
가하고 이의 해결이 긴요해지자 국가들 사이에 표의 대결이 아닌 협력이
필요하게 된 것 역시 합의제가 냉전종식 후 좀 더 활발하게 사용되는 이유
이다.

이러한 합의제의 장점과 단점을 살펴볼 필요가 있다. 우선 장점부터 살펴
보면 결의안을 합의로 채택하는 경우 적극적인 반대국가가 없다는 점 때문
에 다수결에 의한 채택보다 중요한 의미를 갖는다. 이렇게 하여 채택된 결
의는 세계여론(world opinion)으로서의 위상을 강화할 수 있어 이러한 결의를

위반하거나 훼손하는 것이 쉽지 않다. 둘째, 합의는 회원국 사이의 심각한 대결을 회피하게 한다는 점에서 큰 이점을 가진다. 다수결에 의해 의사결정이 이루어질 경우, 찬성한 국가와 반대한 국가 사이에 지속적인 대립과 갈등이 있을 수 있는데, 합의는 이러한 것을 방지할 수 있다.

합의제의 단점으로는 우선 합의는 국가들 사이에 합의할 수 있는 공통분모를 찾아내야 하기 때문에 결의에 이르기까지 비교적 많은 시간을 필요로하게 된다. 이는 어떠한 하나의 국가라도 반대의사를 공식적으로 표시할 경우 합의를 무산시켜 표결을 통한 의사결정을 불러올 수 있어 이들 모두의 의견을 수렴해야 하기 때문이다. 둘째, 합의에 이르기 위해 타협을 하게 됨으로써 결의의 내용이 애매모호하게 된다는 단점을 가진다. 이 때문에 후일 합의한 내용의 해석을 둘러싸고 이견을 보이면서 국가 간에 갈등을 야기하고 그 결과 결의의 내용이 준수되지 않을 가능성을 높일 수 있다. 또한 애매함으로 인해 사무국이 이러한 결의안의 내용을 정확하게 집행하는 것이 쉽지 않다. 셋째, 합의를 통한 결의안의 채택이 항상 국제사회의 문제해결을 위한 최상의 선택은 아니라는 점이다. 회원국들은 모든 회원국으로부터 지지를 받지 않더라도 강력한 결의안을 채택하는 것이 문제해결에 도움이 될 것인지 아니면 모든 회원국들이 합의할 수 있도록 상대적으로 약화된 결의안을 채택하는 것이 문제해결에 더 도움이 되는지를 판단하여야 한다.[15] 코피 아난 전 유엔 사무총장은 유엔개혁과 관련하여 모든 국가들을 만족시켜야 하는 합의에 지나치게 의존함으로써 허약한 결의안이 양산되고 있음을 지적하고 합의에의 의존을 줄여야 한다고 주장한 바 있다.

---

15) Michael McBride and Aaron Holtz, "Model United Nations of the Far West: Tips for Drafting More Effective Resolutions," http://www.munfw.org/images/MUNFW%20Effective%20Resolutions.pdf(검색일: 2013.6.1).

3. 의사결정의 법적 효력

유엔에 있어 헌장 제22조와 제68조에 의거한 새로운 국제기구의 설치결정, 제17조에 의거한 예산을 승인하고 경비를 할당하는 결정, 그리고 제101조에 의한 직원들을 임명할 규칙의 제정 등 국제기구의 인사·기관·예산 등 국제기구의 내부사항에 관한 결정은 법적 구속력을 가진다. 그러나 유엔총회 본회의와 위원회의 결의를 비롯하여 국제기구의 결정은 원칙적으로 국가를 법적으로 구속하지 않는 권고의 효능만 지닌다. 이는 유엔의 또 다른 기관인 경사리와 신탁통치이사회에 있어서도 마찬가지이다.

유엔에서 예외적으로 안보리의 결정은 법적 구속력을 가진다. 유엔헌장 제7장은 앞서 언급했듯이 예외적으로 안보리에게 평화에 대한 위협, 평화의 파괴, 침략행위와 관련하여 군사적·경제적·외교적 제재에 관한 구속력 있는 결정을 내릴 수 있는 권한을 부여하고 있다. 그러나 안보리의 구속력 있는 군사적 제재결정은 이를 뒷받침할 규정의 미비 즉 헌장 43조의 사문화로 인하여 무의미하게 되었다.16) 강제적 구속력이 있는 비군사적 제재조치 즉 경제적, 외교적 제재조치는 극히 예외적인 경우에나 취해지며 대부분의 경우에 있어서는 유엔총회의 경우와 마찬가지로 권고 성격의 조치가 취해진다.17)

안보리가 결의안에 대해 합의에 이르지 못하거나 표결로 통과시키지 못할 경우 결의안 대신에 법적 구속력이 없는 '의장성명Presidential Statement'을 채택할 수 있다. 이러한 의장성명은 종종 막후교섭의 산물로서 표결이 아닌 합의에 의해 채택된다. 의장성명은 안보리가 주의를 기울이고 있으며 향후 강제적인 조치가 뒤따를 수 있다는 경고성의 정치적 압력을 가할 의도로

---

16) 헌장 43조에 따라 회원국들은 안보리가 필요할 경우 사용할 수 있는 병력과 시설을 제공하기 위해 안보리와 특별협정을 체결해야 하는데, 실제에 있어 협정이 체결되지 않음으로써 구속력 있는 군사적 제재를 할 수 없다.

17) 처음의 강제적 제재조치는 1966년과 1968년 로데시아에 부과된 경제제재 조치이며 1977년 남아프리카공화국에 무기금수가 시행된 바 있다.

의장성명

안보리가 주의를 기울이고 있으며 향후 강제조치가 수반될 수 있다는 경고성의 의장성명의 예로서 안보리가 2006년 10월 6일 북한이 핵실험 위협을 한 지 4일 만에 북한에 대해 핵실험계획을 포기할 것을 촉구하는 의장성명을 들 수 있다. 이 의장성명은 미국 등이 요구한 유엔헌장 7장에 따른 제재 부분이 빠지면서 핵실험 시 어떤 제재 조치를 취할 것인가에 대해 구체적으로 명기하지는 않았지만, 핵실험을 강행하면 유엔헌장이 규정한 의무와 책임에 따라 안보리가 대북제재에 나설 수 있다는 것을 경고하고 있다. 이러한 의장성명은 앞으로 상황 변화에 따라 구속력을 갖는 제재 결의안을 채택하는 밑거름으로 작용할 것으로 보았는데, 북한이 핵실험을 강행하자 이를 바탕으로 구속력을 갖는 강제적인 경제제재 조치가 실질적으로 취해졌다.

채택된다. 또 다른 조치로서 의장성명이 아닌 '언론발표문Press Statement'을 채택할 수도 있다.[18] 언론발표문 역시 결의와는 달리 법적 구속력을 가지지 못한다. 언론발표문은 통상 안보리가 중요한 회합을 가진 후 회합에서 논의된 내용을 포함한다.

이처럼 안보리의 토의의 결과는 결의, 의장성명, 언론발표문의 채택과 같은 세 가지 다른 형태를 취한다. 사안에 따라 어떤 형식을 취할 것인가를 두고 안보리 이사국들 사이에 긴 협상이 진행되곤 한다. 이 중에서 언론발표문이 가장 강도가 낮고, 이러한 언론발표문보다 강도가 높은 것이 의장성명이며, 가장 강도가 높은 것이 결의안이다. 의장성명은 안보리의 기록으로 남는다는 점에서 언론발표문보다 더 강력한 형식으로 간주된다. 언론발표문과 의장성명의 경우 15개 안보리 이사국의 합의consensus가 필요하고, 결의의 경우는 5개 상임이사국을 포함한 9개 이사국 이상의 찬성을 필요로 한다.

---

18) '언론발표문'이라는 말 대신에 '언론성명'이라는 표현을 쓰기도 한다.

일반적으로 유엔의 결정의 대부분이 법적 구속력을 결하고 있다고 해도 이를 경시해서는 안 된다. 우선 원래 법적 구속력이 없는 결정이라도 시간이 흐름에 따라 법적 구속력을 갖게 되는 경우가 적지 않기 때문이다. 또한 결의문이 채택되면 이러한 결의문이 법적 구속력을 결하여도 국제적 문제 또는 이러한 국제적 문제의 처리방법에 대한 집단적 정당화collective legitimization의 역할을 하여 무엇이 옳고 무엇이 그릇된 것인가에 대한 판단의 기준을 제공하기 때문이다. 이러한 맥락에서 총회의 결의 자체가 구속력 있는 법을 만드는 것은 아니나 법이 창조되는 중요한 전 단계로 보아 총회의 결의를 '연성법soft law'이라고 부르기도 한다.

V. 유엔의 재정

유엔은 여타의 다른 국제기구들과 마찬가지로 재정적인 어려움을 겪어오고 있어 재정이 유엔활동에 중대한 제약요인으로서 작용하고 있다. 이러한 맥락에서 회원국이 유엔총회나 주요위원회에서 제안을 할 경우 이러한 제안이 유엔의 재정을 필요로 하는지 그리고 만일 필요로 한다면 유엔이 감당할 수 있는 것인지 '사업예산의 의미Programme Budget Implication: PBI'를 반드시 사전에 사무국과의 협의를 통해 고려하여야 한다.

회원국은 정규예산regular budget, 평화유지활동 경비, 국제사법재판소ICJ를 위시한 국제재판소international tribunals의 경비를 분담한다. 또한 회원국은 자발적인 의사에 따라 자발적 기여금voluntary fund도 제공한다. 여기에서는 재정적 부담의 상당한 부분을 점하는 정규예산과 평화유지활동 경비에 더하여 자발적 경비를 중심으로 살펴보고자 한다.

1. 주요 예산

1) 정규예산

유엔의 정규예산은 2년 단위로 짜이는데 이러한 정규예산의 결정과정은 상당히 정치적이다. 우선 행정과 예산문제를 다루는 유엔총회 제5위원회가 향후 2년간 추진할 목표를 설정하는 등의 기본적인 '전략의 틀Strategic Framework'을 수립한다. 그 다음에 잠정예산 규모와 우선적으로 추진할 사업을 설정하고 사무국의 예산편성을 위한 지침을 작성하는 등의 '사업예산 개요Programme Budget Outline'를 작성한다. 유엔 사무국은 매년 4월 말을 기한으로 사업예산 개요를 중심으로 사업별과 부서별 사업예산안Proposed Programme Budget을 작성하여 사무총장이 제출한다. 사무국이 제출한 예산안은 국가로부터 임명되고 개인적인 자격으로 총회에서 선출된 16명의 전문가로 구성된 행정예산문제자문위원회ACABQ가 심의한다. 예산의 사업적 측면programmatic aspects은 개개 국가를 대표하여 총회에 의해 선출된 34명의 전문가로 구성된 사업조정위원회CPC의 심의를 거친다. 이들은 총회에 예산안에 대한 심의의 결과를 담은 보고서를 제출하며 총회가 이에 기초하여 예산안을 최종적으로 승인한다.

예산안에 대한 결정은 2/3 다수결에 의해 결정되기로 되어 있음에도 불구하고 유엔 정규예산의 대부분을 부담하고 있는 미국을 비롯한 소수 국가들이 재정적인 문제에 있어서 적절한 영향력의 행사를 요구함으로써 유엔총회에서의 합의를 거쳐 1986년 이래로 다수결제가 아닌 합의consensus로 예산안을 채택해오고 있었다. 그러나 2007년에 12월에 미국의 반대에도 불구하고 2008~2009년도 예산이 1986년 이래 처음으로 합의에 의해 채택되지 않았다.

2010~2011년 정규예산은 51억 6,000만 달러였고 2012~2013년의 경우 51억 5,200만 달러가 승인되었다. 이러한 정규예산은 유엔총회 제5위원회의 권고에 의해 총회에 의해 개인적인 자격으로 선출된 18명의 전문가로 구성된 분담금위원회Committee on Contributions의 권고에 따라 총회가 승인한 분

담률에 따른 분담금에 의해 충당된다. 이러한 분담률은 회원국의 지불능력 capacity to pay에 시초하여 산정되는데 이러한 지불능력은 일인당 소득을 포함한 여러 요인을 고려하여 조정이 된, 회원국 전체의 국민총소득GNP 중 특정 국가가 차지하는 몫을 고려하여 정해진다. 분담금위원회는 매 3년마다 회원국의 분담률을 심의하여 정한다. 분담률은 상한과 하한을 두고 있는데 각각 22%와 0.001%이다. 최저개발국의 상한은 0.01이다. 2013년~2015년의 정규예산 분담률은 미국 22%, 일본 10.83%, 독일 7.14%, 프랑스 5.59%, 영국 5.18%, 중국 5.15%, 북한 0.006%이다.[19] 한국의 분담률은 1.99%로서 193개 국가 중에서 13위에 해당하는 높은 분담률이다. 2010~2012년의 경우 한국은 2.26%라는 세계 11위의 분담률을 부담했으며 액수로 따져 약 6,300만 달러(약 720억 원)이다. 회원국 중 상위 15개 국가가 유엔 정규예산의 약 85%를 차지한다.

유엔의 경우 헌장 제19조는 「이 기구에 대한 분담금의 지불을 연체하고 있는 유엔 회원국은 연체금의 금액이 그 당시까지의 만 2년간에 그 국가가 지불하여야 할 분담금의 금액과 같은 액수이거나 또는 이를 초과할 때 총회에서 투표권을 가지지 못한다. 단 총회는 지불의 불이행이 이러한 회원국에 있어서 불가피한 사정에 의한 것이라고 인정할 때에는 그 회원국을 투표하게 할 수 있다」고 규정하고 있다. 이처럼 유엔은 체납 국가에 대한 제재로서 총회에서의 투표권 박탈을 규정하고 있다.

2) PKO예산

유엔 회원국들은 정규예산뿐만 아니라 평화유지활동 경비도 분담하게 되는데, 평화유지활동 경비는 정규예산 밖의 특별계정special account으로 운영된

---

19) United Nations Secretariat, ST/ADM/SER.B/866, Assessment of Member States' contributions to the United Nations regular budget for the year 2013 and of new Member States' advances to the Working Capital Fund for the biennium 2010~2011 and contributions to the United Nations regular budget for 2011 and 2012(24 December 2012).

다. 평화유지활동 경비는 매년 7월 1일을 시작으로 1년을 단위로 총회에 의해 승인되는데, 2011년~2012년 회계연도의 평화유지활동 경비는 79억 3,000만 달러로서 1년 동안 소요되는 정규예산의 3배가 넘는 것을 알 수 있다.

2012년~2013년 회계연도의 경우 15개의 평화유지활동 임무PKO mission가 진행 중에 있으며 이를 위해 73억 3,000만 달러의 예산이 승인되었다. 구체적으로 2013년 4월 30일 현재 병력 77,702명, 경찰 12,533명, 군사감시단 1,844명, 민간인 16,831명, 유엔자원봉사단UNV 2,088명 등 총 111,018명이 평화유지활동에 관여하고 있다.20)

평화유지활동 경비의 분담률을 산정하는 데 있어서 정규예산과 전혀 별개의 분담률을 산정하지 않고 정규예산의 분담률과 연계지어 할당하고 있다. 구체적으로 회원국을 4개의 그룹으로 구별하여 개개 국가의 분담률을 계산하고 있다. 안보리 5개 상임이사국으로 구성된 그룹 A는 정규예산 분담률에 추가로 보충 분담률을 더 부담한다. 서방 선진국으로 구성된 그룹 B는 정규예산 분담률과 동일한 분담률을 부담한다. 개도국들이 포함된 그룹 C는 정규예산 분담률의 20%에 상당하는 분담률만을 부담함으로써 80%의 개도국 할인을 받는다. 최저개발국LDC으로 구성된 그룹 D는 정규예산 분담률의 10%만을 부담함으로써 90%의 할인을 받는다. 그룹 A는 그룹 C와 그룹 D가 할인을 받음으로써 부족해진 부분을 보충 분담률로서 떠맡는데, 개개 상임이사국이 떠맡게 되는 보충 분담률은 개개 국가의 분담률에 기초하여 할당된다. 한국의 경우는 유엔 가입 초기에 개도국 그룹인 그룹 C에 속해 있었으나 나중에 선진국 그룹 B로 옮겨 정규예산 분담률과 동일한 분담률을 부담하고 있다.

---

20) United Nations, "Peacekeeping Fact Sheet," http://www.un.org/en/peacekeeping/resources/statistics/factsheet.shtml(검색일: 2013.6.1).

3) 자발적 기여금

자발적 기여금은 유엔의 '프로그램Programme'과 '펀드Fund'라고 불리는 보조기관에게 중요한 재정의 원천이다. 우리나라 외교부는 이러한 자발적 기여금을 '사업예산 분담금'이라고 부른다. 유엔의 보조기관 중에서는 자체 내에 정규예산 분담금이 없을 뿐 아니라 유엔 정규예산으로부터의 예산지원이 없이 전적으로 자발적 기여금에 의해 운영되는 기관이 있다. 대표적으로 유엔훈련조사연구소UNITAR, 유엔여성개발기금UNIFEM, 세계식량계획WFP, 유엔인구기금UNFPA, 유엔아동기금UNICEF, 유엔개발계획UNDP, 유엔민주기금UNDEF 등이 이러한 예에 속한다.

이와는 달리 유엔의 보조기관 중에는 유엔의 정규예산의 일부와 자체적으로 조달한 자발적 기여금에 의거하여 운영하는 기관들도 있다. 유엔팔레스타인난민구호사업기관UNRWA, 유엔환경계획UNEP, 유엔난민최고대표사무소UNHCR, 유엔무역개발회의UNCTAD, 유엔마약범죄기구UNODC 등이 이러한 예이다.

참고로 2011년에 주요 프로그램과 펀드의 자발적 기여금의 지출액을 살펴보면 다음과 같다: UNDP(55억 1,600만 달러), UNEP(2억 5,100만 달러), UNFPA(8억 2,500만 달러), UNHCR(21억 8,100만 달러), UNICEF(37억 9,400만 달러), UNRWA(6억 1,700만 달러), WFP(41억 8,100만 달러).[21]

2. 대체 재원의 확보 제안[22]

유엔이 불안정한 재정적 자원의 조달에 덜 의존하게 되고 재정적으로 기여도가 큰 국가들로부터 독립적으로 운용되기 위해 오래전부터 강제성이 있

21) Klaus Hufner, "Total Expenditure of Selected UN Programmes and Funds, 1971-2011," http://www.globalpolicy.org/images/pdfs/Total_Expenditure_of_selected_UN_Programmes_and_Funds.pdf(검색일: 2013.6.1).

22) 박재영(2007), pp.519-523.

는 분담금이나 자발적 기여금이 아닌 독립적인 재원을 확보하기 위한 제안들이 있어 왔다. 냉전의 종식으로 전지구적 차원에서 재정적 자원을 동원하여 해결해야 할 문제들이 대거 등장하면서 독자적인 기금을 조달하기 위한 대안에 대한 논의가 1995년에 개최된 사회개발정상회의^{WSSD}를 전후하여 활발하게 전개되었다

이러한 대안들은 세계적인 차원에서의 세금^{taxes}과 수수료^{fees} 등의 징수에 기초를 두고 있다. 예컨대 외환거래에 대한 과세, 무기거래에 대한 과세, 국제적인 항공과 선박 여행에 대한 과세, 쓰레기와 폐기물의 해양투기와 그 밖의 다른 환경오염에 대한 벌금, 국제기구의 서비스 제공에 대한 수수료 징수 등이 흔히 논의되어 온 대안들이다. 이러한 대안들은 외환거래에 대해 세금을 부과하자는 제안처럼 유엔에 필요한 재원을 조달하는 동시에 통화투기의 감소와 같은 다른 중요한 목표의 달성에 도움을 준다는 면에서 의의를 가진다.

이러한 대안에 대해 스웨덴, 호주, 오스트리아, 캐나다, 네덜란드와 같은 국가들은 국제기구의 고유한 독자적인 재정 조달책을 지지하고 있다. 그리고 국제기구 중에서 자발적 기여금에 의해 운영되는 유엔개발계획^{UNDP}이 가장 적극적이었다. 이와는 달리 전지구적인 과세가 국가주권의 훼손을 가져올 수 있다는 우려로 반대하는 국가들도 존재하며 국제통화기금^{IMF}를 위시한 국제금융기구들도 반대하고 있다. 특히 재정적인 기여를 중요한 영향력의 원천으로 생각하는 미국이 대안적인 재원으로 인해 정치적인 지렛대를 상실할 것을 우려하여 적극적으로 반대함으로써 대안적 재정에 관한 논의는 1990년대 후반 이후로 잠잠해졌다.

지금까지 제시되어 온 대안적 재정에 관한 제안들은 대개의 경우 아직 현실성 면에서 취약하다. 왜냐하면 대안적인 재정에 관한 안을 수용한다고 해도 누가 이러한 세금이나 수수료 등을 징수하는 주체가 되고 누가 궁극적인 지불의 주체가 될 것인가 등이 쉽지 않은 문제이기 때문이다. 향후 유엔에 큰 재정적인 위기가 도래하면 이러한 대안적인 재정에 관한 논의는 언제든 다시 활발하게 전개될 것으로 보이나 이러한 대안에 반대하는 국가들이

나 국제기구들의 태도가 바꾸지 않는 한 대안적 재정이 현실화되기는 쉽지 않을 것으로 보인다.

VI. 유엔과 다른 기구와의 관계

유엔은 다른 기구들과 부단히 상호작용을 해오고 있다. 이러한 다른 기구들은 유엔의 외부에서 환경적 요인으로 작동하면서 상호작용을 통해 유엔의 구조와 과정 그리고 궁극적으로 결과에 영향을 미친다. 이러한 기구 중에서 유엔과 밀접한 관련을 맺어오고 있는 17개의 전문기구, 국제원자력기구IAEA와 세계무역기구WTO를 포함하는 유엔관련 기구, 비정부기구NGO를 차례로 살펴보고자 한다.

1. 정부간기구와의 관계

1) 전문기구와의 관계

유엔은 헌장 제57조와 제63조에 근거하여 17개의 전문기구들Specialized Agencies: SAs과 특별협정을 체결하여 특별한 협력관계를 구축하고 있다. 이러한 관계는 전문기구의 전문성이 필요한 유엔과 유엔의 재정적 자원이 필요한 전문기구의 이해관계가 일치한 결과였다. 이러한 특별협정은 유엔의 경사리와 각 전문기구 사이에 체결되며 유엔총회의 승인을 받아야 한다. 유엔헌장 제64조에 따라 이들 전문기구들은 매년 경사리에 보고서를 제출하며 경사리의 조정기구를 통해 유엔이나 다른 전문기구들과 협력을 한다.

이러한 전문기구를 유엔의 하부기구나 부속기구로 인식하는 경우가 적지 않으나 이들은 유엔과는 별도의 설립헌장, 별도의 본부, 별도의 독립된 예산

체제, 별도의 회원국을 가지고 있는 독립된 기구이다. 이러한 전문기구들과 유엔기구들을 합하여 '유엔체제United Nations System'라고 부르기도 하고 경우에 따라서는 '유엔가족United Nations Family'이라고도 부른다.

2) 유엔관련 정부간기구와의 관계

위에서 살펴본 전문기구처럼 유엔헌장 제57조와 제63조에 근거하여 유엔과 특별협정을 체결한 관계는 아니지만 유엔과 특별한 협력관계를 형성하고 있는 일단의 국제기구가 있다. 유엔은 이러한 국제기구들을 '관련기구related organizations'라고 부르는데 이러한 유형에 속하는 국제기구에는 국제원자력기구IAEA와 세계무역기구WTO가 있다.

IAEA와 유엔 간의 관계협정은 1957년 11월의 유엔총회의 결의문 1145(XII)에 포함되어 있다. IAEA가 전문기구와 다른 점은 전문기구들의 경우 유엔 경사리에 보고하도록 되어 있으나 IAEA는 유엔총회에 보고를 하고 적절할 경우 안보리와 경사리에 보고하도록 되어 있다는 점이다.[23]

WTO의 지위는 IAEA에 비해 좀 더 복잡하다. WTO의 전신인 관세 및 무역에 관한 일반협정GATT이나 WTO 모두 유엔과 공식적인 협정을 체결한 바가 없다. 이들 기구가 유엔과 관계를 가지게 된 것은 GATT의 초대 사무총장과 트리그브 리Trygve H. Lie 유엔 사무총장이 서한을 교환한 1952년으로 거슬러 올라간다. 이 서한은 유엔 사무국과 GATT의 임시위원회 사무국Secretariat of Interim Commission 사이에 존재하는 비공개적인 사실상의 실무협정closed de-facto working arrangements에 주목한다고 하고 있다. 1995년에 WTO가 창설되면서 WTO 사무총장과 유엔 사무총장 사이에도 이 기구의 관계의 협력적 성격을 강조하는 서한의 교환이 있었다.

---

23) IAEA규정은 여러 곳에서 유엔과의 관계를 언급하고 있는데 가장 대표적인 규정이 제3조 B의 제4조와 제5조이다. 제4조에 따르면 IAEA는 유엔총회에 IAEA의 활동에 관한 연차보고서를 제출하며, 적절한 경우 안보리에 대해서도 보고서를 제출하도록 되어 있다. 제5조는 IAEA가 유엔 경제사회이사회와 기타 유엔기관에 이들 기관의 권능에 속하는 문제에 관해서 보고서를 제출할 것 역시 규정하고 있다.

유엔은 국제기구들 간의 조정을 위해 여러 가지 기제를 두고 있다. 대표적으로 총회의 산하에 행정예산문제자문위원회^{ACABQ}를 두고 있고 경사리 산하에 사업조정위원회^{CPC}를 두고 있다. 또한 유엔은 전문기구와 더불어 IAEA 및 WTO와의 협의와 조정을 위한 제도적 장치로서 유엔의 사무총장을 수장으로 하면서 이들 유엔 밖 기구들의 사무총장을 구성원으로 하는 유엔체제 '고위조정이사회^{CEB}'를 사무국 산하에 두고 있다. 이 조직은 하부에 구체적으로 '고위사업위원회^{HLCP}', '고위관리위원회^{HLCM}', '유엔개발그룹^{UNDG}'이라는 3개의 조정을 위한 기제를 가지고 있다.

유엔은 2000년대에 들어서서 다른 국제기구들과의 활동의 중첩을 방지하고 효율성을 증대하기 위해 조정^{coordination}을 강화하기 위한 노력에 집중하고 있다. 대표적인 것이 'Delivering as One^{DaO}'인데 이는 개발협력과 인도적 지원 등의 분야에서 유엔 내의 기구들은 물론 유엔 밖의 기구들과의 조정을 위한 기제이다. 그러나 상호 독립적이고 수평적인 관계에 있는 국제기구들 사이의 조정이란 그리 쉽지 않은 일이다.

2. 비정부기구(NGO)와의 관계[24]

유엔헌장의 서문은 '우리 유엔 사람들은^{We the peoples of the United Nations}'이라는 말로 시작됨으로써 유엔의 궁극적인 권위가 세계의 개개 시민으로부터 유래됨을 간접적으로 나타내고 있다. 그러나 이러한 헌장의 서문과는 달리 시민들과 유엔과의 관계는 매우 제한적이다. 여기에서는 유엔의 경사리와 총회가 NGO와 맺어 온 관계를 중심으로 살펴보고자 한다.

---

24) 박재영(2007), pp.581-604.

1) 관계의 현황

(1) 경제사회이사회(ECOSOC)와의 관계

유엔헌장 제71조는 경사리로 하여금 특별협정의 체결을 통해 일정한 자격요건을 갖춘 NGO에게 '협의지위consultative status'를 부여할 수 있는 권한을 부여하고 있다.[25] 유엔헌장이 NGO와 관계를 가질 수 있도록 근거조항을 둔 이유는 NGO의 경우 자신들이 활동하고 있는 전문분야에 있어서의 여론을 유엔의 경사리와 그 산하기관에 전달하여 정책에 반영할 필요를 느꼈고 유엔은 NGO가 가지고 있는 전문적인 지식과 능력에 기초한 정보와 조언의 필요성을 느꼈기 때문이다.

1946년부터 지금까지 경사리가 NGO에게 부여해 온 협의지위는 이름은 약간씩 달랐지만 일관되게 세 종류로 분류되어 왔다. 1996년 이래로 적용되고 있는 분류에 따르면 협의지위는 일반 협의지위General Consultative Status, 특별 협의지위Special Consultative Status, 명부상의 협의지위로 구분된다.

일반 협의지위는 경사리의 책임하에 있는 대부분의 문제영역에 걸쳐 다면적인 목표와 활동을 가지고 있어 이러한 영역에 있어서 공헌이 기대되며, 광범위한 범위의 국가들을 대표하는 다수의 회원을 갖고 있는 NGO에게 주어진다. 이들은 경사리와 그 산하기관에 초청 없이도 대표를 지정하여 파견할 수 있다. 이들은 회의에 출석하여 구두진술과 서면진술을 할 수 있는 권한을 가지는 것 이외에 다른 부류의 협의지위 NGO와는 달리 의제를 제안할 수 있는 권한까지 보유한다.

특별 협의지위는 인권과 환경 등과 같은 경사리가 다루는 이슈의 일부에

---

25) 유엔헌장 제71조의 영어 원문은 다음과 같다: The Economic and Social Council may make suitable arrangements for consultation with non-governmental organizations which are concerned with matters within its competence. Such arrangements may be made with international organizations, and where appropriate, with national organizations after consultation with Member of the United Nations concerned.

관심을 가지고 있는 NGO로서, 이러한 특정 분야에서 공헌이 기대되는 국제적으로 잘 알려진 NGO에게 주어진다. 이들은 경사리와 그 산하기관에 초청 없이도 대표를 지정하여 파견할 수 있고 구두진술과 서면진술을 할 수 있다.

명부상의 협의지위는 경사리나 유엔 사무총장에 의해 경사리나 그 산하기관에 대해 때때로 유효한 공헌을 할 수 있다고 고려되는 NGO에게 부여된다. 일반적 협의지위와 특별 협의지위 NGO와는 달리 초청이 없이 회의에 참가할 대표를 지정하여 파견할 수 있는 권리와 더불어 구두진술과 서면진술의 권리를 가지지 못하며 단지 경사리나 그 산하기관으로부터 초청을 받을 경우에 한해 참가하여 그들이 전문적으로 다루는 분야의 문제에 대해 일정한 권한을 행사할 수 있을 뿐이다. 구체적으로 경사리 산하기관의 초청이 있을 경우 이들 기구에서 구두로 진술할 수 있고 서면진술서를 제출할 수 있다. 산하기관이 아닌 경사리 자체의 초청이 있을 경우 서면진술서를 제출하는 것은 허용되나 구두진술은 어떠한 경우에도 허용되지 않는다.

(2) 총회와의 관계

유엔총회는 경사리와는 달리 헌장 등을 통해 NGO와 공식적인 관계를 설정한 바가 없다. 그럼에도 불구하고 유엔총회는 의제의 토의를 돕기 위한 방편의 일환으로 NGO의 비공식적인 참여를 일정한 정도 허용해 오고 있다. 여기에서는 유엔총회를 정기총회, 특별총회, 대규모로 유엔 밖에서 개최되는 전지구적 회의global conference로 구분하여 NGO와의 관계를 살펴보고자 한다.

우선 정기총회의 경우 본회의plenary와 위원회committee로 구분하여 살펴보아야 한다. 한 마디로 말해 본회의에의 NGO 참여는 비공식적으로도 통제되고 있다. 주요위원회의 경우는 이와는 달리 NGO의 참여를 매우 제한적이고 부분적이기는 하지만 인정해오고 있다. 구체적으로 주요위원회의 경우 관련된 의제에 관한 토론을 돕기 위해 NGO를 포함한 비국가적 행위자non-state actor가 그들의 견해를 제시하는 것을 허용하여 왔다. 평화유지활동을 포함한 특별정치와 탈식민문제를 다루는 제4위원회의 예를 들자면 NGO는 청원자petitioner로 참여하여 연설 등을 해왔다. 그러나 이러한 예외들을 제외하고 NGO들은 일반적으로 정기총회의 주요위원회에 비공식적인 참여만이 허용되고 있다. 비공식적인 참여의 방식으로는 공식회의를 정회시킨 상태에서 NGO들로 하여금 발언을 하도록 한 다음 공식회의를 다시 속개하는 방식을 택하기도 하고 NGO들로 하여금 위원회의 실무작업반working groups 회의에 참가하도록 하거나, 주요위원회의 의장과 협의나 간담회를 갖도록 하는 방식을 이용한다.26)

일반적인 NGO들과는 달리 5개의 NGO들은 유엔총회의 옵서버observer 자격을 가지고 총회의 본회의에 참여해오고 있다. 위에서 이미 언급했듯이 국제적십자사위원회ICRC, 몰타기사단Sovereign Military Order of Malta, 국제적십자사연맹IFRC, 국제의원연맹IPU, 국제올림픽위원회IOC가 유엔총회의 옵서버 자격을 얻었다. 그러나 미국의 주도에 의해 유엔총회가 더 이상 NGO에게 옵서버 지위를 부여하지 않겠다는 결정을 내림으로써 이러한 방식을 통한 NGO의 총회 참여는 통제되게 되었다.

다른 한편 NGO는 특별총회와 전지구적 회의에도 일정한 정도 참가해오고 있는데 이들의 회의 참여를 준비회의preparatory conference에의 참여와 정회의main conference에의 참여로 구분하여 살펴볼 필요가 있다. 우선 준비회의 과정에서 NGO는 보고서 준비를 책임지고 있는 사무국과 정부대표들에게 조언을 하고 자료 등을 제공하기도 한다. 특히 다루고 있는 주제가 기술적인 것일 경우 정보나 전문지식을 제공하기도 한다.27) 문서초안draft documents

---

26) Peter Willetts, "The Rules of the Game: The United Nations and Civil Society," in John W. Foster and Anita Anand, eds., *Whose World is it Anyway?: Civil Society, the United Nations and the Multilateral Future* (Ottawa, Canada: The United Nations Association in Canada, 1999), p.273.

27) 많은 경우 유엔총회와 경제사회이사회(ECOSOC)가 결의안의 통과를 통해 유엔회의의 개최를 결정할 때, 유엔 사무총장과 정부들에게 다루고자 하는 의제와 관련하여 보고서를 준비할 것을 요청한다. 이때 의제 자체가 정부간기구나 정부들에게 있어 새로운 것일 경우, 사무국 직원과 정부 관리들은 이러한 보고서를 작성하는 데 있어

이나 결의안^{draft resolutions}의 문안을 조정하여 정부 대표단에게 제출하기도
한다. 공인된 NGO들^{accredited NGOs}은 경사리와의 협의지위 보유 여부에 관
계없이 준비위원회에서 간단하게 구두진술을 요청할 수 있다.[28]

NGO는 특별총회와 전지구적 회의의 준비회의가 아닌 정회의의 경우도
참여해오고 있다. 특별총회의 경우, 정기총회에 비해 NGO의 참여를 허용
하는 정도가 상대적으로 높은 편이지만 전지구적 회의보다는 NGO의 참여
허용도가 낮다. 특별총회의 정회의의 경우 NGO들은 어느 정도 참여를 허
용받아 왔지만 총회에 의해 개최되는 다른 회의에서와 마찬가지로 특정의
공식적인 원칙하에서 일관되게 이루어진 것은 아니다. 특별총회에 NGO의
참여를 어느 정도 인정할 것인가는 일반적으로 준비회의에서 결정되며 극단
적인 경우 NGO의 참여가 불허되기도 하고 때에 따라서는 가장 높은 수준
이라고 볼 수 있는 본회의에의 참여까지 허용되기도 한다. NGO의 참여가
허용될 경우 일반적으로 NGO들에게는 구두발언과 서면진술의 기회가 주어
진다.

전지구적 회의의 정회의의 경우 유엔은 다른 어떤 회의에 비해 NGO 참
여에 가장 너그러움을 보여 왔다. 특별총회의 정회의의 경우 경사리와 협의
지위를 가지고 있는 NGO만이 본회의에서의 구두진술이 허용되나 전지구적
회의의 경우 NGO들은 이러한 협의지위에 관계없이 의장의 요청과 관련 기
구의 동의가 있으면 본회의에서의 구두진술이 허용되기도 한다.

2) 관계변화의 요구

NGO들은 경사리하고만 공식적인 협의관계를 가지고 있을 뿐 총회나 안
보리와 같은 중요한 의사결정 기구에 참여할 공식적인 제도가 설립되어 있

서 관련 NGO에게 도움을 요청하지 않을 수 없게 된다. 이러한 요청에 의해 NGO들
이 처음부터 보고서 작성에 참여함으로써 의제가 논의되는 방향에 중대한 영향을 미
칠 수 있다.

28) NGO가 특별총회나 전지구적 회의(global conference)에 참가하기 위해서는 유엔으
로부터 공인(accreditation)을 받아야만 한다.

지 않다는 것에 불만을 가지고 있다. 이 중에서도 NGO의 불만이 가장 큰 것은 경사리와 그 산하기관에서 논의되는 의제들과 동일한 의제들이 총회에서 논의되고 있음에도 불구하고 NGO들의 총회에의 참여가 제도적으로 인정이 되지 않는다는 사실이다.

이러한 NGO의 요구를 둘러싸고 국가들 사이에 의견이 완전히 일치된 것은 아니지만 유엔이 NGO와 관계를 확대하는 것에 호의적인 국가들마저도 그들의 열정적인 수사rhetoric 뒤에 뿌리 깊은 불안감을 가지고 있다. 즉 선진국과 개도국을 가리지 않고 정부대표들은 전지구적 의사결정에 있어서 주권국가들이 지금까지 행사해 온 독점적인 지위가 NGO의 권한확대로 약화될지 모르는 변화를 근본적으로 두려워하고 있다. 이 때문에 정부대표들은 NGO들의 요구에 제도적인 처방을 내리지 못하고 있으며 앞으로도 이러한 추세는 크게 변화하기 힘들 것으로 보인다.

VII. 결론

위에서 유엔의 구조와 과정 그리고 이들에 영향을 미치는 요소로서 재정과 타 기구들과의 관계 등을 집중적으로 살펴보았다. 그리고 이러한 유엔의 구조와 과정에 대한 실질적인 개혁의 움직임과 개혁을 위한 논의가 어떻게 진행되어 왔는가도 더불어 살펴보았다.

이 글은 유엔의 구조와 과정에 대한 입문적인 성격의 글로서 이들에 대한 서술에 집중하고자 한 관계로 이러한 구조와 과정을 관통하는 보편적인 특징을 포착하는 등의 분석적인 면을 본론부분에서 다루지 못했다. 따라서 결론의 일부로서 유엔의 구조와 과정에서 공통적으로 드러나는 특징을 간단하게 언급하고자 한다.

우선, 유엔의 구조와 과정은 국가이익을 보존하기 위해 국가의 주권을 옹호할 필요와 국제문제를 효율적으로 해결하기 위해 국제기구의 권한을 강화할 필요라는 상호 모순적인 두 가지 필요에 기초하여 규정된다. 이 두 필요 가운데 어떤 필요가 우세하게 구조와 과정의 양태를 규정하는가는 일반적으로 이슈에 대해 개개 주권국가가 부여하는 중요성에 달려 있다. 국가의 생존에 영향을 미치는 안보문제처럼 이슈의 중요성이 높을 경우 국제기구의 권한 강화보다는 국가주권을 존중하는 방향으로 구조와 과정의 양태가 규정될 가능성이 높다.

둘째로, 설립될 당시의 유엔의 구조와 과정이 변화의 압력을 크게 받고 있다. 이러한 압력은 유엔창설 당시에 비해 회원국 수의 약 3배 증가, 구성국으로서의 개도국 수의 대폭적인 증가, 일본과 독일을 위시한 일부 국가들을 포함한 힘의 배분에 있어서의 변화로부터 유래되고 있다. 이러한 압력은 유엔에 있어서의 민주성과 대표성의 요구로 이어지고 있으며 이러한 요구가 실제적으로 기존의 유엔 구조와 과정의 변화를 가져올 것인가는 기득권을 가지고 있는 국가들의 태도에 크게 의존하고 있다. 대체적으로 이러한 압력은 기득권 국가의 저항으로 실질적인 변화를 가져오는 것이 쉽지 않으며 변화를 가져온다고 해도 대부분 과정상의 변화에 그치고 구조상의 변화로까지 이어지지 못하고 있다.

마지막으로 유엔은 필요에 의해 회원국 이외의 행위자로서 정부간기구, 비정부기구, 비회원 국가와 일정한 수준의 상호작용을 해오고 있다. 일정한 요건을 갖춘 정부간기구와 비회원 국가에게 옵서버의 지위를 부여하고 비정부기구에게는 협의지위를 부여하여 제한적이지만 공식적인 상호관계를 가져오고 있다. 회원국들만으로 국제문제의 해결이 어렵다는 판단 아래 회원국 이외의 행위자들과의 협력을 강화할 필요성이 생겼고 국제적인 영향력이 커진 회원국 이외의 행위자들이 관계의 확장과 심화를 요구함에 따라 기존 관계가 변화의 압박 속에 놓여 있다. 이러한 압박에 대응하여 유엔은 일반적으로 이러한 행위자들과의 비공식적이고 임시방편적인 관계를 확장시키는데 주력하고 공식적이고 제도적인 관계의 확장과 심화에는 지극히 인색한 입장을 견지해오고 있다.

📖 Baily, Sydney D., and Sam Daws. *The Procedure of the UN Security Council, 3rd edition.* Oxford: Clarendon Press, 1998
이 책은 학자들과 실무 외교관으로 하여금 유엔안전보장이사회의 내부를 속속들이 들여다보도록 해주는 책으로서 안전보장이사회의 정치과정에 대해 관심을 가지고 있는 사람들의 필독서이다. 의사결정 과정에 대한 자세한 설명과 더불어 다른 기관들과의 관계도 잘 설명하고 있다.

📖 Finkelstein, Lawrence S., ed. *Politics in the United Nations System.* Duke: Duke University Press Books, 1988.
이 책은 유엔체제에 속하는 다수의 국제기구들의 정치과정을 동태적으로 분석하고 있는 책으로서 유엔체제의 정치를 가치의 배분과정이라는 이론적 관점에서 접근하고 있다. 구체적으로 이 책을 통해서 NGO를 포함한 다양한 행위자들이 어떻게 가치의 배분과정에 관여하고 있으며 그 결과 어떠한 결과를 도출하고 있는가를 잘 알 수 있다.

📖 Smith, Courtney B. *Politics and Process at the United Nations: The Global Dance.* Boulder, Colorado: Lynne Rienner Publishers, 2006.
이 책은 제목에서 알 수 있듯이 유엔 내부의 정치과정을 소상히 분석하고 있는 중요한 책으로서 유엔을 동태적으로 이해하는 데 필수적인 참고서이다. 구체적으로 유엔에 있어서의 중요한 행위자들은 누구이며 이들이 어떠한 절차와 과정을 통해 의사결정에 이르는가를 자세하게 설명하고 있다.

📖 The Ministry of Foreign Affairs and Trade. *United Nations Handbook 2012-13.* Wellington, New Zealand: Printlink, 2012.

유엔에 대한 이해를 돕는 여러 자료 중 학자들과 외교 실무자들에 의해 두루 사랑받고 있는 이 책은 뉴질랜드의 외무부에 의해 1961년 이래로 매년 발간되고 있다. 이 책은 유엔의 주요기관인 총회·안전보장이사회·경제사회이사회·신탁통치이사회·국제사법재판소·사무국, 이들 주요기관의 각종 보조기관들, 17개의 전문기구, 전문기구가 아니면서 유엔과 특별한 관계를 맺고 있는 세계무역기구(WTO)와 국제원자력기구(IAEA)를 구조, 목적, 활동상황, 운영 프로그램, 회원국가 등의 측면에서 자세하게 설명하고 있다. 인터넷에 책을 PDF 파일로 올려놓아 무상으로 프린트하여 볼 수 있다.

Weiss, Thomas G., and Sam Daws, eds. *The Oxford Handbook on the United Nations.* Oxford: Oxford University Press, 2007. 이 책은 다수의 저자에 의해 쓰인 유엔에 대한 백과사전과 같은 책이다. 유엔을 바라보는 이론적인 틀, 주요한 기관들, 다른 행위자들과의 관계, 유엔의 개혁전망과 같은 부분을 소상히 다루고 있을 뿐 아니라 유엔이 다루는 3대 이슈인 국제평화와 안보, 인권, 개발의 문제를 여러 측면에서 다각도로 접근하고 있다.

제3장

세계안보와 유엔의 역할

이신화

I. 서론

1910년대 30개 남짓하였던 국제기구는 1970년 242개, 1981년 1,039개, 1990년 4,322개, 2000년 6,556개, 그리고 2012년 7,679개로 크게 증가하였고, 그 활동영역이나 지리적 범주도 점점 더 커지고 있다.[1] 이와 같은 정부간국제기구들 중 유엔은 193개 회원국들과 60여 년 역사의 가장 포괄적이고 다자적인 국제기구이다. 제1차 세계대전 이후 설립된 국제연맹이 전쟁 재발방지에 실패한 것을 교훈삼아 1945년 창설된 유엔은 침략국에 대한 무력개입도 결정할 수 있는 안보리를 두게 되었다. 국제연맹이 실패한 집단안전보장체제를 강화하기 위해 5개 승전국인 미국, 영국, 프랑스, 소련, 중국에 안보리 상임이사국 지위와 거부권을 부여함으로써 이들 강대국들은 독보적이고 막강한 권한을 갖게 되었다. 하지만 냉전기 미소 양극의 대립으로 안보리 기능이 사실상 제구실을 못하는 경우가 많았다.

하지만 냉전 종식 후 유엔의 안보역할이 커지게 되는데, 이는 걸프전이나

---

1) Union of International Associations(UIA), "Number of Organizations in the Yearbook of International Organizations, 1909-2012," *Yearbook of International Organizations 2013-2014* (Brussels: UIA, 2013).

북한 핵문제 등에서 볼 수 있듯이 소련 와해 이후 안보리에서 미국이 러시아와의 협조를 이끌어낼 수 있게 된 점과 이념갈등이 종식되면서 수많은 인종갈등과 민족분규가 발발하여 유엔을 중심으로 한 평화유지활동PKO의 필요성이 급증한 데에 기인하다.

물론 탈냉전기 유엔의 중요성에 대해서도 자국 이익만을 도모하는 회원국들, 특히 미국을 비롯한 강대국들의 꼭두각시 역할만 하고 있다는 비판적 시각이 있다. 그러나 이러한 관점에서 유엔의 타당성relevance을 부인하는 것은 매우 성급한 평가이다. 오히려 탈냉전기 복잡한 분쟁과 인도적 위기상황을 대처하는 데 있어 법치rule of law에 기반을 두고 정당성과 상호성을 바탕으로 활동하는 유엔이 지구촌 안보와 평화를 회복하고 관리하는 범세계적 노력의 중심축이라는 점이 더 타당하다고 보는 시각이 많다.[2)]

이러한 맥락에서 본 장은 세계안보와 평화를 유지·관리하기 위한 유엔의 역할이 어떻게 발전되어왔고 실제로 어떠한 이슈를 다루었는지 고찰해 봄으로써 그 의의와 한계를 논하고자 한다. 특히 전통적 군사안보 영역에서뿐 아니라 환경·인도적 위기와 같은 비전통안보 분야에 대한 유엔의 대응이나 접근방식에 대해 고찰한다. 이를 통해 향후 국제위협과 분쟁예방 및 해결을 위한 보다 강력하고 타당하고 효율적인 유엔의 역할을 모색해보고자 한다.

II. 유엔의 '안보역할'과 안보이슈

평화와 안보영역에서 이루어지는 유엔의 역할은 전통적인 군사영역을 초월하여 보다 광범위한 임무를 수행하고 있다는 데 주목할 필요가 있는데,

---

2) LeRoy A. Bennett and James K. Oliver, *International Organizations: Principles and Issues*, 7th edn. (Upper Saddle River, NJ: Prentice Hall, 2002).

군비축소와 대량살상무기^{WMD}의 비확산으로부터 평화유지, 인도적 원조, 선거지원, 전후 재건활동, 유엔의 여러 부속 기관들과 전문기구들을 통한 제반 활동까지 다양한 영역에서 이루어지고 있다(〈표 1〉 참조).[3]

〈표 1〉	세계평화와 안보를 위한 유엔기구 및 활동

■ 유엔기구
 - 안전보장이사회(Security Council)
   Security Council Committees, including: Counter-Terrorism Committee(CTC/CTED), 1540 Committee, and Sanctions Committees
 - 총회 제1위원회(군축과 국제안보) General Assembly First Committee (Disarmament and International Security)
 - 총회 제4위원회(특정 정치이슈 및 탈식민지화 이슈) General Assembly Fourth Committee(Special Political and Decolonization)
 - 평화구축위원회(Peacebuilding Commission)
 - 반테러이행 태스크포스(Counter-Terrorism Implementation Task Force)
 - 군축위원회(Disarmament Commission)
 - 군축회의(Conference on Disarmament)
 - 우주의 평화적 이용을 위한 위원회(Committee on the Peaceful Uses of Outer Space)

■ 주요 이슈
 - 평화조성과 예방활동(Peacemaking and Preventive Action)
 - 평화유지(Peacekeeping)
 - 평화구축(Peacebuilding)
 - 군축(Disarmament)
 - 반테러활동(Countering Terrorism)
 - 선거지원(Electoral Assistance)
 - 탈식민지화 노력(Decolonization)
 - 아동과 무력분쟁(Children and Armed Conflict)
 - 여성, 평화 및 안보이슈(Women, Peace and Security)
 - 지뢰제거 활동(Mine Action)
 - 개발과 평화를 위한 스포츠(Sport for Development and Peace)
 - 성 착취와 성학대로부터의 보호(Protection from Sexual Exploitation and Abuse)
 - 조직적 범죄(Organized Crime)

출처: United Nations, "Peace and Security," http://www.un.org/en/peace/

1. 전통적 군사안보이슈와 유엔

1648년 웨스트팔리아 조약 이후 형성되고 1815년 비엔나체제를 통해 공고화된 주권sovereignty은 근대국제체제를 구성하는 국가들이 대내외적인 권위와 정치적 독립성을 누리기 위한 가장 핵심적인 요소이다. 모든 국가는 다른 나라의 간섭이나 개입 없이 자국의 영토에 대한 절대적이고 배타적인 권리를 갖는데, 전통적 의미에서의 안보란 이러한 국가의 권리를 보장하는 수단이자 과정을 일컫는다. 국가안보란 한 나라의 핵심가치에 대한 위협부재 상태를 말하며, 그 핵심요소로 국민보호와 영토수호, 정치적 독립과 자치권유지를 통한 주권확보, 경제적 안정과 번영을 꼽을 수 있다. 흔히 국가안보를 국경 밖으로부터 오는 외부적 위협을 제거하는 것으로 정의내리지만, 한 국가 내 발생하는 제반 문제들로 인해 안보가 저해되는 경우가 종종 있다. 역사적으로 볼 때 국론분열과 사회통합, 자연재난, 자원부족, 경제위기, 소득분배의 불균형으로 인한 빈부격차와 같은 다양한 이유로 소요사태, 테러, 민족분규, 종교갈등, 반란과 같은 '저강도분쟁low intensity conflict'이 발생해왔다.[4] 또한 이러한 국내적 불안정상황이 외부의 침략을 불러오기도 하였다.

하지만 냉전기 안보에 관한 학문적·정책적 접근은 대부분 국가 간 관계 속의 전통적 군사안보에 초점을 맞추어 이루어져왔다. 군사적 관점에서 정의된 국가안보란 전쟁가능성이나 외부세력의 위협을 제거하는 것을 중심으로 설명되어왔으며, 이는 군사력 증강과 정치적 역량확대를 통해 상대적으로 우세한 힘을 확보함으로써 국가의 안전을 유지하려는 '절대안보' 개념에 기초하였다.[5] 국제체제는 국가행위를 규제할 권위적 존재가 없는 무정부상

---

3) United Nations General Assembly, "Role of the United Nations in Maintaining International Peace and Security," *Global Agenda Forum in the Austrian Parliament*, Vienna, April 7, 2003, http://www.un.org/ga/president/57/pages/speeches

4) G.V. Brandolini, *Low Intensity Conflicts* (Bergamo: CRF Press, 2002).

5) 김우상·김태현·박건영·백창재 저, 『국제관계론강의 Ⅰ』(서울: 한울아카데미, 2007).

세력균형

어느 특정국가의 힘이 다른 국가(들)을 위협할 정도로 막강해지는 것을 방지하거나 이에 대응하기 위하여 국가들 사이에 힘을 배분하자는 묵시적 합의를 통해 이루어진다. 19세기까지는 한 국가의 힘이 지나치게 세지는 것을 막기 위해 국가들끼리 상황에 따라 적과 동지를 바꾸어 가며 동맹을 맺으면서 세력균형을 유지하였고, 냉전기 미·소 양극체제가 도래하면서는 양국 간 군비경쟁과 동맹확장을 통한 대결구도 속에서 세력균형을 유지하였다. 특히 양국은 동맹을 맺은 국가들과는 군사영역뿐 아니라 정치, 외교, 경제, 사회 모든 면에서 긴밀한 관계를 맺음으로써 동맹을 상당 기간 계속하여 유지하였다. 따라서 효과적이고 지속적인 세력균형의 한 형태로서의 동맹은 일국이 국력과 군사력을 강화하는 수단인 동시에 상대국과의 관계를 돈독하게 할 수 있는 방법으로, 다른 세력권에 있는 나라들의 힘을 견제하거나 약화시키는 것을 목적으로 한다.6) 동맹은 상대적으로 힘이 강한 국가에 대응하기 위해 약소국들 사이에 동맹을 맺고 영향력확대를 통해 안보를 모색하는 균형동맹(balance)과 강대국에 대항하기보다는 오히려 순응하고 동맹을 체결함으로써 안전을 도모하고 강대국이 누리는 혜택을 나눠갖고자 하는 편승동맹(bandwagon)으로 나뉜다.7)

태이기 때문에 자국방어 및 국력확대를 위해 공세적 군사력을 보유하려고 무절제한 군비증강을 하게 되고, 결국 국가 간 전쟁으로까지 이어지기도 한다. 힘의 논리로 국제정치현실을 설명하는 신현실주의자들에 따르면, 국가 간 어떠한 협력노력도 이러한 '안보경쟁'으로 인해 실질적 성과를 거두지 못한다고 보고 있다.8) 다시 말해 국제관계에서 개별 국가들의 의도는 가변적

---

6) Hans J. Morgenthau, *Politics Among Nations, The Struggle for Power and peace* (New York: Alfred A Knop Inc., 1985).

7) Kenneth Waltz, *Theory of International Politics* (Reading, MA: Addison-Wesley, 1979).

8) John J. Mearsheimer, "The False Promise of International Institutions," *International*

이고 불확실성을 띠기 때문에,9) 국가들은 서로 상대방의 의도를 신뢰하지 못하고 모든 국가를 잠재적 적으로 간주할 수밖에 없어 불신과 두려움이 생기고 이로 인해 군비경쟁이 가열되어 지역적·세계적 차원의 안보딜레마 security dilemma 현상이 발생한다. 따라서 상대국과 비교하여 공격당하거나 위협받지 않을 수준의 군사력을 보유하지 못할 경우, 생존전략으로서 세력균형을 모색하게 된다.

한편, 억지 deterrence 란 한 국가가 위협으로 간주하는 행동을 상대국이 시도하려 할 때, 상대국에게 회복될 수 없을 만큼의 손실을 입힐 것이라는 공포심을 불러일으킴으로써 그 행위를 삼가게 하는 시도이다.10) 예를 들어 첨단 재래식 무기를 구비하여 대북 억지력을 강화한다거나 상대국에게 치명적인 손해를 줄 수 있다는 점에서 핵전략도 대표적인 억지전략이다. 1945년 8월 일본 히로시마와 나가사키에 미국의 핵폭탄이 투하되면서 원폭 직접 피해자 수만 62만 명에 이르렀고 일본제국의 무조건 항복으로 제2차 세계대전이 종식되었다.11) 핵무기의 위력이 재래식 무기와는 비교할 수 없을 정도로 강력하다는 것을 알게 된 소련도 1949년 원자폭탄을 만드는 데 성공하면서 미·소 초강대국은 핵군비 경쟁에 돌입하였다. 이는 압도적인 핵무기를 보유하여 상대국의 핵무기 사용을 억제하거나 공격을 사전방지할 수 있다는 억지이론에서 논리적 근거를 찾을 수 있다.

그러나 역설적으로 히로시마와 나가사키 이후 단 한 번도 전쟁에 핵무기가 사용되지 않은 점에서 알 수 있듯이, 핵억지 전략은 상대를 핵으로 공격할 것이라는 위협보다는 가공할만한 위력을 지닌 핵무기 사용을 억제하지 않으면 상호공멸을 초래할 것이라는 공동 인식을 기본으로 한다. 즉 핵무기

Security 19-3 (Winter 1994/1995).

9) John J. Mearsheimer, *The Tragedy of Great Power Politics* (New York: W. W. Norton, 2001).

10) 이상우, 제18장 "전쟁억지이론," 『국제관계이론』 4訂版(서울: 박영사, 2006).

11) Atomicarchive.com, "The Atomic Bomings of Hiroshima and Nagasaki," http://www.atomicarchive.com/Docs/MED/med_chp10.shtml

핵확산과 NPT

1952년 영국, 1960년 프랑스, 1964년 중국도 핵 실험을 하였는데, 더 이상 핵무기가 확산되면 안 된다는 취지하에 미국과 소련의 주도로 1970년 유엔총회에서 핵 확산금지조약(NPT)이 체결되었다. NPT 조약의 핵심내용은 1967년 기준 핵을 보유하지 않은 국가들의 핵개발을 막고, 핵보유국들이 핵무기 증가하거나 비보유국에게 핵무기를 제공하는 것을 금지하는 것을 골자로 한다.[12] 하지만 NPT는 핵보유국과 비핵보유국 간 차별적 구도하에 미·소 양국의 압력으로 이루어진 불평등조약으로 비판받기도 하고, 인도, 파키스탄, 이스라엘 등이 미가입국으로 남아 있다가 핵무기를 개발 하였으며 북한은 탈퇴를 선언하고 핵실험을 하는 등 다자적 합의체로서의 NPT 유용성 문제가 끊임없이 제기되고 있다.

스톡홀름 국제평화연구소(SIPRI)의 최근 연례보고서에 따르면, 2013년 1월 기준, 위에서 언급한 북한을 제외한 총 8개국에 4,400기의 작동 가능한 핵무기가 있으며, 이 중 2,000개 가량이 곧바로 사용될 수 있는 상태이다. 이 밖에도 이들 국가들이 보유한 사용가능성이 있거나 폐기하기로 되어있는 핵탄두를 합치면 총 17,270개 정도이다. 핵탄두의 수는 해마다 조금씩 줄고 있지만 성능은 더욱 더 현대화 되고 있다. 북한의 경우 실제로 작동 가능한 핵무기 보유 여부가 불분명하지만, 최고 8개까지 핵무기를 제조할 능력이 있다고 보고되었다.[13]

에 전쟁 억지력이 있는 것은 엄청난 파괴력으로 인한 공멸의 공포 때문인데, 갈등이나 분쟁관계에 있는 국가들이 서로 상대방을 자극하여 핵공격을 유발하지 않도록 위협적인 행동을 자제하게 되는 것을 의미한다. 이를 '공포의 균형balance of terror'이라 일컬으며, 국가의 힘이나 핵무기의 분포가 불균형할 때에도 나타나기 때문에 힘의 균형balance of power과는 구별된다.[14]

---

12) UN Office for Disarmament Affairs(UNODA), "Treaty on the Non-Proliferation of Nuclear Weapon(NPT)," http://www.un.org/disarmament/WMD/Nuclear/NPT.shtml

13) 8개의 핵보유국은 미국, 러시아, 영국, 프랑스, 중국, 인도, 파키스탄, 이스라엘을 일

한편, 집단안보는 제1, 2차 세계대전을 거치면서 세력균형을 대체할 20세기 새로운 개념으로 떠올랐고, 국제연맹과 유엔의 설립을 통해 구체화되었다. 집단안보란 일국이 자국의 이익만을 고려하여 일방적으로 안보를 추구하는 것이 아니라, 침략이나 위협행위를 자행한 국가가 있을 경우 국제사회의 안전과 인류의 보편적 가치를 고려할 때 결코 용납하지 못할 행위로 간주하고 모든 국가들이 힘을 합쳐 침략국에 대항하여 피침략국을 방위하는 다자적 안보체제를 의미한다. 따라서 집단안보의 목적은 힘이 센 국가나 약소국 모두 동등하게 자국의 영토와 독립성을 보장받으며, 어떠한 이유에서든 타국을 침략하는 행위는 마땅히 응징받아야 한다는 보편적 윤리를 국제정치적으로 제도화하는 데에 있다.15)

이에 더하여 주목할 것은 냉전 후기 핵전쟁에 대한 위기감을 불식시키기 위해 공동안보common security와 협력안보cooperative security라는 개념이 떠올랐다는 점이다. 공동안보란 1975년 유럽안보협력회의CSCE를 통해 체결된 헬싱키협약 및 1982년 '군축과 안전보장에 관한 독립위원회(소위 팔메위원회)'의 보고서에 잘 나타나 있는데, 핵 위협 속에 어떠한 충돌도 피하는 것이 동서 양진영 모두에 이익이므로 쌍방이 협력하여 무기제한과 군비축소를 통해 전쟁위험을 없애야 한다고 강조하였다.16) 협력안보는 유럽에서 공동안보가 진화하여 확대된 개념으로, 정치, 군사, 경제, 사회 등 제반 영역에 대한 여러 가지 현존하거나 잠재적인 위협들을 제거하기 위해 모든 유관 국가

컬으며, 북한은 수치에 포함되지 않았다. 또한 이 보고서는 2013년 2월 북한의 제3차 핵실험 이전에 발간된 것이다. Stockholm International Peace Research Institute (SIPRI), Chapter 6. "World Nuclear Forces," *SIPRI Yearbook 2013: Armaments, Disarmament and International Security* (Oxford: Oxford University Press, 2013).

14) Albert Wohlstetter, "The Delicate Balance of Terror," *RAND report* (December 1958), http://www.rand.org/about/history/wohlstetter/P1472/P1472.html

15) 한용섭, 제2장 "안보개념의 변화와 국방정책," 『국방정책론』(박영사, 2012).

16) 팔메위원회는 스웨덴 전 총리 스벤 올로프 요아힘 팔메(Sven Olof Joachim Palme)를 위원장으로 하여 작성한 보고서를 1982년 유엔 특별군축총회에 제출하였다. 존 베일리스, 스티브 스미스, 퍼트리샤 오언스 편저, 하영선 외 공역, 『세계정치론』(서울: 을유문화사, 2010).

들이 협력하고 대화하여 신뢰를 구축함으로써 새로운 안전보장체제를 이룩하는 것을 목적으로 한다. CSCE를 기반으로 하여 냉전종식 후 1995년 상설기구가 된 유럽안보협력기구^{OSCE}는 유럽과 중앙아시아, 북미지역 57개국이 가입되어 있어 협력안보가 제도화된 전형적인 예이다.[17]

그러나 여전히 각국의 군비 지출은 상당한 규모를 차지하고 있다. 2012년 전 세계 군사비지출은 1조 7,560억 달러(원화 약 1,978조 원, 세계 총 GDP의 2.5%)였는데, 이는 미국과 유럽의 군비삭감으로 지난 14년 만에 최초로 줄어든 수치이다. 특히 세계 최대의 군사비 지출국가인 미국은 전년 대비 6% 감소한 6,853억 달러(전 세계의 군사비 중 39%)를 군사비로 사용하였다. 미국의 군사비 지출은 2001년 9.11 테러 이후 점점 늘어 전 세계 군사비의 60% 정도까지 차지하기도 했었는데, 2012년 통계는 1991년 구소련 붕괴 후 처음으로 전체 총합이 40% 미만으로 기록되었다.[18] 하지만 이러한 추세는 최근 몇 년간 경기침체로 고심하는 미국과 유럽이 경제긴축정책을 펴는 과정에서 해외병력 축소를 포함하여 국방예산을 삭감한 것이기 때문에 세계평화와 안전을 위한 노력으로 보기는 힘들다. 더욱이 중국과 러시아를 포함한 신흥개발국의 군비지출은 점점 늘고 있고, 중동과 아시아 국가들의 지출도 증가추세이다. 특히 중국의 경우, 2012년 총 군비지출액이 1,660억 달러로 아직까지는 미국의 1/4에 해당하지만, 2003년부터 지난 10년 동안 군비지출을 175% 증가하여 현재 세계 2위 군비지출국이 되었다.[19] 이렇듯 전 세계 군비지출이 기존의 군사강국에서 신흥국으로 점점 이동하는 추세를 보이는 것은 향후 세계안보에 불안정한 요소로 작용할 가능성을 내포하고 있다.

---

17) Organization for Security and Co-operation in Europe(OSCE), "Who We Are," http://www.osce.org/who

18) SIPRI(2013).

19) SIPRI(2013).

2. 포괄적 안보이슈와 유엔

냉전기 안보연구나 정책은 대부분 군사력에 역점을 둔 국가안보 논리를
토대로 하고 있지만, 1970년대 들면서 일국의 군사력과 군사전략 중심으로
정의되는 안보개념이 그 영역이나 실제 행위자의 측면에서 볼 때 지나치게
편협적이라는 지적이 나타나게 되었다. 특히 1973년 제4차 중동전쟁 당시
아랍 산유국들이 석유를 무기화하려는 정치적 전략으로 대량감산과 더불어
미국 및 그 동맹국이나 우방국들에게 석유수출을 중단하는 조치를 취하면서
전 세계적으로 '오일쇼크'가 발생하였고 에너지안보가 전 세계적인 관심사
로 급부상하였다. 또한 서구유럽이나 미국을 중심으로 1960년대 말부터 환
경오염이나 자원부족과 관련한 환경안보에 대한 관심이 나타났고,[20] 1970
년대 중반 이래 국가들 간 무역 갈등이 가시화되면서 경제안보의 중요성도
대두되었다.

1980년대에는 전통적인 안보영역의 확장을 주장하는 학자들이 나타나기
시작하였다. 예를 들어 1983년 배리 부잔Barry Buzan은 군사력에 역점을 둔
국가안보개념의 편협성을 지적하며 경제나 환경 및 사회영역을 포함하여 안
보를 확대정의해야 한다고 했고,[21] 같은 해 리처드 울만Richard Ullman도 안보
개념의 확장은 국가로 하여금 정책선택을 보다 폭넓게 할 수 있게 한다고
주장하였다.[22] 1985년 덴마크 코펜하겐의 '분쟁 및 평화연구소Copenhagen
Peace Research Institute: COPRI' 소속 학자들을 중심으로도 냉전기 안보논리를 뛰
어넘어 국제정치적 시각에서 확장된 안보담론을 주창하였는데, 베리 부잔을
포함한 이 '코펜하겐 학파'의 입장은 냉전종식과 더불어 더욱 힘을 얻게 된
다. 1989년 제시카 매튜스Jessica Matthews도 인구성장과 경제발전으로 인한

20) Rachel Carson, *Silent Spring* (Boston and New York: Houghton Mifflin Company, 1962).
21) Barry Buzan, *People, State and Fear* (London: Harvester, 1983).
22) Richard H. Ullman, "Redefining Security," *International Security* 8-1(Summer 1983), pp.129-153.

환경파괴가 지속될 경우 생태계의 자정능력carrying capacity이 손실되어 지구의 미래가 위태로워질 것이라고 경고하며 안보개념의 재정의를 주장하였다.[23]

냉전종식과 세계화의 급진전으로 국제관계가 급변성, 다변성, 복합성을 띠게 되면서 안보영역에 있어서도 다양한 변화와 확장이 생기기 시작하였다. 안보란 국가 차원의 영토적, 정치적 안전보장뿐 아니라 인간 개개인의 생존과 복지 및 존엄성에 위협이 되는 제반 요소들을 제거하는 맥락으로 확대되어야 한다는 인식이 생기면서, 군사, 정치, 경제, 사회, 문화, 환경, 에너지자원, 사이버 안보 등을 종합적으로 아우르는 접근을 의미하는 포괄적 안보의 중요성이 떠올랐다.

비전통안보이슈들은 많은 경우 한 국가에 국한되는 것이 아니라 국경을 넘어 인접국가의 안보까지 위협하고, 더 나아가 지역적·세계적 차원의 문제를 야기하기도 한다는 점에서 그 대응책도 종전의 일개 국가의 독자적 노력이나 양자적 관계보다는 다자적 접근방식을 필요로 한다. 앞서 언급한 유럽에서의 협력안보개념이 핵무기를 포함한 군사적 위협을 관리하는 것에서 시작한 CSCE가 OSCE로 확대 개편되면서 비전통적 안보이슈에 대한 협력안보 및 국제안보에 역점을 두기 시작한 것도 바로 이러한 필요성에서 기인한다 할 것이다. 따라서 포괄적 안보관점에서 국가안보를 논하기 위해서는 국가 중심의 사고틀에서 과감히 벗어나 국가들 간 공동노력뿐 아니라 비국가행위자들과의 협력을 제고하는 인식전환이 요구된다.

국가가 자국민을 보호할 역량이 없을뿐더러 인권유린이나 정치탄압, 인종차별 등을 통해 개개인의 안위를 위협하는 상황들이 지구촌 곳곳에서 속출하면서 국가단위의 안보만으로는 개인의 안전을 확보할 수 없다는 문제의식과 더불어 인간안보의 중요성이 부각되었다.[24] 군사력을 바탕으로 영토적, 정치적 안전이 확보된 경우라도 국가가 궁극적으로 추구해야 하는 사회

---

23) Jessica Tuchman Mathews, "Redefining Security," *Foreign Affairs* 68-2 (Spring 1989).

24) 이신화, "비전통안보와 동북아지역협력," 『한국정치학회보』 제42집 제2호(2008).

비전통안보의 개념과 위협수준

전통적 군사안보에 더하여 기아, 전염병, 자원부족, 환경오염, 기후변화, 마약밀매나 인신매매 및 테러와 같은 초국가적 범죄, 국가 내 인종분쟁, 대량학살이나 난민문제 등을 아우르는 비군사적 위협 또는 비전통안보 (non-traditional security) 이슈로 안보영역을 확장할 필요성이 생긴 것이다.25)

비전통안보와 관련한 위협은 크게 초국가적, 국내외적, 국내적 수준에서 살펴볼 수 있다. 우선, 대량살상무기의 확산, 테러행위, 초국가적 조직범죄와 같은 국경을 뛰어넘는 문제들이 증가하면서 초국가적 위협에 대한 국제사회의 관심이 증대되었다. 대량살상무기나 화학무기, 그리고 불법무기거래 등은 군사적 분쟁으로 발전될 가능성이 크기 때문에 전통적 군사안보 측면에서 지속적으로 논의되어온 사안이다. 그러나 이러한 분쟁으로 인해 인도적 측면에서도 부정적인 결과가 나타나는 점을 고려할 때 포괄적 안보의 틀에서 초국가적 위협에 접근할 필요성이 늘고 있다. 인신매매, 강제이주, 환경문제, 에이즈나 중증급성호흡기증후군(SARS)과 같은 전염병 등 국내적 문제와 국제적 문제의 상호작용에 의해 발생되는 국내외적(intermestic) 위협은 국가안보뿐 아니라 개인의 사적 안전 또한 훼손시킨다. 개인이나 그룹의 안전은 정치적 박해, 사회적 불안정, 민족분쟁, 빈곤, 경제적 불평등, 식량난과 같은 국내적 문제에 의해 위협당할 수 있다. 이러한 문제들은 군사적 위협은 아니지만 국가안보나 지역안정을 해칠 수 있는 요소일뿐더러 정권안보에 역점을 둔 정치지도자의 독재정치, 차별정책, 부패, 무능력과 무관하지 않다는 점에서 전통적, 군사적 안보접근방식으로는 해결할 수 없는 이슈들이다.26)

안정과 국민보호가 제대로 이루어지지 않는 경우가 허다한데, 이는 국민 개개인의 안전과 복지가 국가(정부)의 안전과 일치되지 않는데서 비롯된다.

---

25) 유현석, 제5장 "국제정치와 안보,"『국제정세의 이해』(서울: 한울아카데미, 2006).
26) Shin-wha Lee, *Ethical, Normative and Educational Frameworks for the Promotion of Human Security in East-Asia* (Paris and Seoul: UNESCO, 2004).

국가안보를 확보한다는 명목하에 개개인의 생명과 재산을 침해한다면, 이는 '정권안보regime security'를 추구하는 것이지 진정한 국가안보의 목표를 지향하는 것이 아니므로, 인간안보의 관점에서 안보를 재조명해볼 필요가 있다.

1994년 유엔개발계획UNDP의 보고서가 출간된 이래 국제사회의 관심을 끌기 시작한 인간안보 개념은 인간안보를 '공포로부터의 자유freedom from fear'와 '궁핍으로부터의 자유freedom from want'로 정의함으로써 개개인의 생존과 복지를 위한 최소한의 요건을 제시하였다. 이 보고서는 경제, 식량, 보건, 환경, 개인, 사회, 정치의 7가지 영역에서 야기되는 위협들로부터 개인이나 그룹들을 보호하는 것이 인간안보의 목표임을 밝혔다.27) 인간안보 개념은 2000년 유엔새천년정상회의에서 당시 코피 아난Kofi Annan 유엔 사무총장이 "개인의 주권individual sovereignty은 국가주권보다 우위에 있다"라고 역설하면서 국제사회의 정책적 관심을 불러일으키게 되었다.28) 하지만 2001년 9월 11일 미국에 대한 테러공격이 발생한 후 국가안보를 강조하고 자국의 이해관계를 우선시하는 현실주의적 힘의 논리가 국제무대에 전면적으로 다시 부각되었다. 특히 미국이 안보리 결의 없이 이라크 침공을 강행함으로써 법보다는 힘에 의해 움직이는 국제사회의 냉엄한 현실이 다시 한 번 입증되었다.

그럼에도 불구하고 9.11 테러가 인간안보를 포함한 새로운 개념의 안보를 퇴색시켰다고 볼 수는 없을 것이다. 왜냐하면 9.11 사건은 미국 본토를 공격했다는 의미에서는 국가안보맥락에서 접근해야 하지만, 테러리스트들이 자신들의 목적을 달성하기 위해 불특정다수를 겨냥하여 테러행위를 자행함으로써 무고한 시민들을 희생시켰다는 점에서는 인간안보의 시각도 중요하기 때문이다. 또한 9.11 이후 아프가니스탄, 이라크 등에서 미국이 벌인 반테러전들이 테러세력을 근절시키기는커녕 부메랑이 되어 다시 2013년 4월 보스턴 폭탄테러로 나타난 것에서 살펴볼 때, 우세한 군사력을 내세운

---

27) UN Development Programme, Human Development Report 1994 (Oxford: New York, 1994).

28) United Nations Secretary-General Kofi Annan, Millennium Report, Chapter 3, http://www.hsph.harvard.edu/hpcr/events/hsworkshop/list_definitions.pdf

강압적인 방법으로만은 국가안보를 보장할 수 없음을 재확인할 수 있다. 특히 테러소탕전을 위한 군사행동이 타깃국 시민들의 안위를 위협한다면, 공격의 정당성을 상실할뿐더러 폭력과 테러의 악순환만 강화시킬 것이다. 그러므로 반테러전을 통해 만족할 만한 결과를 얻기 위해서는 전쟁수행국들이 보다 포괄적인 관점에서 테러와 자국 안보문제를 연계하는 노력을 기울여야 할 것이다.

한편, 포괄적 안보와 인간안보를 어떻게 구별할 것인가에 대한 학문적·정책적 논의도 끊이지 않고 있는데, 이 두 가지 개념은 종종 혼용되어 쓰인다. 하지만 포괄적 안보가 인간의 필요를 강조하는 반면, 인간안보는 인권을 강조한다는 점에서 구별된다. 또한 포괄적 안보는 "누가 혹은 무엇이 안보를 위협하는가?"를 핵심적 질문으로 삼고 있는데 비해, 인간안보는 "누구의 안보가 위협받고 있는가?"라는 질문을 골자로 한다. 이에 더해 포괄적 안보

인간안보와 포괄적 안보

포괄적 안보(comprehensive security)와 인간안보(human security)는 크게 다음과 같은 점에서 구별된다.

첫째, 포괄적 안보가 인간의 필요(human needs)를 강조하는 반면, 인간안보는 인권을 강조한다. 둘째, 포괄적 안보는 "누가 또는 무엇이 안보를 위협하는가"라는 핵심적 질문들에 대한 해답을 모색하는 반면, 인간안보는 이러한 질문들에 더하여 "누구의 안보를 위협하는가"라는 점에도 주안점을 두고 있다. 셋째, 포괄적 안보는 국가 수준에서 질서와 안정에 중점을 두는 한편, 인간안보는 개인 수준에서 정의와 자유를 강조한다.

다시 말하면, 포괄적 안보는 국가안보와 체제안보가 정치질서 및 안정, 그리고 경제성장을 이룩함으로써 실현될 수 있다는 인식을 토대로 한다. 따라서 포괄적 안보를 촉진하는 주요 행위자는 국가이다. 반면, 인간안보는 개개인의 권리와 자유, 안전을 확보하는 것이 중요하고, 코피 아난 전 유엔 사무총장이 강조한 바와 같이 개인주권(individual sovereignty)이 국가주권에 우선한다는 인식에서 출발한다.

는 국가적 차원에서 안보위협을 다루며 다양한 영역에서의 질서와 안정에 중점을 두지만, 인간안보는 개인의 권리와 자유 및 안전을 확보하는 데 주력한다.[29]

요약하면, 안보이슈와 행위자의 다양화·다변화로 대변되는 국제사회의 새로운 안보환경에 대응하기 위해서는 새로운 안보관과 안보담론 및 안보정책을 발전시킬 필요가 있다. 어떤 이슈가 어떤 파급효과를 가져오느냐에 따라 개별 국가마다 우선순위가 다를 수 있지만, 한 가지 분명한 것은 복합적이고 상호의존이 심화되는 국제관계에서 외부의 군사적 위협으로부터 자국 영토와 정치적 자주성을 확보하는 것만으로는 여타 영역에서의 안정성이나 개인들의 안위를 보장할 수 없다는 인식이 확산되었다는 점이다.[30] 탈냉전기 지구촌 곳곳에서 분출하고 있는 민족갈등이나 내전 및 인도적 위기상황에서 살펴볼 수 있듯이, 아무리 일국 내의 군사적·영토적 안전이 확보되었다손 치더라도 국가안보의 궁극적 목표인 경제, 환경, 사회적 영역의 불안정성이 크고 국가안전을 도모한다는 구실 속에 국민의 안전이 정권에 의해 위협받는 상황은 소위 인간안보 관점에서 접근해야 할 필요성을 높여주었다. 또한 국가 간 관계에서도 군사력 이외의 다른 분야에서 갈등조정과 협력제고의 필요성이 대두되면서 포괄적 안보라는 틀 안에서 전략적인 사고를 수립하고 이행방안을 마련하려는 노력들이 이어지게 되었다.[31]

---

29) Amitav Acharya, *Human Rights in Southeast Asia: Dilemmas of Foreign Policy*, Eastern Asia Policy Papers No.11 (Toronto: University of Toronto-York University Joint Centre for Asia Pacific Studies, 1995).

30) Robert O. Keohane and Joseph S. Nye, *Power and Interdependence*, 3rd Edition (New York: Longman, 2001).

31) 예를 들어 아세안 국가연합(ASEAN) 국가들은 1990년대 이래 군사적 수단보다는 비군사적 방식을 통한 안보증진의 필요성을 깨닫고, 경제적 협력과 지역적 노력 및 상호의존성과 신뢰구축을 통한 국가 간 문제해결을 강조하는 다자간 포괄적 안보협력을 확대해왔다. 한용섭(2012).

III. 유엔 안보역할 확대의 성과와 한계

1. 무력분쟁의 변화양상과 유엔 안보역할의 한계

제1차 세계대전의 결과 1919년 6월 조인된 베르사유 조약에 따라 세계평화와 안전유지 및 국가 간 경제적·사회적 협력을 증진시키는 것을 목적으로 국제연맹League of Nations이 창설되었다. 스위스 제네바에 본부를 둔 국제연맹은 무기감축과 개방외교를 표방하였고, 집단안보개념을 강조하였다. 설립 후 10년간 국제연맹은 세계평화와 안전을 위한 역할을 순조롭게 하는 듯하였고, 국가 간 협력제고에 있어 가시적 성과를 거두기도 하였다. 하지만 1930년대에 들면서 굴욕감과 불만에 가득 찬 독일 및 이탈리아, 일본 등과 같은 신흥 군국주의 세력의 도발적 행위에 대하여 집단적 제재조치를 취하지 못하는 무기력함을 보였다.[32]

결국 1939년 9월 독일이 폴란드를 침공하고 영국과 프랑스가 독일에 선전포고를 하면서 시작된 제2차 세계대전은 무솔리니가 이끄는 파시스트, 히틀러가 주도한 나치당, 일본의 군국주의자들을 중심으로 한 추축국과 영국, 프랑스, 미국, 소련이 중심이 된 연합국 사이에 벌어진 전쟁이었다. 1943년 7월 연합군의 이탈리아 상륙으로 무솔리니 정권이 무너지면서 이탈리아가 항복하고, 1945년 5월 연합군의 베를린 함락과 히틀러의 자살로 독일이 무조건 항복하였으며, 같은 해 8월 미국의 원자탄 투하로 일본이 항복하면서 전쟁은 종결되었다. 그 결과, 패전국 독일은 동서독으로 갈렸다. 이로써 세계는 자본주의체제의 미국과 사회주의체제의 소련으로 양분되어 냉전체제의 대립과 긴장관계에 돌입하게 되었다.[33]

한편, 국제사회는 전쟁 재발에 실패한 국제연맹의 취약점과 모순점을 보

---

32) 박재영, 『유엔과 국제기구』(서울: 법문사, 2007).
33) 박재영(2007).

강하여 항구적인 세계평화와 안전보장을 목적으로 국제연합(유엔)을 만들었다. 미국 뉴욕에 본부를 둔 유엔은 전쟁방지와 평화유지, 그리고 정치, 경제, 사회, 문화와 같은 제반 영역에서의 국가 간 협력을 제고하는 것을 주 임무로 삼고 있다. 특히 유엔헌장 상 세계평화와 안전유지에 대한 일차적 책임을 지고 있는 안전보장이사회(안보리)를 두고, 그 승인에 따라 집단안보적 성격을 띠는 무력사용을 할 수 있게 되었다. 북한의 기습적인 남침으로 시작된 한국전쟁(1950~1953년)은 유엔 집단안보 역할이 최초로 작동한 사례였으며, 유엔 회원국 16개국 군대가 유엔군사령관의 지휘하에 참전하였다.[34] 하지만 이후 냉전기 동안 집단안보기능이 작동된 적이 한 번도 없었던 점에서 알 수 있듯이 거부권을 가진 미국, 영국, 프랑스, 소련, 중국 등 상임이사국들의 팽팽한 긴장구도 속에서 유엔의 안보기능은 상당히 위축되어 있었다.[35]

냉전종식 이후 국가 간 군사적 충돌(특히 강대국 대리전)은 현저하게 줄어드는 대신, 구 유고슬라비아, 수단, 르완다, 체첸 등에서 볼 수 있듯이 대부분의 무력분쟁은 비정규전이나 게릴라전, 민족분규 등 내전의 형태를 띠게 되었다. 2012년 SIPRI 보고서에 의하면, 지난 10년(2001~2010년) 동안 총 29건의 주요 무력분쟁들이 발생했는데, 그중 27건(93%)이 내전이었다.[36] 내전이란 한 국가 내에서 중앙정부나 지배그룹에 대항하여 분리 독립이나 자치권확대를 도모하는 반대파세력이 벌이는 전쟁을 벌이거나, 다민족

---

34) 이 전쟁은 남북분단을 고착화시키는 결과를 초래하여 한반도는 현재까지도 유일한 분단국가로 남아 있다. 하지만 이 전쟁은 한 국민으로 하여금 유엔에 대한 믿음과 감사를 갖게 하였고, 1976년 폐지되기 전까지 유엔창립일인 10월 24일을 국가공휴일로 삼기도 하였다. 박흥순, "한국전쟁과 UN의 개입(1950): 과정과 배경," 강성학 편, 『유엔과 한국전쟁』(서울: 리북, 2004).

35) 박흥순, "유엔체제의 발전과 평가," 박수길 편, 『21세기 유엔과 한국: 새로운 도전과 과제』(서울: 도서출판 오름, 2002).

36) SIPRI가 일컫는 주요 무력분쟁(major armed conflicts)이란 쌍방 무력충돌로 연간 1,000명 이상이 사망한 분쟁을 일컫는다. Stockholm International Peace Research Institute(SIPRI), *SIPRI Yearbook 2011*(New York: Oxford University Press, 2011).

국가에서 상호 적대·경쟁적인 그룹들이 폭력갈등상황을 야기하는 것을 일
컫는다. 이러한 분쟁은 냉전기에도 적지 않게 있었지만, 동서냉전종식으로
한 국가 내 다양한 민족들 간 이념적 결속력이 약화되고 부족, 공동체, 종교,
민족주의와 같은 그룹정체성이 부각되면서 개인이나 그룹 간 의견의 불양립
성incompatibility이 강해짐에 따라 더욱 빈번하고 격렬하게 전개되었다.37)

오늘날 내전들은 많은 경우 제3세계를 중심으로 한 '정치인종분쟁ethnopolitical
conflict'이나 소수민족의 해방전쟁의 성격을 보이고 있다. 이러한 현상은 인종
이나 민족단위의 그룹이 3,000개를 넘고 있는데 비해 국제사회에서 국가로
서의 정치적 실체political entity를 인정받고 있는 나라는 200개 정도(유엔 회원
국은 193개)에 불과하다는 점과도 무관해보이지 않다. 왜냐하면 역사적 반
목이나 정치적, 경제적, 사회적, 문화적 차별로 인해 부족이나 인종그룹들
사이에 대립과 갈등이 첨예하게 드러나거나, 과거 향유하던 자주권을 회복
하고자 하는 열망이 노정되면서 소수민족들이 중앙정부나 지배세력에 대항
하여 차별을 종식시키고 스스로의 집단이익을 쟁취하기 위해 정치적 집단행
동, 즉 시위나 폭동 및 게릴라전을 전개하는 것이다. 이러한 집단행위는 애
초부터 게릴라전과 같은 무력분쟁으로 시작되기도 하지만, 대부분의 경우
비폭력적으로 시작된 시위가 이를 진압하려는 공권력의 강압에 저항하는 양
상을 띠게 되면서 폭력사태로 확산되었다.38)

유엔 내 냉전기 긴장구도가 사라지고, 1991년 걸프전 이후 유엔의 위상이
높아졌다. 새로운 무력분쟁에 대한 유엔의 안보역할을 실질적으로 확대 강
화해야 한다는 국제사회의 요구와 기대감이 높아지면서 평화유지활동PKO도
더욱 활발해졌다.

소말리아와 같은 무정부상태, 보스니아나 르완다, 수단 다르푸르 사태에
서 보이는 인종학살이나 대량학살사태, 체첸이나 그루지야, 티베트에서 강

---

37) Ted Robert Gurr, *People Versus States: Minorities at Risk in the New Century*
(Washington D.C.: United States Institute of Peace Press, 2000).

38) Gurr(2000).

유엔 PKO와 비유엔 PKO

일반적으로 국제평화활동은 두 가지 방식으로 나뉜다. 첫째, 유엔평화유지활동(UN Peacekeeping Operation: UNPKO)은 유엔안전보장이사회(안보리)의 결의안에 따라 유엔 주도로 평화유지군이나 정전감시단을 파견하는 임무로, 1948년 첫 임무를 시작한 이래 지금까지 총 67개의 임무를 완수했거나 수행하고 있다.

다국적군평화활동(Multinational Force Peace Operation: MNF PO)은 유엔의 위임을 받은 지역기구나 특정 국가가 주도하여 구성된 다국적군들이 활동하는 임무로 비유엔평화유지활동(non-UN PKO)이라고도 불린다. 1991년 이라크의 쿠웨이트 침공 시 미국 주도로 34개 다국적군이 이라크를 상대로 벌인 걸프전은 대표적인 다국적군 활동에 해당한다. 유엔 PKO 임무에 파견되는 병력은 평화유지군(Peacekeeping Force: PKF), 다국적군들은 국제평화유지군(International Peacekeeping Force)이라 칭하기도 하는데, 두 경우 모두 접수국의 동의 및 안보리 승인이 있어야 파견이 가능하고 파견국의 자발적 참여를 전제로 한다는 점에서는 같다. 하지만, 전자는 유엔이 비용을 부담하고 유엔 사무총장이 임명하는 단일 사령관의 지휘하에서 작전을 수행하는데 비해, 후자는 안보리가 지정한 특정국가(주로 대규모 병력을 파견하는 국가)의 주도로 임무가 이루어지고 파견국들이 재정적 부담을 진다.[39]

력한 중앙정부나 유관 강대국들에 의한 강경진압과 폭력사태의 악화 등에서 살펴볼 수 있듯이, 한 국가 내에서의 정치인종분쟁은 국제화internationalized 및 장기화prolonged되는 경향이 있다. 또한 2010년 튀니지에서 시작된 "아랍의 봄"은 중동지역과 북아프리카지역의 민주화 시위로 독재 정권 종식이라는 성공적인 결과를 가져왔다. 하지만 리비아와 시리아의 경우처럼 반정부 시위가 내전으로 확산되어 심각한 폭력사태 등 복잡한 양상을 띠면서 지역

---

39) 이신화, "한국 국제평화활동의 양분화 고찰: 유엔 PKO vs. 다국적군 파병," 『아세아연구』 제56권 2호, 통권 152호(2013), pp. 191-192.

아랍의 봄

아랍의 봄(Arab Spring)은 2010년 12월 튀니지에서 발발한 반정부시위를 시작으로 중동과 아프리카 지역에서 이어진 민주화 운동을 일컫는다. 튀니지의 "재스민 혁명"은 23년간 철권통치한 벤 알리 대통령을 축출하였고, 2011년 2월 이집트에서는 30년 장기집권의 호스니 무바라크 대통령을 퇴진시켰다. 리비아에서는 42년간 통치한 무아마르 카다피 독재정권에 대항하는 반정부시위에 지방분권 세력 간 갈등이 더해져 2011년 1월 이후 8개월간 치열한 내전에 휘말려 많은 희생자를 냈으나, '국민보호(Responsibility to Protect: R2P)'를 적용하여 유엔과 국제사회가 개입하고 그 과정에서 카다피가 사망하면서 일단락되었다. 2011년 3월 시작된 시리아 사태는 처음에는 40여 년 장기집권에 항거하는 소규모 평화시위였으나 점점 정치적, 인종적, 종파적 성향을 띠게 되면서 국제적 이슈가 되었다. 하지만 중국과 러시아 등의 반대로 R2P를 적용한 국제사회의 개입 등이 거듭 무산되면서 10만 명 이상의 희생자가 발생하고 여전히 교전 상태이다. 이 밖에도 알제리, 바레인, 이란, 요르단, 모로코, 쿠웨이트, 모리타니, 오만, 사우디아라비아, 수단, 소말리아 등에서도 크고 작은 규모의 반정부 시위가 발생했거나 진행 중이다.

적·국제적 차원의 위협이 되고 있다.[40] 폭력사태가 악화되거나 복잡한 양상으로 확산되는 이유는 인접국가나 강대국 혹은 초국가적 단체와 같은 외부세력이 내전 중인 국가의 양 세력 중 어느 한편을 들기 때문이기도 하고, 유엔을 포함한 국제사회가 내전상황에 너무 지나치게, 혹은 너무 소극적으로 개입하거나 수수방관하는 데에 기인한다. 특히 유엔이 강대국의 전략적 이해관계나 복잡한 역학에 밀려 '국익각축장'으로 전락하여 제 기능을 발휘하지 못하는 경우도 종종 있어왔다.[41]

---

40) 임은모, 『아랍의 봄』(서울: 이담북스, 2012).
41) 박흥순, "다자외교의 각축장," 박흥순 편, 『다자외교 강국으로 가는길』(서울: 21세기 평화재단, 평화연구소, 2009).

2. 인도적 위기상황과 유엔의 보호책임

1) 인도적 위기에 대한 유엔의 인도적 개입

앞서 언급한 새로운 전쟁 혹은 내전은 대량학살, 강간, 난민사태와 같은 심각한 인도적 위기상황을 불러일으키고 있다. 왜냐하면 무력분쟁이 격렬해지면서 정부와 지배세력이 자신들에게 대항하거나 동조하지 않는 인종그룹이나 소수민족들을 강제로 제거하려는 과정에서 민간인들이 공격과 보복의 대상이 되고 있기 때문이다. 한 예로 다르푸르 지역에서만 수만 명이 학살되고 수천 명의 여성들이 강간당했으며, 수십만 명의 난민이 발생하였다.[42] 이렇듯 탈냉전기 인종분쟁이나 이와 관련한 인권유린, 정치적 탄압에서 벗어나기 위해 자국을 탈출한 난민들의 수가 급증하고 있다. 유엔난민최고대표사무소UNHCR에 따르면, 2012년 기준 유엔 인정 '공식난민' 수는 1,050만 명지만, 1,470만 명의 국내유민IDPs 310만 명의 귀환자returnees, 350만 명의 국가 없는 민족stateless people, 83만 7천여 명의 비호신청자asylum seekers, 1,300만 명의 기타 염려의 대상자 등 '난민과 유사한 처지'로 살아가는 사람들은 포함하여 총 3,390만 명에게 UNHCR이 보호 및 지원을 제공하고 있다.[43] 대규모의 난민들이 특정 국가나 지역에 예기치 않게 혹은 단기간에 몰려들거나 장기간 머무르게 될 경우, 유입국이나 지역에 자원, 환경, 경제, 사회 등 다방면에 스트레스를 주어 사회갈등이나 공동체 분쟁의 원인이 될 수 있고, 더 나아가 난민유출국과 유입국 사이에 외교적 긴장상태나 물리적 충돌이 발생할 가능성도 있다.

더욱이 전시상황이 아닌 경우에도 국가가 자행하는 인권유린에 희생되거나 정부의 무능력이나 부패 및 차별정책에 인해 고통받는 경우도 많다. 럼

---

42) Committee on Conscience, "Alert: Genocide today in the Darfur Region of Sudan," United States Holocaust Memorial Museum, February 2005, http://www.committeeonconscience.org

43) UN High Commissioner for Refugees, "History of UNHCR," May 2013, http://www.unhcr.org/pages/49c3646cbc.html

멜R. J. Rummel 교수의 연구에 따르면 20세기 동안 정부에 의해 죽은 사람들이 2억 6천2백만 명에 이르는데, 이는 1, 2차 세계대전을 포함한 국가 간 전쟁이나 내전에 의한 사망자 수보다 훨씬 더 많은 수치이다.[44] 프리덤 하우스Freedom House 보고서에 의하면, 2012년 현재 전 세계 총 195개 국가들 중 105개국 39억 9천만 명가량이 제한된 자유만 보장되거나 자유가 전혀 없는 국가에서 살고 있다. 이들 중 47개국의 23억 7천7백 명(전 세계 인구의 34%)이 독재정권 치하에서 공포나 불안감 내지 절대적 빈곤과 기아, 질병에 시달리고 있다.[45]

한편, 유엔이 명명한 '취약그룹vulnerable group'이란 전쟁이나 사회불안, 자연재해 등으로 인해 발생한 '복합적, 인도적 위기상황complex humanitarian emergencies'에 처한 사회 내 개인, 특히 여성과 어린이들을 포괄하는 말이다. 절대빈곤이나 기아에 처한 사람들 및 HIV/AIDS나 다른 질병으로 고생하는 사람들도 광범위한 의미에서 취약그룹에 속한다.[46] 예를 들어 전 세계 인구의 20%에 해당하는 13억 명가량이 하루 1달러 미만의 생계비로 살아가는 이른바 절대빈곤층이고,[47] 최근 들어 경기침체와 식료품가격의 상승으로 인해 6명당 1명꼴로 영양실조 상태에 허덕이고 있으며,[48] 기상이변으로 난민이 되거나 전염병이 걸려 고생하는 사람들도 많다. 이들은 정치나 폭력분

---

44) R. J. Rummel, "20th Century Democide," *Freedom, Democracy, Peace; Power, Democide, and War,* http://www.hawaii.edu/powerkills/20TH.HTM

45) Arch Puddington, "The Freedom house Survey for 2012: Breakthroughs in the Balance," *Journal of Democracy* 24-2 (April 2013).

46) UN Democracy Fund(UNDEF), *"Sustainable Democracy: Protecting the Rights of vulnerable Groups in Mali, Morocco and Mongolia,"* September 21, 2007, http://www.un.org/democracyfund/XNewsICDT.htm

47) UNDP, United Nations Development Programme Annual Report 2003: A World of Development Experience (New York: Oxford University Press, 2003).

48) Food and Agriculture Organization(FAO), "One Sixth of Humanity Undernourished — More Than Ever Before," 2009년 6월 19일, http://www.stwr.org/food-security-agriculture/one-sixth-of-humanity-undernourished-more-than-ever-before.html#f ao

쟁의 직접적인 피해자는 아니지만, 가난, 정치·사회 불안정 등이 맞물려 더욱 어려운 상태에 빠진다는 점에서 복합적 위기상황에 처한 취약그룹이라 할 수 있다. 특히 취약그룹의 경우 빈곤과 분쟁의 악순환이 반복되면서 그들의 인간안보가 점점 훼손되고 있는 점을 고려할 때, 서로 밀접하게 연계되

보호책임 및 복합적 위기상황

보호책임(Responsibility to Protect: R2P)이란 자국민 보호의 일차적 책임은 그 해당국가에 있지만 그 국가가 대규모 인권유린행위를 방치할 경우, 혹은 자국민에 대한 무차별 살상과 같은 인권침해 행위를 할 경우, 국제사회에 그 국민들을 보호할 책임이 있다는 개념이요, 국제사회의 새로운 규범이자 원칙이다. 2001년 처음 대두되었을 때는 실패국가와 자연재해로 인한 문제를 포함하였던 R2P 범주가 2005년 유엔에서 만장일치로 채택되면서 대량학살, 인종청소, 전쟁범죄, 반인륜적 범죄 등 4가지로 국한되었다.

복합적 위기상황(Complex Emergencies)이란 복합적 인도적 위기상황(complex humanitarian crisis)이라고도 일컫는데, 지구촌 도처에서 발생하는 천재지변이나 인재(人災)로 인한 인도적 위기상황에 대응하기 위해 유관 정부나 지원업무를 수행하는 국제기구나 활동가들에 의해 구체화된 개념이다. 예를 들어 세계보건기구(WHO)는 복합적 위기를 "대규모의 민간인 인구가 전쟁, 사회불안정, 식량부족, 강제이주(displacement)로 인해 죽음이나 질병으로 인한 위험에 노출된 상황"으로 정의하였고,[49] 미국 국제개발처(United States Agency for International Development: USAID)는 복합적 위기상황을 "삶을 지속할 수 있는 능력이나 인간의 생명이 주로 정치적 요인들에 의해, 특히 높은 수준의 폭력에 의해 위협받고 있는 상황"으로 규정하였다.[50]

---

49) World Health Organization, *Malaria Control in Complex Emergencies: An Inter Agency Field Handbook* (Switzerland: World Health Organization, 2006), p.1.

50) USAID, "Complex Emergencies," http://www.usaid.gov/our_work/global_health/nut/techareas/complex.html#

어 있는 공포와 궁핍으로부터의 자유에 있어 최소한의 기준에 해당하는 인
도적 위기상황, 혹은 복합적 위기상황의 경중도를 파악하고 그에 대한 국제
사회의 개입여부나 범위를 정하는 것이 인간안보의 실질적 확보에 기여하는
일이다. 이러한 맥락에서 복합적 위기상황에 대한 국제사회의 개입 시 주권
과 인권을 어떻게 조화시킬 수 있는가에 대한 개념 및 이론적 연구를 심화
시키고 정책방향을 제시할 필요가 있다. 즉 정부가 국민의 안보를 담보하는
역할에 실패했을 뿐 아니라 자국민들의 안전을 훼손시키기까지 하는 실정인
것이다.[51]

　1994년 UNDP 연례보고서를 통해 국제사회에 알려지기 시작한 인간안보
개념은 이러한 사태에 대응하기 위한 유엔의 또 하나의 아이디어와 접근법
이라 할 수 있다. 왜냐하면 국가 간 분쟁해결 및 탈냉전기 급증한 내전종식
이라는 과제에 더하여, 보다 궁극적인 목표인 인간 개개인의 생존과 복지를
강조하는 노력이 세계평화와 안보에 있어 주목받기 시작한 것이다. 공포와
궁핍으로부터의 자유를 기치로 한 유엔의 인간안보 노력은 1948년 세계인
권선언Universal Declaration on Human Rights을 통해 강조한 전 세계 사람들의 안전
과 존엄성을 향유할 권리를 보장해야 한다는 맥락에서 이해할 수 있다. 창
립 이래 유엔은 인권분야에 대한 노력을 인정받아 노벨 평화상을 6차례나
수상하였는데,[52] 인권과 인도적 이슈에 대한 유엔의 역할은 헌장 제1조에
명기되어 있는 세계평화와 안전의 유지라는 기구의 목적달성을 위해 매우
중요한 활동이다. 예를 들어, 유엔은 탈냉전기 들어 세계인권증진을 위한
법적·제도적 기제마련에 더욱 적극적인 역할을 하게 되었는데, 1993년 비
엔나 세계인권회의를 계기로 설립된 인권최고대표사무소High Commissioner for

---

51) 이신화, "유엔과 취약그룹," 박수길 역, 『21세기 유엔과 한국: 새로운 도전과 과제』(서
　　울: 도서출판 오름, 2002).
52) 유엔이 노벨평화상을 수상한 것은 1954년과 1981년 유엔난민최고대표사무소(UNHCR)
　　이 2차례, 1965년 유엔아동기금(UNICEF), 1969년 국제노동기구(ILO), 1988년 유엔
　　평화유지활동(UNPKO), 그리고 2001년 코피 아난 유엔 사무총장과 유엔이 공동으로
　　각각 수상한 것을 합하여 총 6번이다.

Human Rights의 설립(1994년 2월), 대량학살, 전쟁범죄, 침략행위 등에 책임이 있는 개인을 기소할 수 있는 장치를 마련하는 계기가 된 국제형사재판소 조약의 발효(2002년 7월 발효), 경제사회이사회 산하의 인권위원회를 안보리나 경제사회이사회 수준으로 끌어올린 인권이사회Human Rights Council의 발족(2006년 3월) 등 여러 가지 성과를 냈다. 그 결과 유엔에서 인권문제는 안보 및 개발과 더불어 3대 주요 이슈로 부상하였다.

1997년 아난 사무총장의 유엔개혁안에서는 "인권은 평화와 안보를 촉진하는 필수적인 요소"로 규정하였고, 이후 인권문제와 인도적 재앙의 예방은 유엔의 최우선 의제 중 하나로 자리매김하였다. 특히 탈냉전기 무력분쟁으로 인해 대량학살, 인종청소, 강간, 난민문제와 같은 인도적 위기상황이 악화되었다. 특히 심각한 것은 '복합위기상황complex emergency'으로, 유엔인도지원조정국OCHA은 이를 "한 국가, 지역, 혹은 사회에서 국내외의 분쟁으로 인해 권위가 완전히 혹은 상당 수준 붕괴되고, 그에 따라 단일 국제기구의 능력으로는 문제를 관리하기 어려운 사태"로 규정짓고 있다.[53] 이와 관련하여 "한 나라(정부)의 실정(失政)으로 그 국민들이 희생되거나 대규모의 고통을 받는 사태가 확산되는 것을 막기 위해 그 정부의 동의 없이 군사적으로 관여"하는 인도적 개입의 필요성이 대두되었다.[54] 물론 이러한 개입은 근대국제질서의 핵심사항인 주권불가침 원칙에 위배된다는 점에서 큰 논란을 일으켰지만, 무고한 민간인 희생을 막고 분쟁을 해결·관리해야 한다는 차원에서 개입은 불가피한 조치라는 목소리가 유엔을 중심으로 높아졌다.

안보리가 최초로 인도적 개입을 승인(결의안 제794호)한 것은 1992년 12월 소말리아 사태였다. 당시 수십 개의 부족으로 이루어져 군벌싸움과 부족 간 분규가 끊이지 않던 소말리아에 극심한 가뭄과 전염병까지 돌아 인구의

---

53) Office for the Coordination of Humanitarian Affairs, "OCHA Orientation Handbook on Complex Emergencies," http://www.reliefweb.int/library/documents/ocha_orientation_handbook_on_.htm#1

54) Adam Roberts, *Humanitarian Action in War: Aid, Protection and Impartiality in a Policy Vacuum* (Oxford: Oxford University Press, 1996), p.19.

절반이 넘는 420만 명이 기아에 허덕이며 고통받았다. 이러한 사태에 보다 효과적으로 대응하기 위해 유엔 PKO UNOSOMI이 이미 활동하고 있었지만, 이와는 별개로 1992년 12월 미 해병대 중심의 다국적군을 파견하였다. 하지만 유엔과 미군의 개입을 반대하는 군벌세력에 의해 파키스탄 PKO군과 미군들이 살해당하자 1993년 12월 PKO 작전을 실패로 규정하였고, 유엔 PKO군과 다국적군, 그리고 대부분의 구호단체들이 철수하였다.55) 이 여파로 1994년 르완다에서 대량살상이 벌어지는데도 미국을 비롯한 국제사회는 개입을 주저하였고, 그 결과 사태발생 100여 일 만에 80만 명 이상이 희생되었다. 1992년 4월 보스니아 헤르체고비나가 유고슬라비아 연방으로부터 독립을 선언하자 이를 반대하는 세르비아인들이 전쟁을 일으켰는데, 유엔UNPROFOR과 유럽연합의 평화활동에도 불구하고 스레브레니차 대량학살을 포함한 인종청소ethnic cleansing가 자행되었다. 따라서 1994년 미국, 러시아, 영국, 프랑스, 독일이 중심이 된 NATO군의 공격이 개시되었고 1995년 11월 내전이 일단 종식되었다.56)

2) '인도적 개입'에서 '보호책임'으로

르완다와 보스니아 대량학살 사태는 비슷한 시기에 발생했음에도 불구하고, 국제사회가 전자에는 너무 소극적으로 후자에는 지나치게 적극적으로 개입을 했다는 것이 문제시되면서 '선별적' 인도적 개입이 논란거리가 되었다. 특히 인도적 명분을 내건 무력개입이 늘어나면서 유엔 혹은 다국적군들

---

55) Samuel M. Makinda, *Seeking Peace from Chaos: Humanitarian Intervention in Somalia*, International Peace Academy Occasional Paper (Boulder: Lynne Rienner, 1993).

56) 또 하나의 대표적인 인도적 개입 사례로 코소보사태를 들 수 있다. 1998년 3월 신유고연방으로부터의 독립을 요구하는 알바니아계 코소보인들과 세르비아 정부군과의 유혈충돌에서도 코소보 주민들에 대한 잔혹한 인종청소가 일어났다. 1999년 3월 NATO는 인도적 개입이라는 명분하에 세르비아에 대한 무력공격을 개시하여 11주 만에 사태를 수습하였다. Tim Judah, *Kosovo: What Everyone Needs to Know* (Oxford: Oxford University Press, 2008).

은 어떠한 기준으로 어떠한 임무를 수행해야 하는지에 대한 논쟁이 지속되면서 국제적 합의를 도출해내지 못하였다. 유엔은 인권수호와 인도적 비극에 대한 국제사회의 의무를 강조하는 국가들과 주권불가침과 내정불간섭을 고수하는 국가들 사이에 의견이 첨예하게 대립하는 장이 되면서, 시기적절하고 효과적인 인도적 개입을 위한 결정이 점점 힘들게 되었다.

이에 따라 1999년 코피 아난Kofi Annan 사무총장은 내전 상황에 신속하고 효과적으로 대응하기 위한 국제적 기준과 합의방안 마련을 촉구하였고, 캐나다 정부의 후원으로 '개입과 국가주권에 관한 국제위원회ICISS'는 2001년 R2P 보고서를 발간한다. 주권은 권리가 아닌 책임이며 반인도적 범죄가 자행되는 국가의 국민들에 대해서는 국제사회가 공동책임을 져야 한다는 R2P는 국민보호의 일차적 책임은 해당국가 있지만, 그 국가가 국민보호의 역량이나 의사가 없을 경우 국제사회에 보호책임이 있음을 강조하는 개념이다.57) 이 개념은 2005년 유엔회원국들에 의해 만장일치로 채택되어 국제적 정당성을 갖게 되었다. 그러나 ICISS는 내전이나 정부의 박해뿐 아니라 천재지변이나 국가실패로 인해 민간인이 대량기아사태나 인권유린상황에 빠진 경우도 R2P 적용범위에 포함시킨 반면, 유엔은 앞서 언급한 4대 범죄에 국한시키고 있다.58) 유엔이 R2P 범주를 협소하게 규정한 이유는 민간인보호를 위한 실질적 이행가능성을 제고하기 위해서였지만, 회원국들은 R2P를 둘러싼 서로 다른 입장과 이해관계 및 이행방안으로 인해 팽팽히 맞서고 있다.59)

인간안보의 경우도 국가안보와 관련 있는 유엔의 위임통치에서 중요한

---

57) International Commission on Intervention and State Sovereignty(ICISS), *The Responsibility to Protect, Report of International Commission on Intervention and State Sovereignty* (Ottawa: International Development Research Centre for ICISS, 2001).

58) United Nations General Assembly, A/RES/60/1, Resolution adopted by the General Assembly, *2005 World Summit Outcome* (2005년 10월 24일).

59) 이신화, "유엔과 보호책임(Responsibility to Protect)," 『국제문제연구』 제10권 4호, 통권 40호(2010).

요소가 되고 있다. 2000년 밀레니엄 연설에서 코피 아난 사무총장이 언급한 바와 같이 유엔이 정의하는 안보의 개념은 유엔이 당면하는 새로운 과제인 공포로부터의 자유, 빈곤으로부터의 자유, 깨끗한 자연환경을 물려받을 수 있는 미래 세대의 자유에 대한 보장과 관련된 개인의 인권보호와 더 관련이 있다. 그는 또한 이러한 자유를 인간안보와 국가안보가 상호 연관된 교착점이라고 강조했다. 2000년 7월 유엔안전보장이사회는 사무총장에게 제출하는 아동 및 무력 갈등에 관한 보고서(A/55/163-S/2000/712)에서 인간안보의 개념을 안보 의제로 상정하였다. 유엔난민최고대표사무소^{UNHCR}, 유엔인권최고대표사무소^{OHCHR}, 그리고 OCHA는 인권과 인도주의적 문제를 다루는 데 있어 많은 역할을 수행해왔다. UNHCR은 또한 유엔평화유지군^{DPKO} 및 정치부서^{DPA}와 밀접한 협동관계를 지속함으로써 평화유지, 평화창출, 평화건설 등과 관련된 복합적인 유엔 임무를 수행하는 데 있어 인권의 중요성을 찾고자 한다.

예를 들어, 2000년 출간된 『브라히미 보고서』라 불리는 PKO 개혁에 관한 유엔보고서는 사무총장에게 작전지에서의 임무계획과 OHCHR 사무소의 준비능력 강화를 요청하였다.[60] 인도적 위기상황발생시 담당 사무차장 ^{Under-Secretary-General}의 지휘하에 OCHA는 OHCHR, 유엔아동기금^{UNICEF}, 세계식량계획^{WFP}, 유엔개발계획^{UNDP}과 같은 유엔기구들 및 국제비정부기구들^{NGOs}들과 협력하여 신속하고 효과적인 상황관리 및 해결을 위해 노력해왔다. 그 결과 캄보디아, 동티모르, 인도네시아 아체와 같은 전후 재건노력이 필요한 지역의 민간인 지원 및 보호에 기여하였고, 북한이나 아프리카 여러 국가들의 식량난 완화 등을 위한 인도적 원조 제공에도 비중 있는 역할을 하였다. 하지만 아직도 수혜국 정부가 독재체제를 유지하고 있거나 무정부적 혼란 상태에 빠져 있는 경우, 현지주민의 안전을 최우선시해야 한다는 유엔의 원칙과 정권안보를 앞세우는 해당국 정부 간 마찰로 효과적인

---

60) http://www.unhcr.org 및 http://www.unhcr.ch/hrostr.htm 참고할 것(검색일: 2003.6.10).

구호나 재건활동이 힘든 경우도 종종 있다.

IV. 결론

국제기구 중 가장 많은 회원국들을 보유하고 광범위한 이슈들을 다루고 있는 범세계적 기구인 유엔의 경우, 창설이래 40여 년 동안 냉전기 이념갈등에 매몰되어 국제사회의 평화와 안전보장을 위한 본연의 역할을 수행하는 데 애로가 많았다. 특히 안보리 상임이사국들간 이견차이로 인해 유엔의 합의를 통한 군사행동이나 세계문제에 대한 해결점을 모색하는 것은 매우 힘들었다. 탈냉전기에 들어서면서 유엔의 안보역할이 커지게 되었는데, 이는 소련붕괴 후 안보리 내에서 미국이 (소련을 계승한) 러시아의 협조를 얻어낼 수 있는 계기가 커졌고, 국가 간 갈등이 아닌 다민족 국가 내에서 인종분쟁이나 인도적 위기상황이 빈번해지면서 유엔을 중심으로 한 개입이나 PKO의 필요성이 확대된 데에서 기인한다.

물론 냉전종식 이후에도 유엔은 강대국들의 힘의 논리와 회원국들의 자국이기주의가 팽배한 곳이라는 비판을 종종 받는다. 또한, 유엔은 재정부족, 사무국 비효율성, 회원국 간 빈국과 부국의 남북 갈등, 군사개입이나 경제제재를 둘러싼 국가 간 이견 등으로 인한 제반 문제점에 직면해 있다. 안보리와 총회는 국제문제를 다루는 데 있어 지정학적, 규범적 중심축focal point임에도 불구하고, 회원국들 간 상이한 이해관계와 입장차에 따라 원칙과 정당성에 대한 기준과 평가가 엇갈리면서 협력과 합의보다는 갈등과 반목의 장이 되기도 한다.[61]

---

61) Richard J. Payne 저, 조한승·고영일 역, 제2장, "글로벌 사회에서의 주도권 투쟁," 『글로벌 이슈: 정치, 경제, 문화』(서울: 시그마프레스, 2013); Ramesh Thakur, "Law

특히 주목할 사항은 유엔이 복잡하고 다양한 지구촌문제 해결을 위해 회원국들 간 합의와 이행방안 도출을 위해 애쓰고 있음에도 불구하고 여전히 그 적실성과 효과성이 문제시되는 것은 유일 강대국 미국과의 '불편한' 관계와도 무관하지 않다는 점이다. 분쟁지역에 군대파견이나 침략자에 대한 경제 제재나 무력사용 승인은 안보리의 권한임에도 불구하고, 이렇듯 미국은 종종 자국의 이해관계나 전략적 판단에 따라 군사적 개입 여부를 일방적으로 결정함으로써 많은 회원국들의 반발을 사왔다.[62] 미국은 1990년대 유엔과 세계 여론에도 불구하고 르완다와 발칸사태 개입에는 소극적 태도를 견지했던 것과 대조적으로 2003년 안보리를 무시하고 이라크 공습을 감행하였다. 이처럼 유엔은 위임받은 무력사용의 권한을 제대로 행사하지 못해서도 비난받지만, 국제법과 유엔헌장이 허용하지 않는 무력을 자의적으로 사용하는 국가, 특히 강대국을 제어하지 못하는 한계 때문에도 그 무기력함이 비판받아왔다.[63]

그럼에도 불구하고 세계평화와 안보를 위한 유엔의 '아이디어'와 역할은 꾸준히 진화해왔다. 유엔창립은 국가 간 분쟁을 힘이 아닌 법치와 제도를 통해 해결하자는 생각의 합치에서 비롯된 것이었다. 특히 유엔 안보역할의 기본골격인 집단안보 개념에 따르면, 어떤 국가가 다른 국가를 상대로 도발행위를 자행할 경우 평화파괴자로 잠재적 유엔의 적국이 된다. 따라서 다른 모든 유엔회원국들은 이 가상적국에 대하여 집단적으로 대항·응징함으로써, 공격받은 국가의 안위뿐 아니라 지구촌 안전에 기여해야 한다. 물론 집단안보를 작동하는 것은 실제로 전쟁이 발발한 경우 안보리와 총회의 승인

Versus Legitimacy at the United Nations," *The Hindu*, 2007년 5월 11일, http://www.thehindu.com/2007/05/11/stories/2007051101931000.htm

62) Boutros Boutros-Ghali, *Unvanquished: A U. S.—U. N. Saga* (New York: Random House, 1999); 조동준, "국제연합 총회에서 미국의 영향력 분석: 영향력 자원(power resource)과 선호의 상호작용," 『한국정치학회보』 제38집 제2호(2004년 6월).

63) Richard Falk, *"War Prevention and the UN: After Iraq Is There a Future for the Charter System?"*

하에서만 가능한 강제조치이며, 실제로 발동된 적이 단 두 번(한국전쟁과 걸프전)밖에 없을 정도로 회원국들 간(특히 안보리 상임이사국들 간) 합의를 이루기 힘들지만, 물리적 힘만으로 타국을 정복하려는 기존의 생각에 도전하는 새로운 아이디어임에 틀림없었다. 이밖에도 헌장에는 없지만 세계 도처의 내전이나 인도적 위기사태, 분쟁 후 평화유지나 재건 등에 많은 역할을 해온 유엔 PKO, 인도적 개입이나 보호책임 등과 같은 유엔의 새로운 아이디어와 접근방식들은 전쟁을 방지하고 평화유지, 정치, 경제, 인도적 국제협력을 제고하기 위한 유엔 본연의 역할수행의 기초가 되어왔다.

현재 유엔이 직면한 도전은 어떻게 국제분쟁예방과 평화유지를 위한 합의를 도출해내고 이를 정치적, 재정적 제약에 구애받지 않고 효과적으로 이행할 것인가에 있다. 탈냉전기 유엔은 분쟁과 인도적 위기사태를 방지하거나 신속한 대응을 위해 예방외교와 평화유지활동에 역점을 두었고, 이와 관련한 많은 정책제안이나 선언문 및 결의안을 마련하였다. 하지만 정작 이행에 있어서는 회원국들, 특히 안보리국가들의 의견불일치로 인해 만족할 만한 성과를 거두지 못하였다. 많은 경우 강대국들은 자원이나 지정학적·전략적 가치가 높은 지역에서 발발하거나 발발가능성이 있는 분쟁의 예방이나 조정에는 신속한(종종 지나친) 개입을 하고 있는데 비해, 그렇지 못한 지역에는 소극적이고 미온적인 반응을 보여 왔기 때문이다. 이러한 과정에서 유엔의 안보역할에 대해 회의를 품거나 아예 기구의 존재자체를 부인하는 시각도 나타나게 되었다.

실로 유엔이 글로벌 거버넌스global governance의 핵심적 역할을 제대로 수행하기 위해서는 회원국들의 적극적인 지원과 합의가 필수적이다. 하지만 앞으로도 국익중심의 회원국들이 지구촌 공익구현을 위해 국가를 뛰어넘는 괄목할 만한 인식전환 및 행동양식의 변화를 하리라고는 기대하기 힘들 듯하다.[64] 그렇다고 유엔의 의의 및 존재자체를 인정하지 않는 것은 옳지 않

---

64) 강성학, "유엔과 한국외교," 박수길 편, 『21세기 유엔과 한국: 새로운 도전과 과제』(서울: 도서출판 오름, 2002).

다. 다자외교와 글로벌 거버넌스를 표방하는 유엔이 없었다면 지구촌의 숱한 분쟁과 인도적 위기사태는 국제사회의 힘의 논리와 국가주의에 의해 더욱더 심각한 혼란에 빠졌을 것이다. 따라서 보다 강력하고, 응집력 있고, 타당한 유엔a stronger, more cohesive, and relevant UN이 지구촌평화와 안전증진을 도모하는 핵심축이 될 수 있도록, 회원국들 간 법치에 기반을 두고 정당성과 상호성을 및 다양성을 존중하는 문화를 형성하려는 범세계적 차원의 민관협력과 학문적·정책적 노력이 배가되어야 할 것이다.

Evans, Gareth. *The Responsibility to Protect: Ending Mass Atrocity Crimes Once and for All.* Washington D.C.: Brookings Institution Press, 2009.

이 책은 국가의 주권이 단순히 국민을 지배하는 권리가 아니라, 국민을 보호해야 하는 책임에서 나온다는 전제하에, 국가가 대량 학살, 전쟁 범죄 등을 막을 능력이 없거나 의지가 없을 경우 국제사회가 개입할 수 있다는 '보호책임(R2P)'을 설명하며 이것이 실제 상황에서 얼마나 효율적인인지를 밝히고 있다.

Goldstein, Joshua S. *Winning the War on War: The Decline of Armed Conflict Worldwide.* New York: Dutton Adult, 2012.

이 책은 전쟁이 점점 줄어들고 있으며, 이러한 바탕에는 유엔을 중심으로 많은 국제기구의 노력이 있었기 때문이라고 분석한다. 이 중에서도 저자는 유엔의 평화유지군 활동(PKO)이 느리지만 꾸준하게 전쟁 종식과 평화 재건에 큰 역할을 하였다고 주장한다.

Human Security Report Project. *Human Security Report 2012: Sexual Violence, Education, and War: Beyond the Mainstream Narrative.* Vancouver: Human Security Press, 2012.

이 보고서는 전쟁 중에 일어난 성폭력과 분쟁이 교육 시스템에 끼치는 영향을 주로 분석하고 있다. 이 보고서에 따르면 군인에 의해 일어나는 성폭력은 다소 과장된 반면 가족이나 지인에 의한 성폭력은 크게 무시되고 있다. 또한 놀랍게도 교육 측면에서는 전쟁 중 교육적 성과가 오히려 신장되는 결과를 보여준다.

Kay, Sean. *Global Security in the Twenty-first Century: The Quest for Power and the Search for Peace.* Lanham: Rowman & Littlefield

Publishers, 2011.
이 책은 현대 국제사회에서의 안보딜레마에 대해 집중적으로 논의하고 있다. 저자는 세계 경제 위기가 세계에 끼친 영향을 통해 안보와 평화라는 개념이 기존의 기술, 군사에서 인권과 민주주의, 환경, 교육 분야까지 어떻게 진화되었는지를 설명한다.

Rotberg, Robert, eds. *When States Fail: Causes and Consequences.*
New Jersey: Princeton University Press, 2003.
이 책은 실패 국가들이 붕괴하는 이유에 대해서 논하며, 특히 정치, 사회, 경제 분야에 따라 붕괴하는 국가들을 분류하고 이들의 재건을 위한 복합적인 해결책을 제시하는 데 집중하였다.

Solingen, Etel. *Sanctions, Statecraft and Nuclear Proliferation.*
Cambridge: Cambridge University Press, 2012.
이 책은 핵무기비확산 약속(commitment) 위반에 대한 제재와 유인책의 효과를 연구하였으며, 이러한 제재와 유인책이 대상국의 국내 정치에 어떠한 영향을 끼쳤는지를 심도 있는 리서치를 통하여 분석하였다.

United Nations. *Human Security Now: Protecting and Empowering People.* New York: United Nations, 2003.
유엔에서 발간한 이 보고서는 인간안보의 가장 큰 위협인 가난과 분쟁에 관련된 여섯 분야ー폭력적인 분쟁 상황에서의 시민 보호, 분쟁 도중/이후의 시민 보호와 역량강화ー를 조사하고, 인간안보의 증진과 공공, 민간, 시민 사회 분야의 참여를 요청하였다.

Weiss, Thomas G. David Forsythe, Roger Coate, and Kelly-Kate Pease. *The United Nations and Changing World Politics.* Boulder: Westview Press, 2013.
이 책은 유엔의 발전과 활동을 자세히 다루고 있으며, 미래 유엔이 나아가야 할 방향에 대해 제시하고 있다. 특히 유엔 안의 많은 멤버들과 조직들의 역할에 대해서 상세히 분석하였다.

제**4**장

인권, 환경, 개발과 유엔의 역할

오영달

I. 서론

유엔은 원래 제2차 세계대전을 치른 직후에 설립된 국제기구로서 그 주된 설립목적은 물론 새로운 전쟁의 참화를 방지함으로써 국제평화와 안전의 유지였다. 전쟁이 가져온 엄청난 인명살상과 재산파괴를 직접 경험한 유엔의 창설자들로서는 전쟁의 재발방지가 가장 급한 것으로 이해하였기 때문이다. 그러나 유엔의 창설자들은 단지 '전쟁의 부재'가 곧 평화라는 전통적인 이해에 머물지 않고 좀 더 완전한 의미의 평화는 인류가 전쟁이 없는 시기에도 인간다운 삶을 영위할 수 있을 때 가능하다는 것을 인식하고 있었다. 그리하여 유엔의 창설자들은 유엔헌장을 기초함에 있어서 경제, 사회 및 복지의 증진과 발전의 중요성을 강조하는 내용을 삽입하였다.

이러한 맥락에서 유엔은 일찍이 국제연맹에는 존재하지 않았던 경제사회이사회를 그 6대 주요 기관 중의 하나로 설치하였다. 유엔 창설자들의 이러한 접근이 매우 현명했다는 것은 오랫동안 유엔이 수행해오고 있는 경제, 사회분야의 다양한 임무들을 고려해볼 때 충분히 증명된다. 제2차 세계대전이 종결된 이후 다행으로 인류사회에서 국가 간 무력충돌의 사례가 크게 감소하였고 유엔은 그 역할을 국제평화의 기능적 측면, 즉, 인권, 환경, 개발 등의 분야에 보다 더 집중하고 있는 것이다. 유엔이 평화의 의미에 대하여 보다 근본적이고 적극적으로 접근하면서 그동안 국제기구가 등한시 해왔던 인권, 환경, 개발 등의 분야에 더 높은 관심을 기울이고 있다. 인간이 일상적인 삶을 영위해가는 데 있어서 필수적인 인간의 기본적 권리와 자유로서 인권에 대한 보호, 또 인간으로서 이러한 기본적 권리와 자유를 향유할 수 있는 인류공동의 터전인 지구환경의 보호, 그리고 인류의 빈곤과 기아를 퇴치하고 인간적 역량을 강화할 수 있게 하는 경제, 사회 및 인간개발 등에 주력하고 있는 것이다. 오늘날 유엔의 전반적 기능을 이해함에 있어서 유엔이 인류사회를 위해 인권, 환경, 그리고 개발 분야에 있어서 수행하고 있는 다양한 활동들을 이해하는 것이 필요하다. 따라서 이 장에서는 유엔의 다양한 기능 중 인권, 환경, 개발 분야에서 수행하고 있는 역할들에 대하여 고찰한다. 특히, 유엔에서 인권, 환경, 개발 분야가 중요한 의제로 등장한 배경, 역사적 진전과정, 그리고 오늘날의 현황을 중심으로 살펴보고자 한다.

II. 유엔과 인권보호

1. 유엔과 인권의제의 등장

유엔은 1945년 설립된 이래 인류 구성원들의 인권증진을 위해 서로 관련되는 세 가지 노력을 기울여왔다. 즉, 인권에 관한 국제적 행동규범의 형성과 정의, 사회조직의 각 수준에서 정보, 교육, 연수 등을 통한 인권 대의의 증진, 그리고 적절한 제도와 절차의 구상과 마련을 통한 인권규범의 실행 등을 위해 중요한 역할을 수행하여 왔다.[1] 유엔헌장은 그 1조에서 인권보호

---

1) Richard Pierre Claude and Burns H. Weston, eds., *Human Rights in the World Community: Issues and Action* (Philadelphia: University of Pennsylvania Press,

를 이 기구의 설립목적 네 가지 중 하나로 포함시켰으며 그 68조에서는 인
권보호와 증진을 위해 인권위원회Commission on Human Rights의 설치를 규정하
였다. 인권보호와 증진이라는 대의가 유엔헌장의 중요한 내용으로 포함되게
된 배경에는 독일의 나치 히틀러의 경우처럼 인권을 유린하는 통치자들은
끔찍한 전쟁을 일으키는 경향이 있다는 교훈이 존재하였다.[2] 그러나 사실
유엔헌장의 기초와 관련한 논의 당시 이에 중심적 역할을 한 강대국 대표들
은 공통의제로서 인권보호에 대해서는 그다지 큰 관심을 보이지 않았었다.
대신 인권 관련 국제비정부기구들이 이에 대해 강하게 항의하고, 인권조항
삽입을 요구하여 유엔헌장에 인권 조항이 중요한 부분으로 포함되게 되었
다.[3] 이들은 높은 수준의 인권보호는 전쟁 등 무력 충돌의 방지를 위해 절
대적으로 중요하며 나아가 국제사회의 장기적 평화와 안전을 위해서도 필수
적이라고 지적하였었다. 다행히 인권 관련 국제비정부기구들은 당시 승전국
이었던 미국, 영국, 소련의 대표들을 설득할 수 있었다. 이들 주요 강대국들
은 그들 국가 내의 인권문제와 식민지 영토 보유라는 문제가 있었기 때문에
유엔헌장에서 인권에 대해 언급하는 것에 몹시 신중한 태도를 보였었다.

결국 이들 강대국들은 국제인권보호 조항을 넣는 대신 그들 자신의 입장
을 방어하기 위한 장치로서 유엔헌장 2조 7항에 유엔 회원국의 국내문제에
대한 불간섭 원칙의 내용을 삽입하였다.[4] 유엔 회원국들은 그 국가 내의
인권문제가 제기될 때마다 이 조항을 원용하여 방어해오고 있다. 유엔 설립
초기에 이러한 전후 상황을 반영이라도 하듯이 유엔 인권위원회 자체도 유

1992), pp.216-217.

2) Harold K. Jacobson, *Networks of Interdependence: International Organizations and the Global Political System* (New York: Alfred A. Knopf, 1979), pp.326-327.

3) Felice D. Gaer, "Reality Check: Human Rights NGOs Confront Governments at the UN," in Thomas G. Weiss and Leon Gordenker, eds., *NGOs, the UN & Global Governance* (London: Lynne Rienner Publishers, 1996), p.51; 주성수·서영진, 『UN, NGO, 글로벌 시민사회』(서울: 한양대학교 출판부, 2000), p.97.

4) Paul Gorden Lauren, *The Evolution of International Human Rights: Visions Seen* (Pennsylvania: Pennsylvania State University Press, 2003), pp.192-193.

엔 회원국 내의 구체적인 인권유린 상황에 대하여 직접적으로 다룰 권한이 없음을 확인하기도 하였다. 같은 맥락에서 20세기 후반에 중국과 북한의 국내 인권 문제가 제기될 때마다 바로 이 국내문제 불간섭 원칙이 원용되었다.

그럼에도 불구하고 탈냉전 시기에 있어서 국제사회에서 보여지는 하나의 변화추세는 인권보호라는 원칙이 국내문제 불간섭 원칙과 충돌하는 경우 학계와 유엔 내부를 중심으로 인권보호 원칙을 우선시하는 경향이다. 인권 관련 학자들은 오늘날 자유민주주의의 진전과 국제사회의 상호의존성 증가를 고려할 때 국내문제 불간섭 원칙을 지탱하고 있는 국가주권 원칙에 대하여 인권의 대의가 더 우선임을 주장한다. 자유민주주의의 이론이 진전된 정치사적 관점에서 볼 때 주권개념은 초기에는 국가 공동체 내에서 군주가 행사하는 통치권 중심의 절대적 권력의 의미로부터 민주적 공동체 운영과정에 있어서 국민들에게 존재하는 정당성 부여의 근원의 의미로 내용적 변환을 보여주었다. 이러한 변화를 추동한 근본적 정치원칙은 바로 존 로크 John Locke, 에메리히 드 바텔 Emmerich de Vattel, 허쉬 라우터파흐트 Hersch Lauterpacht 같은 사상가들이 기초하고 있는 자연권이라는 원칙이라고 할 수 있다.

또한 20세기 후반부터 빈번히 논의되기 시작하여 오늘날 더욱 심화되고 있는 로버트 코헤인 Robert Keohane 과 조지프 나이 Joseph Nye 등이 말했던 복합적 상호의존 현상도 이러한 경향을 가속화하고 있다고 할 수 있다. 이러한 경향은 소위 웨스트팔리아체제하에서 국가주권 개념과 국내문제 불간섭 원칙이 강조되었던 배경을 고려하면 잘 이해될 수 있다. 즉, 17세기 유럽에서 국가주권 개념과 국내문제 불간섭 원칙이 강조되었던 배경에는 당시에 유럽의 통치자들이 종교, 왕위 계승 등 여러 가지 이유로 이웃 국가들과 빈번히 전쟁을 함으로써 많은 생명을 살상하고 재산을 파괴했다는 인식이 있었다. 하지만 오늘날 전쟁은 웨스트팔리아 조약 당시 이웃국가들에 대한 간섭의 형태로 사용되었던 경우와 근본적으로 다르며 대체로 인권문제는 인도주의적 견지에서 제기된다고 볼 수 있다. 그리하여 1945년 유엔이 설립된 이후 국가들은 그들의 주권을 사용하여 점점 더 인권을 제대로 보호하기 위한 스스로의 국제적 의무를 만들고 있으며 이러한 의무는 국가들이 행사하는 운영적 주권operational sovereignty을 제한하게 되는 결과로 나타난 것이다.5) 1989년 베를린장벽의 붕괴로부터 시작된 탈냉전기에 인권보호와 국가주권 간의 긴장관계라는 문제는 주권개념을 '권위authority'로부터 '의무responsibility' 로 전환시키고 유엔헌장 7장의 국제평화와 안전에 대한 위협의 의미를 확대 해석함으로써 새롭게 접근되어왔다.6) 이러한 맥락에서 코피 아난 사무총장 당시의 유엔에서는 '인도주의 개입과 국가주권위원회Commission on Humanitarian Intervention and State Sovereignty'를 설치하여 연구토록 한 결과 그 보고서에서 주 권국가들과 유엔은 회원국 시민들의 기본적 권리와 근본적 자유를 보호할 책임이 있음을 분명히 하였던 것이다.

이 보고서는 국가주권이 더 이상 인권유린자들을 숨겨주는 보호막이 될 수 없음을 천명하였다. 이 위원회의 이러한 결론이 설득력을 가질 수밖에 없는 이유는 원래 주권국가들 간의 평등 논리는 18세기 바텔의 국제법에서 자유롭고 평등한 자연법의 주체인 개인들 간의 집합체로서 국가 간의 평등 논리에서 유래하였기 때문이다. 따라서 주권국가 내에서 그 시민들의 인권 을 체계적으로 유린한 통치자들이 그들 자신을 보호하기 위하여 국가주권 개념을 원용하는 것은 논리상 근본적으로 모순되는 것이다. 이러한 배경하 에서 유엔은 비록 정부간국제기구이지만 그 설립 이후 회원국 시민들의 인 권의 내용을 구체화하고 그 보호를 위한 실행 제도를 강화해오고 있는데 최근 기존의 인권위원회를 인권이사회Human Rights Council로 교체한 것은 그 좋은 예이다.

---

5) Thomas G. Weiss, David P. Forsythe and Roger A. Coate, *The United Nations and Changing World Politics* (Boulder: Westview, 2001), p.141.

6) Jennifer M. Welsh, "Authorizing Humanitarian Intervention," in Richard M. Price and Mark W. Zacher, eds., *The United Nations and Global Security* (New York: Palgrave Macmillan, 2004), p.179.

2. 유엔의 인권보호 제도와 주요 활동

1) 인권이사회(Human Rights Council)

유엔 인권이사회는 유엔헌장 68조에 따라 1946년 설립되어 2006년까지 운영되었던 인권위원회의 후신이다. 이전에 존재하였던 인권위원회는 그 오랜 역사를 통하여 다양한 제도적 장치를 발전시킴으로써 국제인권 분야의 활동가 및 단체들로부터 높은 평가를 받고 있었다.[7] 그러나 인권위원회는 이러한 제도적 장점들에도 불구하고 그 구성 위원국의 선출 등과 관련하여 강한 비판을 받았던 것도 사실이다. 왜냐하면, 인권위원회의 위원국 자격은 회원국 정부들로만 한정되어 있고 이에 더하여 지리적 배분 외에 다른 선출 기준이 없었다. 한 가지 예로 2003년 가다피가 통치하던 리비아조차도 인권위원회의 위원국으로 선출되어 의장국 역할을 맡음으로써 유엔 회원국들과 인권단체들의 조소와 우려를 야기했었다. 이러한 상황에서 2004년 '위협, 도전, 그리고 변화에 관한 유엔 고위위원단UN High-Level Panel on Threats, Challenges, and Change'의 보고서는 인권위원회의 비정상적인 상황에 대해 강하게 문제를 제기했었다. 그 결과 인권위원회의 개혁 문제가 지속적으로 논의되어 인권이사회가 설립되었던 것이다.

2006년 3월 15일, 유엔총회는 그 결의 60/251호를 채택하여 기존의 인권위원회를 해산하고 새로이 인권이사회를 출범시켜 유엔총회의 하부기관으로서 2006년 6월 16일부터 업무를 시작하도록 했다.[8] 기존의 인권위원회처럼 제네바에 본부를 둔 인권이사회는 유엔총회에 의해 선출되는 47개 이사국으로 구성되며 기존 인권위원회의 주요 임무를 물려받은 외에 몇 가지

---

7) Gerd Oberleitner, *Global Human Rights Institutions* (Cambridge: Polity Press, 2007), p.61.

8) 총회는 인권이사회가 그 출범 이래 보여주었던 위상과 업무에 대한 검토결과를 논의하였고 2011년 6월 17일 총회 결의 A/RES/65/281로 채택, 인권이사회의 총회 하부기관으로서의 지위를 계속 유지하기로 하였다. 그러면서도 향후 10년과 15년 사이의 적절한 시기에 이를 재검토하기로 하였다. A/RES/65/281 참조.

국가별 정례인권검토(Universal Periodical Review)

모든 유엔 회원국 내의 인권상황을 검토하는 제도이다. 이 제도는 회원국
들이 그들 내부의 인권상황을 향상시키고 인권보호의무를 이행하기 위해
취한 조치들을 공표할 수 있는 기회를 제공한다. 이 제도는 2006년 3월
15일 유엔총회 결의 60/251호에 의해 유엔 인권이사회 출범과 함께 마련
되었다. 2011년 11월까지 193개 유엔 회원국의 인권상황을 검토하였다.
이 제도의 궁극적 목적은 모든 회원국들 내의 인권상황을 향상시키고 인
권침해가 발생할 때는 언제나 그것을 다루는 것이다.

새로운 제도적 장치를 마련하였다. 즉, 유엔총회는 신설 인권이사회의 기능
을 좀 더 강화하기 위해 유엔의 모든 개별 회원국들의 국내 인권상황에 대
하여 정기적인 보고를 받고 이를 검토하도록 하였다. 인권이사회에서 도입
한 이 국가별 정례인권검토Universal Periodical Review: UPR 제도는 하나의 혁신적
인 시도로 평가받고 있는데 이 제도하에서 유엔의 모든 회원국들은 매 4년
마다 1회 정해진 순서에 따라 그 국가 내의 인권상황을 유엔 인권이사회에
보고하고 그에 대하여 인권이사회에서 질의, 응답, 권고 등을 통해 검토받게
된다. 또한 인권이사회에는 자문위원회Advisory Committee가 있어서 인권의 각
주제분야의 문제에 대한 전문성을 제공하는 씽크탱크의 역할을 한다. 또한
인권이사회는 개인이나 단체가 어떤 인권침해사례에 대하여 진정complaint 할
수 있는 절차를 가지고 있다.9)

인권이사회는 기존의 인권위원회를 대체하여 새로 설립되었음에도 불구
하고 기존 인권위원회에서 유엔 회원국의 인권문제를 다루기 위해 사용되었
던 특별절차들의 제도적 특징을 대부분 유지하고 있다.10) 이러한 특별절차

---

9) http://www.ohchr.org/EN/HRBodies/HRC/Pages/AboutCouncil.aspx(검색일: 2012.
8.28).

10) HRC resolution 5/1: Institution-Building of the United Nations Human Rights

에는 국제인권보호와 관련하여 특별히 선정된 주제분야를 다루는 '주제절차
thematic procedure'와 어떤 특정 국가 내의 인권상황을 다루는 '국가절차country
procedure' 등이 있다.11) 이 특별절차들은 인권이사회가 국제인권문제와 관련
하여 연구, 조사, 기소, 증진, '주선'과 공표 등의 역할수행을 위한 다양한
채널이 된다. 이러한 특별절차들은 기본적으로 인권문제와 관련하여 국제사
회와 해당국가에 대해 협의와 건의의 역할을 주로 수행함에도 불구하고 그
임무를 담당하는 인물들에 의하여 발휘되는 '긴급 행동조치' 또는 '긴급 호
소'를 통해 중요한 인권보호 역할을 수행하기도 한다.12) 이 인권이사회는
기존의 인권위원회가 경제사회이사회에 국제인권문제와 관련하여 건의하던
경우와 달리 유엔총회에 직접 건의함으로써 그만큼 그 권위를 강화시켰다고
할 수 있다. 그러나 인권이사회는 그 운영에 있어서 아직도 다분히 정치적
성격을 벗지 못하고 있으며 새로운 이사국 선출절차도 크게 변했다고 할
수 없다. 다만 인권이사회는 좀 더 많은 횟수의 장기간 회의 개최, 그리고
언제든지 비상 회의를 개최하려는 인권이사회의 강한 의지 등을 고려할 때
이전보다 진일보한 기구 운영을 기대할 수 있게 한다.

유엔 인권이사회는 이미 모든 국가들의 인권상황에 대한 국가별 정례인
권검토를 진행했고 이제 새로운 검토 순서를 밟고 있다. 국가별 정례인권검
토 과정에서 중요한 각 국가들의 보고서에 대한 고려와 검토의 결과는 그
심의결과 및 개선권고사항을 담은 '최종견해Concluding Observations'로 정리되어
인권이사회의 웹사이트 등에 공개된다. 비록 이러한 절차는 실효성이 없는
것으로 비판되기도 하지만, 회원국들이 그 국가 내에서 인권보호를 위해 기
울이는 노력, 진척, 그리고 실패에 대하여 정기적으로 검토할 수 있는 기회

Council.

11) 여기서 특별절차들(special procedures)은 '특별보고관(special rapporteur)', '독자적
전문가(independent expert)', '실무그룹(working group)', '사무총장특별대표(special
representatives of the Secretary-General)'를 포함한다. Oberleitner(2007), p.54
참조.

12) Oberleitner(2007), p.58.

를 제공한다는 사실은 중요한 의미를 갖는다.[13]

인권이사회에 대한 행정업무 지원은 1993년 비엔나 세계인권회의의 결과로 설치된 유엔 인권최고대표사무소Office of United Nations High Commissioner for Human Rights가 제공한다. 유엔총회는 그 결의 48/141호를 채택하여 유엔 인권최고대표가 인권보호를 위한 기본적 역할, 인권의 증진과 인권관련 발의의 지원, 그리고 자문기능, 유엔 인권체제 내의 지도력 발휘, 유엔 사무국의 한 부분으로서의 역할, 인권 사안과 관련한 중재기능 등을 수행하도록 하였다.[14] 유엔 인권최고대표는 유엔체제 전체 내에서 인권보호와 관련되는 다양한 기관들과 조약 기구들이 그 기능을 효과적으로 수행할 수 있도록 기관 상호간 협력과 조정 역할을 수행한다. 유엔 인권최고대표사무소는 2006년 유엔 인권이사회가 설립된 이후 그 사무국의 역할도 수행하는데 유엔 인권이사회의 운영 관련 자료를 관리하며 또한 그 회의 진행에 대해 필요한 정보들도 제공하고 있다. 최근 북한 인권상황에 대한 유엔 인권위원회의 결의가 채택되었고 여기에서 북한인권조사위원회Commission of Inquiry의 구성이 결정되어 관심을 끌고 있는데 이 과정에서 현재 유엔 인권최고대표로 있는 나비 필레이Navi Pillay의 확고한 지지 입장도 중요한 역할을 했다고 할 수 있다.[15]

2) 총회와 그 제3위원회

총회는 유엔헌장 13조 1(b)항에 규정된 것처럼 국제적인 인권보호를 위해 연구를 추진하고 그 결과에 따라 정책안을 건의하며 인권에 관한 국제협약을 채택할 수 있도록 하고 있다. 그리하여, 총회는, 거드 오버라이트너Gerd Oberleitner가 지적하는 것처럼, 인권과 관련하여 유엔 인권체제에 대한 지도

---

13) Oberleitner(2007), pp.95-96.

14) Oberleitner(2007), p.89.

15) 백범석·김유리, "유엔 북한인권 조사위원회 설립의 이해와 전망," *Issue Brief*, No. 50(March 25, 2013) (아산정책연구원), p.2. http://www.hrw.org/news/2013/01/21/north-korea-launch-un-commission-inquiry(검색일: 2013.4.3).

력발휘 및 감독기능, 유엔 인권기구에 대한 예산배정 책임 그리고 인권 표준의 수립 및 개별 회원국에 대한 감독 등 다양한 기능을 수행한다.16) 유엔총회의 이러한 역할은 실제에 있어서 총회의 제3위원회, 즉 '사회, 인도주의 및 문화 위원회'를 통하여 수행된다. 이 제3위원회는 인권규범의 실행, 인권상황, 그리고 특별보고관들과 사무총장 대표들의 보고, 유엔 인권최고대표의 보고 등과 같은 사안들에 대하여 논의한다. 또한 이 제3위원회의 중요한 역할은 인권 관련 결의안을 통과시킨 후 이를 총회 전체회의로 이송하는 것이다. 제3위원회는 이 위원회의 명칭이 시사하는 것처럼 인권 외에도 다양한 분야의 사안들을 다루지만 실제에 있어서 인권이 가장 중요한 의제가 된다. 예를 들면, 2011년 유엔총회 제65차 회기에서 이 제3위원회에서 처리된 56개의 결의안 중 반 수 이상이 인권에 관련되었다.17)

앞에서 언급한 것처럼 제3위원회는 2006년 설립된 유엔 인권이사회 산하에서 운용되는 특별절차와 관련, 제출된 보고서들을 검토하는데, 예를 들면 2011년 10월에는 유엔 인권이사회의 34명이나 되는 특별보고관, 독립전문가, 실무그룹의 위원장들과 접촉을 가졌다.18) 총회의 전체회의는 유엔에서 가장 중심적이고 규모가 큰 회의의 장이기 때문에 여기에서 채택되는 인권 관련 결의는 법적 구속력을 갖는 것은 아니지만 해당 국가의 이미지에 매우 큰 영향을 미칠 수 있다.

3) 인권 관련 조약들의 실행 기구들

유엔이 주도한 인권관련 국제규범에는 두 개의 국제인권규약(A규약과 B규약)을 포함한 7개가 있다. 이러한 인권관련 규범들은 그 관련 선택의정서와 함께 유엔의 핵심 인권규범을 형성한다. 이러한 인권규범을 형성한 7개의 조약들하에는 독립적인 전문가 위원회가 조직되어 있어서 각 조약당사국

---

16) Oberleitner(2007), p.83.
17) http://www.un.org/en/ga/third/index.shtml(검색일: 2012.8.30).
18) Oberleitner(2007).

들에 대해 조약규정의 실행 여부를 감독한다. 예를 들면, 시민 및 정치적 권리에 관한 국제규약(B규약) 아래 설립된 인권위원회는 1976년에 업무를 시작하여 이 규약과 그 선택의정서들의 실행 여부를 감독해오고 있다.[19) 모든 핵심적 유엔 인권조약들은 공통적으로 조약 당사국들의 인권상황을 감독하기 위한 기본 수단으로서 국가들의 보고체제라는 제도를 활용하고 있다.

이러한 보고체제하에서 국가들은 어떤 조약의 당사국이 된 후 1~2년 내에 최초의 보고서를 제출해야 하며 그 후에는 정기적으로 보고서를 제출하게 된다. 각 인권조약의 실행기구들은 이러한 보고서에 대하여 검토, 정부대표들과 논의하여 조약 실행에 대한 대화를 가진다. 비록 이러한 절차는 실효성이 없는 것으로 비판되기도 하지만, 회원국들이 그 국가 내에서 인권보호를 위해 기울이는 노력, 진척, 그리고 실패에 대하여 정기적으로 검토할 수 있는 기회를 제공한다는 사실은 중요한 의미를 갖는다.[20) 각 국가들의 보고서에 대한 고려와 검토의 결과는 각 조약 실행위원회들이 심의결과와 및 개선권고사항을 담은 '최종견해Concluding Observations'로 웹사이트 등에 공개된다. 그리하여 이러한 절차는 직·간접적으로 당사국들에게 영향을 미치게 된다. 예를 들면, 유엔 아동권리위원회는 그 제60차 회기에서 그 협약 44조하에 제출된 북한의 보고서에 대한 '최종견해'를 공개하면서 북한 아동들이 누리는 권리의 실상이 제대로 제공되지 않은 점을 지적하였다.[21)

4) 안전보장이사회(Security Council)

유엔헌장 7장 39조에 따르면 유엔안전보장이사회는 평화에 대한 위협, 평화의 파괴, 침략행동이 발생했다고 판단되는 경우 그에 대한 제재조치 등 강제력을 행사하도록 되어 있다. 그리하여 안전보장이사회는 유엔 설립 후 오랜 냉전기간을 통하여 주로 국가 간 무력 사용과 관련된 사안에 대해서만

---

19) Oberleitner(2007), pp.93-94.
20) Oberleitner(2007), pp.95-96.
21) CRC/C/PRK/CO/4, XX January 2009.

평화의 의미를 관련시키고 조치를 취하는 경향이 있었다. 그러나 탈냉전 시대에 들어서 국가 간 무력갈등의 경우가 현저히 감소되면서 안전보장이사회는 점차 무력과 직접적 관련이 없으면서도 국제평화에 대한 위협, 파괴 등과 관련되는 사안들에 대하여 행동을 취하는 경향을 보여주고 있다. 이러한 사안들 중에 회원국 내에서 일어나는 인권에 대한 계획적이고 심각한 유린의 사례들이 중대하게 고려되고 있다. 한 국가 내에서의 심각한 인권유린은 이웃 국가들로의 대규모 난민 유출로 나타나는 경향이 있으며 이는 국제사회의 안보에 대한 심각한 위협이 될 수 있기 때문에 안전보장이사회나 기타 지역기구에 의해 인도주의적 개입이 고려될 수 있다는 것이다.22)

따라서, 유엔과 국제사회는 한 국가 내의 심각한 인권유린 상황은 국제사회의 평화에 대한 위협과 파괴를 구성하는 것으로 해석하는 경향이 점점 더 뚜렷해지고 있다. 안전보장이사회의 이와 같은 오랜 경향에 대하여 시드니 베일리Sydney D. Bailey는 "1946~1988년의 시기 동안 국내문제에 대한 불간섭 원칙이 좀 더 강조된 반면 1989년 이래 유엔의 지도력 하에 인권이라는 대의가 좀 더 뚜렷한 동력을 얻기 시작했다"23)고 지적하였다. 이러한 지적에 부합하는 비교적 최근의 사례로는 안전보장이사회가 그 결의 1973(2011)호를 통하여 리비아에 대하여 비행금지구역 설정을 승인하고 무아마르 가다피 대령Colonel Muammar Gadaffi 정권으로부터 민간인들을 보호하기 위해 필요한 모든 조치들을 취할 수 있도록 하는 권위를 부여한 사실이다.24)

위에서 검토된 것처럼 유엔체제 내에는 국제적으로 인권을 보호하기 위한 다양한 제도적 장치가 존재한다. 그러나, 유엔의 다양한 기관들과 조약기구들이 인권보호라는 그 기능을 효과적으로 수행하기 위해서는 상호간 협력과 조정이 필요하다. 이와 관련하여 유엔 인권최고대표사무소는 중요한

---

22) Gil Loescher, *The UNHCR and World Politics: A Perilous Path* (Oxford: Oxford University Press, 2001), p.369.

23) Sydney D. Bailey, *The UN Security Council and Human Rights* (London: Macmillan Press Ltd., 1994), p.128.

24) http://www.un.org/News/Press/docs/2011/sc10200.doc.htm(검색일: 2011.5.31).

역할을 수행하고 있는데 인권최고대표가 유엔체제 전체를 통하여 인권활동을 조정하고 있기 때문이다.

III. 유엔과 지구환경보호

1. 유엔과 지구환경보호 의제의 등장

오늘날 지구의 환경보호는 인류 공동의 문제 중 하나로서 유엔에서 점점 중요한 의제로 다루어져오고 있다. 과학기술의 발달에 기초한 산업자본주의의 급속한 진전과 경제성장 그리고 그에 따른 자원의 과도한 개발, 나아가 인구증가와 대량소비생활은 유한한 자원을 고갈시키고 지구환경을 파괴하기에 이르렀다. 지구 환경 보호는 장기적으로 인류의 공동운명과 관련이 있는 것으로 유엔이 이 문제에 대해 관심을 갖는 것은 당연하며 최근에는 지구온난화, 산성비, 오존층 파괴문제 등의 의제를 중심으로 접근하고 있다. 국제사회는 유엔에서 1972년 유엔인간환경회의의 개최 이후 다양한 지구환경 관련 문제들을 국제회의나 국제협약을 통하여 다루어오고 있다. 따라서 여기에서는 그동안 유엔이 지구환경보호를 위해 기울여온 노력을 살펴보고자 한다.

1945년 유엔 설립 당시에 지구환경문제는 그다지 심각하게 고려되지 않았고 결과적으로 유엔헌장도 환경문제에 대해 직접적으로 언급하고 있지 않다. 이는 인류가 오랫동안 환경문제를 기본적으로 인간 능력의 범위를 넘는 신의 범주로 여기거나 문제가 발생해도 개별 국가의 관심사항으로 보는 경향이 있었기 때문이었다. 그러나 오늘날 이러한 인식은 변화하여 환경문제를 전쟁에 의한 안보의 위협 이상으로 중요한 문제로 보게 되었다.[25] 국제기구는 오랫동안 지구환경문제에 대해 관심을 갖는다고 해도 지극히 제한

적이었는데 세계보건기구World Health Organization: WHO, 식량농업기구Food and
Agricultural Organization: FAO와 유엔교육과학문화기구UNESCO가 중심적 역할을
하였다. 특히 유네스코는 국제자연보존연맹International Union for the Conservation
of Nature: IUCN을 설립하는 데 중요한 역할을 하였고 이 연맹은 1961년 환경
관련 비정부기구로서 세계야생생물기금World Wildlife Fund: WWF을 출범시키는
데 기여하였다.26) 미국의 과학자 겸 생태주의 작가 레이첼 칼슨Rachel Carson
의 『침묵의 봄Silent Spring』의 출판, 아폴로 우주선의 우주인에 의한 '하나뿐
인 지구Only One Earth' 관찰, 로마클럽The Club of Rome의 보고서 「성장의 한계
The Limits to Growth」가 발간되어 지구의 환경문제가 본격적으로 제기되었다.
이러한 상황 하에서 유엔에서 지구환경문제가 본격적으로 제기되고 관련 대
책이 논의되기 시작한 것은 스벨커 오스트롬Sverker Åstrom 유엔 대사가 대표
하는 스웨덴 정부가 1968년에 유엔 경제사회이사회에서 인간환경을 논의하
기 위한 국제회의 소집을 제안한 것으로부터 비롯되었다.27)

　유엔총회는 같은 해 이러한 내용을 취지로 한 경제사회이사회의 건의를 받
아들여 1972년에 유엔인간환경회의United Nations Conference on Human Environment
를 개최하기로 결정하였던 것이다. 유엔총회는 1969년의 결의에서 인간환
경을 보호 및 향상시키려는 지침의 마련 등 회의 목적을 결정하고 유엔 사
무총장에게 회의 조직과 준비의 임무를 맡기면서 소규모 준비위원회도 발족
시켰다. 캐나다의 모리스 스트롱Maurice F. Strong이 이 회의의 사무총장으로
지명되어 회의개최 준비를 하였다. 스트롱 사무총장은 스웨덴의 수도 스톡
홀름에서 1972년 6월 5일부터 16일까지 113개국의 약 1,200여 명의 대표들

25) Dennis Pirages, "Ecological Security: A Theoretical Overview," in Miranda A.
Schreurs and Dennis Pirages, eds., *Ecological Security in Northeast Asia* (Seoul:
Yonsei University Press, 1998), pp.23-39.
26) Ken Conca, "Greening the UN: Environmental Organizations and the UN System,"
in Thomas G. Weiss & Leon Gordenker, eds., *NGOs, The UN, & Global
Governance* (Boulder: Lynne Rienner Publishers, 1996), pp.104-105.
27) Stanley Johnson, *UNEP, the First 40 Years: A Narrative* (Nairobi: United Nations
Environment Programme, 2012), pp.9-11.

이 참여한 가운데 개최된 이 회의 동안 개발도상국들과 선진국들의 상반된 입장에 대해 타협을 이끌어내는 지도력을 발휘하였다.[28] 개발도상국들과 선진국들은 환경문제에 대한 정책상의 우선 순위의 차이로 인하여 갈등과 대립을 표출하였다. 개발도상국들은 환경문제가 근본적인 면에 있어서 선진국 공업화의 결과로 발생했기 때문에 선진국들은 그들에게 환경보호 관련 기술을 무상 제공 및 재정적 지원을 해야 한다고 주장한 반면에 선진국들은 개발도상국의 인구 증가 등이 환경문제의 원인이라고 주장하며 맞섰다.[29]

이 회의의 주요 성과는 세계의 국민들이 인간환경을 보존, 증진시킬 수 있는 일반적 원칙을 제시하였고 환경평가, 환경관리 그리고 지원조치 등 세 수준의 109가지 건의를 내용으로 하는 '인간환경을 위한 행동계획The Stockholm Action Plan for Human Environment'이 발표되어 이후 '세계문화자연유산 보호협약World Heritage Convention 등 다양한 관련 국제협약 등을 이끌어내는 견인차 역할을 하였다는 것이다.[30] 뿐만 아니라 이 회의는 유엔총회에 환경 프로그램Environmental Programmes[31] 이사회Governing Council, 그리고 자발적인 환경기금Environment Fund과 관련 소규모 사무국의 설치를 건의하였다.[32] 유엔총회는 1972년 회기에 이 스톡홀름회의가 내놓은 선언과 제안들의 대부분을 승인하면서 동시에 58개 국가로 구성되는 환경계획 이사회, 환경계획의 사무총장이 수반이 되는 환경사무국, 자발적 환경기금, 그리고 사무총장이 의장이 되는 환경조정위원회를 설치하기로 결정하였다.[33] 케냐의 수

---

28) 예를 들면, 인디라 간디(Indira Gandhi) 인도 수상은 전체회의에서 "빈곤과 궁핍이 최대의 오염자가 아닌가?"라는 연설을 하였다. Johnson(2012), p.23.

29) 박재영, 『국제기구정치론』(서울: 법문사, 2003), p.518.

30) 박재영(2003).

31) 여기의 'programmes'이라는 용어가 오늘날 유엔의 한 기관의 의미를 갖는 'Programme'으로 정착된 것은 유엔총회 결의 제2994호를 통해서라고 할 수 있다. 이 결의에서는 용어를 'environment programme'으로 함으로써 오늘날 사용하고 있는 용어의 효시가 되었다. Johnson(2012), p.39.

32) Leland M. Goodrich, *The United Nations in a Changing World*(New York: Columbia University Press, 1974), pp.252-253.

도 나이로비Nairobi가 환경계획의 사무국 본부 소재지로 선정되었고 스톡홀름회의의 사무총장이었던 스트롱이 환경계획의 초대 사무총장으로 임명되었다. 이 환경계획을 위하여 5년에 걸쳐 1억 달러의 지출이 승인되었다.34)

2. 유엔과 지구환경보호의 제도적 노력

1) 유엔환경계획

유엔환경계획의 이사회의 58개 이사국과 25개 비이사국은 1973년 6월 제네바에서 그 1차 회기를 가졌다. 이 회기에 이사회는 유엔환경계획이 추구해야 할 3항의 일반적 정책목적General Policy Objectives, 14항의 특별정책목적Special Policy Objectives, 그리고 우선행동사업Programme Priorities for Action을 채택하였다. 또한 이 회기에 이사회는 스트롱 사무총장에게 추가적으로 인간정주, 인간건강, 주거환경과 복지, 토지, 물, 사막화, 교육, 연수, 지원, 정보, 무역, 경제, 기술 및 기술이전, 해양, 자연보존 그리고 에너지 분야에서도 임무수행을 요청하였다.35) 이 이사회가 열리고 있었을 때 150여 개의 환경관련 비정부기구들이 제네바에 와서 세계회의World Assembly를 개최하였고 스트롱 사무총장은 이러한 비정부기구들과 연락임무를 맡는 전임 직원을 임명하기로 약속하기도 하였다. 또한 이사회는 환경계획 사무총장이 멸종위기에 처한 야생동식물종의 국제거래에 관한 협약Convention on International Trade in Endangered Species of Wild Fauna and Flora에 대하여 사무국의 임무를 제공하도록 결정하였다.

1973년 10월 2일 케냐의 수도 나이로비에서 유엔환경계획 사무국의 개원식이 개최되었고, 이곳에서 1974년 3월 11일부터 22일까지 이사회 제2차

---

33) UN GA Resolution 2994(XXVII).
34) Johnson(2012), p.253.
35) Johnson(2012), p.43.

회기가 개최되어 해양보존 등에 관한 지역활동의 조정역할에 초점을 두도록 결정하였다. 이러한 결정과 관련된 좋은 실제적 사례는 1974년 2월 스페인 바로셀로나에서 합의된 지중해행동계획Mediterranean Action Plan과 1976년의 지중해오염방지협약과 2개의 관련의정서이다. 다음으로 1977년 3월, 워싱턴에서 오존층 고갈에 관한 회의가 개최되었고 이 회의의 종료 시에 세계기상기구 등 유엔 전문기구들이 오존층 관련 문제들에 대하여 임무를 분담하도록 하였는데 유엔환경계획은 오존층조정위원회를 통해 기구들 간의 조정역할을 수행하였다.[36]

유엔환경계획의 이사회는 1981년 오존층보호를 위한 기본협약 준비 임시 실무단을 구성하기로 결정하고 1982년 스톡홀름에서 회의를 개최한 후 협상이 지속되어 1985년 3월에 이르러 '오존층보호를 위한 비엔나협약Vienna Convention for the Protection of the Ozone Layer'이 20여 개 국가와 유럽집행위원회에 의해 서명되었다. 그리고 비엔나협약의 후속조치로서 1987년 '몬트리올 의정서'가 제정되었다. 또한 1989년에는 유해폐기물 처리에 관한 '바젤협약Basel Convention'이 체결되었다.[37] 이처럼 유엔환경계획은 지구환경 보호를 위해 중요한 역할을 수행하여왔는데 그중에 추가할 만한 것으로 인구증가, 도시화, 산업화가 세계의 한정된 자원에 주는 영향에 대한 분석을 포함하여 이미 선정된 여러 가지 환경문제들을 검토하는 '환경의 상태'에 관한 연례보고서의 작성도 있다.

특히 이 기구는 1982년에 스톡홀름의 목표를 향한 진전 정도를 검토하고 전지구의 환경추세를 평가하는 종합적인 보고서를 제출하는데 이것은 매 5년마다 보완된다.[38] 그럼에도 불구하고 유엔환경계획은 전지구적인 환경감

---

36) Johnson(2012), p.67.
37) 유현석, 『국제정세의 이해: G2시대 지구촌의 어젠다와 국제관계』(경기 파주: 도서출판 한울, 2013), p.309.
38) *Everyone's United Nations*, 10th ed. (New York: UN Department of Public Information, 1986), p.240; 박치영 『유엔정치론』(서울: 법문사, 1998), p.297에서 재인용.

시 네트워크를 형성하려는 협정을 맺기 위한 초안의 작성 과정에서 많은 어려움을 겪었다. 그것은 바로 선진국과 개발도상국 간에 존재하는 지속적인 갈등 관계를 보여주는 것이다. 유엔환경계획은 산업개발에 관여할 역할과 권한을 갖고 있지 못한데 이것은 선진국들이 그 역할을 환경의 감시, 평가, 그리고 환경과 관련한 기술적·과학적 임무로 국한시키고 현재의 부문별 기구들의 역할에 대해 간섭하지 못하도록 제한하고 있기 때문이다. 선진국들은 환경문제를 양자적 또는 다자적으로 접근하거나 또는 유엔환경계획 외의 다른 국제기구를 통해 다룸으로써 이 기구의 활동을 주변화시키고 있다.[39]

유엔환경계획을 중심으로 하는 다양한 노력에도 불구하고 1974년 유엔총회에서는 개발도상국들이 중심이 되어 '신국제경제질서 수립에 관한 선언'과 '국가의 경제적 권리와 의무에 관한 헌장'이 채택됨으로써 경제발전에 관련된 국가의 권리를 강조함으로써 환경보호의 방향과 괴리를 보여주기도 하였다. 또한 이 시기에 발생한 에너지 위기 등으로 인하여 국제사회의 관심은 환경에 충분히 관심을 기울일 수 없는 상황이었다.

그러나 1980년 미국 정부는 '2000년의 지구'라는 보고서를 발표함으로써 다시 환경문제에 대한 국제사회의 관심을 불러일으켰다. 이 시기부터 환경보호의 대상도 인간환경만이 아닌 지구의 생태계 전체를 중시하는 '지구환경'으로 전환되어갔다. 1980년 국제자연보존연맹IUCN은 유엔환경계획UNEP, 세계야생생물기금WWF, 유엔교육과학문화기구UNESCO, 식량농업기구FAO의 지원하에 「세계보전전략World Conservation Strategy」이라는 보고서를 발간하여 처음으로 '지속가능한개발sustainable development'이라는 용어를 정의하였다. 이와 비슷한 시기인 1982년 유엔은 제48차 총회에서 '세계자연헌장World Charter for Nature'을 채택하여 '인간은 자연의 일부이고 인간의 생명은 방해받지 않는 자연체계의 작동에 의존함'을 천명하였다. 같은 맥락에서 개발과 환경보호

39) Peter M. Haas, *From Theory to Practice: Ecological Ideas and Development Policy* (Cambridge, Mass.: Harvard University Press, 1992), pp.31-34; 서창록, 『국제기구: 글로벌 거버넌스의 정치학』(서울: 다산출판사, 2004), p.218에서 재인용.

간 분리적 접근을 하려는 움직임에 대하여 크게 영향을 주었던 것은 세계환경개발위원회World Commission on Environment and Development: WCED가 1987년 유엔총회에 제출한 「우리의 공동 미래Our Common Future」라는 제하의 보고서, 즉 달리 '브룬트란트 보고서'라고 불리는 것이다.

 이 위원회는 1983년 유엔총회에 의해 2000년과 그 이후 시기를 염두에 두어 세계 환경문제의 현황을 조사하고 대책을 권고하도록 설립된 임시 기구로서 노르웨이 수상인 브룬트란트가 위원장을 맡고 있었기 때문에 '브룬트란트위원회'라고 불리기도 하였다. 이 위원회가 제출한 보고서는 유엔환경계획의 14차 회기 이사회에 의해 검토된 후 첨언과 함께 유엔총회로 이송되어 채택되었다.[40] 이 보고서는 '환경적으로 건전하고 지속가능한개발' 즉, 간단히 '지속가능한개발sustainable development'이라는 새로운 개념을 제시함으로써 이후 선진국과 개발도상국들이 미래 세대의 필요를 손상시키지 않으면

지속가능한개발

인류의 자원 활용이 그들의 필요에 부응하면서도 자연체계와 환경의 지속가능성을 보장함으로써 이러한 필요의 만족이 현 세대뿐만 아니라 다음 세대들에게도 지속될 수 있도록 하려는 인간개발의 한 형태를 의미한다. 이 용어는 1987년 브룬트란트위원회가 제출한 브룬트란트 보고서에서 사용되었는데 이 위원회는 현재의 필요성 충족이 미래세대의 필요성 충족을 손상시키지 않는 개발로 그 의미를 정의했다. 지속가능한개발은 자연체계의 부양능력과 인류가 처한 사회적 도전을 상호 연계시켜 접근하고자 한다. 전에는 지속가능한개발의 의미를 환경적 지속가능성, 경제적 지속가능성, 그리고 사회정치적 지속가능성이라는 세 부분의 구성요소로 보는 경향이 있었으나 보다 최근에는 경제, 생태, 정치, 문화라는 네 범주의 구성요소로 보려는 경향이 있다.

---

40) A/42/427의 사무총장 별기.

서 현재의 필요를 충족시키는 개발의 중요성을 강조하였다.[41]

2) 리우 지구정상회의

1980년대 말부터 1990년대 초에 일어났던 탈냉전의 국제적 분위기는 지구환경 문제에 대해서 더 많은 관심을 갖는 계기를 마련했다. 이러한 상황에서 위에서 언급한 세계환경개발위원회의 지속가능한개발이라는 개념의 영향으로 유엔총회는 1989년 12월 결의를 통해 환경 관련 국제회의의 개최를 결정하였다. 그리하여 '유엔환경개발회의United Nations Conference on Environment and Development: UNCED'라는 명칭의 이 대규모 회합을 위해 제1차 준비회의가 1989년에 시작되어 2년에 걸쳐 개최되었으며 1992년 3월 뉴욕에서 개최된 제4차 준비회의를 마지막으로 관련협상을 마쳤다. 그 결과 스톡홀름 유엔인간환경회의 이후 20년 만인 1992년 6월 1일부터 2주간 브라질의 리우데자네이로Rio de Janeiro에서 유엔환경개발회의가 개최되었는데 일명 리우정상회담Rio Summit 또는 지구정상회담Earth Summit이라고도 불린다. 이 회의에는 108명의 국가수반을 포함한 178개국의 국가대표들이 참석하였다. 뿐만 아니라 리우데자네이로에서는 이 회의와 병행하여 2,400여 명의 환경관련 NGO 대표들과 17,000여 명의 사람들이 협의지위를 갖는 NGO 세계포럼Global Forum에 참석하였다.[42] 이 포럼의 주도하에 14일 동안에 공식적으로 계획되었던 350개의 회의 외에도 약 1,000회의 비공식적 회의가 열린 것으로 추산될 만큼 리우회의는 환경 관련 NGO들의 연계활동이 활성화되는 계기가 되었다.[43]

이 회의에서 다루어진 주요 문제는 독성물질을 배출하는 생산유형에 대한 면밀한 검토, 화석연료에 대한 대체에너지, 대중교통수단 이용 확대 및 물 부족 등에 관한 것이었다. 이 회의에서도 이전처럼 선진국과 개발도상국

---

41) Julie Fisher, *The Road From Rio: Sustainable Development and the Nongovernmental Movement in the Third World*(Westport, CT: Praeger, 1993), p.2.
42) https://en.wikipedia.org/wiki/Earth_Summit(검색일: 2013.5.20).
43) Fisher(1993), p.3.

간에 환경과 개발을 둘러싼 입장 차이가 표출되었다. 개발도상국들은 지구 환경의 파괴에 대한 역사적 책임이 선진국들에 있음을 지적하면서 그들의 개발권을 주장함과 동시에 지구환경보호와 관련하여 개발도상국에 대한 재정지원 및 기술이전을 요구했다. 선진국들은 환경파괴가 지구 전체를 멸망시킬 수 있다는 이유를 들면서 개발도상국의 협력을 요구했고 이전과 다르게 지구환경의 보호를 위해 재정적 부담을 질 수 있다는 자세를 보였는데 대다수 개발도상국들도 선진국들의 적정한 재정부담 조건하에 동참을 약속했다. 이러한 상황에서 양측 국가들은 '차별적 공동책임 원칙principle of common but differentiated responsibility'에 합의했다.44) 이 회의의 주요 성과로는 국가대표들이 기후변화기본협약Framework Convention on Climate Change과 생물다양성협약 Convention on Biological Diversity에 합의한 후, 서명을 위해 공개한 것이다. 이 정상회의는 또한 환경과 개발에 관한 리우선언Rio Declaration on Environment and Development과 그 실천 전략인 의제 21Agenda 21, 그리고 산림원칙선언Statement of Forest Principles 등에 합의하였다. 나아가 이 회의는 유엔환경개발회의에서 내린 결정의 이행상황을 검토, 감시할 지속개발위원회Commission on Sustainable Development: CSD를 경제사회이사회의 산하 기관으로 설치하였다.

유엔환경개발회의는 환경문제가 국제사회의 주요 의제로 확고히 자리 잡는 데 중요한 역할을 하였으며 '지속가능한개발'을 대안 개념으로 선정하여 환경과 개발 문제의 상호접합을 시도하여 이 '지속가능한개발'이라는 목표를 정치적으로 승인했다는 점에서 큰 의미를 갖는다. 또한 이 회의는 지구의 환경보호를 고려한 사회경제적 개발문제를 논의하기 위해 국가의 정부대표, 여성, 과학자 그리고 기업 등 전 세계의 환경 이해당사자들이 한자리에 모였다는 점에서 큰 의미를 갖는다. 특히 이 회의는 국제문제 논의에 있어서 비정부기구들의 역할에 대한 관심을 고양시킨 계기가 되었다. 비정부기구들은 이 회의에서 환경문제를 정의 또는 재정의하거나 정부 대표들을 대상으로 로비활동을 펼치고 규정에 대한 문서초안을 작성하며 국제적 합의사

---

44) 박재영(2003), p.521.

항 도출 및 실행과 관련하여 국제환경체제에 영향력을 행사하였다.[45]

3) 교토의정서

국제사회는 1992년 유엔환경개발회의에서 합의한 기후변화기본협약에 대한 후속조치를 다루기 위하여 2년마다 열리는 당사국총회(Conference of the Parties: COP)의 형태로 논의를 지속하였다. 1995년 3월 독일 베를린에서 개최된 제1차 당사국총회COP에서 각국은 기후변화기본협약상의 온실가스 감축의무만으로는 지구온난화 방지가 불충분하다는 데 인식을 같이 하였다. 따라서 기후변화협약의 부속서 I에 규정된 국가의 감축의무를 강화하기 위해 2000년 이후의 감축목표에 관한 의정서를 제3차 당사국총회에서 채택하기로 결정하였는데 1996년 7월 스위스 제네바에서 개최된 제2차 당사국총회는 각료급 회의를 통해 각료선언(Ministerial Declaration)을 채택하고 제1차 당사국총회의 결정사항을 재확인하였다. 교토의정서(Kyoto Protocol)는 일본 교토에서 개최된 제3차 당사국총회에서 1997년 12월 11일 채택되었으며 2005년 2월 16일부터 발효하였다. 이 의정서는 기후변화기본협약을 보완하고 동시에 감축 의무를 강화하고 있는데 2000년 이후 선진국에서 이산화탄소를 포함한 6가지의 온실가스 배출량의 감축목표를 주요 내용으로 하고 있다.

이 의정서의 주요 내용으로는 첫째, 구속력 있는 감축 목표의 설정, 둘째, 공동이행, 청정개발체제 및 배출권거래체 등 시장원리에 기초한 새로운 온실가스 감축수단의 도입, 셋째, 국가 간 연합을 통한 공동감축목표 달성의 허용 등을 포함하고 있다.[46] 교토의정서는 기후변화기본협약과 마찬가지로 국가들을 부속서 I, 부속서 II(부속서 I의 해당국 중 OECD 가입국), 그리고 부속서 I에 해당하지 않는 국가 등 세 부류로 나눈다. 교토의정서의 제반 사항은 기후변화기본협약을 관리하는 기관에서 함께 담당하는데 여기에는 기후변화협약의 당사국들로 구성되는 당사국총회 또는 당사국회의(Meeting of

---

45) 서창록(2004), p.219.
46) 서창록(2004), p.227.

the Parties: MOP와 사무국 등이 있다. 한편 교토의정서의 구체적인 시행방안과 의무 불이행 시 가해지는 제재수준 등에 대해서 2001년 10월 모로코 마라케시의 제7차 당사국총회에서 합의된 마라케시 협정Marrakesh Accord에 의해 최종 결론에 이르렀다.

교토의정서의 의무준수체제는 대단히 복잡하면서도 당사자들의 많은 노력을 필요로 한다. 배출감축목표 달성에 대한 의무준수가 이행되지 않을 경우, 부속서 I 해당국들은 교토 메커니즘의 다양한 방법들을 통해 의무이행기간 동안 최종 배출경로를 전문가에게 심사받는데, 심사 이후 실행에 옮기기까지 100일간의 유예기간을 얻는다. 만일 이 기간이 지나고도 배출목표를 달성하지 못한 당사국은 추가적으로 30%의 할당량을 더 받게 되면서 제2차 의무이행기간을 부여받아 이 기간 동안 목표수치를 달성해야 한다. 뿐만 아니라 의무이행기간을 초과한 국가는 배출권 거래제도 하에서 배출권을 파는 것에 제약을 받게 되며 3개월 이내에 의무이행계획을 수립, 2차 의무이행기간 내에 달성할 감축목표의 세부계획을 보고해야 한다. 정보보고를 하지 않은 당사국들은 이와 유사한 계획을 세워 보고해야 하며 교토 메커니즘에 부합하는 기준을 달성하지 못한 당사국들은 당사국으로서의 자격을 박탈당하게 된다.47) 교토의정서 협상 시 감축목표 수준 및 설정 방식, 교토 메커니즘의 도입 여부, 그리고 개발도상국의 의무분담 문제, 탄소 흡수원의 인정 여부 및 범위 등을 둘러싸고 선진국과 개발도상국 간에 이해관계의 대립이 있었으나 국제사회는 이 의정서를 통해 선진국들에 대한 구속력있는 감축목표를 설정했다는 점과 온실가스를 상품으로서 거래할 수 있게 했다는 점에서 그 의미를 찾을 수 있다.48)

---

47) 서창록(2004), pp. 229-230.
48) 유엔환경계획 한국위원회, 『몬트리올 의정서』(서울: 유넵프레스, 2002); 서창록(2004), p. 230에서 재인용.

4) Post-2015체제 구축

2002년 남아프리카공화국의 요하네스버그Johannesburg에서 유엔에 의해 '지속가능한개발정상회의World Summit on Sustainable Development: WSSD'가 개최되었다. '리우+10'이라고도 불리는 이 회의에는 103개 국가에서 65,000명 정도가 참가하여 10년 전 리우에서 채택된 '의제21'에 대한 각국의 추진상황을 점검하고 향후 대처방안을 논의하였으며 지속가능한개발을 달성하기 위해 빈곤, 물, 위생 등 다양한 분야별 세부 이행계획을 마련했다. 그리하여 지속가능한개발을 위한 국제적인 관리체제international governance의 좀 더 강하고 일관성 있는 체제를 정의하는 기초를 제공하는 것이 목표였다. 이 회의는 결과문서로서 '지속가능한개발을 위한 요하네스버그선언Johannesburg Declaration on Sustainable Development'을 채택하여 지구환경을 보호하고 빈곤국 주민의 삶의 질을 향상시킬 것을 결의하였다. 또한 이 회의는 이 선언을 실천하기 위하여 지구환경보호와 빈곤퇴치를 위한 '이행계획Plan of Implementation'을 채택하여 152개 분야의 실천사항을 제시하였다. 이 회의의 결과문서가 포함하고 있는 152개 이행분야가 경제, 사회, 환경 분야 등에 다양하게 관련되어 있는 것에서 볼 수 있듯이 지속가능한개발의 세 가지 핵심요소라고 간주되는 경제개발, 사회개발, 환경보호가 상호의존적이고 서로를 강화시키는 중심적 축임이 강조되었다는 데 큰 의미를 갖는다.

2007년 2월 16일, 구속력이 있지는 않지만 워싱턴 선언에서 캐나다, 미국 등의 정부 수반들은 교토의정서의 후속적 제도장치에 대한 원칙적 합의를 도출했다. 그들은 선진국과 개발도상국 모두에게 적용되는 탄소배출권거래제cap-and-trade system를 염두에 두면서 가능하면 2009년에 실현할 것을 기대했었다. 2009년 12월 덴마크의 코펜하겐에서 개최된 제15차 당사국총회는 1992년 지구정상회의 이후 열리는 연례적 유엔 기후변화회의 중의 하나였다. 이 회의는 교토의정서를 대체할 후속 기구에 합의하여 탄소배출량을 의미있게 감축할 수 있는 기회로 생각되었지만 실패했다. 2010년 멕시코 칸쿤에서 열린 제16차 당사국총회에서 도출한 합의에 따르면 76개 선진국과 개발도상국들이 온실가스배출을 자발적으로 통제하기로 약속했는데 2010년에 이들 76개국은 모두 합쳐 지구 온실가스배출량의 85%에 책임이 있었다. 2012년 5월, 미국, 일본, 러시아, 캐나다는 교토의정서의 제2차 실행시기에 참여하지 않을 것임을 시사했다. 2012년 11월 호주는 교토의정서의 제2차 실행시기에 참여할 것임을 확인한 반면에 뉴질랜드는 그렇게 하지 않을 것임을 확인했다. 세계야생생물기금 같은 비정부기구는 뉴질랜드의 이러한 결정을 비난했다.

2011년 12월 11일, 남아프리카공화국의 더반에서 개최된 제17차 유엔기후변화협약 당사국총회^{COP} 17에서 각국 대표단은 2012년 말 1차 공약기간이 만료될 교토의정서의 시한을 연장하고 2020년까지 새 기후체제를 출범시키기로 합의함으로써 교토의정서 만료에 따른 공백 상태는 일단 피하였다. 이 회의에서 각국은 교토의정서를 대체할 의정서^{protocol}, 법적인 문서^{legal instrument} 또는 법적 결과물^{agreed outcome with legal force}이 2020년 이후 모든 당사국에 적용되도록 2013 상반기부터 협상을 시작해 2015년까지 마치기로 했다. 또 연간 1천억 달러 규모의 녹색기후기금을 설치하기 위한 보고서가

당사국회의

유엔기후변화기본협약의 최고기관으로서 그 역할은 연례회의를 통해 이 협약의 실행을 감독, 검토하며 그 실행의 효과적인 실행을 위한 새로운 결정을 협상하는 것이다. 이 당사국회의(Conference of Parties)의 기능은 이 협약의 7조2항에 13가지로 자세히 열거되어 있다. 이 협약의 목적에 비추어 당사국과 제도적 장치들의 의무 그리고 실행과 과학기술적 지식의 발전으로부터 얻어진 경험에 대하여 검토한다. 기후변화와 그 결과에 대처하기 위해 당사국들이 채택한 조치들에 대한 정보교환과 당사국들의 서로 다른 상황을 고려하여 협약하 의무와 역량 그리고 공약준수를 증진하고 촉진한다. 그 밖에 협약의 이행에 필요하다고 인정되는 경우 보조기관의 설립 그리고 그 예산 문제 대하여 합의에 의해 절차규정을 결정할 수 있다.

채택돼 이사국 및 사무국 선정 등의 절차가 진행될 수 있도록 하였다.[49]

2012년 12월 8일, 카타르의 도하에서 개최된 제18차 유엔기후변화협약 당사국총회[COP] 18는 그 회의를 종결하면서 교토의정서를 2020년까지 연장하기로 하고 2015년까지 대체문서를 마련하여 2020년부터 실행하기로 하였다. 교토의정서의 제2차 실행시기는 지구 온실가스 배출량의 15%에만 적용되도록 하였다. 기타 이 회의의 결과는 2015년까지 채택되어야 할 세계적 합의를 위한 시간표 등이 포함되었다. 그러나 이 의정서는 미국, 중국, 인도 등 많은 국가들이 의무감축국가 명단에서 제외됨으로써 온실가스 감축의 실효성을 크게 약화시켰다. 미국은 처음부터 교토의정서에 서명은 했어도 비준하지 않았고 또 캐나다는 2012년 12월 15일 이로부터 탈퇴하였으며 나아가 러시아, 일본, 뉴질랜드도 2012년 이후 온실가스 배출 이행의무에 동참하지 않겠다고 선언했다. 그리하여 세계 온실가스 배출의 60%가량을 차지하는 이들 국가들의 이탈로 인하여 교토의정서는 유명무실해질 가능성이 높아졌다. 한국의 송도에 두기로 한 녹색기후기금[Green Climate Fund: GCF]의 사무국 설립에 대하여 이 총회는 최종적 승인을 하였다. 영국의 가디언지[The Guardian]에 따르면, 미국 등은 교토의정서의 대체 체제와 관련하여 기본적으로 국제적인 동료압력[international peer pressure]에 의한 자발적 준수를 하나의 방안으로 제시하고 있다.[50]

2012년 6월, 브라질의 리우데자네이루에서 '유엔지속가능개발회의[United Nations Conference on Sustainable Development: UNCSD]'가 개최되었다. 이 회의는 1992년에 같은 곳에서 유엔환경개발회의가 개최된 지 20년 만에 열리는 회의라고 하여 '리우+20'이라고도 불리는데 세계 190여 국가의 정상과 정부대표, 유엔 등 국제기구의 수장, 비정부기구 대표, 재계와 학계 인사 등 약 50,000명 정도가 참석했다. 이 회의는 20년 전 유엔환경개발회의에서 국가

---

49) 『한국일보』, 2011년 12월 11일자. 녹색기후기금(GCF) 사무국은 2012년 10월 이사회에서 한국 인천 송도에 두기로 결정되었다.

50) http://grist.org/news/america-wants-kyoto-protocol-replaced-with-peer-pressure-campaign/(검색일: 2013.6.25).

들 간에 합의한 지속가능한개발에 관한 정치적 약속의 재확인, 유엔환경개
발회의 이후 20년 동안의 이행계획과 성과에 대한 평가, 향후 미래의 20년
을 만들어가는 데 있어서의 새로운 도전과제에 대한 대응방안의 마련 등
3가지 목표를 가지고 있었다. 이 회의의 주된 주제로는 '지속가능한개발과
빈곤퇴치의 맥락에서 녹색경제Green Economy in the context of Sustainable
Development and Poverty Eradication'와 '지속가능한개발을 위한 제도적 틀Institutional
Framework for Sustainable Development'이 있었다. 이 회의를 마치면서 나온 결과문
서인 '우리가 원하는 미래The Future We Want'는 총 283항으로 구성되어 있어서
지속가능한개발과 빈곤퇴치를 위한 중요한 도구로서 녹색경제의 수용, 유엔
환경계획의 강화, '고위급정치포럼High Level Political Forum'의 신설, 지속가능한
개발목표Sustainable Development Goals 수립을 위한 공개실무그룹의 설치 등을
제시하였다. 이 최종문서는 2012년 9월 11일 제66차 회기 유엔총회에서 공
식적으로 승인되었다.[51] 아울러 유엔총회는 2013년 1월 22일 결정을 통하
여 유엔의 5개 지역그룹에서 선정한 30명의 대표로 지속가능한개발목표 수
립을 위한 공개실무그룹을 구성하였다.[52]

　이 회의는 지구환경보호에 있어서 중요한 의미를 가짐에도 불구하고 그
회의의 결과에 대하여 비판적인 시각도 존재한다. 우선 개발도상국들의 반
대로 녹색경제로의 보편적 이행이 어려워졌다는 것이다. 선진국들과 달리
개발도상국들은 녹색경제를 단지 하나의 정책방안으로 간주하였기 때문이
다. 또한 국제환경문제를 다룰 전담국제기구의 설립에 관한 합의도달에는
실패했는데 국가들이 국제환경문제를 전담할 전문기구specialized agency의 설
립에는 이견을 드러냈기 때문이다. 나아가 재원조달체제 구축에 대하여 합
의하지 못하고 향후 논의의 과제로 남겨 놓음으로써 AP통신 등에 의해 사실
상 공허한 약속에 불과한 것으로 혹평되기도 하였다.[53]

---

51) A/RES/66/288, http://www.un.org/ga/search/view_doc.asp?symbol=A/RES/66/
　288&Lang=E(검색일: 2013.6.25).

52) A/67/L.48/Rev.1, http://www.un.org/ga/search/view_doc.asp?symbol=A/67/L.48/
　Rev.1&Lang=E(검색일: 2013.6.25).

IV. 유엔과 개발

1. 유엔과 개발의제의 등장

유엔의 임무는 크게 평화 및 안보의 유지와 경제 및 사회적 발전이라는 두 가지 범주로 나눌 수 있다.[54] 앞의 장들에서 평화 및 안보의 유지에 대하여 다루고 있으므로 여기에서는 경제 및 사회적 발전에 대하여 살펴본다. 제2차 세계대전 후 등장한 유엔의 1차적 목표는 국제평화와 안전의 유지였다. 그러나 유엔의 설립자들은 국제평화와 안전의 유지는 기본적 인권과 관련된 정의의 실현 그리고 나아가 경제 및 사회적 발전과 밀접한 관계가 있음을 인식하고 있었다. 이미 1940년대 후반 저발전국가들의 경제 및 사회적 발전의 문제가 유엔의 의제로 등장하기 시작했고 1950년대와 1960년대에 아시아, 아프리카 등에서 신생국이 대거 등장하면서 이 문제는 유엔의 주요 의제로 부상하게 되었다. 동서 간 냉전시기에 들어서면서 국제사회는 더욱 불안해졌고 그에 따라 자원소모적 무기경쟁이 촉발되고 다시 한번 평화와 개발의 연계적 이해의 중요성이 부각되었다.

따라서 여기에서는 유엔과 그 전문기구 또는 보조기관들이 국제사회에서 수행해 온 경제, 사회적 개발이라는 문제에 대하여 논의하고자 한다. 이를 위해서는 총회와 경제사회이사회 등과 같은 주요 기관, 세계은행, 식량농업기구, 국제노동기구, 아동구호기금, 세계보건기구 등과 같은 전문기구, 그리고 유엔개발계획UN Development Programme처럼 인류사회의 경제 및 사회 발전에 관련되는 임무를 수행하는 기관들에 대하여 살펴보게 된다. 물론 이 분야에 있어서 회원국들과 비정부기구들의 역할도 중요하나 여기에서 논의의

---

53) 박재영, 지구환경 관련 초고 논문(2013.6.25).

54) Olav Stokke, *The UN and Development: From Aid to Cooperation* (Bloomington: Indiana University Press, 2009), p.vii.

초점은 유엔과 그 관련 기구들의 역할에 두고자 한다.

유엔의 인류사회에 대한 경제, 사회적 복지향상 접근법은 국제협력을 촉진하는 것이다. 국제사회는 유엔이나 국제연맹 창설 이전 시기에 이미 공공보건, 농업, 노동, 교통 등의 분야에 있어서 국제 협력을 도모하기 위해 국제전신연합International Telegraph Union이나 만국우편연합Universal Postal Union 같은 상설국제기구를 운영하고 있었다. 제1차 세계대전 후 등장한 국제연맹은 그 규약에서 노동, 여성이나 아동의 인적 거래, 질병 문제 등에 대하여 언급하고 국제사무소의 설치 등에 대하여 명시적으로 규정함으로써 미약하기는 하지만 경제 및 사회적 발전분야에 대한 관심을 나타냈다. 아직 제2차 세계대전이 진행 중이던 1943년 2월 섬너 웰스Sumner Welles 미국 국무차관은 캐나다 토론토대학교에서 행한 연설에서 연합국 간 공동경제복지를 증진하기 위해 국가들의 정책과 제도적 장치에 관한 협의를 제의했고 이는 후에 유엔과 전문기구의 설치 노력에 반영되었다.55) 유엔헌장의 기초자들은 유엔이 인류의 경제, 사회분야에 있어서 좀 더 폭넓은 책임을 가져야 한다는 데 의견을 같이 하였다. 그리하여 유엔헌장은 그 전문(前文)에서 모든 국민의 경제·사회적 향상을 위해 국제기구의 활용을 밝히고 있으며, 제9장은 관련 사항들을 구체적으로 규정하고 있는데 특히 55조에서는 높은 생활수준, 완전고용, 경제·사회적 진보와 발전, 국제경제·사회·보건·기타 관련 문제의 해결 증진을 규정하고 있다.

총회와 경제사회이사회는 경제·사회적 분야의 협력을 위한 유엔기구의 책임을 수행하는 데 있어서 중심적 기관이 되고 있다. 그러나 이 두 기관은 경제·사회적 분야의 본질적 사항에 대해서 회원국들에게 강제할 수 있는 권한이 주어져 있지 못하다는 한계점을 가지고 있다. 총회가 할 수 있는 것은 인류의 경제·사회적 문제에 관련된 연구검토를 시작하고 토의, 건의하며 프로그램을 작성하고 회원국들에게 이것을 지원하도록 요청할 수 있다. 총회는 인류의 일반적 복지를 저해하는 사태의 평화적 해결을 위한 조

---

55) 박치영, 『유엔정치론』(서울: 법문사, 1998), pp.244-245.

치도 건의할 수 있고 또한 관련 유엔 예산을 승인한다. 그러나 총회는 전문 기구들의 예산을 검토하지만, 이에 관하여 건의만을 할 수 있을 뿐이다. 그리고 총회는 전문기구들의 정책과 활동의 조정을 위해 건의하고, 국가 간의 협상을 개시할 수도 있다.[56]

헌장에 열거되어 있는 경제사회이사회의 권한은 광범위하다. 그러나 이러한 폭넓은 권한에도 불구하고 경제사회이사회는 유엔의 조직적 구성상 총회의 그늘 속에 있다고 할 수 있으며 총회에 비해 매우 조심스럽고 보수적인 기관의 성향을 보여준다. 경제사회이사회는 그 업무상 많은 전문위원회들의 도움을 필요로 하는데 덤바톤 오크스제안에서 이 위원회들을 개인적인 자격으로 선출된 전문가들로 구성하도록 하였으나 샌프란시스코회의에서는 이것이 채택되지 않아 결국 정부대표들로 구성하게 되었다.[57] 이에 따라 이 위원회들은 정치적 요인에 의해 지배되는 경향이 있어, 결국 유엔 사무국에 많은 책임을 전가하는 결과를 낳고 말았다. 그러나 이러한 정치적 요인의 개입은 임시전문가위원회ad hoc committee of experts의 활용으로 감소될 수 있다. 경제사회이사회는 여러 가지 기능적 위원회의 설치 외에 5개의 지역경제위원회를 두고 있는데 이것은 샌프란시스코회의에서 예상치 않았던 것이다.[58]

유엔의 경제·사회적 복지증진 방법은 주로 정보와 설득을 통해서이다. 유엔과 그 전문기구들은 정보와 그 분석의 취합과 간행, 경제·사회적 문제의 분석적 연구준비, 여러 이슈의 조명, 다양한 견해의 제시, 의견 불일치영역의 축소와 적절한 기관에 의해 시작된 논의를 통한 합의영역의 확대, 국제협약과 기타 형태의 문서로 된 국제협약의 활용, 국가들이 그들의 법률준수 정도 여하에 관계없이 이들 문서를 존중할 것이 촉구되는 결의, 건의 및 선언의 활용, 유엔이 직접적으로 또는 국가정부들의 여러 프로그램에 협력하

---

56) 박치영(1998), p.247.
57) 박치영(1998).
58) 박치영(1998).

여 인간복지 및 목적달성에 기여할 수 있는 활동과 행동프로그램의 개발 등 다양한 방법을 활용한다. 또한 유엔은 신뢰할 수 있는 통계자료의 지역적 범위를 확장하고 또 통계자료의 비교성을 증대하는 데 크게 기여한다. 이러한 통계자료는 정책입안자들에게 경제·사회적 분야의 문제에 대한 정책결정과 적절한 프로그램의 개발에 도움을 주는 것이다.[59)]

2. 총회의 유엔개발10년들
(United Nations Development Decades: UNDDs)

총회는 개발도상국의 경제발전을 위해 그 16차 회기인 1961년 12월 19일 1960년대의 10년을 제1차 '유엔개발10년'으로 지정하였다. 그리하여 모든 회원국들이 개발도상국들의 지속적인 경제성장과 사회적 발전이 가속화하는 데 필요한 지원조치를 강화하도록 요청하였다. 각 개발도상국들은 성장목표를 정하도록 하였는데 개발 10년이 종료될 때 국민총소득이 최소한 연 5% 성장하는 것을 목표로 하였다. 이를 위해 선진공업국들에게 여러 가지 조치를 요청하였는데 그중에는 그들 국민총생산의 약 1%를 개발도상국의 자본과 원조를 위해 이전할 수 있도록 한 건의였다. 그러나 1960년대의 10년을 통하여 선진시장경제국의 성장률이 가속화되면서 개발도상국과 선진국 간의 1인당 국민소득의 격차는 더 넓어졌다. 따라서 세계 인구의 2/3가 살고 있는 개발도상국은 세계 전체소득의 1/6 이하를 점유하고 있을 뿐이었다.

1962년 개발도상국 국민들의 연간 1인당 국민소득은 평균 136달러였는데 선진국인 북미와 서부유럽은 각각 2,845달러와 1,033달러였다. 1969년 우 탄트 사무총장은 그의 보고서에서 식량생산의 대폭 증가와 전염병에 대한 효과적인 통제 없이 꾸준한 경제·사회적 발전이 이루어질 수 없다고 지적하였다. 그럼에도 불구하고 그는 몇몇 국가의 사례들이 보여주듯이, 적절

---

59) 박치영(1998), p.248.

하고 지속적인 발전이 가능하다고 하였다. 제1차 유엔개발10년은 개발도상 국의 5% 성장이라는 목표가 달성되지 못한 채 막을 내렸는데 유엔총회는 이러한 실패의 이유를 국제적인 개발전략의 틀이 결여된 데서 찾았다.[60]

유엔총회는 1970년 10월 그 25차 회기에 결의를 통해 1971년 1월 1일부 터 시작되는 제2차 '유엔개발10년'을 선포하면서 1970년대에는 현 세대뿐만 아니라 새로운 세대를 위해서 복지와 행복의 확보에 있어서 한 걸음 더 진 전이 있어야 함을 강조했다. 이 결의는 경제 및 사회적 진보는 국제사회 전체의 공동 의무임을 분명히 하면서 개발도상국의 연평균 국민총생산 성장 률 6%, 1인당 국민소득 성장률 3.5%를 목표로 하는 국제개발전략International Development Strategy을 채택하였다. 유엔총회는 이러한 전략을 통해 빈국과 부 국간의 격차를 줄이고 정의로운 세계경제질서의 수립을 다짐하였다. 이 전 략은 경제 및 사회 생활의 모든 분야에 있어서 개발도상국과 선진국이 함께 하는 공동의 행동을 촉구하였는데 각 선진국이 그 국민총생산의 1%에 해당 하는 재원을 개발도상국에 이전하도록 요청하는 등 다양한 공조노력을 제시 하였다. 또한 이러한 개발전략의 전반적인 이행과 진전에 대한 평가는 유엔 공업개발기구UNIDO 등 유엔 산하 관련기관들의 검토, 견해, 건의를 기초로 하여 경제사회이사회를 통해 총회가 하도록 하였다.[61]

그러나 1971년 브레턴우즈체제하 국제금융제도의 붕괴와 1973년 유류파 동의 여파는 심각하여 1973년 9월 비동맹정상들은 알지에Algiers에 모여 제2 차 개발10년의 실패를 선언하고 원료와 개발문제를 논의하기 위한 특별유 엔총회의 소집을 요구하였다. 이에 따라 총회는 1974년 새로운 경제질서를 필요로 한다는 데 합의하고 그 해 봄에 '신국제경제질서 수립에 관한 선언과 행동계획Declaration and Programme of Action on the Establishment of a New International Economic Order'을, 12월에는 '국가의 경제적 권리와 의무 헌장Charter of Economic Rights and Duties of States'을 채택하였다. 1975년 9월 제7차 특별총회가 소집되

---

60) A/RES/16/1715.
61) A/RES/25/2626.

어 개발과 국제협력문제를 다뤄 국제무역, 개발지원자원의 이전, 개발도상국의 과학 및 기술 능력 향상, 국제금융개혁, 산업화, 식량 및 농업 그리고 개발도상국간 협력 등의 틀을 제시하였다. 그러나 여전히 제2차 개발10년의 중간시기인 1975년에 그 목표성장률에 크게 미치지 못하였는데 이는 '정치적 의지의 결여'에 기인한 것으로 분석되었다.[62]

한편 유엔총회는 1980년 12월 5일 35차 회기에서 1981년 1월 1일로 시작되는 제3차 유엔개발10년을 선포하고 국제개발전략을 채택하였다. 이 결의는 세계 경제가 저성장률과 고물가상승의 불균형 상태에 있음을 지적하고 신국제개발전략을 추진함으로써 선진국과 개발도상국 간의 이러한 불균형을 줄이고 빈곤과 종속을 퇴치함으로써 국제경제문제의 해결과 지속적인 세계경제발전에 기여하고자 하였다. 이러한 국제개발전략을 통해 성취하고자 한 목표로는 개발도상국들의 연평균 경제성장률을 7%로 정하였다. 또한 개발도상국의 인구성장률을 약 2.5%로 볼 때 1인당 국민소득은 매년 4.5%의 성장률을 기대하였다. 또한 경제성장을 가속화하기 위해 1990년까지 총투자를 국민총생산의 28% 수준으로 유지하기로 하였다. 이와 관련하여 저축률이 15%보다 낮은 개발도상국들은 가능하면 20%까지 높일 수 있도록 노력을 배가하기로 하였다. 또한 개발도상국의 경제성장을 위해 선진국들은 이미 국제사회에 약속한 공적개발원조의 양을 가능하면 그 국민총생산의 0.7%를 초과하여 지원해줄 것을 요청하였다.[63]

제3차 유엔개발10년의 목표를 달성하기 위해 총회는 1980년 개발도상국과 선진국 간의 일련의 새로운 범세계적 협상의 필요성을 인정하였다. 그러나 선진국은 그 자체의 높은 물가상승률, 금리 상승, 실업, 산업생산력 저하에 직면하게 되면서 개발도상국들을 위한 국제금융제도의 개혁과 무역자유화협정 제안에 찬성하지 않았다. 또한 77그룹과 석유수출국기구OPEC가 협상의제 타협을 반대함에 따라 1981년 1월에 개시하기로 되어 있던 범세계

---

62) Everyone's United Nations, pp.198-199; 박치영(1998), p.250에서 재인용.
63) A/RES/35/56.

적 협상이 취소되기에 이르렀다. 그러나 그 해 10월 22개 선진산업국들은
남북 간 대화를 계속하기 위하여 멕시코의 칸쿤에서 정상회담을 가져야 한다
는 국제개발에 관한 독립위원회, 일명 '브란트^{Brandt}위원회'의 건의를 받아들
였다. 그러나 1983년 4월에 개최된 이 회담에서도 별다른 합의를 이끌어내
지 못했다.[64] 종합적으로 볼 때 유엔에서 1980년대는 개발문제와 관련하여
단지 수사적으로는 진전이 있었을지라도 북반구 선진국들의 협력은 지극히
미온적이었다. 마침 새로 들어선 미국의 레이건 대통령 행정부와 영국의 대
처 수상은 다자적 협력 노력에 대하여 재검토를 선언함으로써 남북간 협력은
전반적 침체기에 들어서게 되었다. 그리하여 1980년대는 개발협력의 측면
에서 남반구 개발도상국들에게 '잃어버린 10년'으로 불리어지기도 하였다.[65]

총회는 1990년 12월 20일 45차 회기 71차 전체회의에서 1991년 1월 1일
을 제4차 유엔개발10년의 개시일로 선포하고 새로운 10년 동안의 국제개발
전략을 채택하였다. 이 결의는 그동안의 국제개발전략이 실패하였음을 인정
하면서 새로운 목표로 개발도상국의 발전을 위한 국제협력을 강화하며 개발
도상국의 인간적 여건을 크게 개선하고 개발도상국과 선진국 간 격차의 축
소를 제시하였다. 이 선언의 내용에 있어서 이전과 다른 특징 중의 하나는
변화하는 경제환경에 대한 유연한 적응 방안으로서 개발도상국들이 그들의
공업 및 농업분야의 근대화를 통해 투자 촉진 등 개방적 경제교류를 추구하
는 것이 중요함을 강조한 것이다.

이 전략은 그 우선 분야로서 빈곤과 기아의 퇴치, 인간자원과 제도적 발
전, 인구, 환경, 식량농업을 들고 있다. 개발도상국에서 이러한 문제를 해결
하기 위해서는 연 경제성장률 7%를 지속적으로 유지해야 할 필요성이 강조
되었다. 개발도상국과 경제선진국 사이에 경제정책의 조정, 빚탕감, 개발재
정의 지원, 개발도상국을 위한 국제무역환경의 개선을 통해 경제 및 사회적
개발을 재활성화하도록 하고 있다. 뿐만 아니라 이 전략은 최빈국에 대해

---

64) 박치영(1998), p.251.
65) Weiss, Forsythe, and Coate(2001), p.242.

특별한 고려의 필요성을 지적하면서 선진국들이 이러한 국가들을 위해 그 국민총생산의 0.15%를 증여성 원조로 제공할 것을 권고하고 있다. 마지막으로 유엔의 관련 기관들이 이러한 전략의 실행상황을 검토, 감시하도록 하고 있으며 유엔총회는 경제사회이사회를 통해 2년마다 이 전략의 전반적인 진전에 대한 검토 및 평가를 하고 전략의 실행문제를 의제에 포함시키도록 요구하였다. 유엔 사무총장은 이러한 검토와 평가과정을 촉진하기 위하여 적절한 건의를 하도록 하였다.[66] 뿐만 아니라 제4차 유엔개발10년은 그 추진전략에 대한 평가와 실행, 국제협력의 증진과 확보, 그리고 기술적 원조의 제공에 있어서 유엔체제의 기관, 조직 등이 수행할 역할의 중요성을 강조하였다. 그리하여 이전의 전략처럼 매 2년의 검토 및 평가체제가 수립되었고 총회는 정기적으로 사무총장의 보고에 기초하여 전략의 실행에 대한 후속조치를 취하도록 하였다.

1994년 5월, 부트로스-갈리 당시 유엔 사무총장은 총회에 '개발을 위한 의제Agenda for Development'를 제출하였는데 여기에서 그는 개발을 기본적 인권으로 선언하며 평화, 경제, 시민사회, 민주주의, 사회적 정의, 환경이 개발과정의 불가결한 구성요소로 상호의존적임을 강조하였다.[67] 같은 맥락에서 개발의 의미는 단지 물질적 복지의 향상뿐만 아니라 인권 및 사회적 정의의 향상도 포괄하게 되면서 국가 내의 선정善政, good governance까지 중요한 고려요소로 보게 되었다. 그리하여 이제 국제사회의 개발원조는 국가 내 민주화를 조건으로 제시하는 경향이 있었다. 이후 유엔은 개발의 개념을 경제개발에서 사회개발 및 인간개발로 전환시켜왔으며 그 중요한 사례의 하나는 유엔개발계획에 의해 매년 발간된 「인간개발보고서Human Development Report」와 「인간개발지수Human Development Index」이다.

1996년의 유엔 사무총장의 한 보고서는 1990년대 전반기의 세계적인 경

---

66) A/RES/45/199.

67) An Agenda for Development Report of the Secretary-General, A/48/935, 6 May 1994, http://www.globalpolicy.org/component/content/article/226/32314.html (검색일: 2013.6.23).

제 침체에도 불구하고 개발도상국들 대부분이 약 3%의 경제성장을 기록함으로써 실질적인 성과가 있었음을 강조하였다. 2000년 7월, 코피 아난 사무총장은 그 보고서에서 이러한 꾸준한 성장에도 불구하고 최빈국들, 특히 이러한 국가들의 시민들 중 숙련된 기술을 보유하거나 교육을 제대로 받지 못한 사람들은 경제적 향상의 결과를 누리지 못하고 있으며 심지어 더욱 소외되고 있음을 지적하였다.[68] 유엔에서 4차례 지속적으로 시도된 개발10년 전략은 이것이 마지막이었다. 유엔은 2000년을 맞이하여 유엔새천년선언United Nations Millenium Declaration을 통해 이전의 개발전략을 지속하였는데 이제는 15년 동안이라는 다소 길어진 기간을 염두에 두고 있었다.

3. 유엔개발계획(United Nations Development Programme: UNDP)

1) UNDP의 설립과 역할

유엔개발계획은 1965년 11월 유엔총회 20차 회기에서 결의 2029호에 의해 기존의 기술지원확대계획Expanded Programme of Technical Assistance과 유엔 특별기금UN Special Fund을 통합하여 설립되었으며 1966년 1월 1일부터 업무를 시작하였다. 이 유엔개발계획에는 행정처의 행정처장Administrator이 행정을 총괄하며 경제사회이사회에 의해 선출된 37개 회원국의 대표로 구성되는 집행이사회Governing Council가 있어서 1년에 2회의 회합을 갖는다. 이 집행이사회는 사업계획에 대한 심의와 승인의 권한을 가지며 보고서를 발간하고 경제사회이사회에 건의하기도 한다. 또한 유엔 내의 기관 간 협의위원회 Inter-Agency Consultative Board [69]가 있어서 유엔개발계획의 행정처장이 회의를

---

68) Stokke(2009), p.341.

69) 1965년 11월 22일 유엔총회 결의 제2029호에 의해 기술원조위원회(Technical Assistance Board)와 특별기금협의위원회(Consultative Board of the Special Fund)를 대체하여 설립되었다. 이에 대해서는 http://unterms.un.org/DGAACS/unterms.nsf/(검색일: 2013.8.14) 참조.

주재하는데 여기에는 유엔 사무총장, 유엔 전문기구들의 행정 수장, 유엔아동구호기금 및 세계식량계획의 사무총장 등도 참석한다. 유엔개발계획의 사무국 본부는 뉴욕에 있으며 그 예산확보는 기본적으로 유엔 회원국들의 자발적 기여금에 의존한다.

유엔개발계획의 초기활동은 주로 그 전신 기관들이 했던 것처럼 투자 전조사활동과 기술원조를 행하는 것이었다. 1960년대 후반, 아프리카 국가들이 주요 수원국이었는데 집행이사회는 그 원조제공원칙에 있어서 저개발국의 기술, 경제 및 사회적 통합개발에 필수적인 분야의 체계적이고 지속적인 원조를 제공하도록 결정하였으며 또한 수원국의 개발 정도를 감안하여 원조가 시급한 국가들의 요청에 원조의 우선순위를 두도록 하였다. 이때부터 유엔개발계획은 그 임무 중의 하나로서 유엔 내 개발원조업무의 조정 역할에 중점을 두기 시작했다. 1968년 집행이사회는 유엔개발계획이 개별국가들의 요청에 대응하던 시기로부터 그 자체의 전략, 우선순위, 그리고 집중이 점차 중요한 시기로 진입하고 있음을 인정하였다. 그리하여 우선순위는 연수 및 기타 기관의 설립, 자연자원의 목록작성, 타당성조사, 농업 및 공업발전의 지원, 국가통신망의 지역 및 세계통신망으로의 통합, 기술격차의 해소, 식량, 인구, 보건문제에 있어서 촉매 역할 수행 등에 주어졌는데 이는 제1차 유엔개발10년의 전략에 부응하고 있었다.[70]

이러한 접근은 자연히 유엔개발계획 내에서 보다 중앙집권적인 정책결정 과정을 전제하고 있었다. 이러한 맥락에서 1967년 8월 유엔 경제사회이사회는 결의를 채택하여 유엔체제의 현장 기술협력사업을 조정하는 데 있어서 주재관Resident Representative들의 중심적 역할과 책임을 분명히 할 필요성을 지적하였다. 유엔개발계획은 처음부터 정규 예산외의 기여금에 의한 사업도 추진하였는데 주재관의 사무소에 선진국 정부나 비정부기구가 그 비용을 부담하는 초급전문가를 배치해오기도 했다. 1960년대 후반에 개발도상국을 위한 무역정책의 향상도 중요 의제가 되어 유엔무역개발회의UNCTAD도 유엔

---

70) Stokke(2009). p.189.

개발계획의 참여기구가 되었다. 유엔은 개발도상국을 위해 1966년 제21차
회기 시 총회의 2186호 결의에 의해 유엔개발계획 산하에 유엔자본개발기
금UN Capital Development Fund을 설치하여 자본원조와 지역개발 원조를 수행하
도록 하였다. 나아가 유엔총회는 1968년 12월 유엔 경제사회이사회에 유엔
자원봉사단의 설립을 검토하도록 한 이후 그 결과에 따라 1970년 12월 7일
제25차 회기의 2659호 결의를 통해 이를 공식적으로 설립하였다. 유엔자원
봉사단UN Volunteers은 1971년 1월 1일부터 활동을 시작하여 전문가봉사단파
견 사업, 지역개발사업, 그리고 인도적 구호사업 등을 전개하고 있다.

　유엔개발계획은 점차 개발사업의 직접적 운영기관으로의 변화를 추구하
고 있음에도 불구하고 기본적으로 원조자금의 제공 역할에 머물러 있다고
할 수 있다. 대신 개발사업의 실행은 주로 유엔식량농업기구, 세계보건기구,
유네스코, 국제노동기구ILO, 국제원자력기구IAEA71) 등과 같은 유엔 전문기
구들이 수행하고 있다. 1960년대 후반 유엔산업개발기구의 등장은 이러한
추세에 있어서 새로운 측면으로서 최저발전국의 공업발전을 원조하기 위해
서였다. 1970년대로 들어서면서 유엔개발계획 집행이사회는 원조전달체계
의 개혁을 주도하였는데 레스터 피어슨Lester Pearson이 주재한 국제개발위원
회Commission on International Development에 개발도상국의 경제개발수준을 끌어올
리기 위한 정책과 자원에 관한 연구를 수행하게 하였고 로버트 잭슨 경Sir
Robert Jackson에게는 유엔의 지원 전달체계 향상 방안을 연구하도록 하였다.
잭슨은 그의 보고서에서 국가사업과 연례평가, 사업의 수립과 검토, 실행,
평가, 후속조치 등 5단계로 구성된 유엔개발협력주기development cooperation
cycle를 제안하였다. 이러한 체계 안에서 유엔개발계획은 그 행정처장과 주
재관을 통해서 중심적 역할을 수행하도록 되어 있었다. 이와 동시에 유엔개
발계획은 그 기능을 국가수준으로 분권화하고 주재관 휘하 직원들의 역할을

---

71) 국제원자력기구가 국제개발협력 분야에서 수행하는 역할에 대하여는 최영식·오영달,
　　"글로벌 도전 극복을 위한 과학기술 국제협력 거버넌스: 국제원자력기구의 다자적 과
　　학기술협력의 분석을 중심으로," 『유라시아연구』 제7권 4호(2010년 12월), pp.437-
　　462 참조.

강화하도록 하였다.[72] 이 보고서는 유엔개발계획의 행정처장이 국가별로 5년 주기의 구체적인 계획지표를 산정하면 이를 집행이사회가 승인하도록 하였는데 소규모의 사업은 주재관이 직접 승인할 수 있도록 하였다. 이와 관련하여 그동안 분리되어 있었던 기금들의 일원화를 제안하였는데 점차 아동구호기금과 세계식량프로그램까지 적용될 수 있도록 하였다. '1970년 합의'로 일컬어지는 이러한 내용은 유엔총회 결의를 통하여 채택되었는데 특히 해당 정부의 역할이 강조되었다.[73] 이 합의는 또한 유엔 전문기구들이 유엔개발계획의 지도하에 동반자적인 관계에서 임무를 수행하도록 하였다. 수행되는 개발사업에 대한 평가는 해당 정부, 해당 유엔기구, 그리고 필요한 경우 유엔 밖의 집행전문가executive agent 등 3자에 의해 실시되도록 하였다.

이러한 합의에 기초하여 1970년대 국제사회는 제2차 유엔개발10년의 전략과 관련하여 유엔개발계획의 임무를 수행해나갔다. 이러한 가운데 1973~1974년 기간에 있었던 세계적 경제불황 속에서 개발원조도 부정적 영향을 받게 되었는데 개발도상국들은 앞에서 이미 언급한 것처럼 1974년 유엔총회에서 '국가의 경제적 권리와 의무 헌장'을 채택하고 '신국제경제질서의 선언'과 '행동강령'을 발표하였다. 이로부터 유엔의 개발원조는 개발협력이라는 개념으로 바뀌어갔는데 이는 1975년 유엔개발계획의 행정처장인 루돌프 피터슨Rudolph Peterson의 보고서에도 그대로 표현되었다.

1976년 제1차 개발주기가 끝날 무렵 나온 결과보고서는 처음 세운 목표가 달성되었으며, 이 주기 동안에 유엔개발계획은 연평균 1만 명의 전문가 등을 개발도상국에 파견했음을 강조했다. 제2차 개발주기 5년 동안에도 수원국의 역할을 강화함으로써 개발원조에서 개발협력으로 개념전환 노력을 계속하였다. 또한 이 개발협력 과정에서 유엔총회는 개발사업의 기획, 연구, 분석 등과 관련하여 경제사회이사회 산하의 지역위원회regional commission가 집행기관의 역할을 수행하도록 하였다. 뿐만 아니라 1979년 6월 27일, 집행

72) Stokke(2009), pp. 200-201.

73) Stokke(2009), pp. 203-204.

이사회는 국가 사업의 기획으로부터 평가까지의 제반 활동과 관련하여 주재관 역할을 강화하였으며 이 주재관을 사무총장이 임명하여 유엔이 주도하는 모든 개발관련 사업을 총괄하도록 함으로써 개발사업과 관련된 궁극적 권위를 유엔개발계획으로부터 유엔 사무국으로 이전하였다.[74] 이 주재관은 국가 수준에서 조정역할을 뚜렷이 수행하도록 하였다.

2) UNDP와 국제개발원조

개발사업의 실행과 관련한 이러한 추세에 있어서 유엔에서 시도되고 있는 주목할 만한 한 가지 노력은 '단일창구를 통한 체계적 개발원조 제공 delivering as one'이다. 코피 아난 사무총장은 2005년에 고위급위원회를 위촉하여 유엔의 개발, 인도주의원조 및 환경 분야의 일관성 문제를 검토하도록 하였는데 이 위원회는 2006년 11월 그 결과보고서에서 '하나의 지도기구One Leader', '하나의 예산체제One Budget', '하나의 사업체계One Programme', '하나의 행정사무소One Office'라는 원칙하에 유엔의 개발원조사업을 좀 더 효과적이고 능률적으로 수행할 수 있을 것으로 조언하였다.[75] 그리하여 현장 주재 조정관Resident Coordinator의 역할을 중심으로 기존의 개발원조사업 실행을 재편하려는 노력을 기울이고 있는데 알바니아 등 8개국이 이러한 원칙 하의 시범사업에 참여하고 있다.

1970년대를 통하여 유엔의 개발전략은 최저개발국, 도서국가 및 내륙 국가들의 개발 수요에 초점이 맞춰져 있었다. 1981년 9월, 유엔최저개발국회의는 이러한 국가들의 경제적 어려움을 국제적 의제의 전면에 올렸다. 이 회의는 행동강령을 채택했는데 그 주된 목적은 최저개발국에 있어서 극심한 경제적 어려움을 극복하기 위해 구조적 변화를 증진하는 것 등이었다. 이 행동강령은 당시의 추세로서 제3차 유엔개발10년에서 표현되었던 것처럼

---

74) Stokke(2009), pp.214-215.

75) Delivering as One: Report of the Secretary-General's High-Level Panel available in http://www.undg.org/archive_docs/9021-High_Level_Panel_Report.pdf(검색일: 2013.8.15).

'하나로서 원조의 제공'은 코피 아난 유엔 사무총장에 의하여 설치된 유엔 체제의 일관성에 관한 고위급위원회(High-Level Commission on UN System-wide Coherence)의 보고서명이자 이후 개발원조 제공사업에 있어서 유엔의 정책방향이기도 하다. 2006년 11월 발표된 이 보고서는 어떻게 하면 유엔이 개발, 인도주의적 원조, 환경 분야에 있어서 일관성을 유지하면서도 효과적으로 사업을 추진할 수 있을까에 대하여 검토하였다. 이 보고서는 그 검토결과로서 '하나의 지도기구(One Leader)', '하나의 예산체제(One Budget), 하나의 사업체계(One Programme), 하나의 행정사무소(One Office)라는 네 가지 원칙하에 유엔의 개발원조사업을 추진함으로써 기존의 파편화 문제를 해결할 수 있을 것이라고 지적하였다. 이러한 정책지침을 실행에 옮기기 위해 우선 알바니아 등 8개국을 중심으로 시범사업을 실행 중에 있다. 교육 그리고 빈곤퇴치를 위한 사회사업에 투자할 수 있도록 하기로 합의하였다.

종합적 개발관점에서 접근하고 있었는데 1981년 12월 17일 유엔총회에 의하여 승인되었다.[76)]

유엔개발계획 업무 수행의 특징적인 모습 중 하나는 개발을 위한 재원을 추가적으로 염출해왔다는 점이다. 처음부터 유엔개발계획의 현장 운영비용은 협력하고 있는 국가들에 의하여 재정적 지원을 받았다. 유엔개발계획의 책임 하에 수행되고 있던 어떤 활동들은 뚜렷이 정규 예산 밖에서 재정지원이 되어왔다. 1970년대에 그러한 활동 사례들이 재원의 수와 양에 있어서 늘어나고 있었다. 예를 들면, 유엔에서 개발도상국에 행정분야의 전문가들을 파견할 때 그 비용을 점점 늘어나고 있던 신탁기금이나 특별기금에서 충당하고 있었다. 이러한 활동들은 점차 유엔개발계획의 통상적 활동으로 통합되었다. 이처럼 기금의 수와 양의 증가 그리고 활동이 다양화함에 따라

76) Stokke(2009), p.226.

유엔개발계획은 1979년 특별활동국Bureau for Special Activities을 설치하게 되었
는데 그 주된 임무는 이러한 활동들을 지역국 그리고 기타 유엔개발계획의
조직체들과 조정하는 것이었다.77) 1981년 유엔개발계획은 총 7,500만 달러
에 이르는 13개의 신탁기금을 관리하고 있었다. 그중에서도 유엔자본개발
기금United Nations Capital Development Fund, 유엔인구기금UN Fund for Population
Activities, 유엔자원봉사단UN Volunteers, 유엔식민지국가 및 국민원조신탁기금
UN Trust Fund for Assistance to Colonial Countries and Peoples, 유엔자연자원탐사회전기
금UN Revolving Fund for Natural Resource Exploration, 그리고 유엔 사헬리안사무소UN
Sahelian Office 등이 있다.78)

   1981년 유엔개발계획의 예산지출은 처음으로 전년의 9억 3천4백만 달러
로부터 10억 달러를 넘어섰다. 이렇게 볼 때 유엔개발계획은 유엔의 무상공
여기술원조의 약 50%를 관리할 만큼 중요한 역할을 수행한다고 할 수 있다.
그러나, 유엔체제의 전체 조직 내에서 유엔개발계획의 상대적 위치는 예산
이라는 측면에서 쇠퇴하고 있으며 그 역할도 점차 기대에 미치지 못한 것으
로 보인다. 이것은 유엔개발계획에 대한 자발적 기여금의 감소에서 나타나
고 있다. 유엔의 거듭된 자발적 기여금 제공 요청에 대하여 미국 등이 개발
도상국과 사회주의 국가들의 동참을 요구하고 있으며 개발도상국들은 그들
대로 인건비 등보다는 실제적 사업운영에 더 많은 자원이 사용되어야 함을
지적하고 있는 것이다.79)

   개발분야에 있어서 유엔의 활동에는 유엔개발계획 외에도 식량농업기구
Food and Agriculture Organization: FAO, 국제농업개발기금International Fund for Agricultural
Development: IFAD, 국제노동기구International Labor Organization: ILO, 유엔공업개발
기구UN Industrial Development Organization: UNIDO, 유엔개발사업서비스실UN Office
for Project Services: UNOPS, 유엔자원봉사단UN Volunteers: UNV, 유엔인간정주센터

---

77) Stokke(2009), pp.231-232.
78) Stokke(2009), p.232. 이러한 기금들에 대하여 보다 자세한 사항은 같은 책의
    pp.232-240 참조.
79) Stokke(2009), pp.249-250.

UN Center for Human Settlement: HABITAT, 세계은행,80) 세계보건기구, 유엔아동기금 등이 있다.81)

이상에서 논의한 것처럼 유엔에 있어서 개발 노력이 오랫동안 주로 경제개발 분야에 집중적으로 논의, 실행되어오다가 사회개발social development이라는 분야로 전환하는 계기는 1995년 3월 코펜하겐사회개발정상회의라고 할 수 있다. 각국의 많은 국가 및 행정수반들이 참석했던 이 회의는 코펜하겐사회개발선언Copenhagen Declaration of Social Development과 사회개발세계정상회의의 행동강령이 채택하였는데 인간을 개발의 중심에 두어야 한다는 데 의견을 같이 하였다. 이러한 의미의 사회개발을 위해서 빈곤의 정복, 완전고용의 실현, 그리고 사회통합의 실현을 우선적 정책목표로 하기로 하였다.82)

뿐만 아니라 비슷한 시기에 아마르티아 센Amartya Sen 등에 의해 처음 제시된 인간개발human development이라는 개념도 등장하였다. 여기서 개발이라는 의미는 단순히 국민소득의 증가와 감소 등의 의미를 넘어 사람들의 삶에 있어서 선택기회의 확대, 가치의 추구, 인간조건의 향상 등을 추구하는 것을 의미한다. 이러한 선택의 확대를 위해서는 인간의 역량증진을 필요로 한다. 인간개발을 위한 가장 기본적인 역량에는 장수하고 건강한 삶, 충분한 교육, 고상한 삶의 표준에 필요한 자원과 사회적 서비스의 접근, 그리고 공동체의 삶 참여 등이 있다. 인간개발에 대한 하나의 중요한 척도는 유엔개발계획이 작성한 「인간개발지수Human Development Index」이다. 이 지수는 출생시의 기대수명, 평균교육연한 또는 기대교육연한의 교육지수, 1인당 국민소득 등에

---

80) 세계은행은 뉴욕에 본부를 두고 있는 총 5개의 기관, 즉, 국제부흥개발은행(International Bank for Reconstruction and Development: IBRD), 국제개발협회(International Development Association: IDA), 국제금융공사(International Financial Corporation: IFC), 다자투자보장기구(Multilateral Investment Guarantee Agency: MIGA), 국제투자분쟁해결센터(International Center for Settlement of Investment Disputes: ICSID)로 구성되어 있다. 이에 대해서는 Linda Fasulo, *An Insider's Guide to the UN*(New Haven: Yale University Press, 2004), pp.175-176 참조.

81) Fasulo(2004), pp.172-177.

82) http://www.un.org/esa/socdev/wssd/text-version(검색일: 2013.6.12).

관한 통계자료를 포괄하게 된다. 인간개발에 대한 또 다른 척도에는 인간빈곤지수와 글로벌역량강화척도 등이 있다.[83]

4. 새천년선언과 새천년개발목표

1996년에 경제협력개발기구OECD의 개발원조위원회DAC는 그 한 정책문서에서 개발도상국들의 역량증진을 위한 재정 및 기술적 원조에 기초한 개발협력이 여전히 중요함에도 불구하고 경제협력개발기구의 개발도상국에 대한 거시경제, 무역, 재정, 기타 정책이 통합적 접근의 중요한 부분임을 고려하였다. 이 정책방향은 종종 서로 충돌하는 다양한 정책들 간에 하나의 일관성을 유지하려는 의도를 표현하였는데 이것은 유엔새천년정상회담이 제시한 개발전략에서 좀 더 폭넓은 정당성을 얻게 되었다. 유엔총회는 2000년 9월 55차 회기를 새천년총회로 지정하고 그 총회의 한 부분으로서 정상회담을 소집하였다. 이 회의에는 191개 회원국의 대표들 중 147개국의 국가 또는 행정 수반이 참석하여 유엔새천년선언United Nations Millenium Declaration을 채택하였다. 이 유엔새천년선언은 개발과 빈곤퇴치가 평화와 안전이라는 개념의 중요한 부분임을 분명히 하면서 여러 가지 사항들을 결의하였는데 2015년까지 절대빈곤층의 비율을 반으로 줄이는 것이 그중의 하나였다.

2000년 12월, 총회는 사무총장에게 이 새천년선언을 유엔체제 안에서 실행할 수 있도록 하는 계획서를 준비하고 또 그 실행성과에 대한 연례보고서를 준비하도록 하였다. 이에 따라 2001년 9월, 코피 아난 사무총장은 "유엔새천년선언의 실행을 위한 계획서"를 제출하였다. 그는 바로 이 계획서에서 8개 항의 새천년개발목표를 제시하였다. 이러한 8개 항의 목표들은 또 달성해야 할 총 18개의 구체적 대상 항목이 있었고 이는 1990년을 기준으로 했을 때 달성해야 할 총 48개의 성과지표가 제시되었다. 8개 항의 목표는 극

---

83) http://en.wikipedia.org/wiki/Human_development_(humanity)(검색일: 2013.6.12).

심한 빈곤과 기아의 퇴치, 보편적 기본교육의 성취, 양성간 평등의 증진과 여성 역량강화, 유아사망률의 감소, 산모건강의 향상, 후천성면역결핍증, 말라리아 및 기타 질병의 퇴치, 환경지속성의 보장, 개발을 위한 범세계적 동반자관계의 발전 등을 포함한다.[84] 아난 사무총장은 이 실행 계획서에서 국가들의 실행 의지와 필요한 자원의 확보가 중요함을 강조하였다. 2002년 아난 사무총장은 이러한 새천년개발목표를 달성하기 위한 실제적인 행동계획을 수립하기 위해 유엔새천년프로젝트를 시작하여 10개의 주제별 대책팀에 전 세계의 각계 전문가 250여 명을 참여시켰다. 이러한 대책팀들은 그 정책분야에 있어서 일련의 보고서들을 제출하였는데 2005년 1월 첫 보고서가 나왔다.

이 보고서의 전반적인 내용은 모든 당사자들이 거버넌스 향상, 시민사회의 참여와 역량증진, 기업가들과 민간 부문의 증진, 국내자원의 동원과 새천년개발목표에 기초한 우선투자의 지원이 필요한 국가들에 대한 원조의 현격한 증가, 무역 등 세계적 수준에서 적절한 정책의 개혁 등을 위해서 집중적으로 노력할 때 새천년개발목표는 달성될 수 있다는 것이다. 2007년 7월, 유엔은 새천년개발목표의 중간 시기 보고서를 제출하였는데 반기문 유엔 사무총장은 이해당사자들이 새로운 약속보다는 새천년선언, 2002년 개발재정 지원에 관한 몬테레이회의, 그리고 2005년 세계정상회담에서 이미 제시한 약속들을 그대로 지키는 것이 중요함을 강조하였다.[85]

이 보고서에 따르면 새천년개발목표의 달성 정도는 분야에 따라 다르지만 극심한 빈곤과 기아의 퇴치 등 몇 가지 분야 등에 있어서는 중요한 성과가 있었다고 지적하였다. 예를 들면, 전 세계적으로 절대빈곤 속에서 살아가는 사람의 수가 1990년 12억 5천만 명에서 2004년 9억 8천만 명으로 감소

84) Stokke(2009), p.445. 이에 대한 구체적인 내용은 Stokke의 같은 책, pp.446-449 참조.

85) United Nations, *The Millenium Development Goals Report 2007*(New York: United Nations, Department of Economic and Social Affairs DESA, June 2007), p.3, Stokke(2009), p.468에서 재인용.

새천년개발목표

새천년개발목표는 2000년 9월 유엔에서 개최된 새천년정상회담의 결과 나온 유엔새천년선언에 따라 공식적으로 수립된 8가지의 국제개발목표이다. 당시 189개 유엔 회원국들과 최소한 23개의 국제기구들이 2015년까지 이 목표를 달성하기로 합의했다. 8개항의 목표는 다음과 같다. 첫째, 극도의 빈곤과 기아를 퇴치한다. 둘째, 보편적 초등교육을 성취한다. 셋째, 양성평등을 증진하고 여성의 역량을 강화한다. 넷째, 유아사망률을 감소시킨다. 다섯째, 산모의 건강을 향상시킨다. 여섯째, 후천성면역결핍증HIV/AIDS, 말라리아 및 기타 질병을 퇴치한다. 일곱째, 환경적 지속가능성을 보장한다. 여덟째, 개발을 위한 범세계적 동반자관계를 발전시킨다. 각 목표들은 구체적으로 정해진 목표치와 그러한 목표치를 성취해야 하는 기한이 있다. 이러한 목표 진전의 가속화를 위해 G8 경제선진국들의 재무장관들은 2005년 6월 세계은행, 국제통화기금, 아프리카개발은행 등에 충분한 자금을 지원함으로써 빈국들의 과중한 빚을 400억~550억 달러 탕감해줌으로써 이 돈으로 건강과 교육 그리고 빈곤퇴치를 위한 사회사업에 투자할 수 있도록 하기로 합의하였다.

하였다는 것이다. 그러나 이 보고서는 현재까지 새천년개발목표의 전반적 성취 정도는 명암의 양면이 있음을 인정하였는데 특히 사하라 이남의 아프리카 국가들에 있어서 대부분의 개발지표는 최악임을 지적하였다. 따라서 이 보고서는 앞으로 선진국과 개발도상국 모두 새천년개발목표를 달성하기 위해 보다 집중적인 노력을 기울일 필요가 있음을 강조하였다.

5. 2015년 이후 체제의 논의

유엔은 2011년 말에 새천년개발목표의 목표연도인 2015년이 3년 남짓 다가옴에 따라 유엔경제사회국UNDESA과 유엔개발계획을 중심으로 2015년 이후 개발의 틀에 대한 준비에 들어갔다. 그 첫 단계로 반기문 유엔 사무총장의 지시하에 2015년 이후의 개발의제를 위한 유엔작업반이 형성되어 새천년개발목표에 대한 평가 및 향후 논의의 기본 방향 설정을 위한 보고서를 작성하도록 했다.[86] 그 결과 2012년 7월 초 '우리가 원하는 모두를 위한 미래 실현Realizing the Future We Want for All'이 발표되면서 유엔의 2015년 이후 개발틀 준비체제가 공식적 단계에 들어서게 되었다. 이와 함께 유엔은 각 부문별 범세계적 자문과정을 통해 다양한 행위자 간 공개토론 및 정보교환을 추구하였다. 유엔은 새천년개발목표의 형성과정에서 개발도상국의 의견 수렴이 제한적이었다는 비판을 수용하여 2015년 이후 개발체제의 수립과 관련하여 개발도상국에 있어서 다양한 주체들의 의견을 수렴하고 있다. 나아가 반기문 사무총장은 2012년 8월 총 27명으로 구성된 "2015년 이후 개발의제 현인고위패널"을 설치하여 활동결과를 보고하도록 하였다. 이 현인고위패널은 예정대로 2013년 5월 30일 「새로운 범지구적 동반자관계: 지속가능한개발을 통한 빈곤퇴치 및 경제의 변형A New Global Partnership: Eradicate Poverty and Transform Economies Through Sustainable Development」이라는 제하의 보고서를 반기문 사무총장에게 제출하였다.

이 보고서는 새천년개발목표의 성과를 높이 평가하면서도 향후 그것이 결여하고 있던 보편적 인권에 기초하여 2030년까지 극심한 빈곤의 완전한 퇴치를 목표로 제시하였다. 그리하여 기존의 새천년개발목표가 지속가능한 개발의 경제, 사회, 그리고 환경적 측면에 대한 통합적 접근이 부족했음을 지적하면서 세 측면을 유기적으로 연결시켜 접근해야 함을 강조하였다. 이 보고서는 2015년 이후의 개발의제가 보편적이어야 한다는 것을 강조하며 다섯 가지 커다란 변형적 전환에 의해 추동되어야 한다는 결론을 내렸다. 첫째, 단 한 사람도 이러한 개발의 수혜에서 낙오되어서는 안 된다. 둘째, 지속가능한개발을 핵심에 두어야 한다. 셋째, 경제가 일자리와 포용적 성장

---

86) 한국국제협력단(KOICA), 『국제개발협력의 이해』(경기 파주: 한울아카데미, 2013), p.115.

을 가져올 수 있도록 변형되어야 한다. 넷째, 모든 사람을 위한 평화와 효과적이고 공개적이며 책임지는 제도를 구축해야 한다. 다섯째, 범세계적 동반자관계를 형성해야 한다. 이 보고서는 이러한 다섯 가지 변화는 비전을 넘어 행동으로 옮겨져야 의미가 있다는 것을 강조하며 부속서에 구체적인 예시적 목표들을 제시하였다. 이에 더하여 이 보고서는 지속가능한개발을 위한 자료혁명data revolution을 통해 시민들이 볼 수 있는 통계자료와 정보의 질 향상이 중요함을 강조하였다.[87]

V. 결론

오늘날 유엔을 중심으로 한 인류사회의 평화로운 공존은 부분적으로 아직도 과거처럼 전쟁의 방지를 통해서 성취되는 것이 중요하다. 국가 간의 전쟁 사례가 크게 감소한 것이 사실이지만 핵무기 등 대량살상무기 등의 위협이 완전히 사라진 것은 아니며 국가 내의 소수민족 간 무력 충돌도 여전히 잔존하고 있다. 따라서 유엔은 이러한 분야의 효율적 관리를 통한 평화의 유지에 계속 노력을 기울일 필요가 있다. 다른 한편으로 유엔은 '평화'라는 의미에 있어서 유엔의 창설자들이 중요하게 고려했던 기능적 접근에 보다 많은 노력을 기울여왔다. 즉, 유엔을 중심으로 하는 인류사회는 보다 포괄적이고 적극적인 의미의 평화 세계를 위해서 개별 인간들의 기본적인 권리, 즉 인권의 보호, 이러한 인류의 삶의 터전으로서 건강한 지구 환경의

---

87) United Nations, A New Global Partnership: Eradicate Poverty and Transform Economies Through Sustainable Development, The Report of the High-Level Panel of Eminent Persons on the Post-2015 Development Agenda, 30 May 2013. http://www.un.org/sg/management/pdf/HLP_P2015_Report.pdf(검색일: 2013. 6.23).

유지, 그리고 지속가능한 경제발전에 더하여 사회 개발 및 인간개발이 필수적이라는 데 폭넓은 공감대를 형성해왔다. 이러한 맥락에서 이 장에서는 유엔이 인류사회의 평화로운 공존을 위해 수행해온 역할을 인권, 환경, 그리고 개발이라는 세 분야를 중심으로 조명해보았다. 유엔은 인권, 환경, 개발 분야에 있어서 총회, 경제사회이사회, 그리고 유엔전문기구 및 보조기관들을 통하여 행동의 원칙을 수립하고 관련 인적 및 물적 자원을 마련하여 인류사회의 모든 당사자들의 역량을 증진하고 각자의 상황을 개선하기 위하여 노력해왔다. 그만큼 오늘날 유엔은 인권, 환경, 개발 분야에 있어서 제도적인 발전과 성과를 지속적으로 축적할 수 있었다. 그러나 유엔이 인권, 환경, 그리고 개발 분야에 있어서 충분히 만족할 만한 성과를 이루어냈다고 하기에는 아직 할 일이 많이 남아 있다.

이러한 현실은 유엔이라는 국제기구가 제2차 세계대전 직후 당시로서는 획기적인 인류사회의 대 장전으로서 유엔헌장을 도출할 수 있었음에도 불구하고 이 헌장이 기본적으로 주권적 국민국가 중심의 국제관계에 기초하고 있었다는 현실과 깊은 관련이 있다고 할 수 있다. 그리하여 무력충돌을 포함하는 전쟁문제를 주로 다루는 안전보장이사회의 결의 등을 제외하고 인권, 환경, 개발 문제를 중심적으로 다루는 유엔총회, 경제사회이사회의 결의 등은 아직도 국제법적인 구속력을 갖지 못하여 회원국의 자발적인 준수를 기대해야 하는 상황에 있는 것이다. 그리하여 유엔 회원국들은 인권, 환경, 그리고 개발 분야에 있어서 의미있는 진전을 위해 회원국 각자의 자발적인 기여와 이행에 의존할 수밖에 없는 실정이다. 인류는 한편으로 인류공동체 전체의 입장에서 인권, 환경, 개발 분야에 있어서 공동의 규범 등을 마련하고 이를 실행하기에 위해 지속적인 노력을 기울여왔지만 다른 한편으로 국가 이기주의가 전면에 등장할 때마다 이러한 규범이나 비전은 후퇴하거나 제대로 실천될 수 없었다. 따라서 유엔이라는 분권적 국제사회의 현실 속에서도 인류공동사회의 비전을 강화하고 그것을 실효성있게 강제할 수 있는 법적인 제도 장치를 발전시켜갈 필요가 있다.

더 읽을 거리

📖 한국국제협력단(KOICA). 『국제개발협력의 이해』. 경기 파주: 한울 아카데미, 2013.
한국정부의 개발원조 전담기구로서 한국국제협력단에서 출판한 단행본으로서 공적개발원조(Official Development Assistance)를 중심으로 하는 국제개발원조 또는 협력에 관한 이론적 관점, 역사적 배경, 그리고 정책적 구조에 대하여 종합적으로 소개하는 개론서이다.

📖 Bailey, Sydney D. *The UN Security Council and Human Rights*. London: Macmillan Press Ltd. 1994.
유엔안전보장이사회가 1960년대 초기 이후 국제사회의 인권문제를 어떻게 다루어오고 있는지에 대하여 구체적인 사례들에 대한 분석을 바탕으로 논의하고 있다. 특히, 1960년 남아프리카의 샤프빌 대량학살(Sharpeville massacre) 사건이 유엔에서 헌장 2조 7항의 불간섭 원칙에 대한 재고가 시작된 전환점이었음을 지적한다.

📖 Conca, Ken. "Greening the UN: Environmental Organizations and the UN System." In Thomas G. Weiss & Leon Gordenker, eds. *NGOs, The UN, & Global Governance*. Boulder: Lynne Rienner Publishers, 1996.
지구환경의 보호에 있어서 유엔의 중앙집권적이고 상하위계적인 접근의 한계성을 지적하면서 지구환경 보호의 실질적이고 효과적인 성취를 위해서는 환경 분야에서 활동하는 비정부기구들의 적극적인 참여가 필수적임을 강조하고 있다.

📖 Johnson, Stanley. *UNEP, the First 40 Years: A Narrative*. Nairobi: United Nations Environment Programme, 2012.
왕성한 생태활동가로서 저자는 유엔환경계획의 설립 40주년을 즈음하여 유엔환경계획의 출범으로부터 오늘날에 이르기까지 지구환경보호를 위한 주요 이정표의 등장과 관련하여 중요한 역할을 수행한 인물들의 노력을 이야기 식으로 훌륭하게 소개하고 있다.

📖 Lauren, Paul Gorden. *The Evolution of International Human Rights: Visions Seen*. Pennsylvania: Pennsylvania State University Press, 2003.

오늘날 인류사회에 공고히 자리잡은 인권의 비전이 오랜 인류역사를 통해 많은 인권운동가들의 노력을 통해 발전해온 과정을 소개하고 있다. 특히, 고대의 종교적 가르침으로부터 근대의 노예제도의 폐지, 여성인권의 증진, 종교 및 소수민족에 대한 박해의 철폐노력을 거쳐 20세기의 1, 2차 세계대전 후 유엔헌장과 유엔에 의한 국제인권선언의 채택 등에 대하여 자세히 설명하고 있다.

📖 Oberleitner, Gerd. *Global Human Rights Institutions*. Cambridge: Polity Press, 2007.

최근 설립된 유엔 인권이사회 등 유엔이 설립된 이후 등장한 다양한 인권보호제도들을 소개하고 그러한 제도화 속에서 보여지는 관료화 등 어려움과 역설을 논의하고 있다. 국제법과 국제관계 문헌 등을 바탕으로 인권보호제도들의 절차, 인권의 주류화 과정, 그리고 인권사안에 대한 사법적 판단을 내리는 국제법원들, 그리고 비정부기구들의 역할 등을 검토하고 있다.

📖 온라인 자료

An Agenda for Development Report of the Secretary-General, A/48/935, 6 May 1994, http://www.globalpolicy.org/component/content/article/226/32314.html

United Nations, A New Global Partnership: Eradicate Poverty and Transform Economies Through Sustainable Development, The Report of the High-Level Panel of Eminent Persons on the Post-2015 Development Agenda, 30 May 2013. http://www.un.org/sg/management/pdf/HLP_P2015_Report.pdf

http://www.ohchr.org/EN/HRBodies/HRC/Pages/AboutCouncil.aspx

http://www.un.org/esa/socdev/wssd/text-version
http://www.hrw.org/news/2013/01/21/north-korea-launch-un-co
mmission-inquiry
https://en.wikipedia.org/wiki/Earth_Summit
http://unterms.un.org/DGAACS/unterms.nsf/

제5장

유엔과 비정부기구

정우탁

I. 서론

오늘날 국제사회는 국가라는 전통적인 행위자뿐만 아니라, 비정부기구(이하 NGO), 국제기구, 기업 등 다양한 행위자들의 복합적인 활동으로 구성되어 있다. 그중에서도 19세기 중엽 서구의 산업혁명을 배경으로 성장한 NGO는 1945년 유엔이 창설되면서 국제사회에서 중요한 행위자로 주목받기 시작했다. 이후 탈냉전 시대에 들어서면서 세계화(Globalization)와 자유민주주의체제의 확산으로 인하여 인권, 환경 등 새로운 이슈들이 국제사회에 등장하자, 국제 사회의 변화에 힘입은 NGO는 국가 내에서는 물론, 국제사회에서도 중요한 일원으로 자리매김하였다.

국제사회에서 NGO는 정보 수집 및 교류, 여론 형성 및 의제 설정, 운용 활동, 정책비판 및 제언, 감시 등의 다양한 기능을 수행함과 동시에 국제규범의 제정과 현장 업무에 직접적으로 관여하며 정부와 사회 그리고 국제기구를 이어주는 교두보 역할을 하고 있다.

이 중에서도 193개국의 회원국으로 이루어진 유엔은 국제사회의 다양한 행위자가 연계되어 서로 교류, 협력하는 거대한 장으로서, NGO의 가장 중요한 협력 상대라고 할 수 있다. 유엔은 유엔헌장 제71조를 통하여 공식적인 유엔과 국제 NGO와의 관계를 규정하였으며, 이 조항은 1968년 유엔 경제사회이사회 결의안 1296 및 1996년 경제사회이사회 결의안 1996/ 31의 부분적 개정을 통해 오늘날까지 유엔과 국제 NGO의 관계를 설정한 근거로서 기능하고 있다. 이러한 법적 기반 아래, NGO는 유엔의 여러 기구들과 산하 조직들과 공식적으로, 혹은 실질적인 면에서 적극적으로 참여하고 협력하는 모습을 보여 왔다.

그럼에도 불구하고, NGO는 여전히 정부간기구, 심지어 유엔 내에서도 참여를 제한받고 있다. 정부간기구의 성격에 따라 어느 정도 차이가 존재하나 NGO가 정부간기구와 관계를 맺고 있는 경우, NGO는 '협의자consultants'로서의 지위만 주어지는 것이 일반적이며[1] 유엔 경제사회이사회처럼 가장 높은 등급의 협의지위를 NGO에게 할당하더라도 표결권을 부여하지 않기 때문에 그 발언권에 한계가 존재한다. 이는 선진국과 개도국을 가리지 않고 정부대표들은 전지구적 의사결정에 있어서 주권국가들이 지금까지 행사해 온 독점적인 지위가 NGO의 권한 확대로 약화될지 모르는 변화를 근본적으로 두려워하고 있기 때문이다. 즉 NGO가 국가 고유의 영역이었던 군사, 정치 분야에 확대 개입하여 정책에 영향력을 행사하게 된다면, 이는 정부의 주권에 위협이 될 뿐만 아니라 NGO가 가지고 있는 대표성의 한계나 한정된 이해관계가 유엔의 결정에 편파적인 방향으로 영향을 끼칠 수 있다는 우려가 존재하는 것이다.

그러나 NGO가 정부간기구와 유엔 안에서 분명한 한계를 지니고 있음에도 불구하고, 여전히 국제사회 및 유엔은 NGO를 글로벌 거버넌스의 중요한 한 축으로서 필요로 하며 NGO와 공조와 경합을 동시에 진행하고 있다. 따라서 이 글에서는 NGO의 역할과 의의를 간략하게 서술하고, 유엔 기구들에 초점을 맞추어 유엔 경제사회이사회ECOSOC, 총회General Assembly, 안전보장이사회Security Council, 사무국Secretariat이 어떤 방식으로 NGO와 상호작용을 하는지를 살필 것이다. 또한 각 기구들의 산하기관에서 실제로 어떻게 NGO의 현장업무가 일어나고 있는지를 심도 있는 실제 사례 연구를 통해

---

1) 박재영, 『유엔과 국제기구』(서울: 법문사, 2007), p.586.

조사하고, NGO와 유엔이 어떠한 목적과 한계를 가지고 국제사회를 이끌어 가는지에 대해 밀도 있게 논하고자 한다.

II. NGO의 개념과 분류

1. NGO의 개념 정의

비정부기구는 Non-Governmental Organization을 직역한 용어로서 이 용어가 공식적으로 쓰이기 시작한 것은 유엔헌장에 명기되면서부터이다. 여기서 뜻하는 NGO란 그 당시 국제정치의 주요 행위자인 정부에 대척되는 다양한 민간단체를 의미하였다.[2]

유엔헌장 제71조

경제사회이사회는 그 권한 내에 있는 사항과 관련이 있는 비정부간 기구와의 협의를 위하여 적절한 약정을 체결할 수 있다. 그러한 약정은 국제기구와 체결할 수 있으며, 적절한 경우에는 관련 국제연합 회원국과의 협의 후에 국내기구와도 체결할 수 있다.

NGO에 대한 유엔의 이러한 폭넓은 개념 정의는 "정부간 협정에 의해서 설립되지 않은 어떠한 국제기구도 이러한 협의 협정을 목적으로 한 NGO

---

[2] 최근 들어 유엔은 대부분의 경우에 '비정부기구(NGO)'라는 용어 대신 'CSO(Civil Society Organization)'라는 용어를 사용하고 있다.

로 고려된다."는 1968년 유엔 경제사회이사회의 결의안 1296에 잘 나타나
있다.

이와 같이 유엔이 NGO 개념을 광의로 사용하는 것은 엄밀한 개념 정의
에 따른 불필요한 논란을 피하면서 다양한 민간조직을 유엔에 폭넓게 수용
하려는 실용적 의도에서 비롯된 것이다. 사실 많은 유엔 전문기구들이 각기
다른 비정부기구 개념을 사용하고 있는 현실을 감안하면 이는 불가피한 것
이기도 하다.

그러나 한국에서는 NGO라는 용어가 주로 1980년대 후반 민주화의 진전
으로 등장한 시민사회단체Civil Society Organization: CSO 혹은 사회운동단체Social
Movement Organization: SMO를 의미하는 용어로 사용되고 있다. 즉 시민사회에
토대를 두고 시민사회의 주요한 가치를 대변하고 옹호하며, 시민들의 권리
를 신장시키는 활동에 주력하는 단체들로서, 경제정의실천시민연합, 환경운
동연합, 참여연대 등이 한국의 대표적인 NGO로 인식되고 있다.

이러한 NGO의 국제적 용례와 한국 용례간의 차이가 NGO에 대한 일반
적인 혼란의 원인이 되고 있다.

한편 유사한 개념으로 비영리단체Non-Profit Organization: NPO를 들 수 있다.
비영리 단체란 회사나 기업같이 이윤 추구를 목적으로 하는 영리 단체가
아닌 공익과 봉사 혹은 친목을 목적으로 하는 단체를 말한다. 여기에는 교
육기관, 사회복지기관, 예술문화단체, 종교단체, 직능단체, 협동조합, 노동
조합 등 광범위한 기관 및 단체들이 포함된다.

NGO와 비영리 단체의 개념은 나라에 따라 구분하기도 하고 혼용하기도
한다. 미국과 일본에서는 NGO 개념을 포함한 비영리 단체란 용어를 보다
선호하고, 유럽의 경우 NGO와 비영리 단체의 개념이 거의 동일한 의미로
사용된다.

여기에서는 NGO를 정부의 영역도 아닌, 영리 추구를 목적으로 하는 민
간기업의 영역도 아닌 비정부와 비영리의 소위 시민사회에 토대를 둔 자발
적 민간 조직으로 정의하여 사용하고자 한다.

2. NGO의 분류

NGO는 분류 기준에 따라 다양하게 분류된다. 먼저 활동 지역의 범위에 따라 크게 국내 NGONational Non-Governmental Organization: NNGO와 국제 NGO International Non-Governmental Organization: INGO로 나누어 볼 수 있다. 국내 NGO 로는 경실련, 환경운동연합, 참여연대 등을 들 수 있고, 국제 NGO로는 그린 피스Green Peace, 국제사면위원회Amnesty International, 국경 없는 의사회Medecins Sans Frontieres 등을 들 수 있다.

한편 NGO의 활동 목표와 방식에 따라 운용활동Operational Function NGO와 일반 대중을 대상으로 여론 등을 형성하기 위해 교육 활동Educational Function 을 하는 NGO, 공공정책을 비판하고 대안을 제시하는 정책비판 및 제안활 동Advocacy Function을 하는 NGO로 나누기도 한다.3) 운용활동 NGO는 주로 개발 원조, 난민 구호, 자연 재난 구호 등과 관련하여 현장에서 직접 활동하 는 NGO들로서 옥스팜Oxfam, 국경 없는 의사회 등이 대표적인 단체들이다. 운용활동 NGO는 수혜자들을 대상으로 직접 활동을 전개한다. 반면 교육활 동과 정책 비판 및 제안활동을 하는 NGO는 환경, 인권, 평화, 인종차별 등 다양한 정치, 경제, 사회적 문제들에 대해 자신의 철학과 이념을 천명하고, 이를 정책에 반영시키기 위해 시민들을 대상으로 여론을 형성하여, 정책결 정자들로 하여금 이에 부합되는 정책을 채택하도록 하는 활동을 한다. 따라 서 이들의 주요 활동 대상은 공공 혹은 정책결정자들이다.

한편 이념을 공유하는 회원들에 의해 자발적으로 형성되고 이들 회원들 의 회비를 근간으로 운영되는 일반적인 NGO와는 달리 정부나 원조 제공기 관에 의해 형성되고, 공공재원으로 운영되는 몇 가지 다른 유형의 NGO도 있다.4)

---

3) Thomas G. Weiss & Leon Gordenker, eds., *NGOs, the UN, & Global Governance* (Boulder: Lynne Rienner Publisher, Inc, 1996), pp.36-40 참조.

4) Weiss & Gordenker(1996), pp.20-21.

첫째 유형은, 정부 부속 NGO^{Government-organized nongovernmental organization:} GONGO 들이다. 정부 부속 NGO란 냉전시대 공산주의 정권 및 권위주의 정권 하에서 정부의 승인과 재정지원을 받아 형성된 NGO들로서 형태만 비정부기구일 뿐 실제로는 정부의 부속 기관에 지나지 않는 NGO를 말한다.

둘째 유형은, 공적 재원 NGO이다. 공적 재원 NGO^{Quasi-nongovernmental} organization: QUANGO 란 정부 예산 혹은 공적 자금을 주된 활동 재원으로 하여 개발원조 활동을 전개하는 NGO들로서 북구 및 캐나다의 주요 개발원조 NGO 및 국제적십자위원회^{International Committee of the Red Cross: ICRC} 등이 바로 여기에 속한다. 이들 NGO들은 기구의 창설 이념과 목표에 호응하여 지원하려는 공적 자금은 적극적으로 수용하는 반면, 기구의 이념에 부합되지 않는 특정한 정치적 의도를 지닌 공적 자금은 철저히 배제함으로써 그 공신력을 유지하고자 한다.

셋째 유형은, 원조 공여국이 조직한 NGO들이다. 원조 공여국이 조직한 NGO^{Donor-organized nongovernmental organization: DONGO} 란 주로 개발원조의 수령 및 집행을 위해 원조 제공 국가나 국제기구가 수혜국 내에 NGO를 설립하여 원조를 수령하고 집행하도록 하는 NGO를 말한다.

한편 유엔은 협의수준에 따라 NGO들 중 경제사회이사회 주요 활동에 실질적이고도 지속적으로 기여할 수 있다고 판단되는 NGO들에게 일반적 협의지위^{General category}를, 경제사회이사회의 특정분야 활동에만 관련된 NGO들에게는 특별 협의지위^{Special category}를, 유엔 활동에 때때로 유용한 공헌을 할 수 있다고 간주되는 NGO들에게는 명부^{Roster}상의 지위를 부여한다. 이들 카테고리에 따라 유엔에서의 활동 정도가 다르다. 일반적 협의지위에 있는 NGO들은 유엔의 의제에 대해 유엔과 협의할 수 있으며, 나아가 의제를 직접 제안할 수 있고, 또 회의에 대표자를 참관인 자격으로 참석시켜 발언할 수 있으며, 문서로 된 의견서를 제출할 수 있다. 특별 협의지위 NGO들은 직접 의제를 제출할 수는 없으나 회의에 참석하여 발언하거나 의견서를 제출할 수 있다. 명부상의 지위에 있는 NGO들은 경제사회이사회 혹은 그 산하기관으로부터 초청을 받을 경우에 한해 유엔의 회의에 참석할 수는 있으나, 발언권은 없다. 다만 유엔 사무총장 및 경제사회이사회, 비정부기구위원회의 요청에 한해 의견서를 제출할 수 있다.

이외에도 활동 영역과 주제에 따라 NGO를 구분할 수도 있다. 즉 여러 분야를 망라하여 활동하는 포괄적 NGO와 환경, 인권, 발전, 평화 등 특정 분야에 한정하여 활동하는 각 분야별 NGO가 있다.

III. NGO의 기능

NGO는 국제사회에서 정보 수집 및 교류, 교육활동, 운용활동, 정책비판 및 제언, 감시 등의 다양한 기능을 수행한다.

첫째, 정보 수집 및 교류 기능은 NGO의 가장 기본적인 기능의 하나이다. NGO들은 관련 활동 분야의 필요한 정보를 수집하고, 이를 다른 NGO, 정부 및 국제기구들과 교환하고 전파하는 활동을 전개한다. 대표적인 예로서 인권, 환경 분야를 들 수 있다. 인권 문제는 주로 정부가 가해자인 경우가 많기 때문에 관련 정부를 통한 정보 및 자료의 수집이 어렵고, 해당 국가의 NGO를 통해 정보를 수집하는 것이 보다 정확하며, 환경 문제도 NGO를 통해 보다 정확한 정보를 얻을 수 있다. 이렇듯 NGO는 인권, 환경 분야에서 주요한 정보 교류의 창구 역할을 한다. 최근 인터넷의 발달로 NGO의 정보 교류 기능이 더욱 신속하고 활발하게 이루어지고 있다.

둘째, NGO는 환경오염 및 인권 침해 등의 문제를 캠페인을 통해 범세계적 이슈로 제기하여 세계 여론을 형성하고, 대중을 동원하여 정부의 입장에 영향을 미치게 하는 교육 기능을 가지고 있다.

대표적인 사례로 NGO는 1997년 집단학살과 전범을 처단할 국제형사재판소International Criminal Court: ICC 창설을 추진하여 강대국의 반대에도 불구하고 이를 실현시킨 바 있으며, 국제지뢰금지운동본부는 대인지뢰금지 운동을 벌여 세계 여론의 지지를 얻어 1997년에 대인지뢰금지협약을 성사시킨 바 있다. 또한 그린피스가 대중교육 캠페인의 일환으로, 유전자 변형 식품이 함유된 제품들을 인터넷 홈페이지에 공개한 것도 대표적인 사례로 꼽을 수 있다.5)

셋째, NGO의 주요한 기능으로 운용활동 기능을 들 수 있다. 자연 재해 혹은 전쟁 등으로 생존을 위협받고 있는 지역에 직접 구호팀을 파견하여 문제를 직접 해결하는 운용활동 기능은 비정부기구의 가장 잘 알려진 기능 중의 하나이다. 국제적십자위원회, 옥스팜, 국경 없는 의사회, 그린피스, 케어CARE 등이 대표적인 운용활동 NGO들이다. 운용활동 기능은 난민을 구호하는 긴급 구호 사업으로부터, 빈곤을 타파하고 발전을 추구하는 장기적 개발원조 사업에 이르기까지 다양하다.

넷째, NGO는 국제 공공 정책에 대한 비판과 제언의 기능도 가지고 있다. 제2차 세계대전이후 비정부기구는 유엔 창설 과정에 참여하여 유엔헌장에 인권 조항을 포함하도록 하는 등 적지 않은 영향력을 행사하였을 뿐만 아니라, 유엔 창설 초기부터 당시 국가나 국제기구가 간과하거나 기피하던 각종 국제적 문제를 유엔에 제기하고 이에 대해 자문하는 역할을 수행해왔다. 이러한 국제적 정책에 대한 비판 및 제언의 기능은 차츰 제도화되어 오늘날 NGO는 유엔을 비롯한 주요 국제 정부간기구로부터 공식적 파트너로 인정받을 뿐만 아니라 유엔환경개발회의UNCED, 세계인권회의, 세계여성회의 등 주요한 국제회의의 공식적 참여자로 초청되어 국제 공공 정책 형성에 적지 않은 영향력을 행사하고 있다.

다섯째, NGO는 인권의 규범과 환경에 대한 규제의 실질적 이행여부를 감시하고, 이에 대한 위반을 경고하는 감시자Watchdog의 기능을 수행하기도 한다. 예컨대 대표적 인권 NGO인 국제사면위원회는 1997년 1월 말에 '북한의 공개처형에 관한 특별보고서'에서 북한이 1970년 이후 최소 23명을 공개 처형했다는 사실을 폭로하고, 이러한 행위에 대해 경고를 한 바

---

5) 박재영, 『국제관계와 NGO』(서울: 법문사, 2003), p.122.

있다.6)

이러한 다양한 기능을 수행하는 NGO는 수직적 위계hierarchy 조직이 아니라 자율성과 독립성을 존중하는 수평적 네트워크network 조직으로 이루어져 있다.

최근 들어 인권 관련 NGO들이 인권 침해를 받은 사람들에게 법률 서비스를 제공하는 등의 방식으로 운용활동 기능을 하거나 운용활동을 주로 하던 NGO들이 정책 비판 및 제안 등의 비운용적 활동을 병행하는 움직임도 증가하고 있는 추세이다.

IV. NGO의 발전과정 및 유엔과의 관계 변화와 그 요인

1. NGO의 발전과정

오늘날과 같은 NGO는 정부간기구와 유사하게 대체로 19세기 서구에서 그 모습을 드러내었다. 1838년에 영국에서 노예폐지 협회가 설립되어 영국 및 미국, 유럽에서 노예제 폐지 운동을 일으켰으며, 1855년에는 YMCA 세계연맹이 창설되어 국제적인 활동을 전개했고, 1863년에는 국제적십자위원회가 창설되어 활동을 시작했는데, 특히 국제적십자 활동은 비정부기구도 국제적으로 중요한 역할을 수행할 수 있다는 것을 보여준 최초의 대표적 사례로 꼽힌다.

19세기 중엽에 서구에서 NGO가 성장하게 된 역사적 배경은 무엇보다도 산업혁명으로 인한 시민계급의 형성을 들 수 있다. 산업혁명으로 여유가 생긴 계층을 중심으로 사교 모임, 학술적 모임, 각종 위원회 및 단체들이 형성

---

6) 박재영(2003), p.128.

되게 되는데 이들 단체들 중 일부는 국제적 유대를 모색하였다.

1920년에 창설된 국제연맹은 NGO를 공식적인 파트너로 인정하지 않았다. 그러나 비공식적 차원에서 NGO의 참여를 인정하는 것이 하나의 관행이었다.

NGO가 국제사회에서 중요한 비중을 차지하기 시작한 것은 1945년 유엔이 창설되면서부터 이다. NGO들은 1945년 4월 샌프란시스코에서 개최된 유엔창설 준비회의에 참석하여 유엔헌장의 기초작업에 자신들의 주장을 반영시키고자 노력하여, 첫째로 유엔헌장에 인권 조항이 포함되도록 하였으며, 둘째로 유엔헌장 제71조에 경제사회이사회가 NGO와 협의하도록 하는 조항을 삽입하여 유엔과 NGO 간의 관계를 제도화하는 성과를 거두었다.

이와 같이 유엔에서 NGO가 공식적으로 인정받게 된 것은 미국, 영국, 프랑스 등 유엔 창설 주요 국가들의 경우 NGO가 비교적 오랜 전통을 가지고 신망 받는 활동을 해 왔을 뿐만 아니라 그 정치적 비중도 높았기 때문에 가능했던 일이었다.

이후 NGO는 소위 '국가의 위기crisis of state'7)를 통해 새롭게 그 위상이 높아진다. 국가의 위기는 여러 부문으로 나타나는데, 첫째, 1970년대를 전후하여 서구 사회가 '복지국가의 위기'를 겪게 되면서 정부의 영역이 축소되고 대신 시장의 기능과 시민사회의 활동 영역이 확대되는 흐름을 통해 서구 선진국 NGO의 역할과 기능이 증대되었다.

둘째, 국제개발원조가 전통적인 정부 대 정부 간의 개발원조 방식으로 기대한 만큼의 성과를 거두지 못하게 되자, NGO 대 NGO간의 개발원조 방식으로 전략이 전환되면서 원조 수령 국가 내에 다양한 NGO가 설립되고 활동하게 되었다. 즉 선진국에는 개발 원조를 제공하는 NGO가 강화되고, 개도국에는 이를 수령하고 집행할 NGO가 발달하였다.

셋째, 동구 사회주의권의 비효율성이 드러나면서 국가 주도 체제가 약화

---

7) Lester M. Salamon et al., *Global Civil Society: Dimensions of the Nonprofit Sector* (Baltimor: The Johns Hopkins Center for Civil Society Studies, 1999), p.4.

되고 시장의 자율에 맡기는 신자유주의가 강화되었다.

넷째, 1980년대 이후 민주주의의 물결이 범세계적으로 확산되면서 국가의 권위가 약화되고 시민사회의 위상이 강화되는 현상을 보였다. 이와 함께 인권, 평화, 민주주의 등에 관련된 다양한 NGO들이 생겨나고, 활성화되었다.

또한 1970년대와 80년대에 걸쳐 급속히 진행된 컴퓨터, 광케이블, 위성통신 등에 의한 커뮤니케이션 혁명과 1960년대와 70년대에 걸쳐 괄목할 만한 중산층의 형성을 가져온 세계적인 경제성장은 '지구촌 시민사회'의 형성과 NGO의 확산에 기여한 두 가지 중요한 혁명이었다.[8] 이러한 다양한 흐름들이 자연스럽게 모여 최근 NGO의 폭발적 증가와 영향력의 증대를 뜻하는 소위 'NGO의 시대'를 초래하였다.

이렇게 괄목할 만한 성장을 보여준 오늘날의 NGO가 직면한 새로운 도전은 시장이다. 무역과 금융의 자유화를 근간으로 하는 경제 세계화 현상은 세계를 하나의 시장으로 만들어 가고 있는 바, 이러한 경제 세계화에 부수되어 나타나는 상대적 빈곤과 피폐, 인권의 침해와 공동체의 해체 등은 NGO의 세계화 반대 운동을 촉발시켰고, NGO로 하여금 소위 '인간의 얼굴을 한 세계화', '밑으로부터의 세계화' 운동을 주도하도록 하고 있다.

최근 이러한 국제사회의 무정부적 현상을 종식시키고 국제사회 공동의 정책을 협의하고, 조정하며, 이를 집행할 새로운 개념으로 각국 정부 및 유엔을 비롯한 국제 정부간기구 그리고 NGO를 망라한 소위 '글로벌 거버넌스' 방식이 새롭게 각광을 받고 있다. 글로벌 거버넌스 방식을 통해 NGO는 이제 단순한 참여자가 아니라 국제사회의 능동적 주역으로 등장하고 있다.

---

8) Lester M. Salamon, "The Rise of the Nonprofit Sector," *Foreign Affairs*, 73 (July/August 1994), pp.117-118.

2. 유엔과 NGO 관계 변화와 그 요인

NGO가 국제사회에서 차지하는 위치가 변화하면서 유엔과 NGO의 관계 또한 변화해왔다. 서구사회의 사회·경제적 발전과 함께 새로운 국제이슈들이 등장하면서 유엔은 여러 영역에서 NGO들의 참여를 필요로 했고 1972년 스웨덴의 스톡홀름에서 개최된 유엔인간환경회의UNCHE를 계기로 NGO는 양적·질적으로 발전하게 되었다. 1980년대를 거쳐 1990년대에 들어서 다양한 이슈에 대한 유엔특별총회나 전지구적 회의와 같은 대규모 국제회의를 본격적으로 개최하면서 유엔은 정부간기구의 의사결정에 많은 NGO들을 참여시켰다.

이렇듯 2000년대에 들어서도 꾸준히 발전하고 있는 유엔과 NGO의 관계에 대해서는 다음 두 가지 측면으로 생각해볼 수 있다. 우선 경제·사회적 요인으로서 경제발전 및 성장으로 인해 과거에 비해서 물질적으로 풍요로워졌고 자연스럽게 인간의 기본적인 욕구충족에 대한 국제사회의 관심이 인권, 환경 등과 같은 이슈로 전환되면서 풀뿌리 단체들과 여성단체를 비롯한 시민사회단체들의 '밑으로부터의 세계화'가 이루어질 수 있었다는 측면이다. 다른 한 가지 측면은 정치기회 구조적 요인Political Opportunity Structure9)으로서 유엔이 NGO들에게 국제사회의 의사결정에 참여할 수 있는 통로를 열어줌으로써 관계를 발전시키고 NGO들 활동 자체를 활성화시키는 데 기여했다는 점이다.

최근에도 유엔은 꾸준히 NGO들이 국제이슈에 관한 의사결정에 제도적으로 참여할 수 있게 함으로써 유엔과 NGO의 관계를 더욱 발전시키려는 노력을 하고 있다.

---

9) 때로 정치 과정 이론, 정치 기회 이론이라고도 불리는 정치 기회 구조적 이론은 크게 정치사회학의 영향을 받은 사회운동의 한 방법이다. 이 이론은 사회운동의 성공이나 실패가 전적으로 정치적 기회에 의해 영향을 받는다고 주장한다. Peter Eisinger, Sidney Tarrow, David Meyer, Doug McAdam 등 사회 이론가들이 이 이론의 대표적인 지지자이다.

V. 유엔과 NGO의 관계

앞서 살펴본 것처럼 19세기부터 등장하기 시작한 NGO들은 서서히 국제 사회에서 그 위상과 영향력을 확대하여 20세기 초에는 NGO들의 협의체인 국제협회연맹 Union of International Association 을 결성하고 국제연맹 League of Nations 창설을 지원하기도 하였다. 그러나 국제연맹은 NGO의 국제연맹 참여를 공식적으로 인정하지 않는 등 NGO와 소극적인 관계에 머물렀기 때문에, NGO가 국제 사회에서 공식적으로 인정받으며 정부와 활동하기 시작한 것은 유엔의 등장과 함께라고 볼 수 있다.

유엔은 1945년 세계 2차 대전 이후 51개국이 모여 국제 평화와 안보를 유지하고, 국가 간의 친밀한 관계를 발전시키며 더 나은 삶의 기준과 인권, 사회 진보를 증진하기 위해 설립된 국제 조직이다.[10) 2013년 현재 193개국이 회원국으로 가입되어 있는 유엔은 정부뿐만 아니라 다양한 행위자가 연계되어 서로 교류, 협력하는 거대한 장으로서, NGO 역시 유엔과 밀접한 연관을 가지고 있다. NGO는 유엔 조직 중 주로 경제사회이사회와 공식적인 업무를 수행하지만, 다른 기관에서 역시 각각의 규정과 제도 아래, 혹은 실질적인 측면에서 적극적으로 공조하고 있다.

이 글에서는 유엔의 주요 조직이자 NGO와 연계되어 활발하게 활동하는 경제사회이사회, 총회, 안전보장이사회, 사무국을 중심으로 유엔과 비정부기구들의 관계를 조사하고, 실제 유엔 산하 전문기구에서 NGO와 구체적으로 협력하고 있는 사례를 심도 있게 살펴보고자 한다.

---

10) 유엔, "UN at a glance," http://www.un.org/en/aboutun/index.shtml(검색일: 2013. 06.10).

1. 유엔 주요기관과 NGO의 관계

1) 경제사회이사회(ECOSOC)와 NGO의 관계

경제사회이사회는 세계의 경제, 사회, 환경의 도전을 주요 임무로 맡고 있으며, 14개의 전문기구와 9개의 '기능' 위원회와 5개의 지역위원회를 포함한 전체 유엔 시스템의 인적, 경제적 자원의 70%를 책임지고 있다.[11] 폭넓은 경제사회 문제를 총괄하는 경제사회이사회는 NGO의 유엔 활동 주요 무대로, 경제사회이사회는 공식적으로 비정부기구위원회를 설치하여 NGO 관련 일들을 처리하며, NGO들은 협의회를 구성하여 조정된 목소리를 유엔에 반영한다.

이 글에서는 경제사회이사회가 NGO에게 부과하는 공식적인 지위인 협의지위들의 세 가지 유형을 간략하게 서술하고, 경제사회이사회 산하에서 NGO를 직접적으로 담당하고 있는 비정부기구위원회 Committee on Non-Governmental Organizations가 실제 상황에서 어떠한 방식으로 NGO들과 공조해나가는지 밝힐 것이다.

(1) 협의지위의 유형

유엔은 유엔헌장 제71조를 통해 NGO와의 관계를 공식적으로 규정하였다.

> "경제사회이사회는 그 권한 내에 있는 사항과 관련이 있는 NGO와의 협의를 위하여 적절한 약정을 체결할 수 있다. 그러한 약정은 국제기구와 체결할 수 있으며 적절한 경우에는 관련 국제연합 회원국과의 협의 후에 국내기구와도 체결할 수 있다."[12]

---

11) 유엔, "About ECOSOC," http://www.un.org/en/ecosoc/about/index.shtml(검색일: 2013.6.25).
12) 외교통상부, 『유엔 개황』(서울: 외교부, 2008), p.217.

이 조항은 1968년 유엔 경제사회이사회 결의안 1296 및 1996년 경제사회이사회 결의안 1996/31의 부분적 개정을 통해 오늘날까지 유엔과 NGO의 관계를 설정한 법적 근거 조항으로 기능하고 있다. 이 규정에 따라 일정한 기준을 넘길 경우, NGO들은 유엔 경제사회이사회와 협정을 통해 협의지위를 획득하게 된다. 협의지위라는 말은 부차적인 역할을 하는 지위를 지칭하기 위해 ECOSOC에 의해 의도적으로 사용된 용어로서 조언의 제공자로서의 NGO를 의미하며 의사결정과정의 일부로서의 NGO를 의미하는 것은 아니다.[13]

이러한 규정에 의하여 유엔은 NGO를 자체 기준에 따라 일반 협의지위, 특별 협의지위, 명부상의 지위 등 세 가지로 분류하여 관계를 설정하고 있다.

(가) 일반 협의지위(General consultative status)

유엔은 NGO들 중 경제사회이사회 주요 활동에 실질적이고도 지속적으로 기여할 수 있다고 판단되는 NGO들에게 일반 협의지위를 부여한다. 일반 협의지위에 속하는 NGO들은 경제사회이사회와 산하 위원회 및 유엔 전문기구의 의제에 대해 이들 기관과 협의할 수 있으며, 회의에 대표자를 참관인 자격으로 참석시켜 발언할 수도 있다. 또한 해당 사안에 대해 특별한 능력이 인정되는 경우 문서화된 의견서written statement를 제출할 수도 있다.[14] NGO들은 4년마다 유엔 비정부기구위원회Committee on NGOs에 활동 보고서를 제출할 의무가 있다. 2013년 현재 이 범주에 속하는 NGO는 그린피스Greenpeace International, 국제표준화기구ISO, 굿네이버스Good Neighbors 등을 비롯하여 총 147개이다.[15]

---

13) Peter Willetts, "From 'Consultative Arrangements' to 'Partnership': The Changing Status of NGOs in Diplomacy at the UN," *Global Governance*, vol.6(2000), p.191; 박재영(2003), p.194.

14) 주성수·서영진, 『UN, NGO, 글로벌 시민사회』(서울: 한양대 출판부, 2000), p.54.

15) 유엔 경제사회이사회 NGO Branch, "Consultative Status with ECOSOC and other accreditations," http://esango.un.org/civilsociety/displayConsultativeStatusSearch. do?method=search&sessionCheck=false(검색일: 2013.8.26).

(나) 특별 협의지위(Special consultative status)

유엔은 NGO들 중 인권이나 환경 등 경제사회이사회의 특정분야 활동에만 관련된 NGO들에게 특별 협의지위를 부여한다. 특별 협의지위 NGO들은 경제사회이사회와 그 산하기관, 즉 ECOSO 각 위원회의 초청 없이도 대표를 지정하여 파견할 수 있으며, 이러한 대표들은 이들 회의의 공개회의에 옵서버로서 참가할 수 있는데, 일반 협의지위 NGO와는 달리 경제사회이사회 및 그 산하기관에서 의제를 제출할 권한을 가지지 않는다.[16] 다만 서면과 구술로 된 진술서를 제출할 수 있을 뿐이다. 이들 NGO 또한 매 4년마다 활동보고서를 유엔 비정부기구위원회에 제출할 의무가 있으며, 2013년 기준으로 국제사면위원회Amnesty International, YMCA 등 총 2,929개의 단체가 이 범주에 속한다.

(다) 명부상의 지위(Roster)

위의 일반 협의지위나 특별 협의지위에는 포함되지는 않으나, 때로 유엔 활동에 유용한 공헌을 할 수 있다고 간주되는 NGO들은 명부상의 지위를 갖는다. 이들 NGO들은 관련 활동 영역에서 경제사회이사회 및 산하기관의 회의에 초청을 받을 경우에 한하여 회의에 참석할 수 있으며, 발언권은 존재하지 않는다. 다만 유엔 사무총장 및 경제사회이사회, 비정부기구위원회의 요청에 한해 의견서를 제출할 수 있다. 2013년 기준으로 총 986개 단체가 이 지위를 받아 활동하고 있다.

이와 같이 경제사회이사회가 NGO에게 협의적인 지위를 부여하기는 하였으나, NGO들이 실제로 어떠한 범위까지를 다루고 이행할 것인가에 대해서는 아직 정확한 경계가 모호한 측면이 있다. 유엔헌장 제71조에서는 경제사회이사회가 그 권한 내에 있는 사항에서는 NGO와 협의를 할 수 있다고 명시하고 있으나 실제 상황에서는 많은 NGO 단체들이 경제, 사회 분야뿐만 아니라 비전통안보, 평화 등 경제사회이사회의 영역보다 더 폭넓은 분야

---

16) 박재영(2003), p.199.

에서 다양한 역할을 수행하고 있다. 따라서 1996년 경제사회이사회 결의안 1996/31의 부분적 개정 이후 유엔 내 NGO의 제도적 안정을 위한 법 개정이 없었던 만큼, 이후 개정을 통해 NGO의 권한에 어떠한 방식으로 변화를 줄 것인가가 현재 앞으로 유엔이 NGO에 대해 가진 과제라고 볼 수 있겠다.

(2) 비정부기구위원회(Committee on Non-Governmental Organizations)와 NGO

비정부기구위원회는 경제사회이사회 내에서 NGO와의 협정 체결을 위한 업무를 처리하기 위하여 1946년 6월 설치되었다. 현재 위원회는 지역안배의 원칙에 따라 아프리카 국가들 중 5개국, 아시아 국가들 중 4개국, 동유럽 국가 중 2개국, 라틴아메리카와 카리브해 지역 국가 중 2개국, 그리고 서유럽과 기타 지역에서 4개국으로 이루어진 19개의 회원 국가로 구성되어 있다.

비정부기구위원회의 주요 기능은 첫째, NGO가 유엔의 협의적 지위를 신청하거나 지위 변경 요청을 심사하고, 둘째, 관련 기관들을 모니터링하며 1996/31 결의안 조항을 적용하는 것이다. 또한 경제사회이사회가 위원회에 권유하는 기타 이슈를 처리하기도 하며, 마지막으로 일반 및 특별 협의지위에 있는 NGO들이 4년마다 제출하는 활동 보고서를 검토하여 이를 토대로 NGO의 자격 정지나 박탈을 경제사회이사회에 권고하는 것 역시 비정부기구위원회의 임무이다.

2) 총회(General Assembly)와 NGO의 관계

총회는 유엔 전반에 걸친 평화와 안보, 새 멤버와 예산 문제 등 중요한 현안들을 결정하고 심의하는 유엔의 최고 의사결정 기관으로, 유엔의 모든 회원국들로 구성되어 있다. 총회는 정기적으로 1년에 1번 개최되는 정기총회와 이 외에 비정기적으로 필요에 따라 열리는 총회들을 특별총회가 있다.

총회의 경우 경제사회이사회처럼 공식적으로 NGO를 담당하는 산하 기관은 존재하지 않으며, NGO가 활동할 수 있는 제도나 규정이 실질적으로

존재하지 않는다. 그러나 앞서 말한 것처럼 NGO의 역할과 분야가 점차 확대되면서 총회 역시 실제적으로는 NGO와 협력과 공조를 이루게 되었으며, NGO의 총회에 대한 영향력 역시 제한적으로나마 허용되었다.

(1) 정기총회

정기총회는 매년 9월 셋째 주 화요일에 개회하는 것이 원칙이며, 통상 12월까지 회의가 이어진다. 이 회의는 본회의plenary와 위원회committee로 구성되어 있는데 본회의의 경우 NGO의 참여는 허가되지 않으며, 주로 국비축소와 국제 안보 문제 담당, 경제과 금융 문제 담당, 사회적·인도적·문화적 문제 담당, 특별 정치 및 탈식민 문제 담당, 행정 및 예산 문제 담당, 법률담당 분야로 이루어진 6개의 주요위원회Main Committees를 중심으로 부분적으로 NGO와 협력하고 있는 실정이다. 예를 들어 제4위원회인 '특별 정치 및 탈식민지화 위원회'에는 NGO들이 청원단체 자격으로 참여하고 있는 등 총회의 거의 모든 위원회들이 청원기관으로서의 NGO의 참여를 장려하고 있다.[17]

그러나 NGO의 발언권을 일부 인정하고 적극적으로 참여를 유도하는 경제사회이사회와 달리, 위원회는 NGO의 참여에 보수적이며 오로지 비공식적인 참여만을 허용하고 있다. 비공식적인 참여의 방식으로는 공식회의를 정회시키고 NGO들로 하여금 발언을 하도록 한 후 공식회의를 다시 속개하는 방식을 택하기도 하고, NGO들로 하여금 위원회의 실무 작업반working groups 회의에 참가하도록 하거나, 주요 위원회의 의장과 협의 또는 간담회를 갖도록 하는 방식을 이용한다.[18] 이전에는 매우 제한적인 안건에 관련하여

---

17) 주성수·서영진(2000), p.63.

18) Peter Willetts, "The Rules of the Game: The United Nations and Civil Society," in John W. Foster and Anita Anand, eds., *Whose World is it Anyway?: Civil Society, the United Nations and the Multilateral Future* (Ottawa, Canada: The United Nations Association in Canada, 1999), p.273; 박재영, 『국제관계와 NGO』, p.207.

관련 NGO들을 옵서버로 초청하는 경우도 있었으나, 현재는 미국을 위시로 한 정부들의 반대로 이루어지고 있지 않다. 따라서 NGO들은 실제 필드워크^{field work}에 관련된 토의뿐만 아니라 정기 총회의 공식적인 참여와 관련 제도 신설을 주장해왔으나, 아직까지 받아들여지지 않고 있다.

(2) 특별총회

특별총회는 안전보장이사회 또는 유엔 회원국의 과반수의 요청이 있거나 유엔 회원국이 특별총회 개최를 유엔 사무총장에게 요청하였을 경우[19] 개최되며, NGO들은 특별총회에도 적극적으로 참석하려고 노력해왔다.

특별총회는 크게 정회의와 이를 준비하는 단계로 구성되어 있는데, 주로 NGO들이 연관되는 것은 정회의보다 이 준비과정이라고 할 수 있다. 준비 과정에서 NGO들은 보고서 준비를 책임 맡고 있는 사무국과 정부 대표들에게 조언을 하고 자료와 같은 것을 제공하기도 한다. 특히 다루고 있는 주제가 기술적인 것일 경우 정보나 전문지식을 제공하기도 한다.[20] 예를 들어 1998년 20차 특별회의인 마약남용과 밀거래 회의에서 경제사회이사회 혹은 DPI와 공식 관계를 갖고 있지는 않지만 유엔의 국제마약통제 프로그램과 관련되거나 그 프로그램의 참여단체 목록에 포함된 NGO들은 모두 공식적으로 회의에 참여해서 조언할 수 있는 권리를 받기도 하였다.[21] 또한 NGO들 역시 준비 과정에서는 비교적 발언이 자유로우므로 구술 등을 통해 자신의 목소리를 낼 수 있다.

그러나 정회의에 들어서면 NGO들은 회의 직전부터에서 배제되는 것이 일반적이며, 정부 대표들이 정회의를 이끌게 된다. 특히 NGO들은 준비위원회든 아니면 정회의든 일련의 최종 문안작성 회의들^{final drafting session}로부터 배제된다. NGO들에게 있어 최종 문안 회의로부터의 배제는 NGO들로

---

19) 외교통상부, "유엔 일반," http://www.mofa.go.kr/trade/un/data/general/index.jsp?menu=m_30_60_20&tabmenu=t_1(검색일: 2013.6.22).

20) 박재영(2003), p.210.

21) 주성수·서영진(2000), p.64.

하여금 최종 문건에 대해 자신들이 영향을 미칠 수 있는 가능성을 제한하기 때문에 커다란 제약점으로 작용한다.22) 결국 NGO들은 구술이나 제안서 등을 통하여 유엔특별총회에 간접적인 영향을 미치는 데 그치게 된다.

(3) 전지구적 회의(global conference)

분야에 따라 차이가 있기는 하지만, 대부분 전지구적 회의에서 NGO는 가장 적극적인 활동을 벌여왔으며, 유엔 역시 이를 환영하는 모습을 보여왔다. 예를 들어 1992년 브라질 리우데자네이로에서 열렸던 유엔환경개발회의UNCED의 경우, 공식 참가 NGO의 수가 1,420에 달하면서 1972년 스톡홀름에서 개최된 첫 유엔 환경회의보다 5배가 늘었으며23) 이는 NGO와 국가들이 연합해 공통된 협의를 이끌어냈다는 점에서 유엔환경개발회의 가장 큰 업적 중 하나로 꼽히고 있다.

그러나 이는 상대적인 비교일 뿐, 전지구적 회의에서 NGO가 완벽한 발언권을 가진 것은 아니다. 전지구적 회의에서 NGO들은 옵서버로서의 참가가 가능할 뿐 여전히 발언은 제한되어 있으며, 이마저도 회의의 분야나 회의를 둘러싼 국제사회의 동향에 따라 참여를 배제당하기도 한다. 결국 NGO가 앞의 총회에서의 예처럼 회의의 최종 결과물에 직접적인 영향력을 미치는 것에는 현실적인 어려움이 있다. 이처럼 NGO들의 참여를 제한한 결과, 선언문은 예컨대 NGO들이 국내법의 틀 속에서 활동을 하도록 하는 등 은연중 NGO의 활동에 제한을 가하는 내용을 포함시켰다.24)

3) 안전보장이사회(Security Council)와 NGO의 관계

경제사회이사회와 함께 유엔이사회를 구성하고 있는 안전보장이사회

---

22) 박재영(2003), p.212.

23) 박용수, "환경 거버넌스체제와 NGO의 참여," 『유럽연구』 통권 제18호(2003), p.197.

24) Kerstin Martens, "NGO Participation at International Conference: Assessing Theoretical Accounts," *Transnational Associations*, Vol.3(2000), pp.115-127; 박재영(2003), p.219.

Security Council 역시 NGO와 제도적인 관계를 가지고 있지 않다는 점에서 경제사회이사회와 구별되지만, 국제평화와 안전을 위해 NGO와 끊임없는 협력관계를 유지, 개선해오고 있다. 1997년 2월 옥스팜, 케어, 국경 없는 의사회 등이 아프리카 대호수 지역의 위기에 대해 안전보장이사회에 성명서를 보내도록 허용한 것을 시작으로 1998년 인도주의적 NGO 대표들은 수단 Sudan의 평화를 위한 노력을 재개해야 한다고 주장하였다. 또한 에이즈와 같은 안보 문제를 논의하기 위해 NGO들은 안전보장이사회에 참석해 오고 있으며, 결과적으로 국제사면위원회Amnesty International, 글로벌정책포럼Global Policy Forum, 지구행동Earth Action, 세계교회협의회World Council of Churches 등이 참여하는 안전보장이사회 비정부기구 실무단이 조직되기에 이르렀다. 안전보장이사회 의장은 현재까지도 그들과 정기적인 회합을 통해 평화와 안보 분야에서의 NGO들의 적극적인 활동을 지지하고 있으며, 대부분 회합의 내용은 대외비이며 사적인 형식을 취하고 있다. 이는 비공식적 협의가 오히려 강한 유대를 형성할 수 있고, 실질적인 정책투입의 통로를 마련할 수 있으며, 안전보장이사회의 투명성을 강화시킬 수 있는 효과를 예상하기 때문이다.25)

또한 NGO가 안전보장이사회와 적극적으로 협력하여 안보와 평화의 문제에 관해 활발하게 활동한 대표적인 사례로 2000년 10월 안전보장이사회에서 만장일치로 채택된 "여성·평화·안보에 관한 유엔안전보장이사회 결의안 1325호"를 들 수 있다. 이 결의안은 여성과 성인지적 관점을 평화과정의 모든 측면에 관련시키고자 관련 NGO들의 염원이 반영된 것으로 이 결의안이 탄생하기까지 유엔안전보장이사회는 꾸준히 여성들이 처한 상황과 성 평등 문제에 관심을 가져왔으며 이를 위해 여성단체들의 활발한 활동과 지속적인 참여를 보장해온 바 있다.

이러한 노력의 결과로 탄생한 결의안 1325호는 유엔 본부의 활동을 비롯

---

25) Margaret P. Karns, Karen A. Mingst, "*International Organizations*"(Boulder: Lynne Rienner Publishers, 2010), p.279.

유엔안전보장이사회는 2000년 10월 31일, 여성, 평화, 안보에 관한 결의안 1325(Resolution 1325 Women, Peace, and Security)를 만장일치로 통과시켰다. 이 결의안은 평화합의(peace agreement)로부터 전후 재건 과정과 사회복구에 이르는 모든 평화과정(peace process)에 여성과 성인지적 관점을 관련시키는 정치적 틀로서, 무력갈등지역에서 여성 보호를 증진시키기 위해 각국과 유엔, 그리고 모든 관련자들 ― 비국가 행위자들, 군사관련자들, 인도주의 기구들, 시민사회 등 ― 이 취해야 할 조치들을 설명하고 있다. 즉, 지뢰제거에서 선거, 군인동원해제(Demobilization), 무장해제(Disarmament), 통합, 안보분야 개혁에 이르기까지 유엔 안보리가 취하는 모든 개별 조치들에 성평등의 추구를 관련시키고자 한다.

한 평화유지활동에 성 평등 자문단을 배치하고 성 평등 문제에 대한 교육 자료와 프로그램의 개발을 촉진시켰으며 안전보장이사회에 제출되는 구체적인 주제 및 미션별 검토 보고서에 여성과 젠더 이슈에 관한 더욱 포괄적인 정보와 데이터가 포함되는 결정적인 계기가 되었다.[27] 또한 여성·평화·안보에 대한 안전보장이사회 최초의 결의안으로서 유엔 회원국에게 구속력이 있는 국제법으로 작용하고 있다는 점, 특히 유엔 내에서도 가장 강력한 기구인 안전보장이사회가 평화과정과 평화합의이행과정에서 여성과 시민사회를 포함시키도록 보증했다는 점에서 매우 큰 의의가 있다.

---

26) NGO working Group on Women, Peace and Security, "*National Action Plans and Strategies on Women, Peace and Security*," Chapter 2, *UN Chronicle*, Vol. 41(2004).

27) 유엔, "Inter-Agency network on Women and Gender Equality," http://www.un.org/womenwatch/ianwge/taskforces/wps/history.html(검색일: 2013.6.20).

4) 사무국(Secretariat)과 NGO의 관계

경제사회이사회 산하의 NGO 관련 조직으로서 'NGO 위원회'가 있듯이 유엔 사무국의 경제사회문제국Department of Economic and Social Affairs과 공보국 Department of Public Information 내에도 NGO 관련 업무를 전담하는 'DESA-NGO' 부서와 'DPI-NGO' 부서가 있다. 이러한 대표적인 조직 외에도 NGO와 다양한 형태의 관계를 맺고 있는 부서들이 존재한다.

(1) 경제사회문제국-NGO 부서(DESA-NGO Section)

경제사회문제국의 NGO 부서는 경제사회이사회의 협의지위를 가지고 있는 NGO와 협의지위를 희망하는 NGO들을 위해 설치되었다. 대표적으로 NGO들에게 유엔과 협력할 수 있는 활동과 기회에 대한 정보를 제공하며, 일 년에 두 번 비정부기구위원회를 개최하여 NGO들이 경제사회이사회의 인증을 받기 위한 논의를 할 수 있도록 한다. 이 외에도 유엔 본부와 관련 기구에서 열리는 정부간 회의에 NGO들의 참여를 촉진하며, 시민사회단체와 함께 제한된 역량 강화 활동을 수행한다.

경제사회문제국은 내부적으로 사회개발위원회, 여성의 지위에 관한 위원회, 인구 및 개발을 위한 위원회, 지속가능발전위원회, 산림자원에 대한 유엔 포럼과 원주민 문제에 대한 상설 포럼 등을 통해 경제사회이사회의 다양한 보조기관에 NGO가 참여할 수 있도록 돕고 있다. 외부적으로는 유엔 제네바 사무국UNOG NGO의 연락담당 부서와 유엔 비정부 연락서비스UN-NGLS, 공보국의 NGO 부서 등과 협력해 오고 있다.[28]

---

28) 유엔 경제사회이사회 NGO Branch, http://csonet.org/index.php?menu=77(검색일: 2013.6.10).

(2) 공보국-NGO 부서(DPI-NGO Section)

(가) DPI-NGO 관계의 배경

1946년 유엔에 공보국이 처음 신설되었을 당시, 유엔은 총체적인 홍보활동의 일환으로서 NGO와 협력관계를 형성하는 것이 중요하다는 것을 인식했다. 따라서 유엔총회는 결의안 13(I)을 통해 공보국으로 하여금 유엔에 관한 정보를 전파하는 데 관심이 있는 모든 종류의 조직과 기관, 구체적으로 개별 국가의 정보센터, 교육기관, 정부기구와 NGO를 적극적으로 돕고 고무할 것을 지시했다. 이어 1968년 경제사회이사회는 "NGO는 유엔의 업무를 지원하고 유엔의 신념과 활동 뿐 아니라 그들의 목표 및 본성, 권한과 활동범위에 대한 정보를 전파해야 한다."라는 내용이 명시된 결의안 1296(XLIV)을 바탕으로 5월 27일에 채택된 결의안 1297(XLIV)에서 공보국에게 NGO와 공식적인 관계를 맺을 것을 요청했다.[29]

(나) DPI-NGO 관계 설정 절차

공보국 내에 설치된 NGO 전담 부서DPI-NGO Section는 공보국과 공식적인 관계를 희망하는 NGO들의 자격요건을 심사한다. 이를 위한 자격을 갖추기 위해서 NGO는 비영리적으로 운영되어야 하며 유엔 활동에 대한 효율적인 정보의 보급을 위한 프로그램과 활동을 수행할 의지를 표명, 입증해야 한다. 이러한 의지뿐 아니라 대규모의 대중들에게 접근하고 그들과 소통할 수 있는 능력 및 수단을 갖추어야 한다. 이러한 자격 요건을 갖춘 NGO가 공보국과 공식적인 관계를 설정하기 위해서는 공보국의 NGO 전담부서에 공식적인 편지를 보내 공보국과의 관계 설정을 희망한다는 입장을 알려야 한다. 공식 편지에는 관계 설정을 희망하는 이유를 명시하고, 자신들이 최근에 발간한 정보관련 자료를 동봉하는 등 자신들이 운영하고 있는 정보 프로그램

---

29) 유엔 공공정보사무국, http://outreach.un.org/ngorelations/about-us/history/(검색일: 2013.6.15).

을 소개해야 한다. 유엔국, 유엔개발계획^{UNDP}과 같은 유엔 프로그램^{UN} Programmes, 전문기구^{Specialized Agencies}, 그리고 유엔정보센터의 추천서가 있을 경우에는 공식적인 관계 설정에 유리하다. 경제사회이사회와 협의지위를 가지고 있는 NGO는 공보국의 NGO 부서에 서면으로 관계 설정을 맺을 것을 요청하면 즉시 공식적 관계를 설정할 수 있다.[30]

(다) DPI-NGO Section의 역할

공보국과 공식적인 관계를 맺고 있는 NGO들은 공보국과 정기적으로 협력한다. 이들은 조직의 회원들에게 유엔과 관련된 정보를 전파하여 시민단체조직에 대한 지식을 향상시키고 지원을 구축하고 있다. 정보의 보급을 통해 평화와 안보, 경제사회개발, 인권, 인도주의적 문제 및 국제법 등의 이슈를 전 세계에 대중화시키려는 노력을 하고 있다.

공보국의 NGO 부서는 약 1,300여 개의 비정부기구와 관계를 맺고 있는데 모두 공보국과 관련된 파트너와 회원들로 구성되어 있다. 공보국의 NGO 부서는 시민사회와 정보를 교환하고 이들과의 파트너십 형성에 힘쓰고 있으며 세계시민사회들과 상호작용을 통해 유엔의 업무를 이해하려는 노력을 하고 있다. 또한, 시민사회 대표자들에게 유엔과 관련기관, 관련기금 및 프로그램에 대한 정보를 제공하며, 국제, 지역, 국가 및 지역사회 수준의 조직과 기관에 대한 NGO의 지원 기회를 명확히 하는 기능을 하고 있다. 이 밖에도 정기적인 서한 발송, NGO 대표들을 위한 전지구적 문제에 대한 주례 브리핑, NGO를 위한 연례 NGO/DPA 회의, 새롭게 공보국과 공식적인 관계를 갖게 된 NGO를 위한 연례 오리엔테이션 과정, 뉴욕에 있는 유엔의 NGO 자원 센터^{NGO Resource Center}의 이용 등의 서비스를 제공하고 있다.[31]

---

30) 박재영(2003), p.220.

31) 유엔 공공정보사무국, http://outreach.un.org/ngorelations/about-us/(검색일: 2013. 06.15).

(라) NGO/DPI 집행위원회(NGO/DPI Executive Committee)

공보국과 공식적 관계를 맺고 있는 NGO들은 자신들의 이해관계를 대변하고 공보국과 정보를 교환하기 위한 연락사무소Liaison Office의 역할을 수행하는 'NGO/DPI 집행위원회'를 조직하였다.32) 이 조직은 공보국 조직의 일부분이 아니라 경제사회이사회와 협의지위를 맺고 있는 NGO들이 자신들의 목소리를 경제사회이사국에 집단적으로 대변하기 위해 비정부기구 회의CONGO를 조직한 것과 같은 맥락으로, 공보국과 공식적인 관계를 맺고 있는 NGO들이 조직한 것이다.

NGO/DPI 집행위원회는 공보국의 NGO부서와 함께 '연례 NGO/DPI 회의Annual NGO/DPI Conference'를 열어 공동 관심의 행사나 프로그램 등의 업무를 수행한다. 또한 공보국과 공식적인 관계를 맺고 있는 NGO들이 공보국의 NGO 부서, 전 세계적으로 산재해 있는 유엔 정보 센터들 및 유엔 정보 제공처와 정기적으로 접촉하도록 하는 역할도 한다.

유엔 경제사회이사국의 유관기관으로서의 NGO 회의CONGO와 유엔 사무국의 유관기관으로서의 DPI/NGO 집행위원회는 모두 NGO 연합체로서 NGO의 영향력 향상을 위해 협력한다. 특히, NGO들 간의 세계적 규모의 회의뿐 아니라 정부 간 회의의 성공적인 개최를 위해 꾸준한 협력을 유지해오고 있다.

2. 유엔 보조기관과 NGO의 관계: UNAIDS의 사례

UNAIDS는 유엔총회 산하의 기타 기관에 속해 있는 기구로 1966년 HIV 바이러스 예방과 치료, 케어와 지원을 촉구하기 위하여 설립되었다. UNAIDS의 주 임무는 첫째, 유엔 시스템과 시민 사회, 정부, 민간, 국제기구와 HIV에 가장 많이 영향을 받으며 살아가는 사람들의 노력을 연합하는 것이며, 둘째,

---

32) 박재영(2003), p.223.

인간 존엄성과 인권, 양성평등을 지키기 위해 HIV 바이러스에 가장 많이 영향을 받는 사람들의 연대를 주창하는 것이다. 이외에도 정치, 기술, 과학, 재정적인 자원을 동원하고 국가 보건과 발전 노력을 통합하기 위하여 지속적으로 노력하는 정부 리더십을 지원[33]하는 것이 UNAIDS의 주된 노력이라고 할 수 있다.

이 글에서 많은 총회 산하 기구 중 UNAIDS를 사례로 선택한 이유는, UNAIDS가 HIV의 예방과 치료 지원을 위해서 가장 적극적으로 NGO와 연대하는 기구이기 때문이다. 실제로 UNAIDS가 전 세계의 HIV를 근절하기 위하여 수많은 현장에 직접 관여하는 것은 거의 불가능에 가깝다. HIV 감염을 줄이기 위한 예방과 교육, 치료를 위한 지원과 투자는 실제로 각 지역에서 활동하는 지역기구들과 NGO들과 연계하며 진행되고 있다.

UNAIDS에서 추구하는 HIV/AIDS 파트너십은 각기 다른 분야의 전문적 기술을 효과적으로 연계시킨 집중적 접근에 기여하여, 정부, 지역사회, 감염인 및 감염된 지역 사회를 비롯하여 의학과 과학 커뮤니티 간 가치 있는 협조 활동[34]에 기반하고 있다는 특징이 있다. 2012년 UNAIDS에서 발행한 〈Results of the Review of NGO/Civil Society participation in the Programme Coordinating Board〉[35]는 NGO가 HIV 관련 프로그램 조정에 있어 핵심 커뮤니티의 권리와 요구를 옹호하는 데 전략적으로 집중하여 NGO만의 강한 정체성과 능력을 발전시키는 한편, UNAIDS의 2011~2015 전략을 수립하는 데도 적극적인 역할을 하는 등 전반적으로 UNAIDS의 전략적, 행정적, 책임의 틀을 구성하는 데 상당한 공헌을 하고 있다고 평가하

---

33) UNAIDS, http://www.unaids.org/en/aboutunaids/(검색일: 2013.6.26).

34) 장동민, "에이즈에 대한 국제적 대응전략과 시사점: UNAIDS와 호주의 사례를 중심으로," 『인제논총』 제23권 제1호(2008), p.73.

35) UNAIDS, "Results of the Review of NGO/Civil Society participation in the Programme Coordinating Board," https://www.unaids.org/en/media/unaids/contentassets/documents/pcb/2012/20121129_PCB_NGO_review_final_en.pdf (검색일: 2013.6.26).

고 있다. 또한 이 보고서에 의하면 NGO는 프로그램 조정뿐만 아니라 시민 사회에 관련한 아젠다와 이슈를 주장하고 감시하는 필수적인 감시자 역할을 수행하며 기획과 실제 임무 전반에서 중요한 위치를 점하고 있음을 알 수 있다.

이와 같은 사례를 살펴보았을 때, 비록 총회에서 NGO는 공식적인 위치나 제도를 가지고 있지는 않으나 실제 회의의 기반에 간접적으로나마 영향을 미치거나 실제 업무 수행에 있어 매우 주요한 역할을 함으로써 정책 결정과 현장을 이어주는 교두보 같은 임무를 수행하고 있다고 볼 수 있다. 그러나 앞서 말한 것처럼 정작 중요한 정기 총회나 특별총회에서에서 NGO의 발언권이 정식으로 인정되지 않고 제한적이기 때문에, 실제로 유엔총회에서 정부간기구가 정책을 수립하거나 결과물을 발표할 때 NGO의 증언과 주장이 얼마나 반영되는지는 섣불리 단정하기 어렵다.

3. 유엔 전문기구와 NGO의 관계: 유네스코의 사례

유엔 전문기구는 다른 유엔 직속기구나 보조기구와는 달리 전문기구별로 헌장, 회원국, 총회, 분담금을 각각 보유하고, 사무총장도 각 전문기구의 총회에서 직접 선출한다. 뿐만 아니라, NGO들과의 관계를 설정함에 있어서도 각기 다른 기준을 가지고 있다.

특히 유네스코United Nations Educational, Scientific, and Cultural Organization: UNESCO는 창설 초기부터 다른 유엔 전문기구에 비해 국제수준에서 다양한 NGO들과 긴밀한 협력관계를 맺어온 바, 이의 사례를 통해서 유엔 전문기구와 NGO 간의 관계를 살펴보고자 한다.

1) 유네스코와 NGO 관계의 역사

유네스코와 NGO 협력관계는 1960년 유네스코 총회에서 '유네스코의 국제 NGO와의 관계에 관한 지침Directives concerning UNESCO's Relations with International NGOs'이 채택됨으로써 시작되었다. 이후, 1995년 '유네스코의 NGO와의 관계에 관한 지침Directives concerning UNESCO's Relations with NGOs'이 새롭게 채택되어 기존 NGO와의 관계에 변화를 가져왔다. 특히 이 지침의 채택으로 인한 가장 큰 변화는 과거 국제 NGO하고만 관계를 설정했던 것과는 달리 국가, 지역, 국제수준에서의 유네스코의 활동에 있어서 모든 NGO들과 그 협력관계를 유지할 수 있게 된 것이었다. 최근 2011년 제36차 유네스코 총회에서는 '유네스코의 NGO와의 파트너십에 관한 지침Directives concerning UNESCO's Partnership with Non-governmental organizations'이 새롭게 채택되었는데, 이 지침을 통해 유네스코는 기존의 복잡한 NGO와의 협력관계를 두 가지 협력관계로 단순화하였다. 이들 두 가지 협력관계는 NGO 기관들의 구조와 목적, 유네스코와의 협력관계에 대한 성격과 기관들이 공헌할 수 있는 규모에 따라 각기 '협의적 지위Consultative status'와 '제휴적 지위Associate status'로 규정된다. 대체적으로 유네스코 프로그램의 정의와 실행에 있어 전자는 유연하고 역동적인 파트너십을 달성하는 것을 목표로 하며, 후자는 밀접하고 지속적인 협력관계를 포함하는 것에 중점을 두고 있다.

2) 유네스코-NGO 관계의 유형[36]

(1) 협의적 지위 NGO

협의적 지위는 유네스코가 어떠한 수준의 분야에서든지 활발히 활동하고 있는 시민사회조직들과 유연하고 역동적인 협력관계를 형성·유지하고, 정보의 확산에 있어서의 그들의 전문성과 대표성, 그리고 전문 분야에서의 그들의 능력을 활용할 수 있도록 고안된 관계의 유형이다. 이 관계 유형은 시민 사회를 대표하는 기관의 등장을 촉진시키고 그들이 상대적으로 고립될

---

36) UNESCO, *Directives concerning UNESCO's partnership with non-governmental organizations* (Approved by the General Conference at its 36th session [36C/ Res.108]), http://unesdoc.unesco.org/images/0021/002161/216192e.pdf?#page= 152(검색일: 2013.6.30).

수 있거나 약한 지위에 놓일 수 있는 국제 지역에서 그들 간에 서로 상호작용할 수 있도록 한다.

실제, 협의적 지위를 가지는 NGO는 유네스코 총회나 그 하부기관에 옵서버를 파견하도록 사무총장으로부터 요청받을 수 있고, 의장의 동의를 얻어 총회의 하부기관에서 그들의 활동과 관련된 문제에 관해 구두진술을 할 수 있다. 또한 유네스코 프로그램 문제에 대해 서면진술서를 사무총장에게 제출할 수 있다. 협의적 지위 NGO는 유네스코의 목적 달성을 위한 지원활동에 대해 정기적으로 유네스코 사무총장에게 통보하여야 하는 의무를 지게 된다. 또한 사무총장의 요청에 의해 유네스코 프로그램 준비에 대한 협의와 연구 및 출판 등과 관련된 조언을 하고 지원을 제공할 의무도 있다.

(2) 제휴적 지위 NGO

제휴적 지위에 있는 NGO는 이러한 협의적 지위 NGO들의 권리에 더하여 추가적인 권리를 가지게 된다. 이들은 자신들의 활동분야와 관련 있는 유네스코 활동의 계획과 집행에서 최대한 긴밀하고 정기적인 제휴의 대상이 되며, 총회의 의사규칙에 따라 총회의 본회의에서 발언할 수 있는 권리가 있다. 의무 또한 추가되는데, 유네스코의 활동 분야 내에서 자신들의 활동을 확대하는 데 유네스코와 긴밀하게 협력하여야 한다. 구체적으로 이러한 관계에 있는 NGO들은 또한 교육, 자연과학, 인문사회과학, 문화, 정보통신과 같은 유네스코의 주요 활동 분야에서 자신들의 역량을 증명하여야 하며 유네스코의 목표를 설정하고 프로그램을 실행하는 데 있어서 자신들의 정기적 공헌에 대한 기록을 가지고 있어야 한다. 이들 제휴적 지위의 NGO들은 가능할 경우 유네스코로부터 좋은 조건으로 사무실을 제공받을 수도 있다.

VI. 결론

NGO의 활동영역 확장과 수적 확산은 초국가적 네트워크의 잠재적 범위와 옹호 캠페인을 동원할 수 있는 잠재력을 증가시켰고 동시에 NGO들의 감독과 수행 역량 또한 국제사회에서 적지 않은 영향력을 행사하고 있다. 그러나 실질적으로 그들이 국제사회와 정부의 정책 결정에 변화를 가져왔는지, 협상에 영향을 주고 의제를 바꿀 수 있었는가는 NGO의 영향력을 측정하는 중요한 요인이며 그들의 실제 영향력은 국제사회와 정부의 필요요구와 NGO들 자체의 능력과 특성에 의해서도 결정되기 때문에 항상 상승세를 탄다는 보장이 없을 뿐만 아니라 시대에 따라 달라지기도 한다. 또한 선거와 같은 제도적 대의 절차를 통하지 않고 시민의 대표자 역할을 자청하는 NGO에 대해 과연 누구를 대표하는 것이며 누구에게 책임을 지고, 어떻게 책임을 지는지에 대한 명확한 정의를 할 수 없는 등 여러 가지 측면에서의 정당성의 한계를 드러내고 있다는 점도 무시할 수 없다.

이러한 NGO의 한계점을 바탕으로 유엔과의 관계에 대한 전망에 있어서도 다양한 시각과 입장이 복잡하게 얽혀 있다. 우선적으로 NGO들은 공식적인 협의 관계가 인정되는 경제사회이사회 외에 유엔총회나 안보리와는 공식적인 관계를 맺을 수 있는 제도적인 장치나 부서가 설립되어 있지 않다는 점에서 큰 불만을 제기하고 있다. 특히 경제사회이사회 및 그 산하기관에서 다루는 의제들을 유엔총회에서도 동일하게 다루고 있음에도 불구하고 NGO의 유엔총회 참여가 제도적으로 인정되지 않는다는 점에서 모순이 있다고 주장한다.

이러한 NGO의 입장에 반하여 대부분의 주권국가들은 NGO가 유엔과 제도적인 협력관계를 맺는 것에 대하여 국제사회의 정책 결정에 실질적인 영향력을 행사함으로써 지금까지 자신들에게 부여된 독점적인 지위가 흔들릴 수도 있다는 불안감을 느끼고 있다. 미국과 같은 선진국의 입장에서 NGO가 총회에서 군비통제나 군축, 평화유지와 같은 이슈를 다루는 데까지 참여하는 것을 수용하고 싶어 하지 않으며 개도국의 입장에서는 자국의 인권문제로 비판과 공격을 하는 비정부기구들이 총회에서 공식적인 의사결정 행위자로 나서는 것이 탐탁지 않기 때문이다. 이 외에도 유엔과 같은 정부간기구에 접근하고 있는 NGO들 중에는 선진국 NGO들이 대부분이기 때문에 NGO의 영향력이 공평하지 않을 것이라는 우려가 제기되고 있다.

그렇다면 이러한 유엔에의 NGO 참여에 대한 그다지 우호적이지 않은 시각에도 불구하고 유엔이 계속해서 NGO와의 관계를 유지하고 끊임없이 확대시키려는 노력을 하고 있는 이유에 대해서 생각해볼 필요가 있다. 첫째, 탈냉전 후 신자유주의 사상의 등장과 양적 경제성장에 대한 국제사회의 주목과 관심으로 세계무역기구WTO, 세계은행World Bank, 국제통화기금International Monetary Fund 등의 국제경제기구들의 세력이 확장되고 권한의 범위가 넓어지기 시작하면서 유엔이 그들의 성장과 규모에 대응할 수 있는 방안으로 NGO와의 동맹관계 형성을 생각해 보았을 가능성이 있다. 둘째, 환경이나 인권문제 등 개도국들이 민감하게 반응하고 저항하려는 의제들에 대해서 국제사회의 보편적인 문제들을 중요시하는 NGO들을 참여시킴으로써 의사결정을 쉽게 하려는 의도가 숨어 있을 가능성도 생각해 볼 수 있다. 마지막으로, 유엔은 NGO들에게 공동의사결정을 권유함으로써 NGO들이 정책 집행에 관심을 가지게 하도록 유인하여 집행의 효율성을 높이려는 목적이 있을 것이라는 가능성도 배제할 수 없다.

NGO의 공식적인 참여 확대를 위한 유엔의 노력은 앞서 언급한 정부 대표들의 반대를 우선 극복해야만 성과를 기대할 수 있을 것으로 보이며 그들이 주장하는 거부 입장에 대한 해결책을 모색하여 좀 더 효율적이고 체계적으로 유엔 내에서의 NGO의 참여를 확대하려는 방안을 마련해야 할 것이다. 또한 NGO들도 자신들의 한계점에 대한 깊이 있는 반성과 함께 국제사회에서의 신뢰성과 책임감을 높이려는 노력을 강화해야 할 것이다.

더 읽을 거리

📖 박재영. 『국제관계와 NGO』. 서울: 법문사, 2003.

이 책의 저자는 유엔 한국대표부의 자문관으로 유엔총회에서 활동했던 경험을 바탕으로 국제사회의 중요한 행위자의 하나인 NGO에 대해 분석하였다. 이 책은 국경을 넘어 이루어지는 NGO의 실제 활동에 초점을 맞추고 있어 학문적으로 NGO를 연구하고자 하는 사람들뿐만 아니라, NGO에서 실무를 담당하고 있는 이들에게도 도움이 될 것이다.

📖 Lewis, David, and Nazneen Kanji. 『비정부기구 NGO의 이해』. 명인문화사, 2013.

이 책은 NGO에 대한 광범위한 주제와 주요 쟁점들을 다루고 있는 NGO 입문서이다. 저자들이 아시아, 유럽, 아프리카, 기타 지역에서의 활동을 통해 얻은 경험을 토대로 이론적·실천적인 접근을 통해 NGO의 다양한 활동을 서술하고 있으며, NGO의 실무적인 활동을 연구하고자 하는 사람들에게 유용하다.

📖 Martens, Kerstin. *NGOs and the United Nations: Institutionalization, Professionalization and Adaptation.* Palgrave Macmillan, 2006.

이 책에서는 1990년대 중반부터 NGO들이 유엔과의 관계를 어떻게 변화시켜 왔는지 살펴보고, 유엔에서의 그들의 자문적 지위와 특성이 유엔과의 관계에 어떠한 영향을 미치는지 분석한다. 국제 무대에서 가장 영향력 있는 행위자들을 실제 사례를 통해 살펴봄으로써 유엔과 NGO의 관계에 대해 실질적으로 연구하고자 하는 데 도움이 된다.

📖 Weiss, Thomas G., and Leon Gordenker, eds. *NGOs, the UN, & Global Governance.* Boulder: Lynne Rienner Publishers, 1996.

이 책은 글로벌 거버넌스의 다양한 주체들에 대해 심층적으로 분석하고 있다. 다양한 인권, 환경 관련 NGO들의 유엔 참여와 그들이 유엔에서 정부에 어떻게 대응하고 있는지 그리고 유엔과 NGO의 관계가 침체되고 있는지 혁신되고 있는지에 대해 논의하고 있다. 뿐만 아니라 제3세계의 유엔참여를 분석하고 그들 간의 관계를 조명한다.

제6장

유엔 개혁의 주요 쟁점과 도전과제

조한승

I. 서론

국제적 제도와 국제법의 원천으로서 유엔의 개혁에 관한 논의는 꾸준하게 이루어졌고, 특히 사무총장이 바뀌거나 재임에 성공하는 시기마다 항상 등장했다. 실제로 시대가 변화하면서 유엔의 역할과 기능도 함께 변화하고, 이러한 변화에 보다 효과적으로 대응하기 위해 유엔 조직과 기능에서의 개혁이 필요하다는 것은 누구나 공감하는 바이다. 그러나 유엔을 어떻게 개혁할 것인가에 대한 논의에서 국가들은 서로 다른 목소리를 내고 있다. 이는 유엔을 어떤 존재로 받아들이느냐에 대해 국가들이 서로 다른 인식을 가지고 있기 때문이다.

유엔의 개혁을 논의하면서 어떤 국가는 국가주권의 평등원칙을 내세우면서 유엔이 보다 민주화되어야 하고 따라서 여러 나라의 목소리가 보다 많이 반영되는 방식으로 개혁되어야 한다고 주장하는 한편, 어떤 국가는 세계평화를 위한 유엔의 실질적 기능을 강조하면서 변화하는 국제환경에서 주요 핵심국가를 중심으로 유엔이 보다 유연하게 대처할 수 있는 구조로 개혁되어야 한다고 역설한다. 또한 어떤 국가는 유엔의 내부조직이 보다 효율적으

---

* 이 장의 초고는 〈평화학연구〉 14권 4호(2013)에 같은 제목으로 게재되었음.

로 구성되고 정책수행의 절차가 보다 투명해져야 한다는 입장을 내세우는 한편, 어떤 국가는 인류화합의 상징으로서의 유엔이 다양한 국가, 지역, 인종, 성별 등을 고려하는 구조를 가지고 합의를 중시하는 정책결정이 이루어져야 한다는 태도를 보인다.

유엔 개혁에 대한 다양한 견해는 유엔 스스로의 성격과도 관련된다. 정치철학자 마이클 오크쇼트Michael Oakeshott에 따르면 모든 집단적 조직은 서로 다른 두 가지 속성을 함께 가지고 있다. 즉, 집단적 조직은 공동의 목적을 추구하는 '우니베르시타스universitas'의 속성과 공동체로서의 집단행동을 규정하고 정의하는 '소키에타스societas'의 속성을 가지고 있으며, 이 가운데 어떤 측면을 강조하느냐에 따라 그 조직의 성격이 다르게 평가될 수 있다.[1)]

유엔 역시 다른 모든 국제적 조직과 마찬가지로 이러한 집단적 조직의 이중적 속성을 함께 가지고 있다. 이러한 설명은 국제기구를 정책결정의 장arena으로서의 의미와 관리적 성격의 사무국secretariat으로서의 의미를 구분한 이니스 클로드Inis Claude, 얀 클라베르스Jan Klabbers 등의 설명과 같은 맥락에서 이해된다.[2)] 다시 말해 유엔은 국제적인 문제를 논의하고 결정하기 위한 정치적 토론장으로서의 성격을 가지는 동시에 그러한 토론장의 기능이 이루어질 수 있기 위한 여러 가지 행정적 서비스를 제공하는 기능도 함께 가지고 있다. 유엔의 개혁을 논의함에 있어 정치적 의사결정의 장으로서의 측면을 개혁할 것이냐, 아니면 행정적 서비스 기능을 개혁할 것이냐에 대한 우선순위가 국가들마다 서로 다르며, 이로 인하여 누구나 유엔의 개혁의 필요성을 말하지만 아무도 개혁 조치에 만족해하지 못하는 결과를 초래하게 되었다.

이 장에서는 유엔의 개혁에 대한 논의의 전개과정과 쟁점 및 주요국의

---

1) Michael Oakeshott, *On Human Conduct* (Oxford: Clarendon Press, 1975).

2) Inis L. Claude, Jr., *Swords into Plowshares: The Problems and Prospects of International Organization* (New York: Random House, 1956); Jan Klabbers, "Two Concepts of International Organization," *International Organizations Law Review*, Vol.2(2005), pp.277-293.

입장에 대해 살펴본다. 특히 유엔의 안전보장이사회 확대, 행정·관리 개혁, 유엔 재정 확충을 둘러싼 논의에 대해 집중적으로 고찰하도록 한다. 아울러 시민공동체의 참여 확대와 유엔 문화의 혁신 등 장기적 측면에서의 유엔 개혁 과제에 관해 살펴본다.

II. 유엔 개혁의 배경과 전개 과정

1. 유엔 개혁의 필요성

유엔을 개혁해야 한다는 주장은 유엔이 설립되면서부터 등장하여 꾸준히 제기되어왔다. 예를 들어 국제법학자인 한스 켈젠Hans Kelsen은 일찍이 1950년에 유엔안전보장이사회의 정당성 문제를 지적하면서 "유엔의 정치적 이념과 유엔의 법적 조건 사이에 존재하는 모순은 유엔헌장이 거의 정부와 맞먹는 정도의 힘을 안전보장이사회에 부여함으로써 국제연맹League of Nations 규약을 극복할 수 있었던 장점을 완전히 마비시키게 될 것"이라고 예측하였다.3) 켈젠이 지적한 바와 같이 유엔은 선천적으로 모순을 안고 태어났다. 즉, 국제평화를 이루기 위해 한편으로는 주권평등에 입각한 민주적 원칙을 내세우면서, 다른 한편으로는 회원국의 권한을 능가하는 헤게모니를 일부 강대국에게 합법적으로 부여함으로써 민주주의라는 유엔의 이념과 강대국 책임을 강조하는 법적 조건 사이에 모순이 나타났던 것이다. 이러한 모순과 비판 혹은 우려에도 불구하고 유엔은 지금까지 약 70년 동안 그 기능을 유지하여왔고, 앞으로도 그럴 것으로 기대된다.

---

3) Hans Kelsen, *The Law of the United Nations. A Critical Analysis of Its Fundamental Problems* (New York: Praeger, 1950), p.276.

유엔이 70년 가까이 생명을 유지해왔지만, 그렇다고 해서 유엔의 구조와 기능에 아무런 문제가 없었다고 말할 수는 없다. 유엔의 생명을 연장하고 유엔이 노쇠해지지 않도록 대대적인 수술을 받아야 한다는 이른바 개혁주장은 꾸준히 제기되어 왔다. 유엔의 개혁 필요성은 크게 다음과 같은 논리에 기반을 두고 있다.

첫째, 민주성과 대표성 제고이다. 즉, 국제사회를 구성하는 국가의 수적 증가와 이에 따른 국제사회의 구조적 변화를 유엔이 반영해야만 한다는 논리이다. 유엔이 처음 수립되었을 때 전체 회원국은 51개 국가에 불과했으나, 신생독립국이 증가하면서 회원국의 수도 폭발적으로 늘어났다. 창설 10년 후인 1965년까지 회원국이 117개로 늘었고, 20년 후인 1975년에는 144개국이 회원국으로 등록되었다. 이후 회원국의 수적 증가는 둔화세로 접어들었으나, 1990년대 초 냉전 종식과 소련의 해체에 따라 기존의 소련, 체코슬로바키아, 유고슬라비아 등 일부 동구권 국가들이 여러 개의 국가로 분리되었고, 남북한 등 냉전체제하에서 유엔 회원가입에 제약을 겪었던 국가들이 가입하게 됨으로써 1990년 159개에서 2000년 189개로 다시 회원국의 수가 크게 증가했다. 가장 최근(2011년)에 남수단이 가입한 이후 2013년 3월 현재 유엔 회원국은 총 193개 국가이다.[4] 이와 같이 회원국, 특히 개발도상국의 수가 크게 증가했음에도 불구하고 유엔의 구조에는 커다란 변화가 없었다. 특히 유엔의 가장 핵심적 기능을 수행하는 안전보장이사회의 구성에는 변화가 상대적으로 적었다. 특히 안전보장이사회의 5개 상임이사국(P5)에는 변화가 없었기 때문에 대다수 개발도상국들의 주장과 입장이 유엔의 중요 결정에 반영되지 못한다는 불만이 빈번하게 제기되었다. 이들은 유엔의 원칙인 민주성과 대표성이 제고될 수 있는 개혁이 필요하다고 주장한다.

둘째, 실효성과 전문성이다. 국제관계의 이슈가 증가하고 복잡해짐에 따

---

4) United Nations, "Growth in United Nations membership, 1945-present," http://www.un.org/en/members/growth.shtml#2000(검색일: 2013.3.4).

라 유엔에서 다루어지는 의제도 확대되고, 이러한 의제들을 논의·관리하기 위한 유엔의 조직도 신설 혹은 개편되어야 한다는 논리이다. 회원국 수의 증가와 더불어 유엔에서 논의되는 의제 및 회합의 수도 증가하였으며, 그 내용도 더욱 복잡해졌다. 〈그림 1〉은 1946년 1차부터 2011년 66차까지 총회가 채택한 결의문의 수가 꾸준히 증가하고 있음을 보여준다. 창설 초기 100여 개에 불과했던 총회 결의문이 최근에는 약 300개로 3배 정도 증가하였다. 아울러 과거에는 별로 주목받지 못했던 새로운 이슈들이 등장하거나 부각되기 시작했다. 특히 냉전 종식 이후 동유럽 구사회주의 국가들과 아프리카 여러 곳에서 민족분쟁과 내전이 증가함에 따라 국내 무력분쟁에 대한 유엔의 평화활동 및 인도적 지원활동, 보호책임(R2P) 등에 대한 수요가 크게 확대되었다. 그 밖에도 생물다양성, 지구온난화, 국제테러, 개발지원 등과 같은

〈그림 1〉 **유엔총회 채택 결의문 수(1946년 제1차 총회~2011년 제66차 총회)**

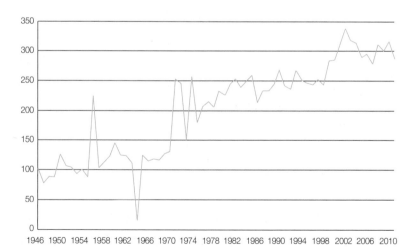

주: 결의문 수는 결의문 일련번호를 기준으로 산출하였음. 1964년 제19차 총회는 14개의 결의
　　문만 채택하였음
출처: United Nations, "General Assembly, Resolutions/Regular Sessions," http://www.un.
　　org/documents/resga.htm(검색일: 2013.4.20)를 토대로 재구성

새로운 국제적 문제들이 제기되었고, 사실상 유엔이 이들 문제에 대한 주도적 해결책을 제시할 수 있는 정당성과 권위를 인정받게 되었다. 그러므로 유엔이 자원을 갖추고 조직을 개혁함으로써 이러한 새로운 이슈들을 논의하고 처리하기 위한 실효성과 전문성을 제고해야 한다는 주장이 제기되었다.

셋째, 효율성이다. 유엔의 구성원 증가와 역할 및 기능 증가에 따라 유엔의 재정을 확대할 필요가 있을 뿐만 아니라 효율적으로 재정이 지출해야 한다는 주장이다. 유엔 활동이 증가하는 만큼 그에 소요되는 비용도 증가하지만, 유엔이 사용할 수 있는 재원은 매우 제한되어 있다. 각국의 분담금에 의존할 수밖에 없기 때문에 유엔이 자체적으로 재원을 마련할 수 있는 개선방안이 꾸준하게 논의되어 왔다. 또한 국가의 정부는 국민의 세금을 가지고 국가 정책을 수행하며 그 결과에 대해 국민에 책임을 지지만 유엔의 경우 유엔 활동에 소요되는 비용에 대해 누가 어떻게 책임을 지는가가 불명확하다는 문제도 제기된다. 따라서 상대적으로 많은 분담금을 지불하는 국가들은 유엔의 재정집행에 대한 효율성과 책임 문제를 지적하고 개선을 요구한다. 아울러 유엔에서의 의사진행과 정책결정의 절차가 매우 더디고 비효과적이며, 그러한 절차에 따른 결정도 매우 모호하여 다양한 해석을 가져와 혼란을 가중시킨다는 지적도 빼놓을 수 없다. 유엔 재정 지출의 상당 부분이 직원들에 대한 인건비라는 점에서,[5] 유엔 직원의 채용 및 관리에서의 투명성 제고도 효율성과 관련한 유엔 개혁의 단골 메뉴가 되어왔다.

2. 유엔 개혁논의의 경과

위와 같은 유엔 개혁의 필요성에 대해 공감대가 마련되었다. 그러나 과연 어디에 초점을 두고 유엔을 개혁할 것인가에 대해서는 시대별로 조금씩 다

---

[5] 2012~2013 유엔 일반예산에서 총 10,336개 직무를 수행하는 유엔 직원 경비지출이 차지하는 비중은 8.8%이다. United Nations, "Regular Budget 2012-2013," http://www.un.org/en/hq/dm/pdfs/oppba/Regular%20Budget.pdf(검색일: 2013.4.20).

른 모습을 보여 왔다. 초창기 유엔은 주로 제도정비의 측면에서 개혁을 시
작하였으나 1960년대 이후 유엔의 양적 팽창에도 불구하고 미국과 소련 사
이의 경쟁 속에서 유엔의 기능이 제약되면서 강대국들의 분담금 체납에 따
른 재정문제 해소가 개혁의 쟁점으로 떠올랐다. 1990년대에는 냉전종식과
더불어 새로운 국제환경이 이루어지면서 유엔에 대한 기대가 커지고 그 역
할도 증대하면서 유엔 기능을 활성화하기 위한 목적의 개혁이 주를 이루었다.
2000년대 이후에는 유엔의 새천년개발목표Millenium Development Goals: MDGs를
국제사회가 달성할 수 있도록 지원하고, 마약, 테러, 국제범죄, 환경 등 다양
한 이슈에 유엔이 주도적으로 역할하기 위한 제도적 개혁이 주로 언급되었
다. 아울러 인력감축 및 예산절감을 포함한 사무국 정비와 더불어 안전보장
이사회 확대에 관한 논의도 계속되었다.

1) 설립~1960년대

유엔 설립과 동시에 유엔의 이상과 현실 사이의 괴리가 나타났다. 유엔
창설의 주도적 역할을 했던 미국은 유엔이 설립되고 그 기능을 수행하자마
자 유엔의 개혁 필요성을 언급했다. 1947년 10월 미국 상원 지출위원회
Expenditures Committee는 유엔의 조직과 관리에 대한 검토를 수행하면서 유엔체
제의 업무가 중복되고 같은 일이 반복되며 정책조정이 취약하고 각종 위임
사항과 프로그램이 난무하며 직원의 보수가 지나치게 높다는 내용의 비판적
보고서를 발표하였다.[6] 이 보고서에서 지적된 내용들은 오늘날까지도 반복
적으로 제기되는 유엔 개혁의 핵심 이슈들이 되었다.[7] 아울러 유엔 예산에

---

6) U.S. Senate Committee on Expenditures in the Executive Departments, 80th
Cong., 2d sess., 1948, S. Rept. 1757, *United States Relations with International
Organizations*, pp.11-19; Edward C. Luck, "Reforming the United Nations:
Lessons from a History in Progress," *International Relations Studies and the
United Nations Occasional Papers*(2003), No.1, p.1 참조.

7) Michael Lipson, "Organized Hypocrisy and Global Governance: Implications for
United Nations Reform," Paper presented at the Annual Convention of the
International Studies Association, San Diego, CA(March 22-25, 2006).

서 미국이 차지하는 부담이 지나치게 높다는 것이 미국 정치인들의 비판 대상이었다.[8] 1945년과 1947년 미국은 유엔 정규 예산의 39.89%를 부담하기로 합의하였다. 내부업무운영기금Working Capital Fund까지 포함하면 미국에 대한 유엔의 재정적 의존은 훨씬 높았다.

유엔에 대한 이러한 비판에도 불구하고 미국 정부는 신생 유엔에 대한 책임을 강조하였기 때문에 유엔의 구조와 예산 등에서 급격한 변화는 이루어지지 않았다. 특히 1953년부터 유엔 사무총장을 수행한 다그 함마숄드Dag Hammaskjöld의 탁월한 리더십하에서 유엔헌장의 구현 가능성에 대한 기대가 훨씬 컸기 때문에 유엔에 대한 비판적 목소리는 상대적으로 위축될 수밖에 없었다.[9] 함마숄드 사무총장 임기 중인 1956년, 수에즈 위기 해결을 위한 유엔긴급군United Nations Emergency Force: UNEF이 만들어져 오늘날 유엔평화유지활동UN PKO의 기원이 되었다.

1960년대에 접어들면서 유엔 개혁에 대한 주장은 유엔 내부에서 이루어졌다. 유엔 회원국 수가 급속도로 늘어나면서 유엔의 구조가 이러한 변화를 반영해야 한다는 목소리가 높아졌다. 안전보장이사회의 경우 유엔 설립 당시 상임이사국 5개국과 비상임이사국 6개국으로 구성되었으며, 특히 비상임이사국은 각 대륙별로 분배한다는 암묵적 '신사협정'이 있었다. 하지만 아시아, 아프리카의 많은 신생국가들이 대거 유엔에 진입하면서 전체 유엔 회원국들의 지리적 배분을 고려할 때 안전보장이사회에서 남아메리카와 유럽이 지나치게 높은 대표성을 가진다는 지적이 제기되었다. 경제사회이사회의 경우에도 비슷한 문제가 제기되었다. 하지만 안전보장이사회와 달리 경제사회

이사회의 이사국은 매년 전체 이사회 구성원의 1/3이 교체되고 투표권도 안전보장이사회와 달리 거부권 없는 1국 1표제였으며, 무엇보다 주요 의제와 결정이 상대적으로 '덜' 중요해 보이는 비군사적·비안보적 이슈에 대한 협력을 '권고'하는 것이었다. 따라서 미국은 안전보장이사회의 구조는 가급적 그대로 유지하고 경제사회이사회를 확대하는 방향으로 변화를 모색하였다. 하지만 많은 개발도상국들은 안전보장이사회의 변화에 더 많은 관심을 보였다.

1963년 12월 유엔총회는 유엔헌장에 대한 개정을 요구하는 총회 결의문을 채택하였다.[10] 이 결의문은 A와 B, 두 개의 부분으로 구분되었고, A부분은 안전보장이사회 구성을 기존 11개 국가에서 15개 국가로 확대하고 다수결 통과에 필요한 요건을 기존 7개국 이상에서 9개국 이상으로 늘리며 10개 비상임이사국의 지리적 배분을 명시하는 것을 내용으로 하였다. B부분은 경제사회이사회 확대에 관한 것으로서 지리적 배분을 반영하여 그 구성을 기존 18개 이사국에서 27개 이사국으로 늘리는 내용이었다. 이 결의문은 약 2년간 유엔 내에서 격렬한 논쟁을 거친 후 1965년 9월 1일 유엔총회에서 헌장 개정이 이루어졌다. 비록 안전보장이사회 상임이사국들은 총회에서 헌장 개정에 투표하지 않았지만, 결국 소련이 먼저 비준하였고 이어서 동구권 국가들이 연이어 비준하여 국제법적 효력을 가지는 데 필요한 하한선인 65/76은 쉽게 넘을 수 있었다. 그러자 다른 상임이사국들도 비준에 동참하여 총회 통과 19개월 만에 안전보장이사회 모든 상임이사국이 비준을 완료했다.

1960년대 유엔 내에서의 개혁논의 가운데 또 다른 하나는 재정에 관한 것이었다. 1960년대 초 유엔은 심각한 재정 위기에 빠져들었다. 1956년 중동 분쟁에 대한 유엔긴급군(UNEF)과 1960년 콩고 사태에 대한 유엔콩고평화유지활동군(ONUC)에 대한 비용문제와 관련하여 소련을 포함한 동구권 국가들과 프랑스 그리고 일부 개발도상국들이 지불의무를 부정하고 분담금을 체납

---

10) 18차 총회 결의문 A/RES/1991(XVIII)[A-B](1963).

유엔긴급군

1956년 7월 이집트 정부는 그동안 프랑스와 영국이 관리하던 수에즈 운하를 국유화하였다. 이에 10월 29일 영국과 프랑스의 후원하에 이스라엘군이 이집트를 공격하여 시나이반도와 가자지구를 점령했고, 영국군과 프랑스군이 수에즈 운하를 접수했다. 10월 31일 유엔 안보리는 이 문제를 논의했으나, 영국과 프랑스가 거부권을 행사하여 결의문 채택이 실패했다. '평화를 위한 단결(Uniting for Peace)' 결의에 따라 이 문제는 총회로 넘어갔고, 총회는 당사자간 휴전과 점령지역으로부터 모든 외국군의 철수를 촉구하는 한편, 유엔긴급군(UN Emergency Force: UNEF)을 수립하여 적대 세력 사이의 휴전이 유지되도록 관리하는 임무를 부여했다. 유엔긴급군 파병으로 프랑스와 영국은 1956년 12월 22일 수에즈 운하로부터 철수했고, 이스라엘군도 1957년 3월 8일 점령지역으로부터 완전 철수했다. 당시 유엔긴급군 수립은 최초의 유엔평화유지활동으로서 유엔 내에서 획기적인 혁신으로 여겨졌다. 1973년 10월 이집트군과 이스라엘군 사이의 휴전을 관리하기 위해 다시 유엔긴급군이 수립되었고, 이를 구분하기 위해 1956년의 유엔긴급군을 제1차 유엔긴급군(UNEF I)으로 부르고 1973년의 유엔긴급군을 제2차 유엔긴급군(UNEF II)으로 부른다.

하였다. 1961년 말에 두 개의 평화유지활동에 대한 분담금 체납액은 무려 1억 달러에 육박했다. 이에 국제사법재판소가 회원국의 지불의무를 확인하였음에도 불구하고 1964년 소련은 유엔 활동 중단을 위협하면서 분담금 납부를 거부했다. 그러자 미국은 분담금이 연체되는 경우 유엔총회 투표권을 상실할 수 있다는 내용의 헌장 19조를 언급하면서 소련을 압박하였다. 미국과 소련은 협상을 벌여 2개의 평화유지활동에 대해서는 헌장 19조를 적용하지 않으며, 선진국들이 자발적으로 유엔의 재정 위기를 극복할 수 있도록 공헌한다는 내용에 합의하였다.[11]

---

11) Edward C. Luck, *Mixed Messages: American Politics and International Organization,*

이러한 사태를 겪으면서 유엔재정위기에 대처하기 위해 1965년 유엔총회에서 유엔 및 전문기구 재정검토를 위한 전문가 특별위원회Ad Hoc Committee of Experts to Examine the Finances of the United Nations and the Specialized Agencies를 설치하기로 결의하였고,12) 이 특별위원회는 유엔 및 전문기구에 대한 감시, 재무감사 등의 업무를 담당하는 외부기관을 설치할 것을 권고하였다. 1966년 유엔총회는 특별위원회의 보고서를 채택하여 직원 채용, 중장기 사업계획 채택과 평가 등에 관한 예산 및 행정 관련 개혁조치를 점검하기 위한 합동감사단Joint Inspection Unit: JIU을 설치하는 결의문을 채택했다.13)

2) 1970년대~1980년대

1961년 함마숄드 사무총장의 사망 이후 유엔의 기능과 역할에 대한 사무총장의 주도권이 크게 위축되는 대신 유엔 내에서 회원국들의 주도권 경쟁이 보다 가시화되었다.14) 특히 제3세계 국가들이 유엔총회에서 다수를 형성하여 미국 주도의 유엔 활동을 비판하는 한편, 미국의 정책에 저항하기 시작했다. 유엔에서 이른바 '제3세계의 주도' 분위기는 유엔체제 내의 주요 조직과 기구의 구성 및 투표 절차의 변경을 요구하는 주장으로 나타났다.15)

1919-1999 (Washington D.C.: Brookings Institution Press, 1999), pp.229-230.

12) 20차 총회 결의문 A/RES/2049(XX)(1965).

13) 21차 총회 결의문 A/RES/2150(XXI)(1966). 이 결의문에서는 1968년 1월까지 합동감사단(JIU)을 설치하기로 하였으나 수년 동안 JIU는 시범적으로 운영되었고, 이것이 상설기관의 지위를 가지기로 결정된 것은 1976년 31차 총회에서였다. 31차 유엔 결의문 A/RES/31/192(1976). JIU의 배경과 역할에 대한 자세한 논의는 Wolfgang Münch, "The Joint Inspection Unit of the United Nations and the Specialized Agencies: The Role and Working Methods of a Comprehensive Oversight Institution in the United Nations System," in Jochen A. Frowein and Rüdiger Wolfrum, eds., *Max Planck Yearbook of United Nations Law*, Vol.2 (London: Kluwer Law International, 1998), pp.287-306을 참조하라.

14) Maurice Bertrand, "The Historical Development of Efforts to Reform the UN," in Adam Roberts and Benedict Kingsbury, eds., *United Nations, Divided World: The UN's Roles in International Relations*, 2nd ed. (Oxford: Clarendon Press, 1993), pp.423-425.

그 결과 1975년 제2차 헌장개정이 이루어져 경제사회이사회 이사국이 27개국에서 54개국으로 확대되었고, 남반구의 목소리가 더 많이 반영되었다. 이러한 움직임은 미국 내에서 유엔에 대한 참여와 지원을 줄여야 한다는 여론을 형성하였고, 이는 미국의 유엔 분담금 연체로 이어졌다. 따라서 1980년대 중반까지 유엔의 개혁논의는 주로 재정의 어려움에서 비롯된 것이었다. 혁신적인 방안들이 제기되곤 하였지만 실천으로 옮겨지지는 못했으며, 특히 사무국은 그러한 변화에 매우 부정적이었다.

결국 1985년 8월 미국 의회는 유엔이 각국 분담금 규모에 상응하는 가중투표방식을 수용하지 않을 경우 미국의 유엔 예산 분담금 규모를 기존 25%에서 20%로 삭감하기로 하는 캐서바움 수정안Kassebaum Amendment을 통과시켰다. 캐서바움 법안 통과와 더불어 미국 의회에서는 비슷한 내용의 수정안이 연속적으로 상정되었다. 예를 들어 1985년 10월에 상정된 선드퀴스트 수정안Sundquist Amendment은 소비에트권 출신의 유엔 직원 임금 지불을 거부하는 내용이었다. 미국의 이러한 일련의 조치들에 의해 1986년 유엔에 대한 미국의 재정적 지원은 50%가량 축소되었다.16)

이와 같은 재정위기를 해소할 목적으로 1986년 유엔총회는 18명의 각국 전문가로 구성된 고위 자문단Group of High-Level Intergovernmental Expert 혹은 Group of 18을 구성하고 71개의 유엔 개혁안이 포함된 보고서를 청취했다.17) 자문단은 당시 유엔의 위기를 다음과 같은 3가지로 진단하였다. 첫째, 회원국의 정치적 의지가 결여됨으로써 다자주의의 위기에 빠졌다. 둘째, 효율성이 결여되어 있기 때문에 사무총장의 권한을 강화할 필요가 있다. 셋째, 계획 및 예산 문제에서 사무국과 부속기관들의 구조적 결함이 존재하며, 이를 해결하기 위한 특별위원회가 필요하다.18) 정부간기구, 인사정책, 감독 방식의

15) South Centre, *For A Strong And Democratic United Nations: A South Perspective on UN Reform* (Geneva: Imprimerie Ideale, 1996), pp.57-63.

16) Bertrand(1993), p.426, n.10.

17) 41차 총회 문서 A/41/29(1986).

18) Bertrand(1993), p.428.

조율, 기획, 계획, 평가 등에 대한 제언들은 크게 새로울 것이 없는 내용이었으나, 사무국이 방만하게 운영되고 있으며, 특히 고위직이 지나치게 많고 복잡하다는 점을 지적한 것은 비교적 새로운 것이었다. 이 보고서를 바탕으로 1987년 유엔총회는 유엔 고위직 25%를 축소하는 등 인력과 예산을 삭감하기로 하였으며, 예산 문제는 기존의 표결방식 대신 합의^{consensus}로 결정한다는 예산절차 변경을 이루었다.[19] 그러나 유엔 개혁을 향한 보다 본격적인 진전은 1980년대 말과 1990년대 초 냉전이 종식되는 국제적 정치환경의 변화에 의해 이루어졌다.

3) 1990년대~2005년

1980년대 후반부터 유엔을 둘러싼 국제적 환경이 크게 변화하였다. 무엇보다 미하일 고르바초프^{Mikhail Gorbachev}의 개혁개방 정책에 따라 소련의 대유엔 정책이 매우 유연해졌다는 점이 특징이었다. 이에 따라 그동안 첨예한 대결 양상을 보여 왔던 유엔안전보장이사회에서의 합의가 비교적 쉽게 이루어질 수 있었고, 1991년 걸프전쟁과 1992년 소말리아 문제에 대한 유엔의 군사력 사용이 가능해졌다. 이는 유엔의 역할과 기능에 대한 기대를 증폭시켰으며, 특히 평화유지군이 활성화되고 안전보장이사회와 사무총장의 역할이 강조되는 효과가 이루어졌다. 그럼에도 불구하고 유엔의 재정 위기에 대한 지속적인 해결방법을 모색하는 데에는 실패했다.[20]

이에 1992년 취임한 부트로스 부트로스 갈리^{Boutros Boutros-Ghali} 사무총장은 유엔의 고위직을 대폭 축소하는 등 사무국을 개편하고 예산을 감축하는 조치를 취하는 한편, 헌장개정을 포함하는 유엔기구의 근본적 개혁 논의를

---

19) 41차 총회 결의문 A/RES/41/213(1986).
20) 예를 들어 1991년 12월 기준으로 유엔 일반예산 체납액은 4억 3천9백3십만 달러였고, 평화유지활동 예산에 대한 체납액은 4억 6천3백5십만 달러로서 총 9억 달러에 달했다. 이듬해인 1992년 12월 기준으로는 일반예산 체납액 5억 달러와 평화유지활동 예산 체납액 7억 6천5백만 달러로서 총 12억 6천5백만 달러로 예산 부족이 더욱 심해졌다. Bertrand(1993), p.429, n.13.

본격적으로 추진하였다. 1993년 유엔총회는 사무총장의 제안을 수용하여 안전보장이사회 개편과 유엔의 집단안보기능 활성화를 위한 5개 부문의 개방형 고위 실무그룹Open-Ended High-Level Working Groups을 구성하기로 하였다.21) 이러한 움직임은 유엔헌장에 손을 대는 것을 금기시한 기존의 입장에서 큰 변화를 보이는 것이었다. 물론 1965년과 1975년에 헌장의 부분개정이 있었으나 가장 민감한 부분인 안전보장이사회 상임이사국과 거부권에 대한 변경까지 논의된 것은 처음이었다.

더 나아가 1994년 유엔총회는 (1) 재정상황 개선, (2) 유엔체제 강화, (3) 안전보장이사회 개편, (4) 평화를 위한 의제Agenda for Peace, (5) 개발을 위한 의제Agenda for Development 등의 개혁방안에 관한 고위 실무그룹의 보고를 청취하고 이를 본격적으로 추진하기로 하였다.22) 그러나 개발부문에 관한 실무그룹 활동만 임무를 완료했고 안전보장이사회 개편 실무그룹은 주기적인 모임을 계속하였으며, 나머지 3개 부문의 실무그룹은 핵심 이슈에 대한 의견 차이로 활동이 중단되었다.

부트로스 갈리 사무총장은 냉전 종식 과정에서 유엔에 대한 기대가 커지는 것을 계기로 평화유지에 대한 유엔의 군사적 역할을 확대하는 내용의 '평화를 위한 의제An Agenda for Peace'를 제시하였다. 하지만 유엔의 임무가 원래의 인도주의적 목적으로부터 분쟁지역에 대한 평화강제peace enforcement로 확대되면서 더 많은 비용이 요구되었고, 미국을 포함한 여러 회원국의 반발이 커졌다. 게다가 유엔평화유지군이 보스니아, 소말리아, 르완다 등에서 연이어 실패하면서 부트로스 갈리 사무총장의 야심찬 계획도 흔들리기 시작했다. 여기에 미국이 1995년 10월 의회에서 유엔평화유지활동 분담금 비율을 유엔이 평가한 비율 31.7%을 거부하고 25%로 제한을 두기로 결정함으로써 유엔 강화에 필요한 재정 자원이 부족하게 되었다.23)

---

21) 48차 총회 결의문 A/RES/48/26(1993).

22) 49차 총회 결의문 A/RES/49/252(1994).

23) 1994년 미국에 대한 유엔 PKO 분담금 산정 액수는 대략 31.7%였으나, 미국은 30.4% 에 대한 부분을 지불했다. 1995년부터 2001년까지 미국은 25% 제한을 두다가 2001년

미국과의 갈등으로 연임에 실패한 부트로스 갈리 사무총장의 후임으로 코피 아난^{Kofi Annan} 사무총장이 유엔의 수장이 되었고, 그는 유엔의 개혁을 다시 시작하였다. 아난 사무총장은 자신의 권한으로 추진 가능한 사무국 내부 개혁^{Track-1}과 총회 회원국들의 협의가 필요한 장기적 개혁 조치^{Track-2}를 구분하는 이중경로 접근^{Two-Track Approach}으로 개혁을 전개하고자 했다. 1997년 3월에 발표한 아난 사무총장의 Track-1 프로그램에는 기존의 경제 및 사회 관련 3개국^{departments}을 하나의 경제사회문제국^{Department of Economic and Social Affairs: DESA}으로 통합하고, 약 1천 명의 직원감축을 통해 전체 예산에서 사무국이 사용하는 비용을 기존 38%에서 25%로 삭감하며, '유엔 하우스^{UN House}' 개념을 제시하여 다양한 유엔기구별 지역사무소 업무를 조율하는 내용이 포함되었다. 이와 같은 조치들은 특히 유엔에 대한 재정적 부담을 덜고자 하는 미국의 지지를 받았다.

아난 사무총장은 이에 힘입어 1997년 7월 총회 승인이 필요한 Track-2 계획을 발표했다. 그의 "유엔의 갱신: 개혁 프로그램^{Renewing the UN: A Programme for Reform}" 제안서에는 유엔 사무국 내의 각 부문별 부서장과 사무차장급 인사 및 지역 이사회 사무총장으로 구성되는 협의체인 고위관리그룹^{Senior Management Group}을 설치하고, 유엔 내의 부서 및 산하 기구 사이의 중첩된 업무를 조정하는 유엔 사무부총장^{Deputy-Secretary General}직을 신설하며, UNDP, UNFPA, UNICEF 등 개발과 관련된 유엔기구 사이의 업무협력을 위한 유엔 개발그룹^{UN Development Group: UNDG}을 설치하고, 인도주의 지원 사업 업무를 총괄하는 인도지원조정실^{Office for the Coordination of Humanitarian Affairs}을 설치하며, 마약·국제범죄 관련 업무를 총괄하는 마약통제 및 범죄예방사무소^{Office of Drug Control and Crime Prevention}를 설치하는 것이 포함되었다.[24]

에 28.15%로 상향조정하였다. Marjorie Ann Browne, *United Nations Peacekeeping: Issues for Congress, Congressional Research Service* (February 11, 2011), pp. 12-13.

24) 마약통제 및 범죄예방 사무소는 2002년 유엔 마약범죄사무소(United Nations Office on Drugs and Crime: UNODC)로 개칭하였다.

2000년 새로운 천년Millennium을 맞이하여 전 세계가 들떠 있는 가운데, 2000년 8월 아난 사무총장의 지시로 인적자원관리Human Resources Management Reform에 관한 보고서가 발간되어 사무국 인력의 효율적 관리에 대한 개혁안이 제시되었으며,25) 「브라히미 보고서Brahimi Report」가 발간되어 평화유지활동을 유엔의 일시적 책임이 아닌 핵심활동으로 간주하는 등 평화유지활동에 대한 전반적인 개혁조치 구상이 제시되었다.26) 2000년 9월 개최된 유엔새천년정상회의에서 새천년선언Millennium Declaration을 채택되었다.27) 이 선언 제8장에는 유엔을 강화하기 위한 각국 정상들의 결의가 포함되었으며, 총회의 효율성 제고, 안전보장이사회의 포괄적 개혁, 경제사회이사회의 역할 강화, 사무국 관리 강화 등의 과제가 제시되었다. 이듬해 9월 아난 사무총장은 유엔새천년선언의 구체적인 이행방안을 제시하는 로드맵Road Map Towards the Implementation of the UN Millennium Declaration을 발간하였고, 여기에서 유엔 강화를 위한 개혁조치를 추진하기 위해 (1) 유엔의 임무 수행을 위한 안정적인 재원 확보, (2) 내부관리 활동의 강화, (3) 유엔 직원 보호 강화, (4) 유엔과 세계은행 등과의 관계 강화, (5) 국제의원연맹, 민간부문, NGO 등과의 협력 등이 제시되었다.28) 아난 사무총장의 첫 번째 임기 중에 이루어진 이와 같은 유엔 개혁은 과거에 비해 훨씬 진전이 있었던 것으로 평가되었으나, 여전히 개혁의 우선순위가 불명확하였고 구체적인 시간표를 제시하지는 못했다.29)

2001년 9월 11일 알 카에다에 의한 테러공격 이후 미국은 글로벌 테러와의 전쟁Global War on Terrorism을 전개하였고, 국제사회의 도움을 받기 위해 유

---

25) 55차 총회 문서 A/55/253(2000).

26) 브라히미 보고서의 원래 제목은 "Report of the Panel on United Nations Peacekeeping Operations"이다. 55차 유엔총회 문서 A/55/305-S/2000/809(2000).

27) 55차 총회 결의문 A/RES/55/2(2000).

28) 56차 총회 문서 A/56/326(2001), esp. Chap.8.

29) U.S. General Accounting Office(GAO), *United Nations: Reforms Progressing, but Comprehensive Assessment Needed to Measure Impact*, Report to Congressional Requesters(February 2004).

엔의 역할을 다시 강조하기 시작했다. 국제사회는 테러리즘에 반대하면서 아프가니스탄에서의 군사작전을 지지하였다. 하지만 2003년 미국의 조지 W. 부시George W. Bush 행정부가 이라크에 대한 군사작전을 벌이는 것에 대해서 유엔은 부정적인 태도를 나타냈고, 결국 미국은 유엔을 우회하는 일방주의 접근을 선택했다. 이러한 상황의 전개는 결국 유엔이 국제 안보와 평화에 주변적인 역할을 수행하는 것에 불과하다는 인식을 확대시켰고, 유엔의 개혁 필요성을 부각시키는 계기가 되었다.

2002년 연임에 성공한 코피 아난 사무총장은 자신의 2번째 임기의 유엔 운영 구상을 담은 "유엔의 강화: 미래의 변화를 위한 의제Strengthening of the United Nations: an agenda for further change"를 제시하면서 유엔 개혁을 다시 추진하고자 하는 열의를 강조했다.30) 2003년 9월 아난 사무총장은 개혁을 본격적으로 추진하기 위해 16명으로 구성되는 고위급 패널High-Level Panel on Threats, Challenges and Change을 조직하여 유엔이 어떻게 현재의 위협을 다루어 국제평화와 안전을 이룰 것인지를 평가하도록 하였다. 이 패널은 2004년 12월 "보다 안전한 세상: 우리가 공유하는 책임A More Secure World: Our Shared Responsibility"이라는 제목의 보고서를 유엔에 제출하였다. 여기서 패널은 유엔안전보장이사회를 확대하고, 평화구축위원회Peacebuilding Commission를 수립하며, 사무총장의 역할을 강화하는 것을 골자로 하는 개혁안을 제안했다.31)

2005년 9월 유엔은 제60차 총회를 기념하여 정상회의World Summit를 열었다. 이것은 2000년의 새천년개발목표Millennium Development Goals: MDGs의 진전을 평가하는 자리였다. 여기서 유엔이 개혁을 통해 유엔의 역할과 기능을 강화해야 한다는 주장이 많이 제기되었다. 그 결과 9월 16일 발표된 세계정상회담 합의문에는 평화구축위원회PBC 수립, 중앙긴급대응기금Central Emergency Response Fund: CERF 창설, 민주주의기금Democracy Fund 수립, 안전보장이사회 강

---

30) 57차 총회 문서 A/57/387(2002).

31) United Nations, "A More Secure World: Our Shared Responsibility"(December 2, 2004), http://www.un.org/secureworld/report2.pdf에서 내려받을 수 있음.

화, 유엔체제 공조 개선, 인권이사회Human Rights Council 신설 등이 포함되었다. 아울러 사무국 및 운영개선에 대해서는 윤리국Ethics Office 신설, 내부고발자 보호 강화, 독립적 감사제도 수립, 5년간의 모든 위임임무mandates에 대한 재검토, 유엔 직원 재산공개 등을 진행하기로 하였다.[32]

4) 최근의 유엔 개혁 현황

2005년의 유엔총회 정상회의를 통해 유엔의 개혁이 다시 강조되었다. 하지만 민주성과 대표성을 포함하는 유엔의 구조 및 가치에 대한 근본적 변화보다는 실효성과 전문성, 그리고 효율성을 강조하는 제도개편이 주로 이루어졌다.[33] 2005년 이후 최근까지 이루어진 개혁 현황은 다음과 같다.

- 관리 및 감시: 유엔은 조달업무에 대한 감시를 강화하고, 신규 인력에 대한 종신계약을 폐지하였으며, 내부 사법제도를 정비하고, 예산 및 감사 정보를 일반에 공개하였다. 또한 국제공적회계기준을 도입 적용하고 비용절감을 위해 문서작업을 전자문서화하였다.[34]
- 윤리: 윤리국 신설로 유엔 직원의 재산공개, 내부고발자 보호 등을 진행하며 직원에 대한 윤리교육을 정기적으로 실시하도록 했다.[35]
- 평화유지: 유엔은 글로벌 현장지원전략Global Field Support Strategy을 추진하여 평화유지의 효율성과 효과를 개선하고자 하였다. 이 전략은 현장의 민간인 접근을 강조하여 신속한 임무수행을 목적으로 하는 것이었다. 또한 기존의 평화유지활동국Department of Peacekeeping Operations: DPKO 산하의 재정, 인사, 보급, 통신지원 기능을 현장지원국Department of Field

---

32) 60차 총회 결의문 A/RES/60/1(2005), 2005 World Summit Outcome(September 16, 2005).

33) 2000년대 중반까지의 유엔의 제도개편에 대한 보다 자세한 논의를 위해서는 박흥순, "유엔의 제도개혁: 현황과 쟁점," 『외교』 78호(2006)를 참조하라.

34) 60차 총회 결의문 A/RES/60/283(2006).

35) 사무국 문서 ST/SGB/2005/22.

Support: DFS으로 분리하여 평화유지활동국DPKO이 전략, 정책, 기획에 집중할 수 있도록 하였다.36)

- 성범죄 근절: 평화유지군 내에서 발생하는 성범죄를 해결하기 위해 2005년 11월 유엔은 평화유지군이 주둔하는 지역에 품행 및 규율팀Conduct and Discipline Teams: CDTs을 두어 평화유지군과 직원에 대해 품행, 규율, 인지 훈련conduct, discipline and awareness training을 의무적으로 실시하고 있으며, 현지 주민들이 성범죄를 당할 경우 신속하게 신고할 수 있도록 캠페인을 전개하고 있다. 또한 조사관과 지원인력을 지역 허브로 파견하여 신속한 조사가 이루어질 수 있도록 하였다. 성범죄가 확인된 경우 가해자를 본국으로 송환시키고 분기별로 성범죄 관련 자료를 언론에 공개하였다. 또한 피해자들에 대한 의료 및 법률 지원을 제공하고 있다. 이러한 조치들은 큰 성과를 거두어 NATO에게 성범죄 예방 및 대응에 대한 자문을 제공하는 수준으로 발전하였다.37)

- 유엔기구 활동의 단일화: 2007년부터 2008년까지 베트남을 포함한 8개의 시범국가에서 다양한 유엔기구 활동을 단일화하는 'Delivering as One DAO' 개혁을 실시함으로써 여러 기구들 사이의 행정의 중복을 피하고 비용을 분담하도록 하였다. 이에 따라 한 국가 내에서 활동하는 유엔 기관들은 하나의 예산, 하나의 지도자, 하나의 사무실, 하나의 프로그램을 공유한다. 이를 통해 국가에 대한 소속감을 높이고 거래 비용을 줄이며 일관적이고 조율적인 프로그램을 통해 효율성을 높일 수 있게 되었다. 이 프로그램의 효과가 매우 높고 업무의 효율성도 증가하여 20개 이상의 국가들이 참가하여 이를 시행하고 있다.38)

---

36) 64차 총회 문서 A/64/633(2010).

37) 2013년 현재 CDTs는 총 18개 지역에서 활동하고 있다. United Nations Conduct and Discipline Unit, "About CDU"(2010), http://cdu.unlb.org/AboutCDU.aspx (검색일: 2013.4.3).

38) United Nations Development Group, "Delivering as One," http://www.undg.org/index.cfm?P=7(검색일: 2013.4.3).

- 인권: 2006년 유엔총회는 인권위원회Commission on Human Rights를 인권이
  사회Human Rights Council로 대체하는 결의문을 채택하였다.39) 당시 미국
  의 부시 행정부는 인권이사회 구성국가가 아랍국가에 편중되어 있어
  反이스라엘 편향적이라는 이유로 참여를 거부하였으나, 2009년 오바
  마 행정부는 인권이사회에 참여하기로 결정하였다.
- 여성권리: 2011년부터 유엔은 여성문제를 다루는 4개의 기관을40) United
  Nations Entity for Gender Equality and the Empowerment of
  Women일명 UN Women이라는 단일 조직으로 통합하여 여성문제 처리
  에 대한 중복을 줄이고 정책적 일관성과 재정적 효율성을 강화하도록
  하였다.41)
- 테러리즘: 2006년 유엔총회는 글로벌 반테러리즘 전략Global Counter-Terrorism
  Strategy에 합의하여 192개 회원국 모두가 테러행위를 제한하는 특별조
  치를 취하기로 하였으며 테러와 맞서 싸우기로 하였다.42)
- 민주주의: 2005년 세계 정상회의 합의에 의해 만들어진 유엔민주주의기
  금UNDEF은 시민사회의 목소리를 강화하고 인권을 증진하며 모든 집단
  의 민주적 참여를 촉진하도록 만드는 프로젝트를 후원하는 역할을 한
  다. 이 기금의 대부분의 민주화 이행 단계 혹은 민주주의 공고화 단계
  에 있는 지역의 여러 시민사회단체에 제공되며, 기금은 전적으로 회
  원국의 자발적 기부금에 의해 운영된다.43)

---

39) 60차 총회 결의문 A/RES/60/251(2006).
40) 4개 기관은 다음과 같다. Division for the Advancement of Women, UN Development
  Fund for Women, Office of the Special Advisor on Gender Issues and
  Advancement of Women, International Research and Training Institute for the
  Advancement of Women.
41) 64차 총회 결의문 A/RES/64/289(2010).
42) 60차 총회 결의문 A/RES/60/288(2006).
43) UNDEF 기금은 2009년 12월에 100만 달러 규모를 넘었다. 2009년 12월 현재 10만
  달러 이상을 기부한 나라는 총 21개 국가이며, 기부금을 가장 많이 낸 상위 15개
  국가는 (1) 미국, (2) 인도, (3) 일본, (4) 카타르, (5) 독일, (6) 호주, (7) 스페인,
  (8) 프랑스, (9) 스웨덴, (10) 이탈리아, (11) 한국, (12) 아일랜드, (13) 영국, (14)

III. 유엔 개혁의 주요 논의

1. 안전보장이사회 개혁 논의

1) 안보리 개혁 요구와 유엔의 대응

국제사회의 평화와 안전을 유지하는 데 강대국의 역할은 필수적이다. 비록 근대주권국가체제가 수립되면서 주권평등이라는 이상적 원칙이 지속되고 있지만, 현실에서 국가들 사이의 힘의 차이는 국제무대에서 국가의 행동과 태도의 범위와 내용을 결정짓는다. 이러한 현실적 인식은 국제기구와 국제회의에서도 반영되고 있다. 나폴레옹전쟁 이후 유럽의 질서를 재정립하기 위해 열린 빈회의Congress of Vienna, 1814에 참가할 수 있는 초청장은 유럽의 강대국들에게만 보내졌고, 빈회의의 결과로 만들어진 유럽협조체제Concert of Europe System는 근 1백 년간 지속되었다. 물론 최초의 전 세계 규모의 국제회의였던 제2차 헤이그 평화회담the Hague Peace Conference, 1907에서는 주권평등의 원칙에 따라 약소국들도 다수 초청되었고 단순과반수 원칙이 권고안 채택에 적용되었지만 대규모 전쟁의 분위기를 막지는 못했다. 제1차 세계대전 종전을 선언한 파리강화회의Paris Peace Conference, 1919에서는 국제연맹League of Nations의 5개 강대국이 상임이사국이 되는 이사회Council가 전후 국제평화와 안보 문제를 주로 다루기로 합의하였다. 그러나 미국이 국제연맹에 가입하지 않음으로써 국제연맹이사회는 4개의 상임이사국(영국, 프랑스, 이탈리아, 일본)과 총회에서 선출된 4개의 비상임이사국으로 구성되었다.44) 아울러 이사회의 결의는 모든 이사국의 만장일치 동의를 필요로 하였다.45) 국제

루마니아, (15) 덴마크 순이다. UNDEF, "UNDEF Funding"(2009), http://www.un.org/democracyfund/Docs/Donors/donors_by_donor.html(검색일: 2012.4.3).

44) 국제연맹이사회의 구성은 수시로 변화했다. 나중에 독일과 소련이 상임이사국으로 포함되었고, 일본과 이탈리아는 탈퇴했다. 비상임이사국은 처음 4개국에서 6개국으로, 다시 8개국으로 증가했다.

연맹에서 강대국들은 국제평화와 안전에 대해 스스로 책임을 회피하거나(미국) 무시함으로써(일본, 이탈리아, 독일) 결국 인류 역사상 가장 커다란 전쟁을 초래하였다.

1945년 유엔의 설립자들은 국제평화와 안전에 대한 강대국의 역할과 책임에 대해 공감하고 이를 제도화할 수 있는 장치를 구상하였다. 특히 국제연맹에서의 교훈에 따라 유엔은 안보 문제에 강대국이 배제되고 강대국과 대결구도가 만들어지는 것을 우려하였다. 만약 유엔이 집단안보의 기능을 효과적으로 사용하기 위해서는 강대국의 책임 있는 참여와 동의가 반드시 필요하며, 이를 위해서는 강대국의 특수적 권리를 인정해야만 했다.[46] 이를 위하여 유엔의 창설자들은 과거 국제연맹이사회에서보다 훨씬 강력한 권한을 유엔안전보장이사회의 상임이사국에게 부여하는 다음과 같은 내용을 헌장에 포함하였다.

- 결의안 통과는 11개 이사국 가운데 7개국(1966년 이후 15개국 가운데 9개국)의 승인이 필요하며 5개 상임이사국의 반대가 없어야 한다. (27조)
- 안전보장이사회는 국제평화를 위협하고 위반하는 문제를 다루는 1차적 책임을 가진다. 총회는 이러한 사항에서 2차적 역할을 수행하며 안전보장이사회가 특정 분쟁을 다루는 것을 중지한 이후 해당 분쟁을 논의할 수 없다. (27조)
- 유엔 회원국은 안전보장이사회의 결의에 따를 의무가 있다. (25조, 39~50조)
- 헌장 개정은 총회 2/3의 동의를 구해야 하며, 5개 상임이사국 전원의

---

45) 단, 침략국가로 지목된 나라가 이사회 이사국일 경우에는 이사회 만장일치에 예외를 적용했다. 국제연맹이사회의 구성과 변화 및 절차에 대한 보다 자세한 설명을 위해서는 Claude(1964), pp.15-50을 참조하라.

46) Claude(1964), pp.133-173; Ruth B. Russell, *A History of the United Nations Charter: the Role of the United States* (Washington D.C.: Brookings, 1958), pp.440-477, 646-687, 713-749.

지지가 있어야 한다. (108조)

그럼에도 불구하고 냉전 기간 동안 안전보장이사회는 그 기능을 충분하게 사용하지 못했다. 왜냐하면 미국과 소련, 양 진영 사이의 대결은 상대방에 대한 빈번한 거부권 사용을 초래하여, 강대국의 책임 하에 집단안보를 구현한다는 이상을 강대국 스스로가 외면했기 때문이었다. 따라서 이 기간에 안전보장이사회 개혁에 대한 논의는 거의 없었다. 물론 1960년대 유엔 회원국의 급증으로 비상임이사국의 수가 증가하였지만 상임이사국 수의 변경 혹은 거부권 사용의 변경에 대한 논의는 배제되었다.

1990년대 냉전 종식 이후 상임이사국 수와 거부권 사용 변경을 포함하는 안전보장이사회 개혁 논의가 본격적으로 이루어졌다. 이는 첫째, 동서 진영 대결구도의 해체로 북반구 국가Global North의 영향력이 확대되었고, 둘째, 민족갈등 등 국내분쟁의 증가에 따라 유엔의 군사적 기능과 역할에 대한 기대가 커졌으며, 셋째, 독일과 일본이 경제적 영향력을 바탕으로 안전보장이사회 상임이사국 지위를 추구했기 때문이었다.[47] 이러한 배경 하에 유엔은 1993년부터 안전보장이사회개혁 실무그룹을 구성하여 안전보장이사회 이사국 확대에 관한 연구를 시작하였다.[48] 현재의 안전보장이사회가 유엔 회원국 다수의 의견을 대표하기에는 이사국의 수가 부족하다는 점을 들어 많은 나라들이 안전보장이사회의 '대표성'을 강화시켜야 한다는 주장을 펼쳤고,[49] 그 결과 현재의 15개 이사국에서 20개~26개 이사국으로 늘어나야 한다는 데에 공감대가 만들어졌다. 하지만 핵심적 열쇠를 쥐고 있는 상임이사국 내에서 미국의 기본적 입장은 가급적 기존 체제에 변경을 가하지 않는

---

47) Mark W. Zacher, "The Conundrums of International Power Sharing: the Politics of Security Council Reform," in Richard M. Price and Mark W. Zacher, eds., *The United Nations and Global Security* (New York: Palgrave, 2004), chap.13, pp.213-215.

48) 48차 총회 결의문 A/RES/48/26(1993).

49) 박재영, 『유엔과 국제기구』(서울: 법문사, 2007), pp.371-372.

것이었다. 영국, 프랑스, 러시아는 비상임이사국을 4개국 정도 더 늘릴 수
있다는 입장이었고, 중국은 모호한 태도를 견지했다.

　1993년 이후 약 10년간 안전보장이사회 개혁에 대한 논의가 이루어졌음
에도 불구하고 별다른 진전이 없자 2004년 12월 16명의 저명인사 고위급
패널에 의해 「보다 안전한 세계A More Secured World: Our Shared Responsibility」 보
고서가 작성되었다. 이 보고서는 안전보장 이사회의 제도적 문제로서 대표
성이 취약하다는 점을 다시 지적하였고, 이와 더불어 몇 가지 규범적 문제들
도 언급하였다. 즉, 현재의 안전보장이사회가 (1) 국제적 힘의 분포 변화에
적응하지 못하고 있으며, (2) 국제적 위협의 형태가 변화하고 있음에도 이에
적절하게 대처하지 못하고, (3) 국제적 위협을 다루기 위한 장치들이 올바르
게 기능하고 있지 못하며 필요한 재정적 지원과 정치적 결정을 제공하지
못한다는 사실이다.[50]

　이를 토대로 코피 아난 사무총장은 "보다 큰 자유In Larger Freedom: Towards
Development, Security, and Human Rights for All"를 총회에 보고하였다. 여기에는 안
전보장이사회의 대표성 강화를 위해 이사국 수를 늘리는 것과 관련하여 2개
의 모델이 제시되었다. 〈표 1〉에서와 같이 모델A는 거부권 없는 상임이사
국 6개를 신설하고, 비상임이사국을 3개 신설하여 총 24개의 이사국으로
확대하는 내용이다. 신설 거부권 없는 상임이사국은 아시아·태평양 2개국,
아프리카 2개국, 아메리카 1개국, 유럽 1개국으로 배정된다. 모델B는 상임
이사국은 그대로 두고 4년 임기의 준상임이사국Semi-permanent을 8개 신설하
고 기존 2년 임기의 비상임이사국을 1개 신설하는 내용이다. 8개 준상임이
사국은 아시아·태평양, 아프리카, 유럽, 아메리카에서 각각 2개국씩 선출되
며 재선이 가능하다. 모델A와 모델B 모두 거부권을 가진 상임이사국[P5]에는
변화가 없다는 점이 공통적이다.

---

50) 59차 총회 문서 A/59/565(2004), United Nations, "A More Secured World"(2004),
　 para. 245.

〈표 1〉	안전보장이사회 개혁 모델A와 모델B 비교(2005년)

[모델A]

지역 구분	총회 의석	상임이사국 (거부권)	신설상임이사국 (거부권 없음)	비상임이사국 (2년, 재선 불가)	합계
아프리카	53	0	2	4	6
아시아·태평양	56	1	2	3	6
유럽	47	3	1	2	6
아메리카	35	1	1	4	6
총합	191	5	6	13	24

[모델B]

지역 구분	총회 의석	상임이사국 (거부권)	신설준상임이사국 (4년, 재선 가능)	비상임이사국 (2년, 재선 불가)	합계
아프리카	53	0	2	4	6
아시아·태평양	56	1	2	3	6
유럽	47	3	2	1	6
아메리카	35	1	2	3	6
총합	191	5	8	11	24

출처: 59차 총회 문서 A/59/2005(2005), United Nations, *In Larger Freedom: Towards Development, Security and Human Rights for All*(2005), para. 170

2) 최근 안보리 개혁의 쟁점과 주요국가의 입장

2005년의 이 개혁안은 구체적인 결과를 도출하는 데에는 실패하였으나, 이를 논의하는 과정에서 각국의 입장이 서로 엇갈리게 되었고, 그럼으로써 유사한 입장을 가진 국가들끼리 연대하는 양상이 전개되어 이후 이들 사이의 영향력 확대 경쟁이 치열하게 전개되었다. 특히 다음과 같은 쟁점에서 국가들은 의견이 엇갈렸다. 첫째, 안전보장이사회를 확대할 경우 어떻게 신규 상임 및 비상임이사국을 선출할 것인가? 둘째, 상임이사국 수를 늘린다면 신규 상임이사국에게 거부권을 부여해야 하는가? 이러한 문제를 두고 국가들의 입장이 극명하게 나뉘었다.

먼저 증대된 안전보장이사회의 상임 및 비상임이사국을 선출하는 문제에 대해 총회에서 선출하자는 의견과 지역별로 역내 국가집단이 자신들에게 할당된 수만큼 이사국을 선출하자는 의견으로 나뉘었다. 이 문제에 대해 대부분의 아프리카 국가들은 지역별 국가집단에서 이사국을 선출하는 것을 선호하였다. 하지만 상임이사국 진출을 노리는 일부 국가들은 지역단위에서의 투표에서 자국에게 불리한 결과가 나올 것을 우려하여 총회에서 선출하는 것을 선호하였다. 또한 상임이사국 지위를 노리는 일본, 독일, 인도, 브라질 등 이른바 G-4 국가들을 견제하는 스페인, 캐나다, 한국 등은 G-4가 과연 '대표성'을 가지는지에 의문을 제기한다.[51] 따라서 이들은 안전보장이사회 개혁이 자칫 회원국들 사이의 분열을 초래할 수 있다는 이유로 표결이 아닌 합의를 통해 이루어져야 한다고 주장하는 등 절차적 측면에서의 입장 차이도 나타났다.

그러나 보다 극명하게 입장 차이가 나타난 문제는 신규 상임이사국에 대한 거부권 부여 문제였다. G-4 국가들은 공동 대응을 통해 상임이사국을 확대하고 신규 상임이사국도 거부권을 가져야 한다는 논리를 펼쳤다. 이들은 아프리카 국가들의 지지를 얻기 위해 신규 상임이사국의 지역별 할당을 주장하며 아시아·태평양 지역 2개석(일본, 인도), 유럽 1개석(독일), 아메리카 1개석(브라질) 이외에 아프리카 2개석을 신설하는 내용의 전략을 폈다. 반면에 이른바 '합의를 위한 단결Uniting for Consensus: UfC 혹은 커피클럽' 그룹으로 불리는 오스트리아, 캐나다, 스페인, 한국, 파키스탄, 아르헨티나, 멕시코, 터키 등 중견국가들은 G-4 국가들이 거부권을 가지는 상임이사국 지위를 가질 경우 국제 및 지역 무대에서 자신들의 상대적 지위약화를 우려하여

---

51) Lauri Malksoo, "Great Powers Then and Now: Security Council Reform and Responses to Threats to Peace and Security," in Peter G. Danchin and Horst Fischer, eds., *United Nations Reform and the New Collective Security* (Cambridge: Cambridge University Press, 2010), chap.3.

거부권 부여에 제한을 두어야 한다는 입장을 견지했다. 한편 아프리카 국가들은 신규 상임이사국에게 거부권을 부여해야 한다는 입장에서 G-4 국가들과 같은 의견이었으나, 각 지역별로 1개의 비상임이사국을 신설하자는 G-4와 달리 아프리카 국가들은 아프리카는 2개석을 비상임이사국으로 배정받아야 한다고 주장하였다. UfC그룹(커피클럽)은 사실상 자신과 경쟁적인 G-4 국가들의 상임이사국 진출을 저지하는 것이 목적이었기 때문에 상임이사국 증설 논의 자체를 거부하는 입장이었다.[52]

어떤 입장이든 그것을 현실화하기 위해서는 반드시 안전보장이사회 상임이사국[115]의 지지를 받아야만 한다. 상임이사국들은 유엔의 개혁, 특히 효율성 측면에서의 개혁이 필요하다는 점에 대해서는 입장을 같이하고 있다. 하지만 안전보장이사회 상임이사국을 확대하는 문제에 대해서는 다소 모호한 태도를 보이고 있으며, 특정 국가의 상임이사국 진출에 대해 호불호가 크게 엇갈리고 있다.

미국은 안전보장이사회 개혁 논의 자체에 미온적인 태도를 보이고 있으며, 만약 안전보장이사회 개혁이 필요하다면 그 범위와 규모를 최소화할 것을 주장하고 있다. 2010년 11월 유엔총회 연설에서 미국의 로즈마리 디카를로(Rosemary DiCarlo) 부대표는 안전보장이사회의 효율성과 효능을 해치지 않는 범위 내에서 안전보장이사회 확대를 지지한다고 강조하였다. 그러나 미국은 현재의 거부권 구조를 변경하는 수준까지는 원하지 않는다는 점도 분명히 하였다.[53] 미국은 이러한 제한적 범위 내에서 안전보장이사회 상임이사국 신설과 관련해 인도, 일본 등 일부 국가를 공개적으로 지지하기도 하였다.[54] 2010년 11월 인도 의회에서 연설한 미국 오바마 대통령은 인도의 상

---

52) 일본의 안보리 상임이사국 진출에 대해서는 한국과 중국이, 독일에 대해서는 스페인, 이탈리아, 네덜란드가, 인도에 대해서는 파키스탄이, 브라질에 대해서는 아르헨티나, 멕시코, 캐나다, 콜롬비아가 적극적으로 반대하고 있다. 한편 G-4는 아니지만 신설 상임이사국의 아프리카 몫으로 거론되는 나이지리아, 남아프리카공화국, 이집트, 케냐, 리비아 등이 서로 상대방을 견제하고 있다.

53) Luisa Blanchfield, *UN Reform: US Policy and International Perspectives*, CRS Report for Congress(December 21, 2011).

임이사국 진출을 지지한다고 밝힌 바 있다. 이것은 중국을 견제하기 위한
것으로 해석된다. 일본의 상임이사국 진출에 대해서도 미국은 여러 차례 지
지하는 입장을 밝혔으나,[55] 안전보장이사회 확대 개편에 대한 구체적인 일
정을 못 박자는 일본의 입장에는 반대하고 있으며, 일본의 상임이사국 진출
에 대한 아시아·태평양 국가들의 강한 반발을 의식하여 발언의 수위를 조
절하고 있다. 브라질의 상임이사국 진출에 대해서도 그동안 미국은 호의적
인 입장을 보여 왔지만 구체적인 지지입장을 표명하는 것은 아직 자제하고
있다.[56] 2003년 미국 주도의 이라크전쟁에 대해 독일이 강하게 반발한 이후
2005년 6월 27일 조지 W. 부시 대통령은 게르하르트 슈뢰더 Gerhard Schroder
독일 총리와의 만남에서 미국은 어느 나라의 상임이사국 도전에도 반대하지
는 않는다고 말했지만, 일본에 대한 미국의 적극적 지지와 비교해볼 때 이는
독일의 상임이사국 진출에 대한 완곡한 반대 의사로 해석될 수 있다.[57]

영국과 프랑스는 G-4 국가의 입장에 가장 우호적인 태도를 보이고 있는
상임이사국이다. 그러나 국제무대에서 안전보장이사회 상임이사국이라는
지위를 가지고 있다는 이유로 실제 자신의 능력보다 훨씬 높은 지위를 인정
받고 있다는 사실을 잘 알고 있기 때문에 영국과 프랑스 모두 새로운 경쟁
자가 등장하여 자신들의 지위를 위태롭게 만들지는 않을 것이기 때문에 신
설 상임이사국 자리에 거부권까지 부여하는 것은 궁극적으로는 반대할 것이
라는 관측이 대부분이다.[58] 실제로 영국의 경우 G-4 국가들과 공동 제안국

54) "Barack Obama in an address to a Joint Session of the Parliament of India," *Lok Sabha*(India)(9 November 2010).
55) "U.S. to Back Japan Security Council Bid," *Washington Post*(March 18, 2005); U.S. Department of State, "Joint Statement of the U.S.-Japan Security Consultative Committee," Washington D.C.(June 21, 2011), http://www.state.gov/r/pa/prs/ps/2011/06/166597.htm
56) 2011에는 미국의 버락 오바마(Barack Obama) 대통령이 브라질을 방문했고, 2012년에는 브라질의 지우마 호세프(Dilma Rousseff) 대통령이 미국을 방문하여 정상회담을 가졌으나, 브라질의 유엔안전보장이사회 상임이사국 진출에 대해 오바마 대통령은 구체적인 언급을 하지 않았다.
57) "독일 안보리 상임이사국 진출 '큰 걸림돌'," 『한겨레』(2005.6.28).

을 약속했다가 이를 번복한 바 있다. 아울러 영국과 프랑스는 안전보장이사회 내에 아프리카 국가의 자리를 늘려야 한다는 입장에 가장 적극적인 태도를 보이고 있다. 그러나 아프리카 국가에게 상임이사국 지위까지 줄 수 있다는 입장인지는 불분명하다.

러시아는 과거 소련 시대에는 전통적으로 안전보장이사회 확대 개편에 부정적인 입장이었다. 하지만 최근 인도의 상임이사국 진출을 지지한다고 표명하면서, 안전보장이사회 확대 개편에 전향적인 입장으로 돌아서고 있다. 2010년 12월 인도를 방문한 러시아 드미트리 메드베데프Dmitry Medvedev 대통령은 "유엔안전보장이사회 확대 결의가 이루어질 경우 러시아는 인도가 가장 적합한 후보라고 간주한다"고 발언하였다.[59] 하지만 2010년 11월 유엔주재 러시아 대사 비탈리 추르킨Vitaly Churkin은 "러시아는 현재의 상임이사국의 특권을 훼손하는 안전보장이사회 확대에 반대한다"고 밝혀, 신설 상임이사국에게 거부권까지 부여하는 것은 반대한다는 입장을 분명히 했다.[60]

중국은 안전보장이사회 개혁에 대해 비교적 소극적이지만 만약 안전보장이사회 확대 개편이 이루어질 경우 개발도상국의 참여가 확대되어야 한다는 입장을 피력해 왔다. 반면 중국은 2005년 UfC그룹(커피클럽)의 로마회합에 참가하여 UfC그룹(커피클럽)의 주장을 수용한다고 발언함으로써 안전보장이사회 상임이사국 증설을 요구하는 G-4 국가의 입장에 대해서 반대하는 태도를 밝혔다.[61] 중국은 특히 일본의 안전보장이사회 상임이사국 진출에

---

58) Thomas G. Weiss, "Overcoming the Security Council Reform Impasse: The Implausible versus Plausible," *Friedrich Ebert Stiftung Occasional Paper*, No.14 (January 2005). p.13.

59) "Russia Backs India as Possible UN Security Council Permanent Member," *RIA Novosti* (Russia)(December 16, 2011).

60) "Russia for Preserving Compactness of UN Security Council," *Bernama Media* (November 12, 2010).

61) Permanent Mission of the People's Republic of China to the UN, "Remarks by Ambassador Wang Guangya at Meeting on 'Uniting for Consensus'"(11 April 2005), http://www.fmprc.gov.cn/ce/ceun/eng/zghlhg/zzhgg/t191026.htm(검색일: 2013.5.1).

매우 부정적이다. 하지만 최근 신흥시장국가로 떠오르는 BRICS(브라질, 러시아, 인도, 중국, 남아프리카)의 리더 국가로서 중국은 영향력 확대를 위해 인도의 상임이사국 진출 지지를 표명했으며, 독일의 상임이사국 진출에 대해서도 긍정적인 입장을 밝히는 등 안전보장이사회 개혁과 관련하여 기존의 입장을 수정하며 점점 더 적극적인 행보를 나서고 있다.[62] 안보리 개혁에 대한 각국의 입장은 〈표 2〉와 같이 정리된다.

〈표 2〉	안보리 개혁에 대한 각국 입장		
	안보리 확대	신규 상임이사국 거부권 부여	비고
G4 (일본, 인도, 독일, 브라질)	적극적; 신규이사국 총회 선출 주장	적극 찬성; 거부권 지역별 할당제 검토	지역별 할당(아·태지역 2개석, 유럽 1개석, 아메리카 1개석, 아프리카 2개석 신설); 2006년 이후 일본 독자 노선 강구
커피클럽(UfC) (한국, 이탈리아, 캐나다, 스페인, 뉴질랜드, 멕시코, 모로코, 아르헨티나, 파키스탄, 싱가포르, 터키, 알제리, 이집트 등)	부정적	반대	한국은 일본 반대; 스페인, 이탈리아는 독일 반대; 아르헨티나, 멕시코, 캐나다, 콜롬비아는 브라질 반대; 파키스탄은 인도 반대
아프리카 그룹	적극적; 신규이사국 지역별 선출 선호	찬성	나이지리아, 남아공, 이집트, 케냐, 리비아 등 역내 상호 견제

---

62) "China Supports Reasonable, Necessary UN Security Council Reform: Spokesman," *Xinhua*(China)(April 15, 2011); "中, 상임이사국 진출 印·獨은 지지 日은 유보," 『연합뉴스』(2005.4.20).

	미국	소극적	반대	일본, 인도 안보리 진출 지지; 독일, 브라질 진출에는 유보적
	영국	긍정적	반대	아프리카 몫 확대 지지
P5	프랑스	긍정적	반대	아프리카 몫 확대 지지
	러시아	소극적	반대	인도 안보리 진출 지지
	중국	소극적	반대	커피클럽 지지; 인도 지지; 일본에 반대

2. 행정·관리 개혁 논의

안전보장이사회 개혁과 더불어 유엔 개혁의 또 다른 중요한 이슈는 행정·관리 부문의 개혁이다. 본서의 제2장에서 다루어진 바와 같이 유엔의 행정 및 관리를 담당하는 조직은 사무국이다. 다른 모든 조직과 마찬가지로 유엔의 행정·관리도 관료주의적 타성에 빠지는 경우가 빈번하며, 이에 대한 효율성 문제가 발생한다. 조세수입을 바탕으로 행정업무를 진행하는 국가의 정부와 달리 유엔은 회원국이 납부한 분담금 등 매우 제한적인 자원을 가지고 세계평화와 개발이라는 명실상부 가장 거대한 목적을 달성하기 위한 여러 가지 사업을 수행해야만하기 때문에 적은 비용을 가지고 높은 효과를 거둘 수 있는 행정·관리의 효율성이 대단히 중요하다. 하지만 공무원 시험과 같은 엄격한 선발과정을 거쳐 직원을 충원하는 일반적인 행정부와 달리 유엔 사무국은 국가, 지역 등을 안배한 선발이 광범위하게 이루어지기 때문에 전문성과 효율성 측면에서 훨씬 취약할 가능성이 매우 높다. 게다가 일부 국가는 유엔에 관리를 보낼 때 능력이 우수한 고도로 숙련된 관리는 유엔에서 자국을 대표하는 외교관으로 활용하고, 유엔 행정직으로는 상대적으로 덜 숙련된 관리를 보내는 관행이 있기 때문에 유엔 행정은 전략적 사고와 위기관리능력 측면에서 상대적으로 취약한 모습을 보인다.[63)]

유엔 행정·관리 분야에서의 문제점은 석유-식량 프로그램(Oil-for-Food Programme에서 여실히 드러났다. 이 프로그램은 걸프전 이후 국제적인 경제 제재를 받던 이라크에서 인도주의 위기가 발생하자 1995년 안전보장이사회 결의를 통해 이라크가 석유를 판매하여 일반 주민들을 위한 비군사적 용도의 식량, 의료품, 기타 인도적 물품을 구입할 수 있도록 허용하는 프로그램이었다.64) 2003년 미국이 주도하는 다국적군이 이라크를 침공하면서 이 프로그램은 중단되었으나, 그동안 이 프로그램이 운영되는 과정에서 각종 비리가 만연했음이 밝혀졌다. 이 프로그램에 참여했던 약 2천여 개의 기업들이 이 프로그램의 사업권을 따내기 위해 사담 후세인 정권에게 비밀자금을 제공하는 등 불법 행위가 이루어졌으나, 이를 감시하고 감독해야 할 유엔 관리들조차 뇌물을 받고 비리를 묵인해왔다. 2004년 유엔은 미국 연방준비제도이사회FRB 의장을 지낸 폴 볼커Paul Volcker를 책임자로 하는 3인 위원회를 구성하여 이 사건을 조사하게 하였다. 2005년에 발표된 조사 보고서에 따르면 690억 달러가 투입되었음에도 불구하고 각종 비리가 발생하는 것에 대해 유엔의 어느 누구도 책임지지 않았다고 지적하고, 사담 후세인이 18억 달러를 불법자금으로 수수했다고 밝혔다.65)

이러한 비리 사건이 조사되는 과정에서 심지어 코피 아난 사무총장의 아들 코조 아난Kojo Annan조차 사무총장의 아들이라는 신분을 내세워 이라크로 향하는 인도적 물품 선적 검수업체인 코테크나Cotecna로부터 1996년부터 2004년까지 40만 달러의 보수를 받고 이 업체가 계약을 따낼 수 있도록 도와주었다는 사실이 드러났다.66) 이 사건은 유엔에서 근본적이고 광범위한 행정 개혁이 필요하다는 주장이 구체화되는 결정적 계기가 되었다. 유엔 직원의 부정·부패를 차단하고 투명성을 높이기 위해 반기문 사무총장은 자신

---

63) 강성학(2013), pp.228-257.

64) 안전보장이사회 결의문 S/RES/986(1995).

65) Independent Inquiry Committee into the United Nations Oil-for-Food Programme, "Public Statement"(2005), http://www.iic-offp.org/documents/Press Release27Oct05.pdf(검색일: 2013.5.1).

66) "Timeline: Oil-for-food scandal," *BBC News*(7 September 2005).

을 포함한 유엔 직원의 재산공개를 추진하였고, 유엔 직원에 대한 내부평가를 통해 사무국을 충원하는 비중을 늘렸다.

세계 각지에서 활동을 벌이는 평화유지군에 의해 각종 비리와 성폭력이 자행되고 있다는 사실도 유엔 행정·관리 개혁의 필요성을 주장하는 근거가 되고 있다. 예를 들어 2004년 콩고민주공화국에서 평화유지활동을 벌이던 평화유지군에 의해 난민 수용소의 여성들이 집단적으로 성폭력을 당하는 사건이 발생하여 유엔 사무총장은 요르단의 자이드 알후세인Zeid al-Hussein 왕자를 책임자로 하는 조사단을 꾸려 진상조사에 나섰고, 2005년 이른바 자이드 보고서Zeid Report가 발간되었다.

이 보고서는 성적 학대와 성폭력에 대한 기준이 되는 규칙을 모든 평화유지요원들에 적용하고, 성폭력 혐의에 대한 전문적인 조사과정을 제정하며, 관련된 조치들을 유엔이 수립하는 내용을 담고 있다.67) 그럼에도 불구하고 유엔평화유지군에 의한 성폭력 사건은 계속해서 발생했다. 2007년에는 코트디부아르의 부아케 지역에서 임무를 수행하던 모로코 평화유지군의 활동이 성폭력과 성착취로 인하여 정지된 바 있으며, 아이티에서는 스리랑카 평화유지군이 성범죄를 저지른 것으로 밝혀졌다. 유엔 감찰국Office of Internal Oversight Services 통계에 따르면 2007년에서 2011년 사이에 유엔평화유지군과 직원에 의한 성범죄 사건은 440여 건에 달했으며, 2011년에는 41건의 성범죄 사건에 대한 조사보고서가 작성되었고, 2012년에는 42건의 성범죄 사건 보고서가 작성되었다. 2012년 한 해에 작성된 유엔평화유지활동 관련 범죄 조사 보고서 총 94건 가운데 45%가 성범죄 사건 관련 보고서였다.68)

유엔의 행정·관리에 대한 이와 같은 각종 문제점들에 대해 개혁의 필요성이 더욱 부각되고 있으나, 이에 대한 입장이 국가들마다 엇갈리고 있다. 유엔 예산의 대부분을 분담하고 있는 미국, 영국, 일본 등 선진국은 사무총

---

67) 이 보고서의 공식 명칭은 A Comprehensive Strategy to Eliminate Future Sexual Exploitation and Abuse in United Nations Peacekeeping Operations이다. 59차 총회 문서 A/59/710(2005).

68) 67차 총회 문서 A/67/297(Part II)(2013).

장이 더 많은 유연성을 가지고 개혁의 권위를 행사해주기를 희망하고 있다. 특히 감시기능과 인사관리에 관련해서 더 많은 역할을 해주기를 희망하고 있다. 하지만 중국을 포함한 많은 개발도상국들은 사무총장의 권한이 커지는 것을 반대한다. 왜냐하면 그들이 목소리를 낼 수 있는 총회의 영향력, 특히 예산과 행정적 역할이 상대적으로 작아질 수 있다고 믿기 때문이다.[69] 겉으로는 사무총장의 권한이 강해지면 미국 등 강대국의 독주에 제동을 걸 수 있고, 이것이 개발도상국에게 더 유리한 것으로 보일 수 있으나, 개발도상국 일부는 이것이 기만이라고 여겼다. 그들은 유엔의 행정이 보다 더 유연해지고 더 많은 권한을 사무총장 등 유엔 고위관리들이 가지게 되면 결국 유엔이 미국을 포함한 서방 선진국의 영향에서 벗어날 수 없을 것이라고 믿고 있다.[70]

유엔 행정·관리에 대한 선진국과 후진국 사이의 입장 차이는 개혁의 우선순위에서 분명하게 나타난다. 개발도상국들은 유엔 개혁의 최우선 순위로서 개발development을 주장하지만, 선진국들은 관리management, 재정budget, 구조structure에서의 개혁에 우선순위를 둔다. 유엔 예산의 상당 부분을 책임지는 미국과 EU는 관리와 재정 개혁을 가장 중요하게 간주한다.[71] 2010년 유엔 일반예산의 12.5%를 제공한 일본도 관리를 가장 우선순위로 보며, 특히 사무국 개혁, 안보리 개혁, 제재규모적 일관성을 강조한다.[72]

69) United Nations, *Statement on Behalf of the Group 77 and China on Secretariat and Management Reform: Report of the Secretary-General Entitled 'Investing in the United Nations'*, New York, April 3, 2006; Irene Martinetti, "UN Management Reform: The Role and Perspective of the G-77," Center for UN Reform (September 10, 2007).

70) Thomas G. Weiss, *What's Wrong with the United Nations and How to Fix It*, 2nd ed. (Cambridge, UK: Polity Press, 2012), p.203.

71) Blanchfield(2011), p.20.

72) Japanese Ministry of Foreign Affairs, "United Nations Reform: Priority Issues for Japan"(January 2006), http://www.mofa.go.jp/policy/un/reform/priority.html(검색일: 2013.5.13).

3. 유엔 재정 확충 논의

유엔 재정과 관련하여 그동안 유엔의 개혁은 주로 지출 부문에 초점이 맞춰졌다. 예산집행의 투명성과 효율성을 높여 부정부패를 없애고 낭비를 줄이기 위한 다양한 노력이 전개되었지만, 실질적으로 유엔이 개혁을 통해 보다 강한 기구로서 국제사회에서 더 많은 역할을 수행하기 위해서는 더 많은 수입이 필요하다. 하지만 현재 유엔의 수입 대부분은 각 회원국의 분담금에 의존하고 있으며, 분담금의 상당부분은 체납되고 있다. 따라서 유엔의 역할 강화를 위한 개혁을 위해서 어떻게 재정적 자원을 확보할 것인가에 대한 추가적 논의가 반드시 필요하다.

유엔 수입의 대부분은 각국에 할당된 분담금과 자발적 기부금(사업분담금)이며, 분담금의 각 국별 분담률은 총회의 분담금위원회Committee on Contributions에 의해 국민총소득, 1인당 소득, 외채부담, 저소득 요소 등을 고려하여 산정되고 매 3년마다 재작성된다.[73] 또한 각 회원국의 분담금은 일반예산regular budget 분담금[74]과 특별계정으로 운영되는 평화유지예산peacekeeping budget 분담금으로 구분된다.[75] 또한 일반예산 분담률에는 상한(22%) 및 하한(0.001%)이 설정되어 있다. 〈그림 2〉에서와 같이 최근 유엔평화유지예산의 크게 증

---

73) 66차 총회에서 2012~2013년 일반예산이 51억 5천2백만 달러로 책정되어 승인받았다. 여기에는 10억 8천3백만 달러의 특별정치활동(Special Political Missions: SPMs) 예산도 포함된다(전체 일반예산의 21%). 66차 총회 문서 A/66/248(2012). 참고로 2010~2011년도 일반예산은 53억 6천7백2십만 달러였다.

74) 2013~2015년도 일반예산 분담률 상위 10개국은 ①미국(22.000%), ②일본(10.833%), ③독일(7.141%), ④프랑스(5.593%), ⑤영국(5.179%), ⑥중국(5.148%), ⑦이탈리아(4.448%), ⑧캐나다(2.984%), ⑨스페인(2.973%), ⑩브라질(2.934%)이며, 상위 5개국의 분담률은 전체의 50%를 넘는다. 참고로 한국의 분담률은 1.994%로서 호주의 뒤를 이어 12위 수준이다. 67차 총회 결의문 A/RES/67/238(2013).

75) 2012~2013년 평화유지예산은 약 73억 3천만 달러로서 분담률 상위 10개국을 살펴보면 ①미국(27.14%), ②일본(12.53%), ③영국(8.15%), ④독일(8.02%), ⑤프랑스(7.55%), ⑥이탈리아(5.00%), ⑦중국(3.93%), ⑧캐나다(3.21%), ⑨스페인(3.18%), ⑩한국(2.26%)이다. 67차 총회 문서 A/67/224(2013).

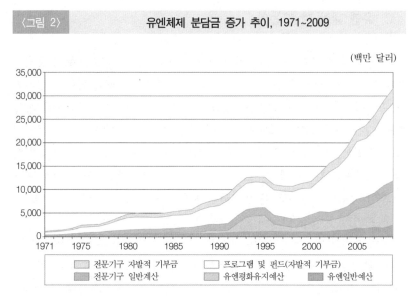

〈그림 2〉 유엔체제 분담금 증가 추이, 1971~2009

(백만 달러)

범례:
- 전문기구 자발적 기부금
- 전문기구 일반계산
- 프로그램 및 펀드(자발적 기부금)
- 유엔평화유지예산
- 유엔일반예산

출처: Global Policy Forum, "Total UN System Contributions," http://www.globalpolicy.
org/un-finance/tables-and-charts-on-un-finance/un-system-budget/27505.html(검색
일: 2013.5.27)

가하고 있는 추세이며, 각종 프로그램과 펀드에 대한 자발적 기부금도 증가
하고 있다.

유엔헌장 제19조에 의거하여 분담금을 체납한 국가는 연체금액이 2년간
의 분담금 액수 이상일 경우 총회에서 투표권을 행사할 수 없다. 그러나
분담금 연체가 당사국의 불가피한 사정 때문이라는 것이 총회에서 인정되는
경우 투표권을 부여한다. 따라서 실제로 총회에서 분담금 연체로 인하여 투
표권을 행사할 수 없는 경우는 극히 드물다. 2011년 12월 31일 현재 유엔
일반예산 체납액의 79%는 미국의 체납액이다. 하지만 〈그림 3〉에서와 같
이 분담금 체납액 추이를 살펴보면 과거 미국의 체납이 전체 체납의 상당
부분을 차지했던 것과 달리 최근 글로벌 경제위기 등의 어려움으로 인하여
미국 이외의 다른 회원국들의 체납이 급격히 증가하는 추세에 있으며, 특히
체납액의 상당부분은 평화유지예산에 대한 체납으로서 이는 유엔의 핵심 사

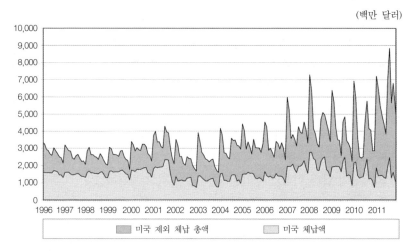

〈그림 3〉 유엔 분담금 체납 추이: 미국과 기타 국가 비교, 1996~2011

(백만 달러)

미국 제외 체납 총액   미국 체납액

주: 일반예산, 평화유지예산, 국제재판소예산을 포괄하였음. 전체 유엔 분담금 체납액은 두 그래
프를 합한 수치임
출처: Global Policy Forum, "US vs. Total Debt to the UN, 1996-2011," http://www.global
policy.org/images/pdfs/UN_Finance/2011/US_v._Total_Debt_Chart.pdf(검색일:
2013.5.27)

업인 평화유지활동의 어려움을 가중시키고 있다.[76]

이러한 재정적 어려움을 극복하기 위해 여러 가지 논의가 이루어지고 있
다. 특히 현재의 분담금에 주로 기반을 둔 유엔의 수입구조하에서 글로벌
경제위기와 같이 각국의 경제사정이 어려워지는 경우 특히 유엔의 재정이
취약해질 수 있다는 우려가 커지고 있다. 이를 방지하기 위해 분담금 이외

---

76) 2011년 12월 31일 현재 평화유지예산에서 미국의 체납액은 4억 8백만 달러인데 비
해, 일본은 7억 9천9백만 달러에 달한다. 그 밖에도 스페인은 2억 5천7백만 달러,
한국은 1억 4천9백만 달러, 영국은 1억 4천5백만 달러, 이탈리아는 1억 9백만 달러
를 체납하였다. Global Policy Forum, "Debt of 15 Largest Payers to the Peace-
keeping Budget 2011," http://www.globalpolicy.org/images/pdfs/UN_Finance/
2011/Debt_of_15_Largest_Payers_to_the_Peacekeeping_Budget.pdf(검색일:
2013.5.27).

에 자발적 기부금의 비중을 높이는 방향으로 유엔 프로그램을 조직하고 있다. 평화유지활동과 같은 경우 유엔의 가장 핵심적 역할이라는 점에서 자발적 기부금에만 의존하는 것이 한계가 있다는 지적에 따라 평화유지예산이 특별예산으로 별도 편성되어 운영되고 있다. 그밖에 세계식량계획^{WFP}, 유엔아동기금^{UNICEF}, 유엔민주주의기금^{UNDEF} 등은 자발적 기부금으로 사업을 전개하고 있다. 하지만 그만큼 기부금을 많이 내는 국가의 영향력이 커질 수 있다는 우려도 제기된다.

유엔의 재정확충을 위한 다양한 아이디어가 제시되고 있다. 유엔의 세계경제사회조사^{World Economic and Social Survey: WESS}는 이른바 글로벌 조세를 통해 약 4천억 달러 이상의 수입을 얻을 수 있다고 평가하였다.[77] 특히 탄소

토빈세

토빈세(Tobin tax)는 1970년대 초 노벨경제학상 수상자인 미국 경제학자 제임스 토빈(James Tobin)에 의해 처음 제시되었다. 1971년 금 가치에 고정된 미국 달러화를 변동환율제로 변경함으로써 브레턴우즈(Bretton Woods)체제가 붕괴하는 시기에 만들어진 이 아이디어는 국가들 사이의 환율 차이를 이용하여 단기간의 환차익을 노리는 국제금융투기를 막기 위해 고안된 것으로서 단기외환거래에 대해 거래액의 0.1% 미만을 세금으로 부과하여 외환투기에 의한 급격한 환율변동을 막고 금융시장을 안정화시킬 수 있다고 평가되고 있다. 토빈세는 여러 학자들에 의해 외환거래세(Currency Transaction Tax: CTT)로 발전하였으나, 전 세계가 모두 동참하지 않을 경우 세금이 없는 곳으로만 자금이 몰릴 가능성이 있다는 반론이 제기되는 등 실효성에서 많은 논란이 있다. 유엔에서는 2000년 6월 유엔사회개발특별위원회에서 처음 논의되었다.

---

77) "U.N. Proposes Global Taxes to Fund 'Global Challenges' such as Climate Change," *CNS News* (July 6, 2012).

배출량만큼 세금을 부과하여 환경변화도 줄이고 유엔수입도 늘리기 위한 탄소세Carbon Tax, 세계 주요 화폐의 외환거래에 세금을 부과하는 외환거래세 Currency Transaction Tax 또는 Tobin Tax, 세계적인 갑부들에게 일정 부분의 국제적 세금을 부과하는 억만장자세Billionare's Tax 등이 글로벌 조세로 주로 논의된다. 벨기에 등 일부 유럽 국가들과 호주는 이러한 아이디어를 긍정적으로 평가하고 있다.78) 하지만 글로벌 조세의 현실화에 대해서는 많은 의문이 제기된다. 국가주권을 보다 강조하는 대부분의 국가들은 이러한 논의에 대해 부정적인 입장을 보이고 있으며, 특히 미국이 모든 정부간 회의에서 글로벌 조세에 대한 논의를 금지하는 등 매우 강하게 반대하고 있다.

이와 같이 유엔 스스로 예산을 보다 효율적으로 사용하고, 회원국이 분담금을 성실하게 납부하고 자발적 기부금을 늘리는 것 이외에 유엔의 재정문제를 획기적으로 해결하기는 사실상 어려운 상황이다. 그럼에도 불구하고 유엔의 재정적 어려움을 완화하면서 유엔의 기능을 활성화하며 각국의 적극적인 참여를 이끌어낼 수 있는 방안을 만들어내는 노력을 중단할 수는 없다. 그러한 노력의 하나로서 현재 유네스코UNESCO가 시행하고 있는 '카테고리2 기구Category 2 institute'가 대표적이다.

이것은 유네스코가 추구하는 교육, 과학, 인문사회과학, 문화, 통신정보, 전략기획 등 6개 부문의 전략적 목적을 달성하기 위해 유네스코 총회의 승인을 거쳐 회원국의 재정적·행정적 지원을 받는 별도의 기구이다.79) 유네스코의 카테고리2 기구는 법률적으로 유네스코 내의 조직은 아니지만, 그

---

78) Katarina Walhberg, "Progress on Global Taxes?" Global Policy Forum(December 2005), http://www.globalpolicy.org/images/pdfs/SocEcon/2005/Global_Taxes/Dec 05ProgressonGlobalTaxes.pdf(검색일: 2013.5.27).

79) 2013년 5월 현재 총 81개의 유네스코 카테고리2 기구가 세계 각지에서 활동하고 있으며, 한국에는 교육부문의 아시아태평양 국제이해교육원(Asia-Pacific Centre of Education for International Understanding: APCEIU)이 활동하고 있다. APCEIU는 1997년 한국이 제안하고 1999년 유네스코 결의를 통해 설립이 승인되었으며, 2000년부터 한국에서 활동을 벌이는 기구로서 아시아태평양 지역 회원국에 대해 평화의 문화를 국제이해교육 프로그램을 운영하고 있다.

취지와 활동이 유네스코의 목적 내에 있다는 점에서 유네스코의 재정적 부담을 완화시키면서 유네스코의 목적을 달성하는 좋은 방식으로 평가받는다. 물론 이러한 방식은 '인류의 양심'이라 불리는 유네스코가 교육·과학·기술 부문에 기능적으로 특화되어 있는 기구이기 때문에 비교적 용이하게 적용될 수 있었다. 정치적·군사적 기능을 수행하는 국제기구에서는 인류보편의 이익보다는 개별 국가의 국익이 우선적으로 반영되기 때문에[80] 집단안보를 추구하는 유엔에 유네스코의 방식을 그대로 적용하기는 곤란할 것이다. 하지만 장기적으로 유엔체제 전반에서 경제적 부담을 줄이면서 기구의 목적을 이룰 수 있는 방법에 대한 다양한 연구 활동이 이루어져야 하며, 유네스코는 하나의 좋은 사례가 될 수 있을 것이다.

IV. 유엔 개혁의 도전과제

1. 시민공동체의 참여 확대

그동안 제기된 유엔의 개혁안은 대부분 유엔 내부로부터 나온 것이며, 유엔 내부에서의 주요 행위자는 국가들의 대표들과 사무국 직원들이다. 따라서 유엔 개혁 논의는 서로 다른 이해를 가지고 있는 국가들 그리고 사무국을 대표한 사무총장의 입장 사이의 힘의 대결 양상을 띠어왔고, 그 내용도 자신들의 입지에 영향을 미칠 수 있는 유엔의 구조와 운영에 집중되어 있었다.[81] 하지만 유엔헌장 전문 첫 구절에서 나와 있듯이 유엔의 주체는 국가

---

80) 조한승, "미국의 유네스코 정책의 전략적 함의: 정치체제론적 관점에서," 『국제정치연구』 11집 1호(2008), pp.45-46.

81) Lawrence S. Finkelstein, "The Politics of Value Allocation in the UN System," in Lawrence S. Finkelstein, ed., *Politics in the United Nations System* (London:

state가 아닌 인민people이며, 헌장 제1장에 명시된 것처럼 유엔의 목적은 국제평화와 안전을 위해 집단적 조치를 취하는 것뿐만 아니라 인간의 평등과 자결에 기초하여 평화를 강화하고 인권 및 기본적 자유를 촉진하는 것이다. 다시 말해 유엔은 정부간기구IGO이지만 단순히 각국의 이해관계를 조정하고 이익을 공유하기 위한 편의적 도구만이 아니라 인류애에 기초한 국가들의 공동체라는 목적을 지향하는 조직이다.

인류 공동체적 목적을 지향한다는 점에서 유엔의 정체성은 단순히 국가의 정부와 국가이익뿐만이 아니라 세계시민과 시민공동체의 관점에서도 고려되어야 하며, 유엔 개혁도 이를 반영하는 것이어야 한다는 지적이 제기된다. 특히 냉전 종식 이후 일부 학자들과 시민운동가들을 중심으로 유엔 개혁이 내부의 이해관계뿐만 아니라 세계시민들의 목소리도 담아낼 수 있도록 외연을 확대해야 한다는 목소리가 커지고 있다.

유엔에서도 1996년 경제사회이사회 결의를 통해 국제적 규모의 NGO뿐만 아니라 지역 및 국가 NGO도 유엔에서의 협의지위를 인정하기로 하였으며, 유엔이 활동하는 모든 영역에서 관련된 NGO가 참여할 수 있는 제도 수립을 검토할 것을 권고하였다.[82] 시민공동체 관점에서 유엔 개혁에 대한 논의는 인간개발human development과 인간안보human security에 대한 관심이 높아지면서 활발해졌고, 이는 유엔이 중심이 되는 글로벌 거버넌스를 이루자는 주장으로 발전하였다.[83] 또한 민주주의의 확산과 유럽연합EU의 발전에 힘입어 유엔을 세계 입법기관으로 발전시키자는 주장도 제기되었고,[84] 더 나

Duke University Press, 1988).

82) 각각 유엔 경제사회이사회 결의문 E/1996/31(1996)과 E/1996/297(1996).

83) David Held, *Global Covenant: The Social Democratic Alternative to the Washington Consensus* (Cambridge: Polity Press, 2004); Anne-Marie Slaughter, *A New World Order* (Princeton: Princeton University Press, 2004).

84) Richard Falk and Andrew Strauss, "On the Creation of a Global Peoples Assembly: Legitimacy and the Power of Popular Sovereignty," *Stanford Journal of International Law*, Vol.36, No.2(2000), pp.191-219; 아미타이 에치오니(Amitai Etzioni), 『제국에서 공동체로』(*From Empire to Community*, 2004), 조한승·서헌

아가 안전보장이사회와 총회를 각각 상원과 하원의 관계로 설정하여 재편성
하자는 주장도 있다.85)

　이러한 요구에 따라 아난 사무총장은 저명인사로 구성된 패널을 조직하
여 NGO와 시민사회의 참여를 확대하여 유엔을 강화시키는 내용의 보고서
를 작성하도록 하였고 2004년 「카르도소 보고서Cardoso Report」가 발표되었
다.86) 이 보고서는 기능주의functionalism, 신조합주의neo-corporatism, 민주적 다
원주의democratic pluralism 등 3가지 이론적 틀을 바탕으로 유엔과 개별 국가
수준에서의 유엔 임무 전반에서 시민사회의 참여를 확대할 것을 강조하였
다. 하지만 일부 전문가들은 보고서의 주장이 유엔의 정치적 성격을 간과하
고 있으며 현실성이 떨어진다고 비판하였다. 특히 전문가의 역할을 강조하
는 기능주의와 더불어 관련 이해당사자를 모두 포함시키는 신조합주의는 유
엔에서의 민주적 참여 기준이 될 수 없다는 비판이 제기되었다.87) 왜냐하면
이러한 접근은 시민사회 전반의 목소리가 아닌 특정 집단에 편향되거나 정
치적 성격이 강한 세력에게 휘둘릴 수 있기 때문이다. 이와 관련하여 군사
안보문제에 대한 유엔에서의 논의에 NGO 등 민간단체의 참여를 둘러싼 논
란이 불거졌다. 미국 등 서방 선진국들은 환경, 인권, 사회, 문화 등의 이슈
에 대한 NGO의 참여는 허용될 수 있으나, 민감한 군사안보 문제는 기본적
으로 안전보장이사회의 소관이기 때문에 NGO의 참여가 불가하다고 주장하
고 있다.

　또한 일부 개발도상국은 유엔과 파트너십을 맺고 있는 NGO들 상당수가

　　주·오영달 역(서울: 매봉, 2007).
85) 홍승목, "UN의 근본적 개혁을 위한 제안 12개조,"『JPI 정책포럼』(제주평화연구원),
　　No.2012-08(2012).
86) 이 보고서의 공식 명칭은 *We the peoples: civil society, the United Nations and
　　global governance*이다. 58차 총회 문서 A/58/817(2004). 카르도소(Fernando
　　Henrique Cardoso)는 코피 아난이 임명한 저명인사 패널의 위원장이었다.
87) Peter Willetts, "The Cardoso Report on the UN and Civil Society: Functionalism,
　　Global Corporatism or Global Democracy?" *Journal of Global Governance*,
　　Vol.12(2006), pp.305-324.

> ### 신조합주의
>
> 원래 조합주의라는 용어는 이탈리아의 파시스트체제에서 비롯되었지만 제2차 세계대전 이후 자본주의 국가에서 핵심적인 이익집단들이 국가의 정부와 밀접한 상호관계를 형성하고 자신들의 요구를 협상하여 이익을 교환하는 사회체제를 의미하는 것으로 그 의미가 변화하였고, 이를 신조합주의(neo-corporatism)라 한다. 특히 유럽에서 신조합주의는 경제불황과 인플레이션의 위협 속에서 자유주의적 자본주의에 맞서기 위한 논리로 발전하였다. 강력한 노동조합과 경영자 연합, 그리고 국가의 정부 사이의 3각관계가 만들어져서 상호간 협력과 타협을 통해 국가경제를 관리하는 것을 추구한다. 그러나 이들 주요 행위자 사이의 합의와 타협으로 경제가 관리되기 때문에 사회적 소수의 자율성이 침해된다는 반론이 제기된다.

서방 선진국의 NGO이기 때문에 개발도상국에 불리한 편파적인 주장을 펼수 있다는 이유로 NGO가 직접 유엔에서 활동 범위를 넓히는 것보다는 NGO가 속한 정부의 정책에 영향력을 행사하는 데 집중해야 한다고 주장하기도 한다. 게다가 NGO들도 그 규모와 기능이 천차만별이며 대부분 분절적으로 조직되어 있어 책임성이 약하기 때문에 유엔 개혁에 대한 스스로의 역할 규정을 명확하게 설정하지 못하고 있다. 시민사회와 NGO의 역할 확대를 통한 유엔 개혁 논의는 아직까지 일관된 형태로 이루어지지 못하고 있지만, 유엔의 목적이 인류보편의 평화와 발전이라는 점에서 시민사회로부터의 목소리가 유엔의 개혁에 반영되어야 함은 부정하기 어렵다. 최근 반기문 유엔 사무총장도 글로벌 공공재를 만들기 위해 정부와 시민사회 그리고 민간부문이 힘을 합쳐야 함을 강조한 바 있다.[88]

---

88) United Nations, "Secretary-General's Plenary Speech at World Economic Forum on 'The Global Compact: Creating Sustainable Markets'," Davos, Switzerland(29 January 2009), http://www.un.org/sg/statements/?nid=3684(검색일: 2013.5.27).

2. 유엔 문화의 혁신

지난 수십 년간 유엔 개혁이 논의되어 왔으나 유엔 사무총장이나 회원국이 어떤 것을 우선적으로 개혁해야 하는지에 대한 구체적인 방향설정을 이루지 못했다. 예를 들어 코피 아난 사무총장이 2005년 개혁안을 제시했을 때 그는 개혁의 안건들이 개별적이 아닌 포괄적인 방식으로 총회에서 처리되기를 희망했다.[89] 하지만 유엔과 같이 각각 주권을 가지며 서로 다른 이익을 추구하는 국가들이 모인 거대한 조직에서 유엔의 성격에까지 영향을 미칠 수 있는 대규모 개혁안을 한꺼번에 처리하는 것은 사실상 무리였다. 그런데 개별적 안건을 하나씩 처리하는 데에도 다음과 같은 논란이 있을 수 있다. 하나는 주도적인 국가가 다수가 쉽게 합의할 수 있는 몇몇 쉬운 개혁안을 먼저 제시하여 개혁의 분위기를 이끌어 냄으로써 궁극적으로 결정적이며 복잡한 개혁 이슈를 처리하는 방향으로 나아가는 것이다. 다른 하나는 가장 핵심적인 개혁안부터 우선순위를 정해 집중적으로 논의하고 절충을 이끌어냄으로써 개혁안이 하나씩 채택되어나가는 접근방식이다. 포괄적인 합의를 도출할 것이냐, 아니면 가장 중요한 안건부터 처리하느냐, 혹은 타협이 쉬운 개혁부터 시작하느냐의 방식에서도 유엔에서 아직 뚜렷한 방향이 결정되지 못하고 있다. 이러한 이니셔티브의 문제는 유엔의 문화와 밀접하게 관련되어 있다.

유엔 홈페이지에서 유엔체제UN System 내의 여러 기관과 조직 사이의 관계를 보여주는 차트를 열어보면 6개 핵심 기관과 부속위원회 및 이사회, 각 부처, 각종 프로그램과 기금, 전문기구 등이 장황하게 나열되어 있고, 이들 사이의 관계를 보여주는 화살표가 복잡하게 연결되어 있음을 발견하게 된다.[90] 이처럼 유엔은 매우 복잡하며 분권화된 기구이다. 따라서 개혁이 이

---

89) United Nations, "The Secretary-General's Statement to the General Assembly" (March 21, 2005), http://www.un.org/largrefreedom/sg-statement.html(검색일: 2013.5.23).

90) United Nations, "The United Nations System Organizational Chart," http://www.

루어진다 하더라도 그 과정은 매우 더디게 진행될 수밖에 없다. 게다가 유엔의 본질상 갈등이 표면화되는 것을 꺼리기 때문에 서로 다른 입장을 가지는 국가 및 부처의 주장을 듣고, 그들 사이의 공통분모를 찾아 타협을 통해 가급적 '합의'의 방식으로 처리하려는 일종의 강박관념이 존재한다. 이러한 분위기로 인하여 유엔에서의 의사처리 과정에는 일종의 '무기력의 문화 culture of inaction'가 안개처럼 짙게 깔려 있다.[91] 이러한 분위기하에서 합의가 이루어진다고 하더라도 그것은 갈등의 '해결'이 아니라 이견이 있음을 상호 간에 '이해'하는 것에 머물 가능성이 높다. 이러한 문화는 참가자의 의견을 모두 조금씩 반영하지만 실질적인 문제해결은 이루지 못하는 결과를 초래해 왔다. 예를 들어 2006년 유엔 인권위원회UN Human Rights Council: UNHRC가 만들어지기 전까지 유엔에서의 인권문제는 여러 기관과 기구들에 의해 서로 중복적으로 다루어졌다. 1946년 경제사회이사회ECOSOC에 의해 설치된 인권위원회UN Commission on Human Rights: UNCHR뿐만 아니라 1993년 총회 결의로 만들어진 유엔 인권최고대표사무소Office of the UN High Commissioner on Human Rights: OHCHR와 1976년에 발효된 시민적·정치적 권리에 관한 규약에 의해 만들어진 자유권규약위원회UN Human Rights Committee와 같은 기관이 유엔에서 인권에 관한 임무를 수행하여왔다. 2006년 이후 인권 문제를 조직적·체계적으로 다루기 위해 경제사회이사회 산하 UNCHR이 UNHRC로 개편되어 총회의 보조기관이 되었으나,[92] 아직도 다른 인권 관련 기관과의 업무가 상당 부분 중복되어 있다.

유엔의 개혁은 유엔 스스로의 힘으로만 이루어지는 것이 아니라 회원국의 적극적인 참여와 노력이 있어야 한다. 하지만 때때로 국가들은 유엔에서의 약속과는 다른 행동을 취함으로써 유엔 개혁의 노력을 후퇴시키는 결과를 초래하고 있다. 유엔에서의 회의 때마다 수많은 문서들이 만들어지고 그

un.org/en/aboutun/structure/org_chart.shtml(검색일: 2013.5.1).

91) "Annan's 'Culture of Inaction'," *The Chicago Tribune* (December 12, 2006).

92) 60차 총회 결의문 A/RES/60/251(2006).

공적개발원조

선진국이 개발도상국의 경제적 발전을 위해 개발도상국이나 국제기구에 제공하는 원조를 의미하며, 민간이 아닌 정부차원에서 이루어진다는 점에서 정부개발원조로도 불린다. 공적개발원조(ODA)는 일반적으로 원조의 형태별로 무상원조(grant-aid)와 유상원조(loan)로 구분되고, 원조의 주체별로 양자간 원조(bilateral aid)와 다자간 원조(multilateral aid)로 구분된다. 무상원조는 증여, 기술협력, 식량원조, 긴급재난원조 등이 포함되고, 유상원조는 공공차관을 의미한다. 한편 양자간 원조는 공여국이 수원국에 직접 원조를 제공하는 것이고, 다자간 원조는 세계은행 등 다자간 국제기구에 분담금 혹은 출자금을 제공하여 국제기구가 개발도상국을 지원하는 것을 말한다. 2011년 현재 유엔이 정한 국민총소득(GNI) 대비 0.7% 이상 ODA 제공 기준을 넘긴 국가는 스웨덴(1.02%), 노르웨이(1%), 룩셈부르크(0.99%), 덴마크(0.86%), 네덜란드(0.75%) 등 5개국에 불과하다.

문서에 각국의 입장이 반영되지만, 당위론적 수준에 머물고 있을 뿐 구체적인 조치에 대해서는 애매한 표현과 립서비스로 가득 차 있는 경우가 허다하다. 따라서 국가들은 정작 행동에서는 유엔에서와는 다른 태도를 보인다. 가장 대표적인 사례가 공적개발원조(Official Development Assistance: ODA)이다. 유엔에서 1970년에 개발도상국에 대한 ODA를 0.7%를 목표치로 정하고,[93] 2000년 유엔정상회의에서 2015년까지 각국 GNI의 0.7%를 ODA로 제공하기로 확인했음에도 불구하고, 40년이 지나도록 북유럽 국가 일부를 제외하고 거의 대부분 실천에 옮기고 있지 않다는 점이다. 또한 WTO 도하라운드에서 각국은 저개발 국가의 농업 생산성을 높여야 한다고 말했으면서, 실제로 자국 농업에 대해 보조금 지급을 계속하여 결과적으로 저개발 국가의 농산품 시장을 장악하는 결과를 불러일으켰다.[94]

---

93) 25차 총회 결의문 A/RES/25/2626(1970).

이처럼 유엔 문화의 혁신은 하루아침에 이루어질 수 있는 것이 아니라 장기적인 과제이다. 문화란 단순히 제도를 바꾸고 인물을 교체한다고 변화하는 것이 아니기 때문이다. 전지구적 이익과 개별국가의 이익이 종종 상충하는 유엔에서 문화의 혁신은 국가들과 유엔 직원들의 행동의 변화만이 아니라, 공동의 평화와 번영을 추구하는 '우리, 인민We, the people' 모두의 인식과 태도의 변화가 수반되어야만 한다.

V. 결론

국내정치에서 제도와 법은 비교적 쉽게 변화 가능하지만 국제정치에서 제도와 법의 변화는 상대적으로 매우 더디며, 변화에 대한 이해도 관점마다 다르다. 예를 들어 현실주의 시각은 제도의 변화를 국가들 사이의 힘의 관계 속에서 나타나는 과정으로 이해하지만 자유주의 시각은 이를 공동체적 가치의 발전을 위한 정책적 과정으로 받아들인다. 또한 구성주의 시각은 행위자가 가치와 규범을 내재화하는 사회적 과정으로 국제 제도의 변화를 이해한다.[95] 따라서 국제적 제도로서 유엔의 개혁은 입장과 관점에 따라 다르게 이해될 수 있다.

유엔 수립 이후 국가의 수가 증가하고 국제적 의제가 복잡해졌으며 유엔 재정의 확충 문제 만들어지면서 유엔을 개혁해야 한다는 주장이 설득력을

---

94) Walden Bello, "In Recession, Modest Help for Most Americans, But Big Bucks for Big Farms," *Foreign Policy in Focus* (July 20, 2008). 실제로 1995년부터 2011년까지 미국은 총 2,400억 달러의 농업 보조금을 지급했다. Environmental Working Group, www.farm.ewg.org/farm/newsrelease.php(검색일: 2013.3.28).

95) 데이비드 암스트롱(David Armstrong) 외, 『국제법과 국제관계』, 조한승 역(서울: 매봉, 2010), pp.110-112; 조한승, "문화다양성협약에 대한 국제정치-국제법 학제적 조망," 『한국정치학회보』 42집 4호(2008), pp.409-428.

얻게 되었다. 특히 이념 대결로 인하여 유엔이 그 기능을 올바르게 발휘하지 못했던 냉전이 종식되면서 유엔의 역할에 대한 기대가 커졌고, 평화유지활동과 인도적 지원 등 유엔의 기능이 더욱 확대되면서 유엔을 보다 강화시키기 위한 노력이 모색되었다. 그 가운데 하나가 안전보장이사회의 확대 개편에 관한 것이었다. 하지만 국가들은 세계평화와 안전에 직접적인 영향을 행사할 수 있는 안전보장이사회의 상임이사국 확대와 거부권 부여에 대해 서로 다른 입장을 보일 수밖에 없었고, 이러한 갈등은 유엔의 개혁에 큰 걸림돌로 남아 있다. 논란이 되었던 행정 및 관리의 효율성과 투명성에 대해서 그동안 많은 개선이 이루어졌으나 사무총장의 권한과 개혁 우선순위와 관련하여 선진국들과 개발도상국들의 사이의 입장 차이가 극명하게 나타났다. 또한 개혁의 순서와 방식에 대해서도 국가들은 의견 일치를 보지 못했고, 갈등의 직접적 표출을 피하려는 유엔의 문화는 오히려 본질적 문제 해결을 이루는 데 장애가 되었다. 유엔 내부로부터의 개혁뿐만 아니라 외부의 시민사회의 참여를 확대해야 한다는 주장과 예산집행의 효율성뿐만 아니라 재정수입의 확충도 시급하다는 주장도 앞으로 유엔의 역할 강화를 위해 고려해야 할 도전과제들이다.

하지만 아직까지 유엔이 이러한 도전과제를 다루기에는 힘이 부족하다. 그 결과 유엔의 근본적 구조와 가치에 대한 개혁은 커다란 진전이 없으며, 단지 절차의 간소화 정도로 만족하는 모습을 보이고 있다. 최근 총회는 각국 기조연설을 폐지하고, 매년 제출하는 연차보고서를 3년에 한번 제출하도록 하여 불필요한 낭비 요인을 없애는 데 주력하고 있다. 이러한 변화는 반드시 필요하며 바람직한 것이지만 단순히 편의를 추구하기 위한 목적의 변화를 유엔의 '개혁'으로 이름붙이기는 곤란하다.

헌장에 명시된 유엔의 목적은 평화와 안보, 국가 간 호혜평등, 인권과 자유의 증진, 국가 간 행동의 조화 등 그동안 인류가 열망해왔던 이상을 구현하고자 하는 것이다. 하지만 유엔의 이상은 숭고할지라도 조직으로서의 유엔은 결코 완벽하지 못하다. 국제기구로서 유엔은 회원국들이 부여한 위임사항과 권한 이상의 것이 될 수 없다. 회원국이 유엔을 어떻게 인식하느냐

에 따라 유엔의 운명이 달라질 수 있다. 국제환경의 변화에 조응하여 유엔
이 더 많은 역할을 보다 강력하게 수행할 수 있는 조직을 갖추어 헌장에서
명시된 숭고한 이상을 이루어나가는 데 있어 강대국 정치의 현실과 유엔에
대한 행정적·정치적·재정적 압박은 그것이 결코 쉽지 않을 것임을 예고한
다. 유엔 사무차장을 지낸 브라이언 어쿼트Brian Urquhart는 "보다 안정적이고
평등한 세계를 위해 유엔은 절대적으로 필요하다. 따라서 그 일을 수행할
수단이 유엔에 주어져야 한다. 그렇지 않다면 세계 각국은 다른 대안을 찾
아야 할 것이다. 그러나 과연 다른 대안이 존재하겠는가?"96)라고 말했다.
그의 말처럼 아마도 인류의 숭고한 이상을 구현하는 데 유엔 이외의 대안은
없을 것이다. 그렇다면 인류는 유엔이 그 숭고한 임무를 수행할 수 있도록
만들어야 할 것이다.

---

96) Brian Urquhart, "Who Can Police the World?" *New York Review of Books*(12
    May 1994).

📖 Bourantonis, Dimitris. *The History and Politics of UN Security Council Reform*. London: Routledge, 2005.

이 책은 유엔안전보장이사회 개혁을 집중적으로 분석하였다. 특히 탈냉전 시대 여러 개혁안과 각국의 입장과 태도를 체계적으로 분석하여 개혁의 가능성을 타진하고 협상의 세부원칙들과 수정 등에 대한 상세한 내용을 정리하였다.

📖 Danchin, Peter G., and Horst Fischer, eds. *United Nations Reform and the New Collective Security*. Cambridge: Cambridge University Press, 2010.

이 책은 유엔 개혁 과정에 관한 3가지 주요 문건(고위급 패널 보고서, In Larger Freedom, 2005 세계정상회의 문서)의 핵심 내용을 다루고 있다. 특히 유엔의 집단안보 기능에 필요한 책임, 공약, 전략, 제도 등을 중점적으로 검토하고 있으며, 국제법의 규범적 이상을 어떻게 실현하고 국가와 비국가 행위자의 관계를 어떻게 설정할 것인가에 대해서도 설명한다.

📖 Kuyama, Sumihiro, and Michael Ross Fowler, eds. *Envisioning Reform: Enhancing UN Accountability in the 21st Century*. Tokyo: United Nations University Press, 2008.

이 책에서는 유엔의 전문가들이 유엔 개혁의 핵심 쟁점인 '책임'에 대해 집중적으로 논의하고 있다. 특히 저자들은 유엔의 책임을 강화해야 한다는 합의에도 불구하고 이에 대한 구체적인 정의와 범위가 뚜렷하지 않음을 지적하고 현실 가능한 대안을 모색하는 데 중점을 두었다.

📖 Puchala, Donald J., Katie Verlin Laatikainen, and Roger A. Coate. *United Nations Politics: International Organization in a Divided World.* Upper Saddle River, NJ: Prentice Hall, 2007.

저자들은 1980년대 말부터 정치학적 관점에서 유엔과 관련된 문제들을 연구하는 프로젝트를 진행하고 있으며, 이 책은 프로젝트의 두 번째 결과물이다. 이 책에서 저자들은 2000년부터 2005년 사이에 여러 유엔 회원국 관계자들과 진행한 인터뷰를 토대로 유엔 활동 과정에서 이루어지는 유엔정치를 분석하였다.

📖 Weiss, Thomas G. *What's Wrong with the United Nations and How to Fix It,* 2nd ed. Cambridge, UK: Polity Press, 2012.

유엔 전문가인 저자가 오늘날 유엔체제와 관련기관들의 고질적 문제점들을 진단하고 제도로서의 유엔을 본질적으로 변화시키는 프로그램을 제시하고 있다. 특히 저자는 유엔을 완벽하게 개선하는 것은 불가능하다는 전제하에 구체적이고 실현 가능한 대안을 모색하는 데 중점을 두었다.

제7장

유엔과 한국, 그리고 세계평화

이서항

I. 서론

'국제평화와 안보의 유지'를 비롯하여 '국가 간의 우호관계 증진' 등을 주요 목적으로[1] 표방하는 유엔은 설립 이래 초창기부터 한국과 깊은 관련을 맺어 왔다. 유엔은 일본의 식민지 질곡에서 벗어난 우리나라에 대해 1948년 5월 정부수립을 위한 선거 감시단의 파견에서부터 한국 정부의 승인과 북한의 무력남침 격퇴를 위한 한국전쟁 개입은 물론 휴전체제의 감시와 전후 재건을 위한 지원, 그리고 냉전시기 동안의 한반도 문제 논의와 1991년 우리의 정식 회원가입 이후 한국인의 사무총장 선임 등 다양한 활동의 수용에 이르기까지 한국과 매우 특별한 관계를 유지해 왔다.

특히 북한의 무력 남침 격퇴를 위한 유엔의 한국전쟁 개입은 유엔이 그 헌장에 입각하여 '집단안보collective security'의 방식을 통해 평화회복을 시도한 것으로서 유엔헌장이 국제평화 유지를 위해 실제적으로 적용된 최초의 사례라는 점은[2] 유엔과 한국의 특별한 관련성을 웅변적으로 나타내 주고 있다.

---

1) 유엔헌장(Charter of the United Nations) 제1조 1항 및 2항.
2) 강성학, "유엔과 동북아의 평화와 안보: 경찰관에서 유모로?" 강성학 편저, 『동아시아의 안보와 유엔체제』(서울: 집문당, 2002), p.22.

또한 유엔은 설립목적의 하나인 '분쟁의 평화적 수단에 의한 해결'[3]을 위한 분쟁조정자로서 한국전쟁 시기 동안 분쟁해결과 연계된 휴전을 성립시키기 위한 노력을 아끼지 않았다는 점도 한국문제 개입의 깊이와 관련성을 그대로 보여주고 있다.

국제평화 유지와 관련된 유엔과 한국의 특별한 관계유지와 관련성은 한국 정부 수립 이후 대(對)유엔 외교가 다자외교의 핵심대상으로서 대(對)미국 외교와 함께 한국외교의 가장 중요한 비중을 차지해 왔다는 사실에서도[4] 여실히 드러난다. 또한 유엔헌장 발효일(10월 24일, 즉 유엔 데이)이 여느 국가와 달리 1950년부터 1976년까지 25년 이상 한국 정부의 법정 공휴일로 지정되어 기념되어 온 점도 유엔과 한국의 특별한 관련성과 유엔을 중시하는 한국 정부의 태도를 적절히 반영하는 것이라고 할 수 있다.

국제평화 유지를 위한 유엔의 한국문제 개입과 정부수립 이후 맺어진 유엔과 한국의 특별한 관련성은 1991년 9월 한국이 북한과 함께 정식 회원국으로 가입한 이후에는 새로운 양상으로 변모되고 진화되었다. 즉, 유엔가입 이전까지 유지되어 온 한국과 유엔의 관계는 '한국문제the Korean question'라는 이름하에 한국이 국제사회에서 유엔을 통한 분쟁해결과 논의의 대상이 되는 수동적·피동적 상황에서 한국이 이제는 '유엔을 향한 그리고 유엔의 활동을 통해'[5] 세계평화에 기여하는 능동적·적극적 상황으로 변화되었다. 다시 말해, 우리의 정식 회원 가입이전까지 유엔은 한국전쟁 휴전과 동서냉전에 따른 남북 간의 정통성 확보와 한국문제 논의와 관련된 경쟁외교의 장(場)으로서 주로 활용되었으나 1991년 정식가입 이후에는 한국이 과거 유엔과 관련하여 유지하여 온 수동적·피동적 상황에서 벗어나 국제사회의 '정상국가'로서 유엔을 통해 적극적·능동적으로 국제평화에 기여할 수 있는 토대가 구축된 것이다. 한마디로 우리의 정식 유엔가입으로 한국은 유엔을 통해 국

3) 유엔헌장 제2조 3항.
4) 외교통상부, 『한국외교 60년: 1948-2008』(서울: 외교통상부, 2009), p.168.
5) 박흥순, "한국과 유엔외교: 유엔가입 20년의 평가와 향후 과제," 『국제 평화연구』 제4권(2011), p.103.

제평화와 안보의 증진뿐만 아니라 인권·개발·환경·테러리즘 등 범세계적 문제들에 대한 본격적인 다자외교를 펼칠 수 있는 기반을 마련한 것이다.

이러한 유엔과 한국의 관계변화는 기본적으로 한국이 유엔에 정식 가입함으로써 이루어진 것이나 다른 한편으로는 1990년대 초반 범세계적인 차원에서 진행된 냉전종식으로 인해 성취된 유엔기능의 부활과 유엔 활동의 활성화에 힘입은 바도 크다. 즉, 1990년대 초 구소련의 붕괴에 따른 탈냉전, 그리고 이와 함께 찾아온 다양한 안보위협의 제기와 세계화 현상의 심화는 기존 국제환경 및 안보와 관련된 전통적 패러다임paradigm을 크게 변화시키면서 유엔에게 새로운 기회와 가능성을 안겨 주었다. 한마디로, 1990년대 초 범세계적인 냉전종식 이후 동서대립의 종결에 따라 유엔의 중요성이 증대함으로써 국제사회의 유엔에 대한 수요가 급속도로 팽창하는 시기에 한국이 유엔에 정식 가입한 것은 한국이 유엔을 통해 적극적·능동적으로 국제평화 증진에 공헌할 수 있는 관계변화에 기여한 것으로 평가할 수 있다.

잘 알려진 바와 같이, 한국은 1991년 유엔가입 이후 오늘날에 이르기까지 비록 20여년의 짧은 기간이나마 안전보장이사회 비상임이사국·경제사회이사회 이사국 등을 역임하였으며 2001년 제56차 유엔총회 의장을 수임한 데 이어 2007년에는 반기문 전 외교부 장관이 제8대 유엔 사무총장으로 진출하는 데 성공하였다. 또한 1993년 소말리아 평화유지단 파견을 시작으로 앙골라·서부 사하라·레바논 등지에서 유엔의 평화유지활동Peacekeeping Operation: PKO에 참여하고 우리 국민의 유엔 등 국제기구 진출이 늘어나면서 국제무대에서 중견국가로서의 위상을 제고하는 동시에 유엔을 무대로 한 외교의 지평을 넓히고 있다.6)

이 장은 국제평화 및 안보증진과 관련된 유엔의 역할과 운영구조를 살펴보면서 새로운 국제환경 속에서 진화된 유엔의 임무 및 활동을 종합적으로 이해·평가하기 위한 국제기구 총서 발간 프로젝트의 결론 부분으로서 국제평화 증진과 관련하여 유지되어 온 유엔과 한국의 관계를 검토하고 국제사

6) 외교통상부(2009), p.168.

회에서 중견국으로서의 한국의 바람직한 유엔외교의 방향과 영역을 제시하는 것에 주목적이 있다. 이를 위해 이 장은 과거 유엔이 한국과 관련하여 맺어 온 관계의 배경과 진행과정을 설명하고 새로운 국제안보 환경의 부상에 따른 유엔의 기회와 도전을 분석하는 동시에 1991년 정식회원 가입 이후 전개된 한국의 대(對)유엔 외교의 성과를 평가하면서 바람직한 유엔외교 수행을 위한 과제와 모델을 모색하고자 한다.

II. 유엔과 한국의 관계: 유엔의 한국문제 개입과 관계 전개

유엔의 한국문제 개입은 정부수립을 위한 1947년 11월 유엔총회에서의 선거 감시단의 설립결정과 다음해에 이은 선거 감시단의 실제적 파견에서부터 시작되었으며 이후 유엔이 우리나라와 관련하여 맺어 온 개입과 관계의 역사는 다음과 같이 3시기로 구분하여 살펴 볼 수 있다. 첫째, 정부수립과 한국전쟁 개입 및 휴전(1947년 11월~1953년 7월), 둘째, 휴전 이후부터 유엔의 정식 회원가입 이전(1953년 7월~1991년 9월), 셋째, 유엔가입 이후 한국의 유엔외교가 본격적으로 활성화되어 오늘에 이르기까지(1991년 9월~현재)의 시기이다.[7]

1. 정부수립과 한국전쟁(1947~1953)

우리나라가 일본의 식민지 통치에서 벗어난 직후 1945년 12월 27일 모스

---

7) 우리나라 외교부도 유엔과 관련한 유엔외교의 전개를 첫째, 정부수립과 한국전쟁, 둘째, 유엔가입 이전 유엔외교, 셋째, 유엔가입과 다자외교로 시기 구분하고 있다. 외교통상부(2009), pp.168-191 참조.

크바에서 열린 미·영·소 3개국 외무장관회의에서는 '한국문제에 관한 모스크바 협정'이 발표되었다. 이는 한반도에 대한 5년간의 4대국 신탁통치를 규정한 협정으로 즉각적인 자주 독립정부 수립을 갈구하던 한민족에게 거국적인 신탁통치 반대 운동을 불러 일으켰다. 이후 모스크바 협정에 따라 서울에서 개최된 미·소 군사령부 대표자 회의와 미·소 공동위원회(1946년 3월 20일~8월 12일)는 양측의 이해관계가 상충되면서 결렬되고 말았다. 이에 한국문제는 유엔에 이관되었고 1947년 개최된 제2차 유엔총회에서는 11월 14일 한국의 통일 정부 수립을 위한 민주적 선거 실시와 선거 감시를 위한 유엔 한국임시위원단United Nations Temporary Commission on Korea: UNTCOK 설치를 주요내용으로 한 결의안이 채택되었다.[8]

그러나 소련군이 유엔 위원단의 입북을 거부하면서 1948년 5월 10일 남한에서만 단독으로 유엔 위원단의 감시하에 총선거가 실시되었으며 이 결과에 따라 1948년 8월 15일 대한민국 정부가 수립되었다. 이후 한국 정부의 최우선 외교과제는 신생 정부로서 국제적 승인을 얻고 유엔의 회원국으로 가입, 국제사회에서 정통성과 합법성을 확보하는 일이었으며 같은 해 개최된 제3차 유엔총회는 12월 12일 찬성 48, 반대 6(기권 1)의 압도적 다수로 결의 제195(III)호를 채택하여 한국 정부가 정당한 의사표시에 의한 선거를 통해 수립된 한반도 내의 유일한 합법 정부임을 선언하였다. 또한 외국 점령군이 가급적 조속히 한반도로부터 철수할 것을 권고하고 호주·중화민국·엘살바도르·프랑스·필리핀 및 시리아등 7개국으로 구성된 유엔 한국위원단United Nations Commission on Korea: UNCOK이 UNTCOK의 활동을 계승, 한반도의 통일을 이루기 위한 임무 등을 수행할 것을 결정한 바 있다.[9]

한편 1948년 9월 9일 '조선민주주의 인민 공화국'을 선포한 북한은 유엔

---

8) 유엔총회 결의 제112(II)호.

9) 유엔의 이러한 노력은 다음 해에도 계속되어 1949년 9월 제4차 총회는 결의 제293(IV)호를 채택, UNCOK을 존속·강화하는 동시에 동 위원단이 대의제 정부의 지속적인 발전을 위하여 전 한반도에 걸쳐 관찰과 협의를 하는 임무를 수행하도록 결정한 바 있다. 외교통상부(2009), p.169 참조.

의 권능을 부인하였으며 1949년 9월 10일 북한 외무상은 유엔총회 앞으로 보낸 항의서를 통해 유엔이 한반도 통일에 간섭하지 말 것과 북한의 참가 없이 채택된 한반도 문제에 관한 결정은 전면 무효라고 주장했다. 이어 북한 은 1950년 6월 25일 새벽 무력을 앞세워 남침을 감행, 한국전쟁을 일으켰다.

북한의 남침에 의한 한국전쟁의 발발이 보고되자 미국은 즉각 트리그브 리Trygve Lie 유엔 사무총장을 통해 안전보장이사회(이하 안보리로 표기) 소집 을 요구, 남침문제의 토의를 제기하였다. 안보리는 북한의 남한에 대한 무력 공격에 대한 대응으로서 6.25 직후 3개의 중요한 결의문을 채택하였는 바, 이들 결의문은 한국전쟁에 유엔이 개입할 수 있는 근거를 제공해 주 고 있다.10)

안보리에서 채택된 첫 번째 결의문(S/1501)은 한국전쟁 발발 당일인 1950년 6월 25일(미국시간) 채택된 것으로서 안보리는 우선 북한의 남침을 유엔헌장에서 규정하고 있는 '평화의 파괴breach of the peace'로 규정하고, 전투 행위의 즉각적인 중지와 북한 당국이 38도선 이북으로 병력을 철수할 것을 촉구하였다. 또한 이 결의문은 모든 유엔 회원국들이 이 결의의 집행을 위 해 유엔에 모든 지원을 제공하고 북한 당국에 지원을 제공하는 것을 자제할 것을 촉구하였다. 유엔 안보리에서 이같이 한국전쟁에 대한 결의문 채택이 빨랐던 것은 북한이 남한을 공격할 당시 이미 한국에는 유엔한국위원단이 활동을 하고 있었기 때문에, 유엔 안보리는 즉각 현지의 보고를 받을 수 있 었던 것으로 평가된다.

안보리가 채택한 두 번째 결의문(S/1511)은 6월 27일 채택한 것으로서 안보리는 이 결의문에서 북한의 무력침공을 격퇴하고 이 지역에서 국제평화 와 안전을 회복하는 데 필요한 지원을 모든 회원국들이 대한민국에 제공할 것을 권고하였다.

---

10) 한국전쟁에 대한 유엔안전보장이사회가 채택한 결의문의 내용 및 제반 조치의 성격에 대한 이 부분의 서술은 주로 박치영 교수의 연구에 의존했다. 더 자세한 것은 박치영, 『유엔정치와 한국문제』(서울: 서울대학교 출판부, 1995), pp.286-292 참조.

한국전쟁 개입을 결정한 유엔의 3개 결의

유엔은 북한이 1950년 6월 25일 새벽(한국시간) 남침을 감행하자 안전보
장이사회를 통해 3개의 중요한 결의문을 채택하고 한국전쟁 개입을 결정.
• 첫 번째 결의문(S/1501)은 남침 당일(미국 시간으로 6월 25일) 북한의
  공격을 '평화의 파괴'로 규정하고 전투행위의 즉각적 중지와 38도선
  이북으로의 철수 촉구.
• 두 번째 결의문(S/1511)은 6월 27일 유엔의 모든 회원국들에게 북한의
  무력침공 격퇴 및 한반도에서의 국제평화와 안전을 회복하는 데 필요
  한 지원의 제공 권고.
• 세 번째 결의문(S/1588)은 7월 7일 한국전쟁에 참여하는 연합군의 통합
  사령부 설치 결정 및 유엔기 사용 허용.

세 번째의 중요한 유엔안보리 결의문(S/1588)은 7월 7일 채택된 것으로
서 안보리는 이 결의문에서 유엔을 대신해서 한국전쟁에 참여하는 연합군의
통합사령부 설치와 유엔기 사용을 허용하였다. 즉, 안보리는 이 결의문에
따라 병력과 기타 지원을 제공하는 모든 회원국들은 미국 지휘하에 있는
통합사령부에 그들의 병력과 지원을 배치, 통합사령부가 이를 이용할 수 있
도록 건의하였다. 또한 미국에 대해 이러한 병력의 사령관을 임명할 것을
위임하였고, 통합사령부는 그 재량으로 북한군에 대항해서 작전을 수행하는
데 있어 참전국들의 국기와 나란히 유엔기를 사용하는 것을 허용한 것이다.
또한 이 결의문은 미국이 통합사령부가 취한 조치의 진행과정에 관해 적절
한 보고를 안보리에 제출할 것을 요청했다.[11] 이러한 결의에 따라 그 다음
날인 7월 8일 트루먼 미국 대통령은 더글러스 맥아더 Douglas MacArthur 장군을
한국의 유엔군 총사령관으로 임명하고, 유엔기 사용을 지시하였다.[12]

---

11) 유엔안보리 결의문의 전문은 『한국외교 40년: 1948-1988』(서울: 외무부, 1990),
    pp.389-390에 번역, 게재되어 있다.

한마디로, 유엔이 한국전쟁에 개입한 것은 북한의 '평화파괴'에 대한 집단적 강제조치의 성격을 갖는다. 그러나 다른 한편 유엔은 분쟁의 평화적 해결을 추구한다는 목적을 지니고 있으며 구성기관의 하나인 총회가 본질적으로 '평화를 위한 여러 방안의 토론 및 의견교환을 위한 범세계적 토론장'이 된다는 점에서 한국전쟁의 해결을 위한 노력을 아끼지 않았다. 이러한 노력 중의 하나가 곧 한국전쟁의 휴전을 성립시키기 위한 시도이다.

전쟁이 진행되는 동안 유엔의 성공적인 반격이 이루어지고 북한의 38도선 이북으로의 후퇴 가능성이 높아지면서, 그리하여 '전쟁 이전 상태로의 회복(이른바 戰前原狀회복)'이 가능한 것으로 보이자 38도선에서 정전을 성립시키자는 시도가 활발히 제기되었다. 더욱이 1950년 11월 중국인민지원군의 개입으로 전쟁의 양상이 달라지자 서방측의 일부 참전 국가들은 휴전의 필요성을 적극 제기했다.

미국 정부는 1951년 3월 22일 참전국과의 협의를 거쳐 대통령이 발표할 휴전제의안의 기초를 다듬었다. 이 안은 유엔군이 '침략자'를 1950년 6월 '불법적 침략이 개시된 지역 부근'으로 큰 손실을 입혀 격퇴시켰다고 전제하고, 이 지역에 '평화와 안정의 회복의 문제'가 남아 있는 만큼 유엔군은 전투를 종식시키고 전쟁의 재개를 방지할 조치를 취할 준비가 되어 있음을 밝혔다. 또한 리 유엔 사무총장도 공산군이 38도선 이북으로 '격퇴'된 이상 그 부근에서 휴전이 성립되어 평화와 안전이 회복된다면 유엔의 목표는 달성된 것이라고 주장했다.

이러한 상황 속에서 1951년 6월 23일 주유엔 소련대사인 야콥 말리크 Jacob Malik가 휴전협상 가능성을 시사한 것을 계기로 리 유엔 사무총장도 같

---

12) 이와 같이 채택된 안보리 결의문에 의해서 유엔의 한국전쟁 개입이 이루어졌으나 전쟁이 진행됨에 따라 유엔은 명확한 법률적 해석이 요구되는 몇 가지 문제에 직면하게 되었다. 예를 들면, 1950년 10월 초 유엔군이 북한군을 38도선까지 격퇴하는 데 성공함에 따라 이를 유엔의 최초 결의문에서 언급한 임무를 완료한 것으로 간주할 것인가의 여부 등이다. 이에 대한 상세한 내용은 이서항, "유엔과 한국전쟁의 휴전과정," 강성학 편, 『유엔과 한국전쟁』(서울: 리북, 2004), pp.60-63 참조.

은 해 6월 말 유엔군 사령관이 기존의 유엔안보리 결의에 의해 한국전쟁 해결을 위한 군사협상을 진행할 권한이 부여되어 있음을 밝혔다. 이에 1951년 7월 8일 유엔군과 공산군사이에 휴전회담 개최에 대한 합의가 이루어졌으며 2년여의 협상 끝에 1953년 7월 27일 휴전협정이 체결되었다.13)

휴전협정은 본문 5개조 63개항으로 구성되어 있으며 특히 이 협정의 제2조 제19항 및 20항에 따라 양측에서 5명씩 모두 10명으로 구성된 군사정전위원회Military Armistice Commission: MAC가 설치되었다. 이 위원회의 임무는 휴전협정의 이행을 감시하고 이것의 위반은 협상을 통해 해결한다는 것이다. 이 책임수행을 지원하기 위하여 위원회에 공동감시단Joint Observer Teams을 배치하고 있다. 그 외에 양측에서 각각 2명씩 지명한 4명으로 구성되는 중립국감시위원회Neutral Nations Supervisory Commission가 설치되어 있다. 여기에는 유엔측이 지명한 스웨덴과 스위스, 공산측이 지명한 폴란드와 체코슬로바키아가 포함되어 있다. 이 위원회에는 감시위원회 위원들이 선정한 장교로서 구성된 20개의 중립국감시소조Neutral Nations Inspection Teams가 배치되어 있다. 이 감시소조는 휴전체제cease-fire arrangements를 감시할 책임을 맡고 있다.

그리고 휴전협정 제4조 제60항은 휴전협정 서명 후 3개월 내에 한국문제의 해결을 위해 정치회담을 개최할 것을 건의하였다. 또한 1953년 8월 28일자 유엔총회 결의 제711(Ⅶ)호도 이 회담을 지지함에 따라 미국·영국·프랑스·소련의 4개국 외무장관은 1954년 2월 18일 베를린회담 후 제네바에서 4월 26일 한국문제에 관한 정치회담을 열어 6월 15일까지 계속하였다. 이 회담에는 한국전쟁에 참전한 국가들과 소련이 참가하였다.

---

13) 휴전협정 체결 후 유엔총회는 1953년 8월 28일 결의 제712(Ⅶ)호를 채택, 침략에 대항하여 자유와 평화를 지키기 위해 전사한 병사들에게 조의를 표하는 동시에 유엔의 요청에 따라 무력침공을 격퇴하기 위해 처음으로 취한 집단적 조치가 성공한 데 대해 만족의 뜻을 표명했다. 외교통상부(2009), p.172 참조.

2. 휴전 이후 유엔가입까지(1953~1991)

휴전협정과 1953년 유엔총회 결의에 따라 한국문제의 평화적 해결을 위해 1954년 4월 제네바에서 개최된 정치회담은 끝내 결렬되고 말았으며 이 회담이 무위로 끝나자 한국문제는 다시 유엔으로 돌아가게 되었다. 이에 따라 1954년부터 유엔총회에서는 한국전쟁 기간 동안 UNCOK를 대체하여 구성된 유엔 한국통일부흥위원단United Nations Commission for the Unification and Rehabilitation of Korea: UNCURK14)의 연차보고가 자동적으로 의제에 포함되어 매년 한국문제를 토의하게 되었다. 이러한 상황에서 유엔총회는 한국대표를 단독 초청하여 참석시키고 유엔 감시하에 인구비례에 의한 남북 총선거를 주요 내용으로 하는 한국통일 결의안을 압도적 다수결로 채택해 왔다.

그러나 1960년대 초반부터 신생 독립국으로서 새롭게 유엔에 가입한 다수의 아시아 및 아프리카 국가들의 비중이 커지고 당시 발족된 비동맹 운동의 영향으로 유엔 내에서 이들 국가들에 의한 반서방적 성향이 노정되자 한국문제 논의 양상도 크게 변모되었다.

이러한 상황 변화는 한국통일 원칙을 재확인하는 본질적 문제 토의보다는 남북한 대표를 한국문제 토의에 어떻게 참석시킬 것인가에 관한 절차문제에서 보다 민감하게 나타났다. 이리하여 1961년 4월 12일 미국의 아들라이 스티븐슨Adlai E. Stevenson 대사가 남북한 조건부 동시 초청에 관한 수정결의안(A/C. 1/837)을 제출, 이것이 99개 회원국 중 찬성 59, 반대 14(기권 23, 결석 3)로 채택되기에 이르렀다. 이는 이른바 '스티븐슨 방식'이라 불리는 타협안으로서 한국과 미국 등 우방들이 1960년대 유엔 내 세력 분포 변화에 따라 종전의 한국 대표 단독 초청 방식보다 남북한 대표를 함께 초청하되, 북한이 한국문제를 다루는 유엔의 권위와 권능을 수락할 것을 조건으

---

14) UNCURK는 1950년 10월 7일 미국 등 8개국의 공동제안으로 한반도에 통일·독립된 민주 정부를 수립하고 한국 내 구호와 재건의 임무 수행을 목적으로 유엔총회 결의 제376(Ⅴ)호에 의해 설립되었다.

로 하는 방식으로 전환되었음을 의미한다. 이러한 유엔총회의 조건부 초청
에 대하여 북한은 4월 17일 북한 대표의 참가와 동의 없이 채택된 유엔의
어떤 결의도 인정하지 않겠다고 선언하였다.

그 이후 1967년까지 유엔총회에 연례적으로 상정된 한국문제 토의 양상
은 크게 달라지지 않았다. 즉, 절차문제에 있어서는 조건부 남북한 동시 초
청 방식으로 사실상 북한의 초청이 봉쇄되고 한국 대표단이 정치위원회에서
의 한국문제 토의에 초청되어 발언하였으며, 본질문제에 있어서는 유엔의
한반도 통일 원칙을 재확인하고 UNCURK 활동을 존속시키는 서방측 결의
안이 압도적 다수로 채택되는 형태가 되풀이되었다.15)

그러나 이러한 방식도 유엔 내 진영의 세력분포가 점차 변화되면서 1960
년대 후반부터는 한국문제의 자동적인 연례토의 중단방안이 강구되었으며
1968년 제23차 유엔총회에서는 UNCURK가 연례보고서를 반드시 총회에
제출하지 않고 필요에 따라 사무총장에게 제출할 수 있는 재량상정 방식이
채택되었다.16) 또한 1970년대에 들어와서는 중국이 중화민국(타이완) 대신
에 유엔 내 대표권을 확보하고 비동맹 회원국의 비율이 40%를 넘어서는
상황이 벌어졌으며 북한이 1973년 7월 뉴욕에 옵서버 대표부를 설치, 제28
차 총회 시부터 처음으로 한국과 같이 토의에 초청되어 참가함에 따라 유엔
에서는 남북한 및 그 지지세력 간의 정면대결이 벌어지는 양상으로 변모되
었다.

그리하여 유엔에서의 한국문제 토의는 한국을 지지하는 서방국들이 남북
대화 환영·주한 유엔군문제의 안보리 협의·UNCURK의 자진 해체·남북한
유엔 동시가입 환영을 골자로 하는 공동결의안을 제출하는 것에 비해, 북한
을 지지하는 비동맹 중심의 국가들은 UNCURK 해체·유엔군 사령부 해체·
주한 외국군의 유엔기 사용권 박탈·주한 미군 전면 철수를 주장하는 공동
결의안을 제출하게 되었다.17) 1973년 제28차 유엔총회에서 벌어진 이러한

---

15) 이 부분의 설명은 외교통상부(2009), pp.172-176에 크게 의존함.
16) 유엔총회 결의 제2466호.

남북한 간 대결은 북한을 지지하는 비동맹 그룹 국가들의 급진화로 더욱 치열한 양상을 띠게 되었는데 특히 1975년 제30차 총회에서는 한국문제에 관한 본질적으로 내용이 상반되는 두 결의안이 함께 통과되는 이변까지 낳게 되었다.

즉, 한국을 지지하는 서방국들은 한반도 평화와 관련한 남북대화의 촉구와 모든 직접 당사자가 휴전협정 대안 및 항구적인 평화보장을 마련하기 위한 협상을 개시할 것을 희망한다는 것을 주요 내용으로 하는 결의안(제3390 A호)을 제출한 반면, 북한 측 결의안(제3390 B호)은 유엔군 사령부의 무조건 해체·주한 미군의 철수·휴전협정의 평화협정으로의 대체·남북한의 동등한 군비축소 등을 요구했는데 두 안이 동시에 채택된 것이다. 서로 상반되는 내용의 결의안이 동시에 채택된 것은 한국문제에 관한 한 유엔의 해결 능력이 한계에 도달했음을 보여주는 것이라고 할 수 있는데[18] 이후 한국문제는 특별한 사건과 관련된 의제(예: 1983년 및 1987년의 KAL기 격추·폭파사건과 1983년 랭군 암살 폭발사건)를 제외하고는 유엔에 상정되거나 토의되지 않았다.

한편 이 기간 동안 유엔총회에서의 한국문제 논의는 유엔가입 미성취와 남북한 간의 대결로 큰 성과를 거두지 못했으나 한국은 유엔 산하의 전문기구 등에 정식 가입함으로써 국제평화 증진에 기여할 수 있는 기회를 갖게 되었다. 이러한 기회의 대표적 사례가 1950년 6월 14일 유엔교육과학문화기구—즉, 유네스코United Nations Educational, Scientific and Cultural Organization: UNESCO에의 가입이다. 유네스코는 '교육·과학 및 문화를 통한 국가 간의 협력을 증진시킴으로써 세계의 평화와 안전에 기여'함을 목적으로 하고 있으며[19] 한국은 195개 어느 회원국보다 큰 유네스코 국가위원회를 유지하면서 세계

17) UNCURK는 당시 미·중 간에 진행된 동서화해 분위기 속에서 해체에 관한 타협안이 총회 내에서 채택되어 1973년 11월 29일 성명서를 발표하고 23년간에 걸친 한국 내 활동을 종결, 해체되었다.

18) 외교통상부(2009), p.176.

19) UNESCO, *UNESCO's Standard Setting Instruments* (Paris: UNESCO, 1981).

평화 교육과 개발도상국 등을 대상으로 한 국제이해 교육활동에 참여해 왔다.[20] 한국은 이외에도 식량 농업기구Food and Agriculture Organization: FAO・세계보건기구World Health Organization: WHO 등의 거의 모든 유엔 전문기구에 가입, 특정 기능분야와 관련된 국제협력과 이를 통한 평화증진에 기여해 왔다.[21]

3. 유엔가입과 유엔외교의 활성화(1991~현재)

1975년 이후 유엔에서의 한국문제 토의는 중단됨으로써 그동안 유지되어 왔던 유엔과 한국의 수동적・피동적 관계는 사실상 종료되었다고 할 수 있다. 그러나 다른 한편 유엔에서의 한국문제 토의 중단은 유엔과 새로운 관계를 정립하고 유엔을 통해 한반도 평화증진은 물론 세계평화 문제에 기여하기 위해서는 한국의 유엔가입이 절실히 필요하다는 사실을 다시 한번 일깨워 주었다. 한반도 평화증진을 위해서는 북한을 국제사회의 책임 있는 성원으로 끌어내는 것이 중요하며 1983년 랭군 암살폭발 사건과 소련의 KAL기 격추사건 그리고 1987년 KAL기 폭발사건 등의 경우에서 보는 바와 같이 국제사회에서 한반도 안보 관련 문제의 효율적인 해결은 여전히 유엔의 개입이 긴요하다는 사실이 인식되었기 때문이다. 이에 한국은 그동안 좌절되었던 유엔가입을[22] 재추진하기로 하고 그동안의 국력신장을 바탕으로 유엔

---

20) 한국의 유네스코 가입과 활동 등에 관한 자세한 것은 정우탁, "한국전쟁과 UNESCO," 강성학 편, 『유엔과 한국전쟁』(서울: 리북, 2004), pp.197-215 참조.

21) 유엔 산하 전문기구에 대한 한국의 가입연도 일람표와 활동에 대한 개괄적인 검토는 예종영, "한국전쟁과 국제경제기구: 미국과의 연관성을 중심으로," 강성학 편(2004), pp.145-166 참조.

22) 한국은 1948년 제3차 유엔총회가 한국 정부를 한반도 내의 유일한 합법정부로 승인하는 결의를 채택한 직후 1949년 1월 19일 유엔가입 신청서를 제출했으나 안보리에서 소련의 거부권 행사로 부결된 이래 1949년 11월부터 1975년까지 7차례 가입을 시도했다. 그러나 매번 소련의 반대로 무위로 끝났으며 1973년부터는 '6.23 평화통일 외교정책 선언'을 통해 북한의 유엔가입을 반대하지 않음을 천명했다. 한국의 유엔가입 외교노력과 시도에 관한 자세한 설명은 외교통상부(2009), pp.179-182 참조.

의 각종 활동에 적극 참여해 왔다.

유엔가입을 위한 한국의 노력은 1980년대 후반에 다시금 강화되어 1988년 서울 올림픽 개최와 이른바 '북방외교'의 추진으로 서서히 가시적인 성과를 나타내기 시작했다. 특히 1990년에 들어와서 범세계적 냉전종식의 흐름에 힘입어 과거 우리의 유엔가입을 반대하던 사회주의 종주국이라고 할 수 있는 소련과 외교관계를 수립하고 중국과 무역대표부 설치를 합의한 것은 한국의 유엔가입과 관련하여 중요한 전기가 된 사건이었다.

소련과 중국은 유엔 안보리 상임이사국으로서 한국의 유엔가입 문제에 있어 매우 중요한 위치를 차지하고 있었는 바, 한국과의 관계개선은 한국은 물론 북한의 유엔가입 문제에 결정적인 역할을 수행하였다. 소련의 경우 미하일 고르바초프Mikhail S. Gorbachev 대통령이 한국과의 수교 이후 불과 반년만인 1991년 4월 방한하여 역사적인 제주도 한·소 정상회담을 개최하고 한국의 유엔가입에 대한 깊은 이해를 표명하였다. 중국도 한국의 유엔가입에 대한 국제적인 지지 분위기를 인식, 이 문제에 대해 보다 현실적인 시각을 갖게 되어 그동안 남북한 유엔가입이 분단의 고착화를 가져온다는 이유로 이른바 '단일 의석 공동가입안'을 고집하던 북한을 설득하기에 이른 것이다.23)

이와 같이 한국의 유엔가입에 관한 국제사회의 압도적 지지 분위기를 인식하게 된 북한은 중국의 권고를 받아들여 같은 해 5월 27일자 외교부 성명을 통하여 유엔가입 신청을 발표하였고, 7월 8일에는 유엔가입 신청서를 유엔 사무총장에게 제출하였다. 한국 정부도 8월 5일 유엔가입 신청서를 제출, 남북한의 유엔가입 신청서가 8월 8일 단일 결의로서 안보리에 회부되었으며 안보리는 이를 토론 없이 만장일치로 채택하고 총회로 회부하여 제46차 유엔총회 개막일인 9월 17일 드디어 남북한의 유엔 동시가입이 이뤄진 것이다.24)

---

23) 외교통상부(2009), p.183.
24) 북한은 160번째, 한국은 161번째 회원국으로 유엔에 가입한 것으로 기록되고 있다.

비록 북한과의 동시가입 형식을 띠었으나 한국의 유엔가입 실현은 한국 정부의 세계평화 증진과 관련한 유엔외교는 물론 외교전반에 질적인 변화를 가져온 것은 두말할 필요가 없다. 무엇보다도 두드러진 것은 과거 한국전쟁 개입과 한반도 문제에 논의를 통해 맺어졌던 한국과 유엔의 수동적·피동적 관계는 한국이 유엔을 통해 세계평화에 공헌 할 수 있는 적극적·능동적 관계로 변화되었다. 즉, 한국은 '국제평화와 안보의 유지' 문제를 다루는 세계 최대의 국제기구에서 공식 발언권과 투표권을 갖고 외교적 영향력을 실질적으로 행사할 수 있는 기회를 확보하게 된 것이다. 한마디로, 한국의 유엔가입은 마침 탈냉전의 새로운 국제 환경의 부상과 맞물려 새로운 국제적 역할을 수행할 수 있는 중요한 다자적 외교수단과 장치를 제공해 준 것과 같다고 할 수 있다.[25]

한국은 유엔에 정식 가입한 이후 20여 년이라는 짧은 기간 내에 괄목한 만한 성과를 거두었다. 유엔가입 5년 만에 국제평화와 안보 유지의 1차적 책임 기관인 유엔 안보리 이사국(비상임)으로 활동하였고 다수 국제회의에 의장단으로 참여하였으며, 총회의장과 사무총장도 배출하였다. 또한 소말리아·동티모르·레바논 등지에 평화유지군을 파병하였으며, 군축·환경·인권 문제 등 범세계적 문제의 논의와 해결 방안 모색에 적극 기여하였다. 또한 유엔 등 국제기구에 한국인 진출을 확대하기 위한 노력도 상당한 성과를 거둔 것으로 평가되고 있다(한국이 유엔가입 이후 이룬 자세한 성과의 평가에 대해서는 이 글의 제4절 참조).

---

25) 박흥순(2011), pp.106-107.

III. 새로운 국제환경의 부상: 유엔의 기회와 도전

1. 유엔의 특징과 제약

유엔은 헌장에서 명시하는 바와 같이 '국제평화와 안보의 유지', '국가 간의 우호관계 증진', '경제·사회·문화·인도적 문제와 인권의 신장을 위한 국제협력,' 그리고 '국제관계의 이해와 조화를 위한 중심지 역할 수행' 등의 숭고한 목적을 내세우고 출발했으나 그 기능이 오랫동안 제대로 작동되지 못했다. 이는 박흥순 교수가 지적하는 바와 같이 국제사회의 현실에서 오는 여러 가지 제약과 유엔이 태생적으로 안고 있는 구조적 특성에서 기인하는 것이라고 할 수 있다. 박 교수는 다음과 같이 지적하고 있다.[26]

첫째, 유엔이 국가들의 연합체에 불과하고 회원국들의 동의나 지원 없이 스스로의 독자적 역할을 할 수 있는 데는 근본적인 제약이 있다. 더구나 유엔 자체—특히 안보리의 법적 강제력에도 불구하고 실제로는 그것을 이행할 자체 군사력이나 경찰력을 갖고 있지 않다. 가령, 유엔이 만성적인 재정곤란이나 주요 국제분쟁에서의 효과적인 대응을 위한 정치적·행정적·군사적 역량의 제약이 심각한 현실이다. 개별 국가들은 여전히 국가주권 우선의 원칙을 고수하고, 유엔의 역할이 그 국가들의 주권을 억압하거나 침해하는 것에 대하여 항상 예민한 반응을 보이며 유엔 자체의 독립이나 자주성에 대하여 견제를 하는 입장이다. 다시 말해, 유엔의 활동에 대해 이른바 '세계이익'과 개별 '국가이익'이 서로 다르게 나타날 수 있다는 것이다. 둘째, 유엔이 주권평등의 원칙을 천명하고 있지만 국제사회에서의 의사결정은 국력에 의한 차이와 힘의 균형에 의해서 영향을 받을 수밖에 없는 것이 현실이다. 특히 안보리의 5개 상임이사국이 누리는 지위와 거부권veto power을 행사할 수 있는 특권은 유엔헌장의 보편성—즉, 총회의 '1국 1표주의'의 주권평등

---

26) 이 책의 제1장 "유엔의 기원, 발전, 역할과 국제사회"(박흥순), pp.19-83 참조.

원칙과 상치된다. 일부 국가가 누리는 이러한 특권과 주권평등 원칙과의 불일치는 전반적으로 유엔 자체의 권한이나 역량이 국제사회의 요구와 기대에 미치지 못하는 현실과 수요 사이의 간격을 초래해 왔음을 부인할 수 없다. 셋째, 유엔은 필요 경비를 회원국의 분담금에 의존하고 있으며 스스로의 독립된 재원이나 재정조달 방법이 거의 없다. 따라서 현재 안보리 5개 상임이사국P-5을 비롯하여 국제사회에서 주요 국가그룹으로 불리는 G-8 및 G-20 국가들이 유엔 재정의 85% 이상을 부담하고 있는 실정에서 이들 국가들의 의지와 입장이 나머지 170여 개국보다 중시되는 현실은 불가피할 수밖에 없다. 넷째, 유엔의 활동내용과 임무의 우선순위 및 범위에 관해서도 회원국 간의 갈등이 크다. 오늘날 동서냉전의 종식으로 회원국들 간의 이념적·정치적 갈등은 약화되었으나 선진국과 개도국 간의 '남북대립North-South Confrontation'으로 나타나는 경제적 갈등이나 유엔 정책 수립과 이행에서 나타나는 강대국과 약소국 간의 갈등은 여전히 해결해야 할 커다란 과제로 남아 있다.

그러나 무엇보다도 유엔기능을 무력화시킨 주요 원인은 1950년대 이후 거의 40여 년간 지속되었던 동서냉전하의 강대국 간 대립이었다. 미국과 소련을 정점으로 한 이른바 '양극체제bipolar system'하에서 세계는 이념적·정치적·군사적으로 갈라져서 대결을 벌였으며, 유엔은 이러한 갈등과 대결을 반영하여 그 기능을 제대로 수행하지 못하였다.[27] 특히 국제평화와 안보의 유지를 위한 헌장상의 기능에 주된 책임을 갖고 있는 안보리는 미국과 소련의 거부권 행사 등으로 그 기능이 거의 마비되었으며,[28] 그 대신 대부분의 국제분쟁은 유엔체제 밖에서 당사자 간의 혹은 강대국의 개입과 주도 또는 세력균형을 통해 해결되었다. 유엔기능의 무력화를 가져온 강대국 간의 대립과 동서냉전으로 상징되는 국제환경도 1980년대 말부터 크게 변화되기 시작했으며, 이는 곧 강대국의 유엔에 대한 인식변화와 유엔기능의 부활

---

27) 박흥순, "유엔체제의 발전과 평가," 박수길 편, 『21세기 유엔과 한국: 새로운 도전과 과제』(서울: 도서출판 오름, 2002), pp.37-38.

28) 예를 들면, 한국의 유엔가입 신청도 1948년부터 1975년까지 소련의 거부권 행사로 7차례나 거부되었다.

renaissance과 활성화revitalization로 이어졌다.

2. 국제환경 변화와 유엔의 활성화

앞서 지적된 바와 같이 동서냉전의 갈등이 유엔의 기능을 무력화시킨 주요 원인이었으므로 동서냉전의 해소는 곧 유엔기능의 부활을 의미하는 것이었다. 유엔기능의 부활은 강대국의 유엔에 대한 인식변화에서부터 출발하였으며 이러한 변화는 소련의 개혁적 지도자 고르바초프에 의해 주도되었다. 고르바초프는 1980년대 중반 집권하면서 소련에 대한 정치·경제적 개혁 추진의 일환으로 소련 경제를 세계 경제에 편입되도록 노력하면서 동서진영 간의 긴장해소를 시도하였는 바, 이는 국제사회에서 유엔을 중심으로 한 다자주의multilateralism와 군사·안보측면에서 유엔의 평화유지 활동을 부활시키는 계기로 작용하였다. 고르바초프는 1987년 체납되고 있는 소련의 유엔 분담금 2억 달러의 조속한 납부를 약속했으며 1988년에는 유엔총회에서 군사력 의존보다는 대화를 강조하는 자신의 이른바 '신사고new thinking' 정책이 국제갈등의 해결에도 적용될 것을 촉구하는 등 공식적으로 소련과 유엔의 관계를 재정립하는 역할을 수행하였다.29)

이러한 소련의 태도와 정책의 변화는 소련이 자국의 경제개혁에 전념하기 위해 당시 개입되어 있던 수많은 국제갈등 사건으로부터 발을 빼려는 의도를 분명히 반영하는 것이었다. 이는 실제로 베트남 캄란Cam Ranh 만과 아프가니스탄·에티오피아·예멘 등에서의 소련군 철수로 이어졌으며 유엔의 평화유지 활동 지지는 갈등지역에서의 소련의 철수를 정당화시키는 유용한 '체면세우기 수단face-saving means'으로 제시되었다.30)

---

29) Thomas G. Weiss, David P. Forsythe and Roger A. Coate, *The United Nations and Changing World Politics*, 4th ed. (Boulder, CO.: Westview Press, 2004), p.47.

30) Weiss, Forsythe and Coate(2004), p.47.

이러한 소련의 유엔에 대한 태도변화는 국제적으로는 물론 또 다른 강대국인 미국에게도 지대한 영향을 미쳤음은 물론이다. 1988년 당시 미국의 로널드 레이건Ronald Reagan 대통령은 과거 유엔에 대해 갖고 있던 부정적 태도를 수정, 같은 해 유엔총회에서 행한 연설에서 "유엔이 이제 소생하여 종전과 전혀 다르게 활동할 수 있는 기회를 갖게 되었음"을 선언하였다.[31] 레이건 대통령의 태도변화는 후임자 조지 부시George H.W. Bush 대통령에게도 이어져 1991년 쿠웨이트를 무력침공한 이라크에 대한 응징 합의 등 유엔을 통한 세계평화와 관련된 강대국 간의 협력이 강화되었으며, 그 이후 캄보디아·서부 사하라 등에서 유엔의 주도로 이루어진 평화유지 활동이 냉전시대의 그것에 비해 숫자적으로도 2~3배가 넘었다는 사실은 국제평화 유지와 관련된 국제환경 변화와 유엔기능의 부활을 그대로 반영하는 것이라고 할 수 있다.

이렇게 강대국의 유엔에 대한 인식변화, 구소련의 붕괴에 따른 동서냉전 구조의 와해, 그리고 이와 함께 나타난 세계화 현상의 심화는 기존의 국제환경 및 이에 대처하는 대응방식을 크게 변화시키면서 유엔에게 새로운 기회와 가능성을 안겨주었다. 과거의 국제환경 시각에서는 부각되지 않았던 새로운 성격의 범세계적 의제issues와 현안 agenda들이 국제사회의 당면 과제로 부각되었으며 이에 따라 이들 문제들에 대응하는 유엔의 임무와 역할이 새롭게 인식되고 존재 의의도 한층 더 커지게 된 것이다. 한마디로 오늘날 국제사회에서 제기되는 문제는 국제평화를 위협하는 전통적인 국가 간의 무력침략 문제 이외에 빈곤·전염병·환경파괴·내전·대량살상무기WMD 확산·테러리즘·초국가적 범죄까지 포함하는 등 그 영역이 광범위하게 확산되고 있으며,[32] 이러한 국제환경의 변화는 전 세계 거의 모든 국가를 회원국으로 하는 유엔에게 새로운 기회와 도전을 제공하고 있는 것이다.

---

31) Weiss, Forsythe and Coate(2004), pp.47-48.

32) 이러한 점은 2004년 12월 유엔이 발간한 고위패널보고서 *A more secure world: Our shared responsibility* (UN: 2004)의 최근 국제안보위협 평가부분(pp.24-27)에도 잘 나타나 있다.

국제환경의 내용을 구성하는 요인들의 본질적 변화와 함께 국제사회의 행위자actor들도 변하고 있다. 과거 '국가state'라는 행위자들이 '국가 간inter-national' 관계를 주도하던 국제사회의 전통적 개념은 사라지고 국가 이외에 '비국가 행위자non-state actor'들도 중요성을 부여받고 있다. 이에 따라 국제사회의 구성원과 행위자는 국가뿐만 아니라 비국가 조직·개인을 모두 포함하며 유엔을 통한 문제해결 방식도 이들 모두가 범세계적 의제들에 대해 공동으로 대처하는 새로운 틀의 형성으로 전환되고 있다. 이러한 변화를 감안할 때, 오늘날 유엔이 처한 새로운 국제환경의 특징은 다음과 같이 요약될 수 있다.33)

첫째, 기후변화·금융위기·대량살상무기 확산·테러리즘 등 국제사회의 공동 대응이 필요한 초국가적trans-national 도전들이 두드러지게 나타나고 있다. 이러한 도전들은 문제의 원인을 낳은 국가와 영향을 받는 국가를 구분하기 어렵게 만들고 있으며 일부 국가들만의 노력만으로는 해결이 불가능하다는 것을 보여주고 있다. 둘째, 전통적인 무력충돌인 전쟁 발발 가능성은 감소한 반면, 문화적·종교적 갈등이 원인이 된 내전 또는 민간인 학살은 오히려 증가한 점이다. 이에 따라, 기존의 동맹을 통한 물리적 개입보다는 분쟁 후 관리·중재 등의 중요성이 더욱 커졌으며 유엔 차원에서는 평화유지뿐만 아니라 '평화구축peacebuilding'34) 활동이 부흥하는 기회를 만들어 주고 있다. 셋째, 전문가에 따라 다른 평가가 있을 수 있으나 냉전종식 이후 기존의 강대국—특히 미국의 상대적 쇠퇴로 인해 의제 또는 현안별로 국제적인 논의와 해결방식의 탐색을 선도할 이른바 '중견국가middle powers'들의 역할이 중요해졌다는 점도 오늘날 국제사회의 특징으로 꼽히고 있다. 최근 잘 알려진 바와 같이 G-8 국가들이 세계 경제위기에 대응하고 있는 점이나,

---

33) 김 숙, "21세기 유엔과 한국외교,"『외교』제100호(2012.1), pp.91-92.

34) '평화구축'은 분쟁을 겪은 국가에서 형성된 잠정적인 평화 상태가 다시 폭력적인 분쟁으로 이어지거나 악화되는 상황을 예방하기 위한 종합적인 평화정착 노력을 의미한다. 이 개념의 자세한 내용은 UN(2004), pp.70-72 및 신동익, "21세기 새로운 유엔의 과제: 평화구축(Peacebuilding) 활동,"『외교』제97호(2011.4), pp.55-65 참조.

이집트·리비아 등 아랍지역의 민주화사태 해결과정에서 미국보다는 유럽지역 국가들이 유엔 안보리에서의 논의를 주도해 나간 점은 바로 이러한 추세를 반영한다고 할 수 있을 것이다.

3. 안보개념의 확장과 새로운 국제의제의 대두

강대국의 유엔에 대한 인식 변화, 그리고 그에 이은 범세계적 냉전 종식과 함께 그 기능이 부활된 유엔은 오늘날 전 세계 거의 모든 국가를 회원국으로 보유하면서[35) 국제사회에서 사실상 유일한 보편성(universality)을 확보한 다자기구로서 자리 잡고 있다. 이 같은 유엔은 '국제평화와 안보의 유지' 이외에도 국제사회에서 제기되고 있는 다양한 주제 — 예를 들면, 기후변화·빈곤·여성·인도적 지원·식량문제·테러리즘 등 창설 당시에는 예상되지 않았던 의제들을 다루는 국제적 토론의 장(場)이 되었다. 오늘날 유엔이 다루고 있는 의제들은 대부분 범세계적 냉전 종식 이후 국제환경의 변화와 함께 대두되고 진화된 것이다.

우선 유엔이 전통적으로 다루어 온 안보의 개념도 앞선 논문의 이신화 교수가 지적하는 바와 같이 탈냉전기를 맞아 그 내용이 크게 확장되었다. 과거 안보 개념은 국가 외부의 군사적 위협이나 공격으로부터 영토를 수호하고 체제를 유지하는 것에 국한되었으나 이제는 안보 개념의 영역이 경제·사회적 요인들로부터 기인되는 질병·기아·자원부족·환경·국가 내 인종분쟁·불법 이민 등의 문제까지 포함하고 있다.[36) 이에 따라 안보의 개념을 정치·군사적으로뿐만 아니라 경제·사회·문화·환경적 측면에서도 접근해야 할 필요성이 제기되고 있으며 국가 차원의 주권 또는 영토적 안보 이외

---

35) 2013년 3월 유엔 회원국은 모두 193개국이며 가장 최근에 가입한 국가는 수단으로부터 독립, 2011년 7월 14일 가입한 남수단(South Sudan)이다.

36) 이 책의 제3장 "세계안보와 유엔의 역할"(이신화), pp.135-170 참조.

에도 인간 개개인의 생존과 복지에 장해가 되는 요인들로부터 개인과 그룹을 보호하는 차원으로 확대되어야 한다는 주장까지 나오고 있다. 이러한 안보 개념의 확장에서 나오는 새로운 용어가 곧 '인간안보human security'이며37) 유엔을 포함한 국제사회도 큰 관심을 보이고 있다.

이러한 안보 개념의 확장과 함께 국제평화를 위협하는 분쟁의 양상도 크게 달라지고 있다. 탈냉전기인 오늘날 주권국가 사이에 일어나는 국가 간 분쟁은 비록 발생 빈도는 감소하였으나 아직도 완전히 종식되지 않았으며 특히 남아시아·중동 지역에서 지속되고 있는 국가 간 분쟁은 국제평화와 안보를 위협하는 심각한 요인이 되고 있다. 그러나 탈냉전기임에도 불구하고 한 국가 내에서 일어나는 국내 분쟁은 종교·인종·천연자원에 대한 지배권 등을 원인으로 하여 내전의 형태로 나타나고 있으며 이는 새로운 국제평화의 위협요인으로 대두되고 있다.38)

국가 간 무력충돌 또는 내전의 형태를 띤 분쟁에서 과거와 다른 두드러진 현상은 여성과 아동들을 포함한 민간인 피해의 증가이다. 특히 내전과 같은 분쟁에서 증대하는 민간인 피해를 막기 위해 최근 유엔은 기존의 확고한 '주권 불가침'의 원칙을 넘어 국가 내부의 갈등에 개입할 것인가의 여부를 둘러싸고 논의를 벌이고 있는데 이것이 바로 인권보호를 위한 이른바 '인도적 개입humanitarian intervention' 논의의 연장선상에서 다뤄지고 있는 '보호책임responsibility to protect, 흔히 R2P로 명기된다' 문제이다. 2000년대 초부터 유엔이 주도하는 새로운 국제규범 형성과 관련하여 논의가 시작된 '보호책임' 문제는39) 대규모 민간인 살상이나 인권유린과 같은 피해가 발생할 경우 각 국가

---

37) 이 책의 제3장 "세계안보와 유엔의 역할"(이신화), pp.135-170 참조.

38) UN(2004), pp.33-34.

39) '보호책임' 문제는 2001년 '개입과 국가주권에 관한 국제위원회(International Commission on Intervention and State Sovereignty: ICISS)'가 동명의 보고서를 발간하면서 처음 대두되었으며 2005년 유엔 세계 정상회의(UN World Summit)에서 만장일치로 채택되었다. 이 개념에 대한 연원과 발전에 대한 자세한 사항은 박흥순, "유엔과 '보호책임' 원칙의 실행: 리비아 사태에 대한 유엔 안보리의 대응과 유엔 사무총장의 역할," *Oughtopia*, Vol.27(November 2012), pp.71-115; 이신화, "국가실패와 보호책임

가 자국민을 보호할 주된 책임을 부담하나 이에 실패할 경우 국제사회가 개입할 수 있는 가능성을 열어 놓고 있다. 지난 2011년 3월 리비아 국민의 민주화 시위에 대한 카다피 정권의 무력진압 시도 시 국제사회의 개입을 결정한 유엔 안보리 결의(제1973호)는 이러한 '보호책임' 개념을 실제로 적용한 최초의 사례로 해석되고 있다.

4. 인권, 환경, 개발의 과제

변화된 국제환경 속에서 유엔이 중요성을 부여하고 있는 새로운 의제는 '보호책임' 문제와 같이 인권 강화와 안보 개념의 확장에서 비롯된 것뿐만이 아니다. 지구환경 보호와 모든 유엔 회원국의 경제·사회적 개발 문제도 유엔이 당면한 주요 의제들이다. 오영달 교수가 지적하는 바와 같이 적극적 의미의 평화로운 국제사회 조성을 위해서는 인권보호뿐만 아니라 건강한 지구환경의 유지, 그리고 지속가능한 경제발전과 사회적 개발이 필요하다는 것을 감안할 때 유엔이 환경과 개발 문제에 중요성을 부여하는 것은 매우 당연한 일이다. 두 주제에 대한 중요성의 부여는 '전쟁의 부재'가 곧 평화라는 전통적인 이해에서 한 걸음 더 나아간 '적극적인 국제평화'를 이루는 접근방법이 되기도 한다.[40)

우선 환경문제를 보면, 유엔은 1972년 스톡홀름에서 '유엔인간환경회의 United Nations Conference on Human Environment'를 개최하고 같은 해 결의 제2997 (XXVII)호를 채택, 산하기구로서 '유엔환경계획United Nations Environment Programme: UNEP'을 설립하여 지구환경 보호를 위한 국제적 협력을 이끌어 왔다. 유엔

(R2P)의 북한 적용 가능성," 『한국정치학회보』 제46집 1호(2012), pp.5-30, 그리고 Spencer Zifcak, "The Responsibility to Protect," in Malcom D. Evans, ed., *International Law*, 3rd ed. (Oxford: Oxford University Press, 2010), pp.504-527 참조.

40) 이 책의 제4장 "인권, 환경, 개발과 유엔의 역할"(오영달), pp.171-224 참조.

설립 초기에는 환경보호 문제가 심각하게 간주되지 않았으며 헌장에도 환경
문제에 대한 직접적인 언급은 없다. 이는 환경보호 문제가 근본적으로 개별
국가의 의무사항으로 여겨졌기 때문이다.[41] 그러나 스톡홀름회의를 계기로
환경문제에 대한 유엔의 높아진 관심은 1992년 '리우정상회담' 또는 '지구정
상회담'이라고 불리는 '유엔환경개발회의United Nations Conference on Environment
and Development'의 개최로 이어졌으며 이 회의는 지구의 환경문제 및 환경문
제를 고려한 사회경제적 개발 문제를 논의하기 위해 정부 대표는 물론 전문
학자·여성·기업인 등을 포함한 비정부기구NGO 인사와 전 세계의 환경 관
련 이해당사자들이 한자리에 모였다는 점에서 큰 의미를 갖는다.

유엔은 리우회의를 통해 지구환경 보호를 위한 산업 활동 억제—즉, 온
실가스 배출 규제와 관련된 선진국과 개발도상국 간의 재정부담 원칙으로서
'차별적 공동책임common but differentiated responsibility'에 합의하고 '유엔 기후변
화 협약United Nations Framework Convention on Climate Change: UNFCCC'과 '생물다양성
협약Convention on Biological Diversity'을 발족시켰다. 유엔은 이후 기후변화 협약
에 대한 후속 이행조치로서 온실가스 배출 감축의무를 강화하기 위해 2006
년 '교토의정서Kyoto Protocol'를 발효시켰으며 2012년 12월 이 의정서의 효력
을 일단 2020년까지 연장하기로 합의하고 새로운 온실가스 배출 억제를 위
한 협상을 진행하고 있다.

한편 개발문제의 경우, 이 의제가 앞서 언급된 바와 같이 적극적 의미의
국제평화 증진과 연계된 경제·사회적 문제라는 점에서 유엔의 또 다른
중요 관심사로 떠오르고 있다. 유엔은 1961년 12월 제1차 '유엔개발10년
United Nations Development Decade'을 지정한 이후 개발도상국의 지속적인 경제성
장과 사회발전을 위해 노력해 왔으며 개발문제에 대한 유엔의 관심은 1965
년 경제사회이사회의 산하기구로서 '유엔개발계획United Nations Development
Programme: UNDP'의 설립으로 제도화된 바 있다. '유엔개발10년'의[42] 지정을

---

41) Leland M. Goodrich, *The United Nations in a Changing World* (New York:
Columbia University Press, 1974), p.238.

통한 유엔의 개발도상국들에 대한 지원은 2000년을 맞아 새로운 전기를 맞
았으며 유엔은 이 해에 '유엔새천년선언United Nations Millenium Declaration'을 채
택하고 15년 기간을 염두에 둔 장기적 실행계획으로 2001년 9월 8개항으로
구성된 '새천년개발목표Millenium Development Goals: MDGs'를 제시했다. MDGs는
개발과 빈곤퇴치가 국제평화와 안보 개념의 중요한 부분임을 재확인하면서
(i) 빈곤 및 기아 퇴치, (ii) 보편적 기본교육 실행, (iii) 양성평등 증진 및
여성 역량 강화, (iv) 영·유아 사망률 감축, (v) 후천성 면역결핍증·말라
리아 등 질병퇴치, (vi) 발전지속 가능한 환경조성, (vii) 개발을 위한 범세계
적 동반자관계 구축 등을 구체적 목표로 설정하고 있다. 유엔은 2007년
MDGs의 중간이행 보고서를 발표한 바 있는데, 이 보고서는 MDGs의 달성
정도가 분야에 따라 다르지만 극심한 빈곤과 기아의 퇴치 등 몇 가지 분야
등에 있어서는 중요한 성과가 있었음을 지적하고 선진국과 개발도상국 모두
가 목표를 달성하기 위해 보다 집중적인 노력을 기울일 필요가 있음을 강조
한 바 있다.[43]

5. 유엔 개혁의 논의와 쟁점

새로운 국제환경 속에서 다루어야 할 의제가 많아지고 문제해결을 위한
역할이 중요해짐에 따라 유엔은 내부적으로 개혁해야 할 필요성에 직면하고
있다. 즉, 냉전 종식에 따른 변화된 국제환경에 대응하기 위한 능력과 효율
성 그리고 국제사회로부터의 신뢰성을 높이기 위해서는 유엔의 구조적 측면
을 포함한 전반적인 차원에서의 개혁 필요성이 제기되고 있는 것이다.

---

42) 유엔은 1990년까지 4차례의 '유엔개발10년' 계획을 발표한 바 있으며, 개발의 척도로
서 UNDP는 기대수명·평균 교육연한·1인당 국민소득 등이 포함된 '인간개발지수
(Human Development Index)'를 고안해 낸 바 있다. 개발문제에 대한 유엔의 자세
한 기여와 공헌은 Weiss, Forsyth, and Coate(2004), pp.221-284 참조.
43) 이 책의 제4장 "인권, 환경, 개발과 유엔의 역할"(오영달), pp.171-224 참조.

물론 유엔의 개혁에 대한 논의는 오래전부터 진행되어 왔으며 특히 유엔의 수장(首長)이라고 할 수 있는 사무총장이 교체되거나 재임에 성공하는 경우 개혁에 대한 논의와 시도는 더욱 활발히 제기되어 왔다. 앞선 논문의 조한승 교수가 적절히 설명하는 바와 같이 오늘날 유엔이 개혁되어야 한다는 주장은 크게 3가지 논리에 바탕을 두고 있다.[44]

첫째, 국제사회를 구성하는 국가의 수적 증가와 이에 따른 국제사회의 구조적 변화를 유엔이 반영해야 한다는 주장이다. 유엔의 창설 시 전체 회원국은 51개국에 불과했으나 이후 신생독립국이 증가하면서 회원국의 수도 급격히 늘어났다. 창설 후 20주년이 되는 1965년에 회원국은 117개국으로 증가했으며 1975년에 144개국, 그리고 1990년대 초 냉전 종식과 구소련의 해체에 따라 일부 동구권 국가들의 분리 독립 및 남북한 등 과거 냉전체제 하에서 회원가입에 제약을 겪었던 국가들의 가입 등으로 유엔 회원국은 2000년대에 이르러 189개국으로 크게 늘었다. 가장 최근에 가입한 남수단까지 포함하면 2013년 3월 현재 유엔 회원국 수는 모두 193개국이다. 이같은 회원국 수의 증가에도 불구하고 유엔의 구조에는 커다란 변화가 없었다. 특히 국제평화유지와 관련하여 유엔의 가장 핵심적 역할을 수행하는 안보리의 구성은 1965년 한 차례의 비상임이사국 수를 늘리는 변화가 있었으나 이른바 'P-5'로 불리는 상임이사국은 변화가 전혀 없다. 이에 따라 유엔 회원국의 다수를 차지하는 개발도상국들의 주장과 입장이 유엔의 중요 결정에 반영되지 못한다는 불만이 제기되고 있으며 이들은 유엔의 운영에 민주성과 대표성이 제고될 수 있도록 개혁이 필요하다고 주장하고 있다.

둘째, 냉전 종식 이후 변화된 국제환경 속에서 국제관계의 문제가 증가하고 복잡해짐에 따라 유엔에서 다루어지는 의제도 확대되었으며 이러한 의제들을 효율적으로 논의·관리하기 위한 유엔의 조직도 새롭게 만들어지거나 개편되어야 한다는 논리이다. 예를 들면, 냉전 종식 이후 내전에 따른 무력분쟁에 대응하기 위한 유엔의 평화활동 등에 대한 수요가 크게 확대되

---

44) 이 책의 제6장 "유엔 개혁의 주요 쟁점과 도전과제"(조한승), pp.261-313 참조.

었으며 기후변화·테러리즘·개발지원 등과 같은 새로운 국제적 문제들이 제기되었는 바, 유엔은 그동안 사실 이들 문제들을 다루고 해결책을 제시할 수 있는 정당성과 권위를 인정받은 바 있다. 이에 따라 유엔이 필요한 자원을 확보하고 조직을 개편, 새로운 당면 의제들을 논의하고 처리하기 위한 효율성과 전문성을 높여야 한다는 주장이다.

셋째, 유엔의 회원국 증가와 역할 및 기능 증대에 따라 이를 뒷받침할 수 있는 재정확보가 이루어져야 할 뿐만 아니라 효율적인 재정지출과 인력 운용이 이루어지도록 행정 및 관리의 차원에서 개혁이 필요하다는 논리이다. 유엔 활동이 증가하는 만큼 이에 소요되는 비용도 증가하지만 회원국의 분담금에 전적으로 의존하는 유엔의 재원은 제한적일 수밖에 없다. 따라서 평화유지 활동이나 개발지원과 같은 핵심적인 유엔 활동을 지원할 수 있는 '지속적인 재정확보sustainable financing'가 필요하며 재원의 효율적 운용을 위해서는 개혁이 요구된다는 주장이다.

이상과 같은 3가지 논리에 기반하여 오랫동안 유엔의 개혁이 논의되어 왔으며 유엔은 2005년 9월 제60차 총회를 기념하여 '세계 정상회의World

---

국제평화 증진을 위한 유엔개혁의 필요성

냉전종식 이후 변화된 국제환경 속에서 평화증진을 위한 역할이 중요해짐에 따라 유엔은 다음과 같은 근거에서 안전보장이사회 확대를 포함한 개혁 필요성에 직면.

- 첫째, 회원국수의 증대와 창설 이후 진행된 국제사회의 구조적 변화를 반영해야 할 필요성.
- 둘째, 국제관계의 의제가 증대하고 복잡해짐에 따라 유엔 조직의 효율성 및 전문성을 높여야 할 필요성.
- 셋째, 확대된 유엔 역할 및 기능을 지원할 수 있는 재정확보 및 행정개편의 필요성.

Summit'의 개최를 통해 평화구축위원회Peacebuilding Commission: PBC 설립, 인권 이사회Human Rights Council 신설, 중앙긴급대응기금Central Emergency Response Fund: CERF 창설, 민주주의기금Democracy Fund 수립 등을 합의한 바 있다. 유엔의 개혁 시도는 2007년 반기문 사무총장의 취임 후에도 이어져 반 총장 지휘하에 유엔평화유지활동PKO의 효율적 운영을 위한 PKO 현장지원국Department of Field Support 설립과 같은 조직 개편과 인적자원 관리Human Resources Management 개혁 등이 추진되고 있다.45)

이러한 개혁 시도에도 불구하고 유엔의 핵심활동은 '국제평화와 안보의 유지'에 있는 만큼 유엔 개혁의 핵심은 안보리 개혁 문제로 모아진다. 안보리 개혁에 대한 본격적인 논의는 2004년 'A more secure world: Our shared responsibility' 제하의 유엔 고위패널 보고서가 발간됨으로써 집중적인 관심을 끌기 시작했으며 당시 코피 아난Kofi Annan 사무총장은 이 보고서를 토대로 다음 해에 안보리 개혁 방안이 담긴 'In Larger Freedom: Towards Development, Security, and Human Rights for All' 제목의 보고서를 총회에 제출했다. 이 보고서에는 안보리 개혁과 관련하여 2개의 방안이 제시되었는데 '모델 A'는 기존의 안보리 구성(상임이사국 5, 비상임이사국 10)에 거부권을 갖지 않는 상임이사국 6개를 추가하고 비상임이사국 3개를 신설하여 총 24개의 이사국으로 확대하는 내용이며 '모델 B'는 상임이사국은 그대로 두고 4년 임기의 준상임이사국semi-permanent 8개를 신설하고 기존 2년 임기의 비상임이사국을 1개 추가하여 총 24개의 이사국으로 확대하는 방안이다.46)

그러나 안보리 개혁은 국제정치에 있어 힘의 분포와 권력관계에 중대한 영향을 미칠 뿐만 아니라 상임이사국으로의 선출 여부에 따라 국제적 발언권과 위상의 변화를 초래할 수 있는 문제이므로 기존의 상임이사국은 물론

---

45) 반기문 사무총장을 비롯한 역대 유엔 사무총장의 유엔 개혁 실적에 관한 간단한 소개는 외교통상부, 『2013 유엔 개황』 제7장(서울: 2013), pp.192-198 참조.
46) 이 책의 제6장 "유엔 개혁의 주요 쟁점과 도전과제"(조한승), pp.261-313 참조.

상임이사국 진출을 희망하는 국가 간의 입장이 극명하게 달라 진전이 쉽지
않은 것으로 지적되고 있다. 이에 따라 유엔의 개혁문제는 행정 및 관리의
효율성과 투명성 측면에서는 그동안 많은 개선이 이루어졌으나 안보리 개편
과 재정 확충 등의 분야에서는 괄목할 만한 성과가 없는 것으로 평가되고
있다.[47]

IV. 21세기 한국의 유엔외교: 성과와 평가

유엔은 우리나라의 정부수립 과정에서부터 한국전쟁과 휴전, 그리고 전
후복구 및 평화정착을 위한 논의와 지원에 이르기까지 개입하여 밀접한 관
련을 맺어 왔으나 정작 한국의 유엔가입은 한국 정부가 유엔으로부터 한반
도의 유일한 합법정부임을 인정받은 뒤 43년 만에 이루어질 수 있었다. 이
는 이념대립이라는 동서 냉전이 낳은 비정상적 상황의 산물이었으며 유엔과
한국의 관계는 제2차 세계대전 후 전개된 국제정치 정세를 투영하는 '반사
경'이었다.[48] 그러나 냉전종식과 함께 21세기의 진입을 앞두고 이루어진 한
국의 유엔가입은 국제사회에 대한 한국외교의 질적 변화를 가능케 했다. 특
히 한국의 유엔가입은 마침 진행되던 탈냉전의 새로운 국제환경의 부상과
그에 이은 유엔 기능의 부활과 맞물려 한국이 유엔을 통해 국제사회에 공헌
할 수 있는 기회를 만들어 주었다고 할 수 있다. 유엔가입 이후 펼쳐진 한국

---

47) 그동안 시도된 유엔 개혁이 전반적인 평가와 전망에 대해서는 Philip Alstom, "The
United Nations: No Hope for Reform?"·Antonio Cassese, ed., *Realizing Utopia:
The Future of International Law* (Oxford: Oxford University Press, 2012), pp.
38-51 참조.

48) 강성학, "유엔과 한국외교," 박수길 편, 『21세기 유엔과 한국: 새로운 도전과 과제』(서
울: 도서출판 오름, 2002), p.593.

외교의 질적 변화가 무엇인지를 검토하고 한국이 유엔을 통해 전개한 국제사회에 대한 기여를 평가하기 위해서는 우선 유엔가입의 의미부터 정리하는 것이 필요하다.

1. 유엔가입의 의미와 유엔외교의 성과

정부수립 이후 43년 만에 이루어진 한국의 유엔가입은 여러 측면에서 중요한 의미를 갖는다. 많은 학자들이 지적하는 바이지만 한국의 유엔가입 의미는 다음과 같이 요약될 수 있다.

첫째, 한국의 유엔가입은 독립국가로서 국제사회에 대한 정상적인 관계수립과 편입을 의미한다. 한국은 1948년 유엔에 의해 '한반도 내의 유일한 합법적 정부'로 인정받고 전 세계 대부분의 국가와 외교관계를 맺어 왔으나 유엔가입의 좌절로 인해 그동안 유엔의 '옵서버 국가'로서 일종의 국외자 존재로 남아 있었다. 그러나 유엔가입을 통해 한국은 유엔이라는 세계 최대의 국제기구에서 공식 발언권과 투표권을 갖고 세계평화 문제를 포함한 국제사회의 주요 현안에 대해 영향력을 행사할 수 있는 지위와 자격을 획득한 것이다.[49]

둘째, 한국의 유엔가입은 당시 진행되던 탈냉전과 유엔기능의 부활과 맞물려 환경·인권·개발 등 국제사회의 다양한 국제문제들에 개입하고 역할을 수행할 수 있는 기회와 통로를 제공해 주었다. 한국은 오랜 기간의 남북대치 현실 속에서 한반도 문제해결에 집중하고 분단관리 등 한반도 평화정착을 위한 강대국 외교에 치중한 반면 국제적 현안이나 인류보편적 사안에 대한 논의와 참여가 부족했던 것이 사실이다. 한국의 유엔가입은 탈냉전 시대에 부각되는 다양한 국제문제의 해결에 대한 개입과 참여의 통로를 열어줌으로써 한국 외교의 지평을 확대해 주었다고 할 수 있다.[50]

---

49) 박흥순(2011), p.105.

셋째, 한국의 유엔가입은 다자외교의 장(場)으로서 국가의 위상과 국격을 높이는 기회를 제공해 주었다. 다자외교는 국제문제에 대한 협약과 결의문 등의 채택을 통해 규범을 창출하고 이행하는 과정이므로 유엔의 틀에서 개최되는 각종 회의를 통해 우리나라의 국가이미지를 제고하고 이른바 '연성권력soft power'을 강화시키는 무대로 활용될 수 있는 것이다.[51] 더욱이 유엔은 다자외교의 대표적 무대로서 국제관계에 필요한 교섭력을 강화시킬 수 있는 훈련장으로 이용될 수 있다.

넷째, 한국의 유엔가입은 북한의 가입과 동시에 이루어짐으로써 유엔을 통한 남북접촉과 대화통로를 제공하여 한반도문제 해결의 새로운 접근 경로를 열어주었다. 물론 남북한이 유엔의 회원국이 된다고 해서 남북접촉과 대화가 자동적으로 보장되는 것은 아니나 양자가 같은 국제기구의 회의와 활동에 참여함으로써 상시적인 접촉의 기회는 확보된 것이라고 할 수 있다.[52] 이외에도 한국은 북한의 인권문제와 같이 남북한 양자 간 차원에서 논의하거나 해결하기 어려운 의제 등에 대해서는 유엔을 통해 문제제기를 할 수 있으며 북한의 급변사태 발생을 포함한 한반도 정세변화 시에도 안정적 관리를 위한 유엔의 협조를 얻는 것이 가능할 것으로 평가되고 있다.[53]

한국은 유엔가입 이후 짧은 기간 동안 많은 성과를 거두었다. 우선 두드러진 것은 국제평화활동 수행과 관련한 유엔의 핵심기구에 활발히 진출했다는 점이다. 예를 들면, 한국은 유엔가입 20여 년 동안 2차례(1996~97년 임기 및 2013~14년 임기)의 안보리 비상임이사국에 당선되어 국제평화와 안보문제의 논의와 해결에 직접적으로 참여했다. 유엔 회원국 중 많은 국가들이 가입 이후 한 번도 안보리에 진출하지 못하거나 한 번 진출에 평균 10여

유엔의 평화유지활동(PKO)과 한국의 참여 현황

유엔은 1948년 팔레스타인 지역 정전감시를 위해 최초의 평화유지활동 (PKO)을 시작한 이래 현재까지 총 67개의 PKO 임무단을 편성, 120개국 에서 약 100만여 명이 참여하여 국제평화유지활동을 수행하고 있으며 현 재에는 14개 임무단이 운영되고 있음. 우리나라는 1993년 소말리아 평화 유지단(UNOSOM II)에 250여 명의 공병부대를 처음으로 파견한 이래 현 재까지 16개 임무단에 5,000여 명을 파견하는 등 유엔평화유지활동에 활 발히 참여해 왔으며 2012년 12월 현재 레바논 평화유지군(UNIFIL)에 대 한 동명부대(325명)를 포함, 전 세계 8개 임무단에 모두 379명을 파견하 고 있음. 이는 PKO 인력을 파견한 116개 유엔회원국 중 39위이며 PKO 재정기여금 부담은 10대 기여국 중의 하나로 꼽힘.

년 이상씩 소요되는 것이 국제현실임을 감안할 때 한국이 유엔에 가입한지 5년 만에 안보리 이사국을 역임하고 그로부터 16년이 지나 또다시 두 번째 진출에 성공한 것은 한국의 높아진 위상과 외교력을 반영하는 것이라고 할 수 있다. 특히 2013년 두 번째 안보리에의 진출은 한국이 이제 더 이상 분단 국이 아니라 한반도문제를 뛰어넘어 국제사회의 다양한 문제해결에 기여하 고 있는 '연성적 중건국가soft middle-power'로 자리 잡았음을 보여주는 물증으 로 평가되고 있다.[54] 한국은 안보리 이외에도 경제사회이사회에 이제까지 5차례나 상임이사국직을 수행하였으며 식량농업기구FAO·국제노동기구ILO 등 다수의 유엔 산하 전문 및 독립기구에서 이사국으로 활동하였다.

한국의 유엔 핵심기구에서의 활발한 활동은 곧바로 많은 한국인의 유엔 고위직 진출로 이어졌다. 2001년 당시 외교부의 수장이던 한승수 장관은 제56차 유엔총회(2001년 9월~2002년 9월)의 의장직을 수임하였으며 2006

---

54) 신동익, "한국의 유엔안보리 진출의 의미와 국제평화에 기여," 『외교』 제105호(2013. 4), p.149.

년 10월 13일에는 당시 반기문 외교부 장관이 제8대 유엔 사무총장으로 선출되었고 반 총장은 2011년 연임에도 성공하였다. 반 장관의 유엔 사무총장 진출은 한국의 유엔외교와 역사에서 가장 획기적인 사건으로 기록될 수 있으며 국제사회에서 높아진 한국의 위상과 능력을 그대로 반영하고 있다. 이외에도 세계보건기구WHO 및 아시아·태평양위원회ESCAP에서 한국인이 사무총장으로 선임된 바 있으며 이 같은 고위직 수임은 한국인의 유엔 등 국제기구 인력 진출의 양적 팽창과 병행하였다.[55]

한국의 유엔가입 이후 지적될 수 있는 또 다른 유엔외교의 성과는 평화유지활동PKO과 같은 유엔이 비중을 두는 국제평화 활동에의 적극적인 참여이다. 2012년 12월까지 세계 각처에서 벌여 온 유엔의 PKO 활동은 모두 67개로서 100만 명 이상이 참여해 왔다. 한국은 1993년 7월 소말리아 평화유지단UNOSOM II에 250여 명으로 구성된 공병부대를 처음으로 파견한 이래 지금까지 16개 임무단에 5,000여 명을 파견하는 등 유엔 PKO 활동에 활발히 참여해 왔다. 2012년 12월 현재 한국은 레바논 평화유지군UNIFIL에 대한 동명부대(325명)를 포함, 전 세계 8개 임무단에 모두 379명을 파견하여 PKO 활동에 참여하고 있는 116개 유엔회원국 중 파견인력을 기준으로 39위 수준을 유지하고 있다.[56] 이와 함께 PKO 활동에 대한 분담금 부담은 10대 기여국의 하나로서 유엔 국제평화 활동의 중요한 후원국이 되고 있다.

끝으로, 유엔가입 이후 괄목할 만한 유엔외교의 성과는 그동안 우리나라가 급속한 경제성장을 이루면서 경제규모의 확대로 인해 유엔의 중요한 재정부담국 중의 하나로 부상,[57] 유엔 회원국의 다수를 차지하는 많은 개발도상국들로부터 따라야 할 발전모델로 인식되고 있다는 점이다. 특히 한국은 짧은 기간 내에 외국 원조의 '수원국recipient'으로부터 '공여국donor'으로 전환

---

55) 예를 들어, 1991년 139명에 불과하던 한국인의 국제기구 진출은 2011년 398명으로 거의 3배 가까이 늘어난 것으로 집계되고 있다. 박흥순(2011), p.108 참조.

56) 외교통상부(2013), p.78.

57) 2013년 현재 한국의 유엔재정 정규분담률은 1.99%로서 193개 회원국 중 13위를 차지하고 있다. 외교통상부(2013), p.229 참조.

한 유일한 국가라는 경험을 살려 개발도상국들에게 개발경험을 전수해 주고 개발문제와 관련된 유엔의제 논의에 적극 참여함으로써 개발을 통한 국제평화 증진에 공헌하는 국가로서 인식되고 있다. 이 같은 국제사회에서의 인식은 결과적으로 한국의 발언권을 강화해주고 한국이 유엔에서 분열된 서방국과 비동맹, 그리고 선진국과 개발도상국 간의 간격을 이어주는 이른바 '중간자 역할bridging role' 수행의 수요를 창출하고 있는 것으로 평가되고 있다.[58] 유엔에서의 이러한 발언권 강화와 국가적 이미지의 제고는 한국이 이룬 유엔외교의 중요한 성과가 아닐 수 없다.

2. 유엔외교의 평가

유엔가입 이후 성취한 우리나라의 국가 이미지 제고와 유엔외교의 성과에도 불구하고 개선되어야 할 점은 매우 많다. 유엔외교와 관련하여 첫째 지적되어야 할 것은 우리나라는 유엔의 주요 기구에 대한 고위직 진출이나 이사국 선임과 같은 외형적 또는 양적 성과에 치중한다는 점이다. 앞서 살펴보았듯이 유엔가입 이후 한국의 유엔기구에 대한 고위직 진출과 이사국 선임 등은 매우 두드러진다. 그러나 이러한 고위직 수임 및 이사국 진출이 지나칠 경우 자칫 한국이 국제기구의 자리에만 관심을 갖는다는 '욕심 많은 greedy' 국가의 인상을 국제사회에 던져줄 수도 있다. 실제로 이러한 부정적인 인상은 2013년 초 세계무역기구WTO 사무총장 선출 시 한국이 유엔 사무총장직에 재선임되고 안보리 비상임이사국 진출에 성공했음에도 불구하고 후보로 등록함에 따라 일부 국가들에 의해 제기된 바도 있다.[59]

따라서 우리나라의 유엔외교는 외형적·양적 성과의 치중과 함께 유엔을 통한 국제사회에 대한 '질적 공헌'과 병행되어야 할 필요가 있다. 다시 말해

---

58) 신동익(2013), p.149.
59) 『조선일보』, 2013년 4월 12일.

우리나라는 국제평화 증진에 직접 기여할 수 있는 범세계적 의제를 제안하고 토론을 주도하는 등 유엔에서 실질적으로 적극적인 역할을 수행해야 하는 과제에 직면해 있다. 한국의 한 고위직 외교관의 평가에 따르면, 이제까지 우리나라의 유엔외교는 한반도 관련 사안과 같이 우리의 이해관계와 밀접히 관련된 사안에 집중되는 경향이 있다는 것이다. 즉, 범세계적 의제에 대해서는 입장 정립이 불확실하고 의제설정agenda setting과 유엔 결의안 제출 등에서 주도적 역할을 수행하지 못한다는 점이다. 이와 관련, 한국이 유엔가입 이후 주도적으로 총회 결의를 제안한 것은 한반도문제를 제외하고는 제63차 및 제65차 총회에서의 불법무기 중개방지와 경제성장 관련 결의 등 2건에 지나지 않는 것으로 지적되고 있다.[60]

둘째, 우리나라의 국제사회에 대한 '질적 공헌'의 부족은 유엔을 중심으로 한 다자외교 전문가의 확충과 국제문제에 대한 국민적 관심 및 지지의 확보 필요성을 제기하고 있다. 우리나라는 아직도 미국과 중국 등을 중심대상으로 한 강대국 양자외교를 중시하는 경향이 있으며 유엔에 대한 한국인의 인력진출이 우리의 분담금 기여도에 비해 불균형을 이루고 있다는 사실은 유엔을 통한 국제사회에 대한 '질적 공헌'의 결여와 연계되어 있다. 이와 함께 평화유지활동PKO 참여, 개발도상국에 대한 공적개발원조ODA 확대, 국제기구 분담금 납부, 인도적 지원 확대 등에 대한 국민적 관심 및 지지의 확보도 국제사회에 대한 '질적 공헌'을 높일 수 있는 바탕으로 지적되고 있다.[61]

끝으로, 한국 유엔외교의 평가와 관련하여 지적되어야 할 사항은 유엔을 통한 한반도문제 해결의 부진이다. 앞서 지적된 바와 같이 한국의 유엔가입은 북한의 가입과 동시에 이루어짐으로써 유엔을 통한 남북접촉과 대화통로를 제공하여 한반도문제 해결의 새로운 접근 경로를 열어 주었다. 물론 남북한이 동시에 유엔의 회원국이 된다고 해서 남북접촉과 대화가 자동적으로 보장되는 것은 아니나 PKO 참여 등 우리나라의 국제문제 개입과 유엔활동

---

60) 김 숙(2012), p.95.
61) 김 숙(2012), p.96.

의 참여도에 비해 한반도문제의 해결을 위한 유엔의 활용은 매우 낮은 것이 사실이다. 이와 관련, 일부 전문가들은 우리나라가 유엔에서 한반도문제 해결은 경시하면서 범세계적 문제와 인류보편적 가치문제 논의에 치중하는 것은 모순이라고 비판하고 있다.[62] 이에 따라 앞으로 한국의 유엔외교는 유엔을 활용하여 과거 아세안지역 안보포럼ARF에서 이루어졌던 것과 같이 남북한 외교장관 회동 등 한반도문제의 관리와 함께 범세계적 및 인류보편적 가치에 기반한 유엔활동의 참여를 병행해야 할 과제를 안고 있다.

V. 결론: 세계평화를 향한 한국의 유엔외교의 과제

유엔은 한국의 정부수립 과정에서부터 한국전쟁과 휴전의 개입, 전후 복구 지원, 그리고 냉전시기 동안 한반도문제 논의의 토론장이 되는 등 한국과 특별한 관계를 맺어 왔다. 그러나 이러한 유엔과 한국의 관계는 1991년 한국이 유엔에 정식 가입함으로써 새로운 양상으로 변모되었다. 한국은 유엔 가입에 따라 범세계적 냉전종식 이후 때마침 진행되던 유엔기능의 부활과 확대 추세 속에서 국제사회의 '정상국가'로서 유엔의 세계평화 활동에 적극적으로 기여할 수 있는 토대를 구축하였다.

한국은 유엔가입 이후 짧은 기간 동안 괄목할 만한 성과를 거두었다. 우선 두드러진 것은 한국은 유엔의 중요 기구 활동에 활발히 참여, 국제평화와 안보문제를 다루는 안보리의 비상임이사국직을 2번이나 수임했을 뿐 아니라 2001년 제56차 총회의장직 수행 그리고 2006년 반기문 사무총장의 당선과 2011년 연임의 성공 등 유엔의 고위직 진출에서 뛰어난 성과를 나타냈다. 또한 한국은 냉전종식 이후 확대된 유엔의 활동에도 적극 참여하여

---

62) 김 숙(2012), p.97 재인용.

한국의 유엔외교 성과와 향후 과제는?

우리나라는 1991년 9월 북한과 함께 유엔가입이 이루어진 이후 안전보장
이사회 비상임이사국 진출 2회, 총회의장 수임, 사무총장 진출 등 괄목할
만한 성과를 이루었으나 유엔을 통한 진정한 세계평화 공헌을 위해서는
다음의 과제에 직면.
- 첫째, '연성적 중견국'으로서 의제설정과 같은 '질적 공헌'의 모색.
- 둘째, 진정한 '평화애호 국가'가 되기 위한 국민의 관심 및 지지 결집.
- 셋째, 비교우위를 갖는 분야(예: 정보통신기술)에서의 집중적 공헌.
- 넷째, 유엔을 활용한 남북한 접촉의 활성화 등 한반도 문제의 관리와
  함께 인류보편 가치에 기반한 유엔활동의 참여 병행.

1993년 7월 소말리아 평화유지단에 처음으로 군병력을 파견한 이래 지금까
지 16개 임무단에 5,000여 명을 파견하는 등 유엔평화유지활동에 공헌해
왔다. 특히 평화유지활동에 있어서는 재정분담 분야에서도 10대 기여국의
하나로서 유엔이 주도하는 국제평화 활동의 중요한 후원국이 되어 왔다. 뿐
만 아니라 한국은 제2차 세계대전 이후 외국원조의 '수원국'으로부터 '공여
국'으로 전환한 유일한 국가라는 경험을 살려 개발도상국들에게 개발경험을
전수해주고 개발문제와 관련된 유엔의제 논의에 적극 참여함으로써 개발을
통한 국제평화 증진에 기여하고 있다. 이 같은 활동은 궁극적으로 국제사회
와 유엔에서 한국의 이미지 제고는 물론 중견국으로서 서방국과 비동맹, 그
리고 선진국과 개발도상국 간의 간격을 이어주는 '중간자 역할' 수행의 수요
를 창출하고 있는 것으로 평가되고 있다.

이러한 성과가 말해주듯 한국은 유엔을 통해 다자외교의 새로운 지평을
열었다고 할 수 있다. 그러나 우리나라가 이룩한 유엔외교의 성과에도 불구
하고 국제사회에서 세계평화에 공헌하는 진정한 '연성적 중견국'으로 자리
잡기 위해서는 새롭게 모색해야 할 과제도 적지 않다. 우선 첫째, 우리나라

가 그동안 외형적 또는 양적 성과에 치중했던 점을 감안할 때 이제는 국제
사회에 대한 '질적 공헌'의 방법을 모색해야 할 것이다. 다시 말해, 유엔을
통한 국제평화 기여가 단순히 평화유지활동^{PKO}의 참여규모에 의해서 평가
되지 않듯이[63] 한국은 국제평화 증진을 위한 의제설정과 실질적인 기여방
법을 모색해야 하는 것이다. 이와 관련, 한국은 1997년 5월 안보리 의장국
수임기간 중 안보리 최초로 난민문제에 대한 안보리 공개토의를 개최하고
이에 대한 안보리 의장성명이 채택되도록 함으로써 당시 국제사회의 시급한
현안으로 부각되었던 난민보호 문제에 대한 안보리의 관심을 제고하여 국제
사회의 높은 평가를 받은 바 있다.[64] 상기 활동은 앞으로 한국이 펼쳐야
할 유엔활동의 방향 및 의제설정 등과 관련하여 좋은 시사점이 될 수 있을
것이다.

둘째, 유엔을 통한 우리나라의 국제평화에 대한 공헌은 결국 국제문제에
대한 국민적 관심 및 지지로부터 강화될 수 있으므로 유엔문제에 대한 국민
의 관심과 지원을 결집해야 할 과제를 안고 있다. 한 연구에 따르면, 우리
사회의 전반적인 국제화와 성숙도, 그리고 유엔에 대한 일반적인 관심에도
불구하고 국제문제나 외교현안에 대한 국민들의 이해가 부족한 편이다.[65]
이에 따라, 국내에서는 유엔 PKO 참여와 공적개발원조^{ODA} 확대 등의 문제
가 제기될 때 신속히 처리되지 못하거나 축소되는 경우가 있으며 이는 우리
나라의 국제평화 기여에 영향을 미친다. 한국이 유엔의 활동에 적극 동참하
는 진정한 '평화애호 국가^{peace-loving nation}'가 되기 위해서는 유엔 활동에 대
한 국민적 관심과 이해 그리고 지지가 필요한 것이다.

셋째, 한국이 유엔 활동에 참가하여 '연성적 중견국'으로서의 역할을 효율
적으로 수행하기 위해서는 선택과 집중의 실용적 전략의 개발이 필요한 것

---

63) 2012년 12월 현재 유엔 PKO 파견 상위국은 파키스탄·방글라데시·인도 등을 포함
하는데 이들이 PKO 파견 규모로 인해 적극적인 국제평화 기여국으로 간주되지는
않는다.
64) 당시 유엔 대사를 역임한 박수길 대사와 필자와의 인터뷰(2012년 9월 28일).
65) 박흥순(2011), p.115.

으로 지적되고 있다. 즉, 한국은 경제규모에 비추어 유엔의 모든 의제에 적극 참여하는 과잉의욕의 노정은 바람직하지 않으며 이른바 '비교우위'를 갖는 분야에서의 참여가 국제사회에 대한 질적 공헌의 효율성을 높일 수 있다는 것이다. 예를 들면, 한국이 우위를 점하고 있다고 평가되는 정보통신기술 ICT을 이용한 전자정부의 구현문제, 보건 및 의료의 개선, 교육 보급, 인도적 지원 등의 분야에 한국이 참여를 집중할 경우 '질적 공헌'의 효율성이 제고될 수 있다는 것이다. 이와 관련, 일부 학자들은 한국이 유엔에서 야생동물의 하나인 '자칼'처럼 국제적 지도국을 지원하고 이들의 활동에 적절히 편승하면서 국제사회에 대한 기여역량을 축적하는 것이 필요하다고 지적하고 있다.[66]

끝으로, 한국은 유엔을 활용하여 남북접촉의 활성화 등 한반도문제의 관리와 함께 범세계적 및 인류보편적 가치에 기반한 유엔활동의 참여를 병행해야 할 과제를 안고 있다. 즉, 우리나라가 유엔에서 한반도문제는 경시하면서 범세계적 문제와 인류보편적 가치문제 논의에 치중하는 것은 모순으로 비추어질 수 있다. 이에 따라 한국은 유엔을 활용하여 한반도문제를 평화롭게 관리하는 동시에 밖으로 눈을 돌려 범세계적·인류보편적 가치에 기반한 유엔 의제에 개입하고 기여하는 노력이 필요할 것이다.

---

66) 강성학(2002), p.622.

더 읽을 거리

◻ 강성학 편. 『유엔과 한국전쟁』. 서울: 리북, 2004.

이 책은 유엔이 한국문제에 본격적으로 관여하도록 된 계기를 제공한 한국전쟁 개입의 과정과 배경을 중심으로 한국전쟁 시 유엔이 수행한 역할을 설명한 논문집이다. 모두 10명의 전문가가 집필한 이 책자는 한국전쟁 시 유엔의 역할을 집중 조명함으로써 유엔의 한국전쟁 개입 배경은 물론 유엔과 한국전쟁의 휴전과정, 그리고 유엔의 한국전 개입 이 체제에 미친 영향까지 분석하고 있다.

이외에도 이 책은 한국전쟁과 관련 국제기구와의 관계도 설명하고 있어 초창기 유엔뿐만 아니라 국제기구의 한국문제 개입에 대한 배경 및 과정을 이해하는 데 도움이 된다.

◻ 김 숙. "21세기 유엔과 한국외교." 『외교』 제100호(2012.1).

이 논문은 우리나라의 현직 주 유엔 대사가 집필한 만큼 생생하고 현장감 있게 21세기 유엔이 당면한 임무 및 역할과 한국이 펼쳐야 할 유엔외교의 방향을 제시하고 있다.

필자는 오늘날 유엔이 새롭게 변모된 국제환경속에서 전 세계를 이끌어 가는 규범 형성의 임무를 요구받고 있다고 전제하고 우리나라가 유엔외교를 한걸음 더 도약시키기 위해서는 의제설정(agenda setting) 과 결의안 제출 등의 분야에서 주도적 역할을 수행해야 한다고 주장하고 있다.

◻ 박흥순. "한국과 유엔외교: 유엔가입 20년의 평가와 향후 과제." 『국제평화연구』 제4권. 2011.

우리나라 유엔가입 20년을 계기로 그동안 펼친 우리나라 유엔외교의 성과를 평가하고 향후과제를 제시한 이 논문은 유엔을 통해 한국이 전개해야 할 국제평화 증진 노력을 포괄적으로 이해하는 데 도움이 된다. 필자는 한국이 '선진국형 유엔외교'를 펼치기 위해서는 외교 인

프라 및 관련 기관과의 네트워크 구축을 강화하고 교육계 및 학계에서도 유엔에 대한 교육 및 연구가 한층 더 배가되어야 한다고 주장하고 있다.

外교통상부. 『2013 유엔개황』. 서울: 외교통상부, 2013.

외교통상부가 발간한 이 책자는 유엔에 대한 모든 것을 모두 14장으로 구성, 소개하고 있어 자료집 역할을 톡톡히 한다. 유엔개관, 유엔의 설립과정부터 시작하여 유엔의 주요기관을 간단·명료하게 설명하고 있으며 한국과 유엔과의 관계도 정부수립 시부터 시작하여 유엔가입 이후의 유엔외교 활동실적까지 일목요연하게 서술하고 있다. 부록으로는 유엔헌장은 물론 의사규칙까지 담고 있어 유엔의 운영현황을 이해하는 데 크게 도움이 된다.

外교통상부. 『유엔가입 20주년 기념 對유엔외교 방향모색을 위한 토론회』. 서울: 외교통상부, 2011.

이 책자는 우리나라의 유엔가입 20주년을 기념하여 2011년 12월 2일과 3일에 걸쳐 외교통상부 주최로 개최된 '對 유엔외교 방향모색을 위한 토론회'의 발표 및 토론내용을 수록한 것이다. 전문가들이 발표하고 토론한 한국의 유엔외교 20년의 성과 및 현황과 주요 과제, 그리고 다자외교의 유용성 및 역량강화 방안 등이 수록되어 있어 우리나라가 그동안 펼친 유엔외교 성과와 앞으로의 유엔외교 방향을 이해하는 데 도움이 된다.

참 · 고 · 문 · 헌

〈국문 자료〉

강성학. 『동아시아의 안보와 유엔체제』. 서울: 집문당, 2002.
_____. 『유엔과 한국전쟁』. 서울: 리북, 2004.
_____. "유엔과 한국외교." 박수길 편. 『21세기 유엔과 한국: 새로운 도전과 과제』.
　　　서울: 도서출판 오름, 2002.
_____. 『카멜레온과 시지프스』. 나남출판사, 1995.
_____. 『평화神과 유엔 사무총장: 국제 평화를 위한 리더십의 비극』. 서울: 고려대
　　　학교 출판부, 2013.
김 숙. "21세기 유엔과 한국외교." 『외교』 제100호. 2012.1.
김우상·김태현·박건영·백창재. 『국제관계론강의 I』. 서울: 한울아카데미, 2007.
마가렛 칸즈·카렌 밍스트(김계동 외 번역). 『국제기구의 이해』 2판. 명인문화사,
　　　2011.
박수길 편저. 『21세기 유엔과 한국 — 새로운 도전과 과제』. 서울: 도서출판 오름,
　　　2002.
박용수. "환경 가버넌스체제와 NGO의 참여." 『유럽연구』 통권 제18호. 2003.
박재영. 『국제관계와 NGO』. 서울: 법문사, 2003.
_____. 『국제기구론』. 서울: 법문사, 1998.
_____. 『국제기구정치론』. 서울: 법문사, 2003.

_____. 『모의유엔회의 핸드북』. 서울: 법문사, 2008.

_____. 『유엔과 국제기구』. 서울: 법문사, 2007.

박치영. 『유엔정치론』. 서울: 법문사, 1994.

_____. 『유엔 정치와 한국문제』. 서울: 서울대학교 출판부, 1995.

박흥순. "국제정의와 국제재판소: 반인도 범죄에 대한 국제재판소의 대응."『국제기구저널』 제2집 1호. 2007.

_____. "다자외교의 각축장."『다자외교 강국으로 가는길』. 서울: 21세기 평화재단, 평화연구소, 2009.

_____. "유엔(UN) 안보리와 비상임이사국의 역할―한국을 위한 함의."『외교』 제93호. 2010.4.

_____. "유엔과 보호책임원칙의 이행: 리비아 사태, 유엔안보리와 유엔사무총장의 역할." *Oughtopia*, Vol.27, No.2, November 2012.

_____. "유엔안보리 개편의 쟁점과 현황."『외교』 제54호. 2000.7.

_____. "유엔안보리 개혁과 글로벌 거버넌스." 백진현 편.『한국과 글로벌 거버넌스』. 해성국제문제윤리연구소 보고서. 2009.

_____. "유엔의 국제정치." 윤영관 외.『국제기구와 한국외교』. 민음사, 1996.

_____. "유엔의 제도개혁―현황과 쟁점."『외교』 제78호. 2006.7.

_____. "유엔체제의 발전과 평가." 박수길 편.『21세기 유엔과 한국―새로운 도전과 과제』. 서울: 도서출판 오름, 2002.

_____. "한국과 유엔외교: 유엔가입 20년의 평가와 향후과제."『국제평화연구』 제4권, 2011.12.

_____. "한국전쟁과 UN의 개입(1950): 과정과 배경." 강성학 편.『유엔과 한국전쟁』. 서울: 리북, 2004.

백범석 · 김유리. "유엔 북한인권 조사위원회 설립의 이해와 전망." *Issue Brief*, No. 50(March 25, 2013). 아산정책연구원.

서창록. 『국제기구: 글로벌 거버넌스의 정치학』. 서울: 다산출판사, 2004.

_____. 『글로벌 거버넌스』. 집문당, 2003.

신동익. "21세기 새로운 유엔의 과제: 평화구축(Peacebuilding) 활동."『외교』 제97호. 2011.4.

_____. "한국의 유엔안보리 진출의 의미와 국제평화에 기여."『외교』 제105호. 2013.4.

암스트롱, 데이비드(David Armstrong), 테오 파렐(Theo Farrell), 엘렌느 램버트(Hélène Lambert) 저. 조한승 역.『국제법과 국제관계(*International Law and*

International Relations)』. 서울: 매봉, 2010.

에치오니, 아미타이(Amitai Etzioni). 『제국에서 공동체로(*From Empire to Community*)』(2004). 조한승·서헌주·오영달 역. 서울: 매봉, 2007.

오기평. 『현대국제기구정치론』. 서울: 법문사, 1992.

외교통상부. 『유엔 개황』. 서울: 외교부, 2008.

_____. 『한국외교 60년: 1948-2008』. 서울: 외교통상부, 2009.

_____. 『2013 유엔개황』. 서울: 외교통상부, 2013.

유엔한국협회(번역서). 『유엔이란 무엇인가(*Basic Facts About the United Nations*)』. New York: UN Dept. of Public Information, 1995.

유현석. 『국제정세의 이해: G2시대 지구촌의 어젠다와 국제관계』. 경기 파주: 도서출판 한울, 2013.

윤영관 외. 『국제기구와 한국외교』. 민음사, 1996.

이상우. 『국제관계이론』 4訂版. 서울: 박영사, 2006.

이신화. "국가실패와 보호책임(R2P)의 북한 적용가능성." 『한국정치학회보』 제46집 1호. 2012.

_____. "비전통안보와 동북아지역협력." 『한국정치학회보』 제42집 제2호. 2008.

_____. "유엔과 보호책임(*Responsibility to Protect*)." 『국제문제연구』 제10권 제4호 통권 40호. 2010.

_____. "유엔과 취약그룹." 박수길 역. 『21세기 유엔과 한국: 새로운 도전과 과제』. 서울: 도서출판 오름, 2002.

_____. "한국 국제평화활동의 양분화 고찰: 유엔 PKO vs. 다국적군 파병." 이신화 편. 『아세아연구』 제56권 2호, 통권 152호. 2013.

임은모. 『아랍의 봄』. 서울: 이담북스, 2012.

임희완. 『서양사의 이해』 3訂版. 서울: 박영사, 2012.

장동민. "에이즈에 대한 국제적 대응전략과 시사점: UNAIDS와 호주의 사례를 중심으로." 『인제논총』 제23권 제1호. 2008.

조동준. "국제연합 총회에서 미국의 영향력 분석: 영향력 자원(power resource)과 선호의 상호작용." 『한국정치학회보』 제38집 제2호. 2004.

조한승. "문화다양성협약에 대한 국제정치―국제법 학제적 조망." 『한국정치학회보』 42집 4호. 2008.

_____. "미국의 유네스코 정책의 전략적 함의: 정치체제론적 관점에서." 『국제정치연구』 11집 1호. 2008.

존 베일리스·스티브 스미스·퍼트리샤 오언스 편저, 하영선 외 공역. 『세계정치론』.

서울: 을유문화사, 2010.

주성수·서영진. 『UN, NGO, 글로벌 시민사회』. 서울: 한양대 출판부, 2000.

최영식·오영달. "글로벌 도전 극복을 위한 과학기술 국제협력 거버넌스: 국제원자력
　　기구의 다자적 과학기술협력의 분석을 중심으로."『유라시아연구』제7권 4
　　호. 2010년 12월.

평화포럼 편. 『다자외교 강국으로 가는 길』. 화정평화재단, 2008.

한국국제협력단(KOICA). 『국제개발협력의 이해』. 경기 파주: 한울아카데미, 2013.

한국정치학회 편. 『정치학이해의 길잡이: 국제정치와 안보』. 서울: 법문사, 2008.

한승주. "세계평화, 유엔역할 커진다."『동아일보』제4면, 1995.10.18.

한용섭. "안보개념의 변화와 국방정책."『국방정책론』. 서울: 박영사, 2012.

합동참모대학 국제평화활동센터. 『평화유지활동: UN PKO 종합지침서』. 서울: 합동
　　참모대학, 2005.

홍승목. "UN의 근본적 개혁을 위한 제안 12개조."『JPI 정책포럼』No.2012-08. 제
　　주평화연구원, 2012.

〈외국어 자료〉

Acharya, Amitav. *Human Rights in Southeast Asia: Dilemmas of Foreign Policy.*
　　Toronto: University of Toronto-York University Joint Centre for Asia
　　Pacific Studies, 1995.

Alexandroff, Alan S. *Can the World be Governed?: Possibilities for Effective
　　Multilateralism.* CIGI & Wilfred Laurier University Press, 2008.

Alger, Chadwick F. et al., eds. *The United Nations System: The Policies of
　　Member States.* Tokyo: UN Univ. 1995.

Alston, Philip. "The United Nations: No Hope for Reform?" In Antonio Cassese,
　　ed. *Realizing Utopia: The Future of International Law.* Oxford: Oxford
　　University Press, 2012.

Ba, Alice D., and Matthew J. Hoffmann, eds. *Contending Perspectives on*

Global Governance. New York: Routledge, 2005.

Bailey, Sydney D. *The UN Security Council and Human Rights*. London: Macmillan Press Ltd., 1994.

Bello, Walden. "In Recession, Modest Help for Most Americans, But Big Bucks for Big Farms." *Foreign Policy in Focus*(July 20, 2008).

Bennett, LeRoy A., and James K. Oliver. *International Organizations: Principles and Issues*, 7th edn. Upper Saddle River, NJ: Prentice Hall, 2002.

Bertrand, Maurice. "The Historical Development of Efforts to Reform the UN." In Adam Roberts and Benedict Kingsbury, eds. *United Nations, Divided World: The UN's Roles in International Relations*, 2nd ed. Oxford: Clarendon Press, 1993.

Blanchfield, Luisa. *UN Reform: US Policy and International Perspectives*. CRS Report for Congress(December 21, 2011).

Bourantonis, Dimitris. *The History and Politics of UN Security Council Reform*. London: Routledge, 2005.

Bourantonis, Dimitris, and Jarrod Wiener, eds. *The United Nations in the New World Order: The World Organization at Fifty*. New York: St. Martin's Press, 1995.

Boutros, Boutros-Ghali. *An Agenda for Peace*. UN Doc. A/42/277, S/24111. 1992.

_____. *An Agenda for Peace*, 2nd ed. New York: UN Dept. of Public Information, 1995.

Brandolini, G.V. *Low Intensity Conflicts*. Bergamo: CRF Press, 2002.

Browne, Marjorie Ann. *United Nations Peacekeeping: Issues for Congress*. Congressional Research Service(February 11, 2011).

Bull, Hedley. *The Anarchical Society*. New York: Columbia University, 1977.

Buzan, Barry. *People, State and Fear*. London: Harvester, 1983.

Carson, Rachel. *Silent Spring*. Boston and New York: Houghton Mifflin Company, 1962.

Claude, Inis L. Jr. *Swords into Plowshares: The Problems and Prospects of International Organization*. New York: Random House, 1956, 1984.

Claude, Richard Pierre, and Burns H. Weston, eds. *Human Rights in the World Community: Issues and Action*. Philadelphia: University of Pennsylvania

Press, 1992.

Conca, Ken. "Greening the UN: Environmental Organizations and the UN System." In Thomas G. Weiss & Leon Gordenker, eds. *NGOs, The UN, & Global Governance*. Boulder: Lynne Rienner Publishers, 1996.

Cox, Rober W., and Harold Jacobson, eds. *The Anatomy of Influence*. New Haven: Yale Univ. 1994.

Danchin, Peter G., and Horst Fischer, eds. *United Nations Reform and the New Collective Security*. Cambridge: Cambridge University Press, 2010.

DeMars, William. *NGOs and Transnational Networks: Wild Cards in World Politics*. London: Pluto, 2005.

Diehl, Paul F., ed. *The Politics of Global Governance*, 5th ed. Boulder, CO: Lynne Rienner, 2005.

Dijkzeul, Dennis, and Yves Beigbeder, eds. *Rethinking International Organizations*. New York: Berghahn Books, 2003.

Doxey, Margaret P. *International Sanctions in Contemporary Perspectives*. New York: St. Martin's Press, 1987.

Durch, William J., ed. *The Evolution of UN Peacekeeping: Case Studies and Comparative Studies*. London: Macmillan Press, 1994.

Emmeri, Louis, Richard Jolly, Thomas G. Weiss. *Ahead of the Curve? UN Ideas and Global Challenges*. United Nations Intellectual History Project Series. Bloomington, IN: Indiana University Press, 2001.

Falk, Richard. "War Prevention and the UN: After Iraq Is There a Future for the Charter System?" *Counterpunch*, 2003.7.2.

Falk, Richard, and Andrew Strauss. "On the Creation of a Global Peoples Assembly: Legitimacy and the Power of Popular Sovereignty." *Stanford Journal of International Law*, Vol.36, No.2. 2000.

Fasulo, Linda. *An Insider's Guide to the UN*. New Haven, NJ: Yale University Press, 2004.

Feld, J. Werner, and Robert Jordan. *International Organizations: A Comparative Approach*, 3rd ed. Westport, CT: Praeger, 1994.

Finkelstein, Lawrence S. "The Politics of Value Allocation in the UN System." In Lawrence S. Finkelstein, ed. *Politics in the United Nations System*. London: Duke University Press, 1988.

Fisher, Julie. *The Road From Rio: Sustainable Development and the Non-governmental Movement in the Third World.* Westport, CT: Praeger, 1993.

Gaer, Felice D. "Reality Check: Human Rights NGOs Confront Governments at the UN." In Thomas G. Weiss and Leon Gordenker, eds. *NGOs, the UN & Global Governance.* London: Lynne Rienner Publishers, 1996.

Goodrich, Leland M. *The United Nations in a Changing World.* New York: Columbia University Press, 1974.

Gurr, Ted Robert. *People Versus States: Minorities at Risk in the New Century.* Washington D.C.: United States Institute of Peace Press, 2000.

Hans Kelsen. *The Law of the United Nations. A Critical Analysis of Its Fundamental Problems.* New York: Praeger, 1950.

Heins, Volke. *Nongovernmental Organizations in International Society: Struggles over Recognition.* New York: Palgrave Macmillan, 2008.

Held, David. *Global Covenant: The Social Democratic Alternative to the Washington Consensus.* Cambridge: Polity Press, 2004.

Held, David, and Anthony Mcgrew, eds. *Governing Globalization: Power, Authority and Global Governance.* UK Cambridge: Polity, 2003.

International Commission on Intervention and State Sovereignty(ICISS). *The Responsibility to Protect, Report of International Commission on Intervention and State Sovereignty.* Ottawa: International Development Research Centre for ICISS, 2001.

Jacobson, Harold K. *Networks of Interdependence: International Organizations and the Global Political System.* New York: Alfred A. Knopf, 1979, 1989.

Johnson, Stanley. *UNEP, the First 40 Years: A Narrative.* Nairobi: United Nations Environment Programme, 2012.

Joyner, Christopher C. *International Law in the 21st Century: Rules for Global Governance.* New York: Rowman & Littlefield, 2005.

Judah, Tim. *Kosovo: What Everyone Needs to Know.* Oxford: Oxford University Press, 2008.

Karns, Margaret P., and Karen A. Mingst. *The United Nations in the 21st Century,* 3rd ed. Cambridge: Westview, 2007.

_____. *International Organizations.* Boulder: Lynne Rienner Publishers, 2010.

Kaufman, Johan. *United Nations Decision-Making.* Netherlands: Sijthoff & Noordhoff, 1980.

Kennedy, Paul. *The Parliament of Man: The Past, present, and Future of the United Nations.* New York: Vintagebooks, 2006.

Keohane, Robert O. *International Institutions and State Power.* Boulder, CO: Westview Press, 1989.

Keohane, Robert O, and Joseph S. Nye. *Power and Interdependence,* 3rd edition. New York: Longman, 2001.

Klabbers, Jan. "Two Concepts of International Organization." *International Organizations Law Review,* Vol.2. 2005.

Krasno, Jean E. *The United Nations.* Boulder, CO: Lynne Rienner, 2004.

Kuyama, Sumihiro, and Michael Ross Fowler, eds. *Envisioning Reform: Enhancing UN Accountability in the 21st Century.* Tokyo: United Nations University Press, 2008.

Lauren, Paul Gorden. *The Evolution of International Human Rights: Visions Seen.* Pennsylvania: Pennsylvania State University Press, 2003.

Lee, Shin-wha. *Ethical, Normative and Educational Frameworks for the Promotion of Human Security in East-Asia.* Paris and Seoul: UNESCO, 2004.

Lipson, Michael. "Organized Hypocrisy and Global Governance: Implications for United Nations Reform." Paper presented at the Annual Convention of the International Studies Association, San Diego, CA: 2006.

Loescher, Gil. *The UNHCR and World Politics: A Perilous Path.* Oxford: Oxford University Press, 2001.

Luard, Evan. *A History of The United Nations,* Vol.I. New York: St. Martin's Press, 1982.

Luck, Edward C. *Mixed Messages: American Politics and International Organization, 1919-1999.* Washington D.C.: Brookings Institution Press, 1999.

_____. "Reforming the United Nations: Lessons from a History in Progress." *International Relations Studies and the United Nations Occasional Papers.* 2003.

_____. *UN Security Council.* New York: Routledge, 2006.

Macak, Kubo, and Noam Zamir. "The Applicability of International Humanitarian Law to the Conflict in Libya." *International Community Law Review* 14 (4).

Makinda, Samuel M. *Seeking Peace from Chaos: Humanitarian Intervention in Somalia.* Boulder: Lynne Rienner, 1993.

Malksoo, Lauri. "Great Powers Then and Now: Security Council Reform and Responses to Threats to Peace and Security." In Peter G. Danchin and Horst Fischer, eds. *United Nations Reform and the New Collective Security.* Cambridge: Cambridge University Press, 2010.

Malone, David M., ed. *The UN Security Council: From the Cold war to the 21st Century.* Boulder, CO: Lynne Rienner, 2004.

Martens, Kerstin. "NGO Participation at International Conference: Assessing Theoretical Accounts." *Transnational Associations*, Vol.3. 2000.

Martin, L. Lisa, and Beth A. Simmons, eds. *International Institutions: An International Organization Reader.* Cambridge, MA: MIT Press, 2001.

Martinetti, Irene. "UN Management Reform: The Role and Perspective of the G-77." Center for UN Reform(September 10, 2007).

Mathews, Jessica Tuchman. "Redefining Security." *Foreign Affairs* 68-2(Spring, 1989).

Mearsheimer, John J. "The False Promise of International Institutions." *International Security* 19-3(Winter, 1994/1995).

_____. *The Tragedy of Great Power Politics.* New York: W. W. Norton, 2001.

Meisler, Stanley. *United Nations: A History.* New York: Grove Press, 1995.

Morgenthau, Hans J. *Politics Among Nations, The Struggle for Power and Peace.* New York: Alfred A Knop Inc, 1985.

Muldoon, James P. et al. *Multilateral Diplomacy and the United Nations Today,* 2nd ed. Cambridge, MA: Westview Press, 2005.

Münch, Wolfgang. "The Joint Inspection Unit of the United Nations and the Specialized Agencies: The Role and Working Methods of a Comprehensive Oversight Institution in the United Nations System." In Jochen A. Frowein and Rüdiger Wolfrum, eds. *Max Planck Yearbook of United Nations Law*, Vol.2. London: Kluwer Law International, 1998.

NGO working Group on Women, Peace and Security. "National Action Plans and Strategies on Women, Peace and Security." Chapter 2. *UN Chronicle*, Vol.41. 2004.

Nicholas, H. G. *The United Nations as a Political Institution*, 5th ed. London: Oxford University Press, 1975.

Oakeshott, Michael. *On Human Conduct*. Oxford: Clarendon Press, 1975.

Oberleitner, Gerd. *Global Human Rights Institutions*. Cambridge: Polity Press, 2007.

Payne, Richard J 저, 조한승·고영일 역. 『글로벌 이슈: 정치, 경제, 문화』. 서울: 시그마프레스, 2013.

Pease, Kelly-Kate S. *International Organizations: Perspectives in the Twenty-First Century*, 4th ed. New York: Longman, 2010.

Peterson, M. J. *The General Assembly in World Politics*. Allen & Unwin: Boston, 1986.

_____. *The UN General Assembly*. New York: Routledge, 2006.

Pirages, Dennis. "Ecological Security: A Theoretical Overview." In Miranda A. Schreurs and Dennis Pirages, eds. *Ecological Security in Northeast Asia*. Seoul: Yonsei University Press, 1998.

Prakkash, Aseem, and A. Jeffrey Hart, eds. *Globalization and Governance*. New York: Routledge, 2000.

Puchala, Donald J., Katie Verlin Laatikainen, and Roger A. Coate. *United Nations Politics: International Organization in a Divided World*. Upper Saddle River, N.J.: Prentice Hall, 2007.

Puddington, Arch. "The Freedom house Survey for 2012: Breakthroughs in the Balance." *Journal of Democracy* 24-2(April 2013).

Riggs, Robert E., and Jack C. Plano. *The United Nations: International Organization and World Politics*. Chicago: The Dorsey Press, 1988.

Roberts, Adam. *Humanitarian Action in War: Aid, Protection and Impartiality in a Policy Vacuum*. Oxford: Oxford University Press, 1996.

Roberts, Adam, and Benedict Kingsbury, eds. *United Nations, Divided World: The UN's Roles in International Relations*, 2nd ed. Oxford: Oxford University Press, 1993.

Ruggie, John Gerad, ed. *Multilateralism Matters*. New York: Columbia Univ. Press, 1994.

Russell, Ruth B. *A History of the United Nations Charter: the Role of the United States.* Washington D.C.: Brookings, 1958.

Russett, Bruce, and John R O' Neal. *Triangulating Peace: Democracy, Interdependence, and International Organizations.* New York: W. W. Norton and Company, 2001.

Salamon, Lester M. "The Rise of the Nonprofit Sector." *Foreign Affairs*, 73(July/August 1994).

Salamon, Lester M. et al. *Global Civil Society: Dimensions of the Nonprofit Sector.* Baltimor: The Johns Hopkins Center for Civil Society Studies, 1999.

Schlesinger, Stephen C. *Act of Creation: The Founding of the United Nations.* Boulder, Co: Westview, 2003.

Slaughter, Anne-Marie. *A New World Order.* Princeton: Princeton University Press, 2004.

Smith, Courtney B. *Politics and Process at the United Nations.* Boulder, Co: Lynne Lienner, 2006.

South Centre. *For A Strong And Democratic United Nations: A South Perspective on UN Reform.* Geneva: Imprimerie Ideale, 1996.

Stockholm International Peace Research Institute(SIPRI). *SIPRI Yearbook 2011.* New York: Oxford University Press, 2011.

_____. *SIPRI Yearbook 2013: Armaments, Disarmament and International Security.* Oxford: Oxford University Press, 2013.

Stokke, Olav. *The UN and Development: From Aid to Cooperation.* Bloomington: Indiana University Press, 2009.

Thakur, Ramesh. *The United Nations, Peace and Security.* Cambridge, UK: Cambridge Univ. Press, 2006.

The Permanent Mission of Switzerland to the United Nations. *The PGA Handbook: A Practical Guide to the United Nations General Assembly.* New York, 2011.

"The Syrian Civil War: A Turning Point for Bashar Assad?" *The Economist*, June 8, 2013.

Ullman, Richard H. "Redefining Security." *International Security* 8-1(Summer 1983).

UN Development Programme. *Human Development Report 1994*. Oxford: New York, 1994.

UNDP. *United Nations Development Programme Annual Report 2003: A World of Development Experience*. New York: Oxford University Press, 2003.

Union of International Associations(UIA). "Number of Organizations in the Yearbook of International Organizations, 1909-2012." *Yearbook of International Organizations* 2013-2014. Brussels: UIA, 2013.

United Nations. *A more secure world: Our shared responsibility*. 2004.

_____. *Basic Facts about the United Nations*. New York: UN DPI, 2011.

_____. *Chronicle*, No.1. 2002.

_____. *In Larger Freedom: Towards Development, Security and Human Rights for All*. 2005.

_____. *Statement on Behalf of the Group 77 and China on Secretariat and Management Reform: Report of the Secretary-General Entitled 'Investing in the United Nations.'* April 3, 2006.

United Nations General Assembly. A/RES/60/1. Resolution adopted by the General Assembly. *2005 World Summit Outcome*. 2005.10.24.

United Nations Secretariat. ST/ADM/SER.B/866. *Assessment of Member States' contributions to the United Nations regular budget for the year 2013 and of new Member States' advances to the Working Capital Fund for the biennium 2010-2011 and contributions to the United Nations regular budget for 2011 and 2012*(24 December 2012).

Urquhart, Brian. "Who Can Police the World?" *New York Review of Books*(12 May 1994).

U.S. General Accounting Office(GAO). *United Nations: Reforms Progressing, but Comprehensive Assessment Needed to Measure Impact*. Report to Congressional Requesters, February 2004.

U.S. Senate Committee on Expenditures in the Executive Departments, 80th Cong., 2d sess., 1948, S. Rept. 1757, *United States Relations with International Organizations*.

Vandenberg, Arthur H. Jr., ed. *The Private Papers of Senator Vandenberg*. Boston: Houghton Mifflin Co., 1952.

Waltz, Kenneth. *Theory of International Politics*. Reading, MA: Addison-

Wesley, 1979.

Weiss, Thomas G. "Overcoming the Security Council Reform Impasse: The Implausible versus Plausible." Friedrich Ebert Stiftung Occasional Paper, No.14(January 2005).

_____. *What's Wrong with the United Nations and How to Fix It*, 2nd ed. Cambridge, UK: Polity Press, 2012.

Weiss, Thomas G., and Leon Gordenker, eds. *NGOs, the UN, & Global Governance*. Boulder: Lynne Rienner Publishers, 1996.

Weiss, Thomas G., and Ramesh Thakur. *Global Governance and the UN*. Bloomington, IN: Indiana University Press, 2010.

Weiss, Thomas G., David P. Forsythe, and Roger A. Coate. *The United Nations and Changing World Politics*. Boulder: Westview, 2001.

_____. *The United Nations and Changing World Politics*, 4th ed. Boulder, CO: Westview Press, 2004.

Weiss, Thomas G., ed. *Collective Security in a Changing World*. Boulder, CO: Lynne Rienner Publishers, 1993.

Weiss, Thomas, and Sam Daws, eds. *The Oxford Handbook on the United Nations*. Oxford: Oxford Univ. Press, 2007.

Welsh, Jennifer M. "Authorizing Humanitarian Intervention." In Richard M. Price and Mark W. Zacher, eds. *The United Nations and Global Security*. New York: Palgrave Macmillan, 2004.

White D. Nigel. *The United Nations System*. Boulder, CO: Lynne Rienner, 2002.

Willetts, Peter. "The Rules of the Game: The United Nations and Civil Society." In John W. Foster and Anita Anand, eds. *Whose World is it Anyway?: Civil Society, the United Nations and the Multilateral Future*. Ottawa, Canada: The United Nations Association in Canada, 1999.

_____. "From 'Consultative Arrangements' to 'Partnership': The Changing Status of NGOs in Diplomacy at the UN." *Global Governance*, Vol.6. 2000.

_____. "The Cardoso Report on the UN and Civil Society: Functionalism, Global Corporatism or Global Democracy?" *Journal of Global Governance*, Vol.12. 2006.

World Health Organization. *Malaria Control in Complex Emergencies: An Inter*

Agency Field Handbook. Switzerland: World Health Organization, 2006.

Zacher, Mark W. "The Conundrums of International Power Sharing: the Politics of Security Council Reform." In Richard M. Price and Mark W. Zacher, eds. *The United Nations and Global Security.* New York: Palgrave, 2004.

Zifcak, Spencer. "The Responsibility to Protect." In Malcom D. Evans, ed. *International Law*, 3rd ed. Oxford: Oxford University Press, 2010.

Ziring, Lawrence et al. *The United Nations*, 4th ed. Thomson & Wadsworth, 2005.

〈인터넷 및 언론 자료〉

"독일 안보리 상임이사국 진출 '큰 걸림돌'." 『한겨레』, 2005.6.28.

외교통상부. "유엔 일반," http://www.mofa.go.kr/trade/un/data/general/index.jsp?menu=m_30_60_20&tabmenu=t_1(검색일: 2013.6.22).

유엔. "About ECOSOC," http://www.un.org/en/ecosoc/about/index.shtml(검색일: 2013.6.25).

_____. http://www.un.org/en/aboutun/index.shtml(검색일: 2013.6.10).

_____. "Inter-Agency Network on Women and Gender Equality," http://www.un.org/womenwatch/ianwge/taskforces/wps/history.html(검색일: 2013.6.20).

유엔 경제사회이사회 NGO Branch. http://csonet.org/index.php?menu=77(검색일: 2013.6.10).

_____. "List of non-governmental organizations in consultative status with the Economic and Social Council as of 1 September 2012," http://csonet.org/content/documents/E2012INF6.pdf(검색일: 2013.6.20).

유엔 공공정보사무국. http://outreach.un.org/ngorelations/(검색일: 2013.6.15).

"유엔, '시리아사태 9만 3천 명 사망' 발표," BBC News, 2013년 6월 14일, http://blog.naver.com/yfish66?Redirect=Log&logNo=140191164528

"中, 상임이사국 진출 印·獨은 지지 日은 유보." 『연합뉴스』, 2005.4.20.

『한국일보』, 2011년 12월 11일자.

An Agenda for Development Report of the Secretary-General, A/48/935, 6 May 1994, http://www.globalpolicy.org/component/content/article/226/32314.html(검색일: 2013.6.23).

Atomicarchive.com. "The Atomic Bomings of Hiroshima and Nagasaki," http://www.atomicarchive.com/Docs/MED/med_chp10.shtml(검색일: 2013.6.20).

Ban, Ki Moon. "Implementing the Responsibility to Protect"(A/63/677). Secretary-General's remarks to the General Assembly on the Responsibility to Protect, Secretary General Office of the Spokesperson, http://www.un.org/apps/sg/sgstats.asp?nid=3982(검색일: 2009.7.21).

Committee on Conscience. "Alert: Genocide today in the Darfur Region of Sudan." United States Holocaust Memorial Museum, February 2005, http://www.committeeonconscience.org(검색일: 2013.5.3).

Environmental Working Group, www.farm.ewg.org/farm/newsrelease.php(검색일: 2013.3.28).

Food and Agriculture Organization(FAO). "One Sixth of Humanity Undernourished—More Than Ever Before," 2009년 6월 19일, http://www.stwr.org/food-security-agriculture/one-sixth-of-humanity-undernourished-more-than-ever-before.html#fao

Global Policy Forum. "Debt of 15 Largest Payers to the Peacekeeping Budget 2011," http://www.globalpolicy.org/images/pdfs/UN_Finance/2011/Debt_of_15_Largest_Payers_to_the_Peacekeeping_Budget.pdf(검색일: 2013.5.27).

_____. "Total UN System Contributions," http://www.globalpolicy.org/un-finance/tables-and-charts-on-un-finance/un-system-budget/27505.html(검색일: 2013.5.27).

_____. "US vs. Total Debt to the UN, 1996-2011," http://www.globalpolicy.org/images/pdfs/UN_Finance/2011/US_v._Total_Debt_Chart.pdf(검색일: 2013.5.27).

http://unterms.un.org/DGAACS/unterms.nsf/(검색일: 2013.8.14).

http://www.hrw.org/news/2013/01/21/north-korea-launch-un-commission-inqu
iry(검색일: 2013.4.3).

http://www.ohchr.org/EN/HRBodies/HRC/Pages/AboutCouncil.aspx(검색일:
2012.8.28).

http://www.un.org/esa/socdev/wssd/text-version(검색일: 2013.6.12).

https://en.wikipedia.org/wiki/Earth_Summit(검색일: 2013.5.20).

Hufner, Klaus. "Total Expenditure of Selected UN Programmes and Funds,
1971-2011," http://www.globalpolicy.org/images/pdfs/Total_Expenditure_
of_selected_UN_Programmes_and_Funds.pdf(검색일: 2013.6.1).

Independent Inquiry Committee into the United Nations Oil-for-Food Pro-
gramme. "Public Statement"(2004), http://www.iic-offp.org/documents/
PressRelease27Oct05.phf(검색일: 2013.5.1).

Japanese Ministry of Foreign Affairs. "United Nations Reform: Priority Issues for
Japan"(January 2006), http://www.mofa.go.jp/policy/un/reform/priority.
html(검색일: 2013.5.13).

"Libya: Ban Welcomes Security Council Authorization of measures to Protect
Civilians," UN News Centre, March 18, 2011, http://www.un.org/apps/
news/story.asp?NewsID=37809&Cr=Libya&Cr1=&Kw1=responsibility+to
+protect&Kw2=Libya&Kw3=#.UbXjtJqweUk

"Libya: Commanders Should Face Justice for Killings." *Human Rights Watch*,
February 2, 2011, http://www.hrw.org/en/news/2011/02/22/libya-com
manders-should-face-justice-killings

McBride, Michael, and Aaron Holtz. "Model United Nations of the Far West:
Tips for Drafting More Effective Resolutions," http://www.munfw.org/
images/MUNFW%20Effective%20Resolutions.pdf(검색일: 2013.6.1).

Office for the Coordination of Humanitarian Affairs. "OCHA Orientation Hand-
book on Complex Emergencies," http://www.reliefweb.int/library/docu
ments/ocha_ori- entation_handbook_on_.htm#1

Organization for Security and Co-operation in Europe(OSCE). "Who We Are,"
http://www.osce.org/who

Permanent Mission of the People's Republic of China to the UN. "Remarks by
Ambassador Wang Guangya at Meeting on 'Uniting for Consensus'"

(11 April 2005), http://www.fmprc.gov.cn/ce/ceun/eng/zghlhg/zzhgg/
t191026.htm(검색일: 2013.5.1).

Ramcharan, Bertrand G. "Preventive Diplomacy at the United Nations." UN
Chronicle, http://www.un.org/wcm/content/site/chronicle/home/archive/
issues2011/pursuingpeace/preventivediplomacyattheUN(검색일: 2013.5.1).

Rummel, R. J. "20th Century Democide." *Freedom, Democracy, Peace: Power,
Democide, and War*, http://www.hawaii.edu/powerkills/20TH.HTM(검
색일: 2013.5.30).

The Hindu. http://www.thehindu.com/2007/05/11/stories/2007051101931000.htm
(검색일: 2007.5.11).

U.S. Department of State. "Joint Statement of the U.S.-Japan Security Con-
sultative Committee," Washington D.C.(June 21, 2011), http://www.
state.gov/r/pa/prs/ps/2011/06/166597.htm

UN Democracy Fund(UNDEF). "Sustainable Democracy: Protecting the Rights
of vulnerable Groups in Mali, Morocco and Mongolia," September 21,
2007, http://www.un.org/democracyfund/XNewsICDT.htm

UN Department of Peacekeeping(DPKO). "Post Cold-War Surge," http://www.
un.org/en/peacekeeping/operations/surge.shtml

UN Department of Peacekeeping. "Financing Peacekeeping," http://www.un.
org/en/peacekeeping/operations/financing.shtml.

UN High Commissioner for Refugees. "History of UNHCR," May 2013, http://
www.unhcr.org/pages/49c3646cbc.html

_____. "Shahad once lived 'the best life,' now the four-year-old Syrian Girl
needs Help." *Syria Emergency*, June 7, 2013, http://www.unhcr.org/
51b1c6cb9.html

UN Office for Disarmament Affairs(UNODA). "Treaty on the Non-Proliferation
of Nuclear Weapons(NPT)," http://www.un.org/disarmament/WMD/
Nuclear/NPT.shtml(검색일: 2013.6.29).

UNAIDS. "Results of the Review of NGO/Civil Society participation in the
Programme Coordinating Board," https://www.unaids.org/en/media/un
aids/contentassets/documents/pcb/2012/20121129_PCB_NGO_review
_final_en.pdf(검색일: 2013.6.26).

_____. http://www.unaids.org/en/aboutunaids/(검색일: 2013.6.26).

UNDEF. "UNDF Funding"(2009), http://www.un.org/democracyfund/Docs/
  Donors/donors_by_donor.html(검색일: 2012.4.3).

United Nations Conduct and Discipline Unit. "About CDU"(2010), http://cdu.
  unlb.org/AboutCDU.aspx(검색일: 2013.4.3).

United Nations Development Group. "Delivering as One," http://www.undg.
  org/index.cfm?P=7(검색일: 2013.4.3).

United Nations General Assembly. "Role of the United Nations in Maintaining
  International Peace and Security." Global Agenda Forum in the Austrian
  Parliament, Vienna, April 7, 2003, http://www.un.org/ga/president/
  57/pages/speeches

United Nations Peacebuilding Support Office. "About PBSO," http://www.un.
  org/en/peacebuilding/pbso/about.shtml(검색일: 2013.6.29).

"United Nations Peacekeeping Fact Sheet," http://www.un.org/en/peacekeeping/
  resources/statistics/factsheet.shtml(검색일: 2013.3.4).

United Nations Secretary-General Kofi Annan. Millennium Report, Chapter 3.
  http://www.hsph.harvard.edu/hpcr/events/hsworkshop/list_definitions.
  pdf(검색일: 2013.3.5).

United Nations. "A More Secure World: Our Shared Responsibility"(December
  2, 2004), http://www.un.org/secureworld/report2.pdf.

_____. "Growth in United Nations membership, 1945-present," http://www.
  un.org/en/members/growth.shtml#2000(검색일: 2013.3.4).

_____. "General Assembly, Resolutions/Regular Sessions," http://www.un.org/
  documents/resga.htm(검색일: 2013.4.20).

_____. "Regular Budget 2012-2013," http://www.un.org/en/hq/dm/pdfs/opp
  ba/Regular%20Budget.pdf(검색일: 2013.4.20).

_____. "The United Nations System Organizational Chart," http://www.un.org/
  en/aboutun/structure/org_chart.shtml(검색일: 2013.5.1).

_____. "The Secretary-General's Statement to the General Assembly"(March 21,
  2005), http://www.un.org/largefreedom/sg-statement.html(검색일: 2013.5.
  23).

_____. "Secretary-General's Plenary Speech at World Economic Forum on 'The
  Global Compact: Creating Sustainable Markets'." Davos, Switzerland(29
  January 2009), http://www.un.org/sg/statements/?nid=3684(검색일: 2013.

5.27).

_____. "Peacekeeping Fact Sheet," http://www.un.org/en/peacekeeping/resour ces/statistics/factsheet.shtml(검색일: 2013.6.1).

_____. "United Nations Regional Groups of Member States," http://www.un. org/depts/DGACM/RegionalGroups.shtml(검색일: 2013.6.5).

_____. *A New Global Partnership: Eradicate Poverty and Transform Economies Through Sustainable Development, The Report of the High-Level Panel of Eminent Persons on the Post-2015 Development Agenda*, 30 May 2013, http://www.un.org/sg/management/pdf/HLP_P2015_Report.pdf(검색 일: 2013.6.23).

USAID. "Complex Emergencies," http://www.usaid.gov/our_work/global_health/ nut/techareas/complex.html(검색일: 2013.4.21).

Walhberg, Katarina. "Progress on Global Taxes?" Global Policy Forum(December 2005), http://www.globalpolicy.org/images/pdfs/SocEcon/2005/Global_ Taxes/Dec05ProgressonGlobalTaxes.pdf(검색일: 2013.5.27).

Western, Jon, and Joshua S. Goldstein. "R2P After Syria: To Save the Doctrine, Forget Regime Change." *Foreign Affairs*, March 26, 2013, http://www. foreignaffairs.com/articles/139080/jon-western-and-joshua-s-goldstein/r2 p-after-syria

Wohlstetter, Albert. "The Delicate Balance of Terror." *RAND Report*, December 1958, http://www.rand.org/about/history/wohlstetter/P1472/P1472.html

"Annan's 'Culture of Inaction'." *The Chicago Tribune*(December 12, 2006).

"Barack Obama in an address to a Joint Session of the Parliament of India." *Lok Sabha*(India)(November 9, 2010).

"China Supports Reasonable, Necessary UN Security Council Reform: Spokesman." *Xinhua*(China)(April 15, 2011).

"Russia Backs India as Possible UN Security Council Permanent Member." *RIA Novosti*(Russia)(December 16, 2011).

"Russia for Preserving Compactness of UN Security Council." *Bernama Media* (November 12, 2010).

"Timeline: Oil-for-food scandal." *BBC News*(7 September 2005).

"U.N. Proposes Global Taxes to Fund 'Global Challenges' such as Climate

Change." *CNS News*(July 6, 2012).

"U.S. to Back Japan Security Council Bid." *Washington Post*(March 18, 2005).

부록

【부록 1】 유엔헌장

국제연합헌장 전문

(국문)

우리 연합국 국민들은

우리 일생중에 두 번이나 말할 수 없는 슬픔을 인류에 가져온 전쟁의 불행에서 다음 세대를 구하고, 기본적 인권, 인간의 존엄 및 가치, 남녀 및 대소 각국의 평등권에 대한 신념을 재확인하며, 정의와 조약 및 기타 국제법의 연원으로부터 발생하는 의무에 대한 존중이 계속 유지될 수 있는 조건을 확립하며, 더 많은 자유 속에서 사회적 진보와 생활수준의 향상을 촉진할 것을 결의하였다.

그리고 이러한 목적을 위하여

관용을 실천하고 선량한 이웃으로서 상호간 평화롭게 같이 생활하며, 국제평화와 안전을 유지하기 위하여 우리들의 힘을 합하며, 공동이익을 위한 경우 이외에는 무력을 사용하지 아니한다는 것을, 원칙의 수락과 방법의 설정에 의하여, 보장하고, 모든 국민의 경제적 및 사회적 발전을 촉진하기 위하여 국제기관을 이용한다는 것을 결의하면서, 이러한 목적을 달성하기 위하여 우리의 노력을 결집할 것을 결정하였다.

따라서, 우리 각자의 정부는, 샌프란시스코에 모인, 유효하고 타당한 것으로 인정된 전권위임장을 제시한 대표를 통하여, 이 국제연합헌장에 동의하고, 국제연합이라는 국제기구를 이에 설립한다.

제 1 장
목적과 원칙

제 1 조

국제연합의 목적은 다음과 같다.

1. 국제평화와 안전을 유지하고, 이를 위하여 평화에 대한 위협의 방지·제거 그리고 침략행위 또는 기타 평화의 파괴를 진압하기 위한 유효한 집단적 조치를 취하고 평화의 파괴로 이를 우려가 있는 국제적 분쟁이나 사태의 조정·해결을 평화적 수단에 의하여 또한 정의와 국제법의 원칙에 따라 실현한다.
2. 사람들의 평등권 및 자결의 원칙의 존중에 기초하여 국가간의 우호관계를 발전시키며, 세계평화를 강화하기 위한 기타 적절한 조치를 취한다.
3. 경제적·사회적·문화적 또는 인도적 성격의 국제문제를 해결하고 또한 인종·성별·언어 또는 종교에 따른 차별없이 모든 사람의 인권 및 기본적 자유에 대한 존중을 촉진하고 장려함에 있어 국제적 협력을 달성한다.
4. 이러한 공동의 목적을 달성함에 있어서 각국의 활동을 조화시키는 중심이 된다.

제 2 조

이 기구 및 그 회원국은 제1조에 명시한 목적을 추구함에 있어서 다음의 원칙에 따라 행동한다.

1. 기구는 모든 회원국의 주권평등 원칙에 기초한다.
2. 모든 회원국은 회원국의 지위에서 발생하는 권리와 이익을 그들 모두에 보장하기 위하여, 이 헌장에 따라 부과되는 의무를 성실히 이행한다.
3. 모든 회원국은 그들의 국제분쟁을 국제평화와 안전 그리고 정의를 위태롭게 하지 아니하는 방식으로 평화적 수단에 의하여 해결한다.
4. 모든 회원국은 그 국제관계에 있어서 다른 국가의 영토보전이나 정치적

독립에 대하여 또는 국제연합의 목적과 양립하지 아니하는 어떠한 기타 방식으로도 무력의 위협이나 무력행사를 삼간다.

5. 모든 회원국은 국제연합이 이 헌장에 따라 취하는 어떠한 조치에 있어서도 모든 원조를 다하며, 국제연합이 방지조치 또는 강제조치를 취하는 대상이 되는 어떠한 국가에 대하여도 원조를 삼간다.

6. 기구는 국제연합의 회원국이 아닌 국가가, 국제평화와 안전을 유지하는 데 필요한 한, 이러한 원칙에 따라 행동하도록 확보한다.

7. 이 헌장의 어떠한 규정도 본질상 어떤 국가의 국내 관할권 안에 있는 사항에 간섭할 권한을 국제연합에 부여하지 아니하며, 또는 그러한 사항을 이 헌장에 의한 해결에 맡기도록 회원국에 요구하지 아니한다. 다만, 이 원칙은 제7장에 의한 강제조치의 적용을 해하지 아니한다.

제 2 장
회원국의 지위

제 3 조

국제연합의 원회원국은, 샌프란시스코에서 국제기구에 관한 연합국 회의에 참가한 국가 또는 1942년 1월 1일의 연합국 선언에 서명한 국가로서, 이 헌장에 서명하고 제110조에 따라 이를 비준한 국가이다.

제 4 조

1. 국제연합의 회원국 지위는 이 헌장에 규정된 의무를 수락하고, 이러한 의무를 이행할 능력과 의사가 있다고 기구가 판단하는 그밖의 평화애호국 모두에 개방된다.

2. 그러한 국가의 국제연합회원국으로의 승인은 안전보장이사회의 권고에 따라 총회의 결정에 의하여 이루어진다.

제 5 조

안전보장이사회에 의하여 취하여지는 방지조치 또는 강제조치의 대상이 되는 국제연합회원국에 대하여는 총회가 안전보장이사회의 권고에 따라 회원국으로서의 권리와 특권의 행사를 정지시킬 수 있다.

이러한 권리와 특권의 행사는 안전보장이사회에 의하여 회복될 수 있다.

제 6 조

이 헌장에 규정된 원칙을 끈질기게 위반하는 국제연합회원국은 총회가 안전보장이사회의 권고에 따라 기구로부터 제명할 수 있다.

제 3 장
기 관

제 7 조

1. 국제연합의 주요기관으로서 총회·안전보장이사회·경제사회이사회·신탁통치이사회·국제사법재판소 및 사무국을 설치한다.
2. 필요하다고 인정되는 보조기관은 이 헌장에 따라 설치될 수 있다.

제 8 조

국제연합은 남녀가 어떠한 능력으로서든 그리고 평등의 조건으로 그 주요기관 및 보조기관에 참가할 자격이 있음에 대하여 어떠한 제한도 두어서는 아니 된다.

제 4 장
총 회

구 성

제 9 조

1. 총회는 모든 국제연합회원국으로 구성된다.
2. 각 회원국은 총회에 5인 이하의 대표를 가진다.

임무 및 권한

제 10 조

총회는 이 헌장의 범위안에 있거나 또는 이 헌장에 규정된 어떠한 기관의 권한 및 임무에 관한 어떠한 문제 또는 어떠한 사항도 토의할 수 있으며, 그리고 제12조에 규정된 경우를 제외하고는, 그러한 문제 또는 사항에 관하여 국제 연합회원국 또는 안전보장이사회 또는 이 양자에 대하여 권고할 수 있다.

제 11 조

1. 총회는 국제평화와 안전의 유지에 있어서의 협력의 일반원칙을, 군비축소 및 군비규제를 규율하는 원칙을 포함하여 심의하고, 그러한 원칙과 관련 하여 회원국이나 안전보장이사회 또는 이 양자에 대하여 권고할 수 있다.
2. 총회는 국제연합회원국이나 안전보장이사회 또는 제35조 제2항에 따라 국제연합회원국이 아닌 국가에 의하여 총회에 회부된 국제평화와 안전의 유지에 관한 어떠한 문제도 토의할 수 있으며, 제12조에 규정된 경우를 제외하고는 그러한 문제와 관련하여 1 또는 그 이상의 관계국이나 안전보 장이사회 또는 이 양자에 대하여 권고할 수 있다. 그러한 문제로서 조치를 필요로 하는 것은 토의의 전 또는 후에 총회에 의하여 안전보장이사회에 회부된다.
3. 총회는 국제평화와 안전을 위태롭게 할 우려가 있는 사태에 대하여 안전 보장이사회의 주의를 환기할 수 있다.
4. 이 조에 규정된 총회의 권한은 제10조의 일반적 범위를 제한하지 아니한다.

제 12 조

1. 안전보장이사회가 어떠한 분쟁 또는 사태와 관련하여 이 헌장에서 부여된 임무를 수행하고 있는 동안에는 총회는 이 분쟁 또는 사태에 관하여 안전 보장이사회가 요청하지 아니하는 한 어떠한 권고도 하지 아니한다.

2. 사무총장은 안전보장이사회가 다루고 있는 국제평화와 안전의 유지에 관한 어떠한 사항도 안전보장이사회의 동의를 얻어 매 회기중 총회에 통고하며, 또한 사무총장은, 안전보장이사회가 그러한 사항을 다루는 것을 중지한 경우, 즉시 총회 또는 총회가 회기중이 아닐 경우에는 국제연합회원국에 마찬가지로 통고한다.

제 13 조

1. 총회는 다음의 목적을 위하여 연구를 발의하고 권고한다.

   가. 정치적 분야에 있어서 국제협력을 촉진하고, 국제법의 점진적 발달 및 그 법전화를 장려하는 것.

   나. 경제·사회·문화·교육 및 보건분야에 있어서 국제협력을 촉진하며 그리고 인종·성별·언어 또는 종교에 관한 차별없이 모든 사람을 위하여 인권 및 기본적 자유를 실현하는데 있어 원조하는 것.

2. 전기 제1항 나호에 규정된 사항에 관한 총회의 추가적 책임, 임무 및 권한 은 제9장과 제10장에 규정된다.

제 14 조

제12조 규정에 따를 것을 조건으로 총회는 그 원인에 관계없이 일반적 복지 또는 국가간의 우호관계를 해할 우려가 있다고 인정되는 어떠한 사태도 이의 평화적 조정을 위한 조치를 권고할 수 있다. 이 사태는 국제연합의 목적 및 원칙을 정한 이 헌장규정의 위반으로부터 발생하는 사태를 포함한다.

제 15 조

1. 총회는 안전보장이사회로부터 연례보고와 특별보고를 받아 심의한다. 이 보고는 안전보장이사회가 국제평화와 안전을 유지하기 위하여 결정하거

나 또는 취한 조치의 설명을 포함한다.

2. 총회는 국제연합의 다른 기관으로부터 보고를 받아 심의한다.

제 16 조

총회는 제12장과 제13장에 의하여 부과된 국제신탁통치제도에 관한 임무를
수행한다. 이 임무는 전략지역으로 지정되지 아니한 지역에 관한 신탁통치 협
정의 승인을 포함한다.

제 17 조

1. 총회는 기구의 예산을 심의하고 승인한다.
2. 기구의 경비는 총회에서 배정한 바에 따라 회원국이 부담한다.
3. 총회는 제57조에 규정된 전문기구와의 어떠한 재정약정 및 예산약정도
   심의하고 승인하며, 당해 전문기구에 권고할 목적으로 그러한 전문기구의
   행정적 예산을 검사한다.

표 결

제 18 조

1. 총회의 각 구성국은 1개의 투표권을 가진다.
2. 중요문제에 관한 총회의 결정은 출석하여 투표하는 구성국의 3분의 2의
   다수로 한다. 이러한 문제는 국제평화와 안전의 유지에 관한 권고, 안전보
   장이사회의 비상임이사국의 선출, 경제사회이사회의 이사국의 선출, 제86
   조제1항다호에 의한 신탁통치이사회의 이사국의 선출, 신회원국의 국제
   연합 가입의 승인, 회원국으로서의 권리 및 특권의 정치, 회원국의 제명,
   신탁통치제도의 운영에 관한 문제 및 예산문제를 포함한다.
3. 기타 문제에 관한 결정은 3분의 2의 다수로 결정될 문제의 추가적 부문의
   결정을 포함하여 출석하여 투표하는 구성국의 과반수로 한다.

제 19 조

기구에 대한 재정적 분담금의 지불을 연체한 국제연합회원국은 그 연체금액

이 그때까지의 만 2년간 그 나라가 지불하였어야 할 분담금의 금액과 같거나 또는 초과하는 경우 총회에서 투표권을 가지지 못한다. 그럼에도 총회는 지불의 불이행이 그 회원국이 제어할 수 없는 사정에 의한 것임이 인정되는 경우 그 회원국의 투표를 허용할 수 있다.

절 차
제 20 조

총회는 연례정기회기 및 필요한 경우에는 특별회기로서 모인다. 특별회기는 안전보장이사회의 요청 또는 국제연합회원국의 과반수의 요청에 따라 사무총장이 소집한다.

제 21 조

총회는 그 자체의 의사규칙을 채택한다. 총회는 매회기마다 의장을 선출한다.

제 22 조

총회는 그 임무의 수행에 필요하다고 인정되는 보조기관을 설치할 수 있다.

제 5 장
안전보장이사회

구 성
제 23 조

1. 안전보장이사회는 15개 국제연합회원국으로 구성된다. 중화민국, 불란서, 소비에트사회주의공화국연방, 영국 및 미합중국은 안전보장이사회의 상임이사국이다. 총회는 먼저 국제평화와 안전의 유지 및 기구의 기타 목적에 대한 국제연합회원국의 공헌과 또한 공평한 지리적 배분을 특별히 고려하여 그외 10개의 국제연합회원국을 안전보장이사회의 비상임이사국으

로 선출한다.

2. 안전보장이사회의 비상임이사국은 2년의 임기로 선출된다. 안전보장이사회의 이사국이 11개국에서 15개국으로 증가된 후 최초의 비상임이사국 선출에서는, 추가된 4개 이사국 중 2개 이사국은 1년의 임기로 선출된다. 퇴임이사국은 연이어 재선될 자격을 가지지 아니한다.

3. 안전보장이사회의 각 이사국은 1인의 대표를 가진다.

임무와 권한

제 24 조

1. 국제연합의 신속하고 효과적인 조치를 확보하기 위하여, 국제연합 회원국은 국제평화와 안전의 유지를 위한 일차적 책임을 안전보장이사회에 부여하며, 또한 안전보장이사회가 그 책임하에 의무를 이행함에 있어 회원국을 대신하여 활동하는 것에 동의한다.

2. 이러한 의무를 이행함에 있어 안전보장이사회는 국제연합의 목적과 원칙에 따라 활동한다.

   이러한 의무를 이행하기 위하여 안전보장이사회에 부여된 특정한 권한은 제6장, 제7장, 제8장 및 제12장에 규정된다.

3. 안전보장이사회는 연례보고 및 필요한 경우 특별보고를 총회에 심의하도록 제출한다.

제 25 조

국제연합회원국은 안전보장이사회의 결정을 이 헌장에 따라 수락하고 이행할 것을 동의한다.

제 26 조

세계의 인적 및 경제적 자원을 군비를 위하여 최소한으로 전용함으로써 국제평화와 안전의 확립 및 유지를 촉진하기 위하여, 안전보장이사회는 군비규제체제의 확립을 위하여 국제연합회원국에 제출되는 계획을 제47조에 규정된 군사참모위원회의 원조를 받아 작성할 책임을 진다.

표 결
제 27 조

1. 안전보장이사회의 각 이사국은 1개의 투표권을 가진다.
2. 절차사항에 관한 안전보장이사회의 결정은 9개 이사국의 찬성투표로써 한다.
3. 그외 모든 사항에 관한 안전보장이사회의 결정은 상임이사국의 동의 투표를 포함한 9개 이사국의 찬성투표로써 한다. 다만, 제6장 및 제52조제3항에 의한 결정에 있어서는 분쟁당사국은 투표를 기권한다.

절 차
제 28 조

1. 안전보장이사회는 계속적으로 임무를 수행할 수 있도록 조직된다. 이를 위하여 안전보장이사회의 각 이사국은 기구의 소재지에 항상 대표를 둔다.
2. 안전보장이사회는 정기회의를 개최한다. 이 회의에 각 이사국은 희망하는 경우, 각료 또는 특별히 지명된 다른 대표에 의하여 대표될 수 있다.
3. 안전보장이사회는 그 사업을 가장 쉽게 할 수 있다고 판단되는 기구의 소재지외의 장소에서 회의를 개최할 수 있다.

제 29 조

안전보장이사회는 그 임무의 수행에 필요하다고 인정되는 보조기관을 설치할 수 있다.

제 30 조

안전보장이사회는 의장선출방식을 포함한 그 자체의 의사규칙을 채택한다.

제 31 조

안전보장이사회의 이사국이 아닌 어떠한 국제연합회원국도 안전보장이사회가 그 회원국의 이해에 특히 영향이 있다고 인정하는 때에는 언제든지 안전보장이사회에 회부된 어떠한 문제의 토의에도 투표권없이 참가할 수 있다.

제 32 조

안전보장이사회의 이사국이 아닌 국제연합회원국 또는 국제연합회원국이 아닌 어떠한 국가도 안전보장이사회에서 심의중인 분쟁의 당사자인 경우에는 이 분쟁에 관한 토의에 투표권없이 참가하도록 초청된다. 안전보장이사회는 국제연합회원국이 아닌 국가의 참가에 공정하다고 인정되는 조건을 정한다.

제 6 장
분쟁의 평화적 해결

제 33 조

1. 어떠한 분쟁도 그의 계속이 국제평화와 안전의 유지를 위태롭게 할 우려가 있는 것일 경우, 그 분쟁의 당사자는 우선 교섭·심사·중개·조정·중재재판·사법적 해결·지역적 기관 또는 지역적 약정의 이용 또는 당사자가 선택하는 다른 평화적 수단에 의한 해결을 구한다.
2. 안전보장이사회는 필요하다고 인정하는 경우 당사자에 대하여 그 분쟁을 그러한 수단에 의하여 해결하도록 요청한다.

제 34 조

안전보장이사회는 어떠한 분쟁에 관하여도, 또는 국제적 마찰이 되거나 분쟁을 발생하게 할 우려가 있는 어떠한 사태에 관하여도, 그 분쟁 또는 사태의 계속이 국제평화와 안전의 유지를 위태롭게 할 우려가 있는지 여부를 결정하기 위하여 조사할 수 있다.

제 35 조

1. 국제연합회원국은 어떠한 분쟁에 관하여도, 또는 제34조에 규정된 성격의 어떠한 사태에 관하여도, 안전보장이사회 또는 총회의 주의를 환기할 수 있다.
2. 국제연합회원국이 아닌 국가는 자국이 당사자인 어떠한 분쟁에 관하여도,

이 헌장에 규정된 평화적 해결의 의무를 그 분쟁에 관하여 미리 수락하는
경우에는 안전보장이사회 또는 총회의 주의를 환기할 수 있다.

3. 이 조에 의하여 주의가 환기된 사항에 관한 총회의 절차는 제11조 및 제
12조의 규정에 따른다.

제 36 조

1. 안전보장이사회는 제33조에 규정된 성격의 분쟁 또는 유사한 성격의 사태
의 어떠한 단계에 있어서도 적절한 조정절차 또는 조정방법을 권고할 수
있다.

2. 안전보장이사회는 당사자가 이미 채택한 분쟁해결절차를 고려하여야 한다.

3. 안전보장이사회는, 이 조에 의하여 권고를 함에 있어서, 일반적으로 법률
적 분쟁이 국제사법재판소규정의 규정에 따라 당사자에 의하여 동 재판소
에 회부되어야 한다는 점도 또한 고려하여야 한다.

제 37 조

1. 제33조에 규정된 성격의 분쟁당사자는, 동조에 규정된 수단에 의하여 분
쟁을 해결하지 못하는 경우, 이를 안전보장이사회에 회부한다.

2. 안전보장이사회는 분쟁의 계속이 국제평화와 안전의 유지를 위태롭게 할
우려가 실제로 있다고 인정하는 경우 제36조에 의하여 조치를 취할 것인
지 또는 적절하다고 인정되는 해결조건을 권고할 것인지를 결정한다.

제 38 조

제33조 내지 제37조의 규정을 해하지 아니하고, 안전보장이사회는 어떠한
분쟁에 관하여도 분쟁의 모든 당사자가 요청하는 경우 그 분쟁의 평화적 해결
을 위하여 그 당사자에게 권고할 수 있다.

제 7 장
평화에 대한 위협, 평화의 파괴 및 침략행위에 관한 조치

제 39 조

안전보장이사회는 평화에 대한 위협, 평화의 파괴 또는 침략행위의 존재를 결정하고, 국제평화와 안전을 유지하거나 이를 회복하기 위하여 권고하거나, 또는 제41조 및 제42조에 따라 어떠한 조치를 취할 것인지를 결정한다.

제 40 조

사태의 악화를 방지하기 위하여 안전보장이사회는 제39조에 규정된 권고를 하거나 조치를 결정하기 전에 필요하거나 바람직하다고 인정되는 잠정조치에 따르도록 관계당사자에게 요청할 수 있다. 이 잠정조치는 관계당사자의 권리, 청구권 또는 지위를 해하지 아니한다. 안전보장이사회는 그러한 잠정조치의 불이행을 적절히 고려한다.

제 41 조

안전보장이사회는 그의 결정을 집행하기 위하여 병력의 사용을 수반하지 아니하는 어떠한 조치를 취하여야 할 것인지를 결정할 수 있으며, 또한 국제연합 회원국에 대하여 그러한 조치를 적용하도록 요청할 수 있다. 이 조치는 경제관계 및 철도·항해·항공·우편·전신·무선통신 및 다른 교통통신수단의 전부 또는 일부의 중단과 외교관계의 단절을 포함할 수 있다.

제 42 조

안전보장이사회는 제41조에 규정된 조치가 불충분할 것으로 인정하거나 또는 불충분한 것으로 판명되었다고 인정하는 경우에는, 국제평화와 안전의 유지 또는 회복에 필요한 공군·해군 또는 육군에 의한 조치를 취할 수 있다. 그러한 조치는 국제연합회원국의 공군·해군 또는 육군에 의한 시위·봉쇄 및 다른 작전을 포함할 수 있다.

제 43 조

1. 국제평화와 안전의 유지에 공헌하기 위하여 모든 국제연합회원국은 안전
   보장이사회의 요청에 의하여 그리고 1 또는 그 이상의 특별협정에 따라,
   국제평화와 안전의 유지 목적상 필요한 병력·원조 및 통과권을 포함한
   편의를 안전보장이사회에 이용하게 할 것을 약속한다.

2. 그러한 협정은 병력의 수 및 종류, 그 준비정도 및 일반적 배치와 제공될
   편의 및 원조의 성격을 규율한다.

3. 그 협정은 안전보장이사회의 발의에 의하여 가능한 한 신속히 교섭되어야
   한다. 이 협정은 안전보장이사회와 회원국 간에 또는 안전보장이사회와
   회원국집단 간에 체결되며, 서명국 각자의 헌법상의 절차에 따라 동 서명
   국에 의하여 비준되어야 한다.

제 44 조

안전보장이사회는 무력을 사용하기로 결정한 경우 이사회에서 대표되지 아
니하는 회원국에게 제43조에 따라 부과된 의무의 이행으로서 병력의 제공을
요청하기 전에 그 회원국이 희망한다면 그 회원국 병력중 파견부대의 사용에
관한 안전보장이사회의 결정에 참여하도록 그 회원국을 초청한다.

제 45 조

국제연합이 긴급한 군사조치를 취할 수 있도록 하기 위하여, 회원국은 합동
의 국제적 강제조치를 위하여 자국의 공군파견부대를 즉시 이용할 수 있도록
유지한다. 이러한 파견부대의 전력과 준비정도 및 합동조치를 위한 계획은 제
43조에 규정된 1 또는 그 이상의 특별협정에 규정된 범위안에서 군사참모위원
회의 도움을 얻어 안전보장이사회가 결정한다.

제 46 조

병력사용계획은 군사참모위원회의 도움을 얻어 안전보장이사회가 작성한다.

제 47 조

1. 국제평화와 안전의 유지를 위한 안전보장이사회의 군사적 필요, 안전보장
   이사회의 재량에 맡기어진 병력의 사용 및 지휘, 군비규제 그리고 가능한
   군비축소에 관한 모든 문제에 관하여 안전보장이사회에 조언하고 도움을
   주기 위하여 군사참모위원회를 설치한다.
2. 군사참모위원회는 안전보장이사회 상임이사국의 참모총장 또는 그의 대
   표로 구성된다. 이 위원회에 상임위원으로서 대표되지 아니하는 국제연합
   회원국은 위원회의 책임의 효과적인 수행을 위하여 위원회의 사업에 동
   회원국의 참여가 필요한 경우에는 위원회에 의하여 그와 제휴하도록 초청
   된다.
3. 군사참모위원회는 안전보장이사회하에 안전보장이사회의 재량에 맡기어
   진 병력의 전략적 지도에 대하여 책임을 진다. 그러한 병력의 지휘에 관한
   문제는 추후에 해결한다.
4. 군사참모위원회는 안전보장이사회의 허가를 얻어 그리고 적절한 지역기
   구와 협의한 후 지역소위원회를 설치할 수 있다.

제 48 조

1. 국제평화와 안전의 유지를 위한 안전보장이사회의 결정을 이행하는 데
   필요한 조치는 안전보장이사회가 정하는 바에 따라 국제연합회원국의 전
   부 또는 일부에 의하여 취하여진다.
2. 그러한 결정은 국제연합회원국에 의하여 직접적으로 또한 국제연합회원
   국이 그 구성국인 적절한 국제기관에 있어서의 이들 회원국의 조치를 통
   하여 이행된다.

제 49 조

국제연합회원국은 안전보장이사회가 결정한 조치를 이행함에 있어 상호원조
를 제공하는 데에 참여한다.

제 50 조

안전보장이사회가 어느 국가에 대하여 방지조치 또는 강제조치를 취하는 경우, 국제연합회원국인지 아닌지를 불문하고 어떠한 다른 국가도 자국이 이 조치의 이행으로부터 발생하는 특별한 경제문제에 직면한 것으로 인정하는 경우, 동 문제의 해결에 관하여 안전보장이사회와 협의할 권리를 가진다.

제 51 조

이 헌장의 어떠한 규정도 국제연합회원국에 대하여 무력공격이 발생한 경우, 안전보장이사회가 국제평화와 안전을 유지하기 위하여 필요한 조치를 취할 때까지 개별적 또는 집단적 자위의 고유한 권리를 침해하지 아니한다. 자위권을 행사함에 있어 회원국이 취한 조치는 즉시 안전보장이사회에 보고된다.

또한 이 조치는, 안전보장이사회가 국제평화와 안전의 유지 또는 회복을 위하여 필요하다고 인정하는 조치를 언제든지 취한다는, 이 헌장에 의한 안전보장이사회의 권한과 책임에 어떠한 영향도 미치지 아니한다.

제 8 장
지역적 약정

제 52 조

1. 이 헌장의 어떠한 규정도, 국제평화와 안전의 유지에 관한 사항으로서 지역적 조치에 적합한 사항을 처리하기 위하여 지역적 약정 또는 지역적 기관이 존재하는 것을 배제하지 아니한다. 다만, 이 약정 또는 기관 및 그 활동이 국제연합의 목적과 원칙에 일치하는 것을 조건으로 한다.

2. 그러한 약정을 체결하거나 그러한 기관을 구성하는 국제연합회원국은 지역적 분쟁을 안전보장이사회에 회부하기 전에 이 지역적 약정 또는 지역적 기관에 의하여 그 분쟁의 평화적 해결을 성취하기 위하여 모든 노력을 다한다.

3. 안전보장이사회는 관계국의 발의에 의하거나 안전보장이사회의 회부에

의하여 그러한 지역적 약정 또는 지역적 기관에 의한 지역적 분쟁의 평화적 해결의 발달을 장려한다.

4. 이 조는 제34조 및 제35조의 적용을 결코 해하지 아니한다.

제 53 조

1. 안전보장이사회는 그 권위하에 취하여지는 강제조치를 위하여 적절한 경우에는 그러한 지역적 약정 또는 지역적 기관을 이용한다. 다만, 안전보장이사회의 허가없이는 어떠한 강제조치도 지역적 약정 또는 지역적 기관에 의하여 취하여져서는 아니된다. 그러나 이 조 제2항에 규정된 어떠한 적국에 대한 조치이든지 제107조에 따라 규정된 것 또는 적국에 의한 침략정책의 재현에 대비한 지역적 약정에 규정된 것은, 관계정부의 요청에 따라 기구가 그 적국에 의한 새로운 침략을 방지할 책임을 질 때까지는 예외로 한다.

2. 이 조 제1항에서 사용된 적국이라는 용어는 제2차 세계대전 중에 이 헌장 서명국의 적국이었던 어떠한 국가에도 적용된다.

제 54 조

안전보장이사회는 국제평화와 안전의 유지를 위하여 지역적 약정 또는 지역적 기관에 의하여 착수되었거나 또는 계획되고 있는 활동에 대하여 항상 충분히 통보받는다.

제 9 장
경제적 및 사회적 국제협력

제 55 조

사람의 평등권 및 자결원칙의 존중에 기초한 국가간의 평화롭고 우호적인 관계에 필요한 안정과 복지의 조건을 창조하기 위하여, 국제연합은 다음을 촉진한다.

가. 보다 높은 생활수준, 완전고용 그리고 경제적 및 사회적 진보와 발전
　　의 조건
나. 경제·사회·보건 및 관련국제문제의 해결 그리고 문화 및 교육상의
　　국제협력
다. 인종·성별·언어 또는 종교에 관한 차별이 없는 모든 사람을 위한
　　인권 및 기본적 자유의 보편적 존중과 준수

제 56 조

모든 회원국은 제55조에 규정된 목적의 달성을 위하여 기구와 협력하여 공동
의 조치 및 개별적 조치를 취할 것을 약속한다.

제 57 조

1. 정부간 협정에 의하여 설치되고 경제·사회·문화·교육·보건분야 및 관
　 련분야에 있어서 기본적 문서에 정한대로 광범위한 국제적 책임을 지는
　 각종 전문기구는 제63조의 규정에 따라 국제연합과 제휴관계를 설정한다.
2. 이와 같이 국제연합과 제휴관계를 설정한 기구는 이하 전문기구라 한다.

제 58 조

기구는 전문기구의 정책과 활동을 조정하기 위하여 권고한다.

제 59 조

기구는 적절한 경우 제55조에 규정된 목적의 달성에 필요한 새로운 전문기구
를 창설하기 위하여 관계국 간의 교섭을 발의한다.

제 60 조

이 장에서 규정된 기구의 임무를 수행할 책임은 총회와 총회의 권위하에 경
제사회이사회에 부과된다. 경제사회이사회는 이 목적을 위하여 제10장에 규정
된 권한을 가진다.

제 10 장
경제사회이사회

구 성
제 61 조

1. 경제사회이사회는 총회에 의하여 선출된 54개 국제연합회원국으로 구성
   된다.
2. 제3항의 규정에 따를 것을 조건으로, 경제사회이사회의 18개 이사국은 3
   년의 임기로 매년 선출된다. 퇴임이사국은 연이어 재선될 자격이 있다.
3. 경제사회이사회의 이사국이 27개국에서 54개국으로 증가된 후 최초의 선
   거에서는, 그 해 말에 임기가 종료되는 9개 이사국을 대신하여 선출되는
   이사국에 더하여, 27개 이사국이 추가로 선출된다.
   총회가 정한 약정에 따라, 이러한 추가의 27개 이사국 중 그렇게 선출된
   9개 이사국의 임기는 1년의 말에 종료되고, 다른 9개 이사국의 임기는 2
   년의 말에 종료된다.
4. 경제사회이사회의 각 이사국은 1인의 대표를 가진다.

임무와 권한
제 62 조

1. 경제사회이사회는 경제·사회·문화·교육·보건 및 관련국제사항에 관한
   연구 및 보고를 하거나 또는 발의할 수 있으며, 아울러 그러한 사항에 관
   하여 총회, 국제연합회원국 및 관계전문기구에 권고할 수 있다.
2. 이사회는 모든 사람을 위한 인권 및 기본적 자유의 존중과 준수를 촉진하
   기 위하여 권고할 수 있다.
3. 이사회는 그 권한에 속하는 사항에 관하여 총회에 제출하기 위한 협약안
   을 작성할 수 있다.
4. 이사회는 국제연합이 정한 규칙에 따라 그 권한에 속하는 사항에 관하여
   국제회의를 소집할 수 있다.

제 63 조

1. 경제사회이사회는 제57조에 규정된 어떠한 기구와도, 동 기구가 국제연합과 제휴관계를 설정하는 조건을 규정하는 협정을 체결할 수 있다. 그러한 협정은 총회의 승인을 받아야 한다.
2. 이사회는 전문기구와의 협의, 전문기구에 대한 권고 및 총회와 국제연합 회원국에 대한 권고를 통하여 전문기구의 활동을 조정할 수 있다.

제 64 조

1. 경제사회이사회는 전문기구로부터 정기보고를 받기 위한 적절한 조치를 취할 수 있다. 이사회는, 이사회의 권고와 이사회의 권한에 속하는 사항에 관한 총회의 권고를 실시하기 위하여 취하여진 조치에 관하여 보고를 받기 위하여, 국제연합회원국 및 전문기구와 약정을 체결할 수 있다.
2. 이사회는 이러한 보고에 관한 의견을 총회에 통보할 수 있다.

제 65 조

경제사회이사회는 안전보장이사회에 정보를 제공할 수 있으며, 안전보장이사회의 요청이 있을 때에는 이를 원조한다.

제 66 조

1. 경제사회이사회는 총회의 권고의 이행과 관련하여 그 권한에 속하는 임무를 수행한다.
2. 이사회는 국제연합회원국의 요청이 있을 때와 전문기구의 요청이 있을 때에는 총회의 승인을 얻어 용역을 제공할 수 있다.
3. 이사회는 이 헌장의 다른 곳에 규정되거나 총회에 의하여 이사회에 부과된 다른 임무를 수행한다.

표 결
제 67 조

1. 경제사회이사회의 각 이사국은 1개의 투표권을 가진다.

2. 경제사회이사회의 결정은 출석하여 투표하는 이사국의 과반수에 의한다.

절 차

제 68 조

경제사회이사회는 경제적 및 사회적 분야의 위원회, 인권의 신장을 위한 위원회 및 이사회의 임무수행에 필요한 다른 위원회를 설치한다.

제 69 조

경제사회이사회는 어떠한 국제연합회원국에 대하여도, 그 회원국과 특히 관계가 있는 사항에 관한 심의에 투표권없이 참가하도록 초청한다.

제 70 조

경제사회이사회는 전문기구의 대표가 이사회의 심의 및 이사회가 설치한 위원회의 심의에 투표권없이 참가하기 위한 약정과 이사회의 대표가 전문기구의 심의에 참가하기 위한 약정을 체결할 수 있다.

제 71 조

경제사회이사회는 그 권한내에 있는 사항과 관련이 있는 비정부간기구와의 협의를 위하여 적절한 약정을 체결할 수 있다. 그러한 약정은 국제기구와 체결할 수 있으며 적절한 경우에는 관련 국제연합회원국과의 협의후에 국내기구와도 체결할 수 있다.

제 72 조

1. 경제사회이사회는 의장의 선정방법을 포함한 그 자체의 의사규칙을 채택한다.
2. 경제사회이사회는 그 규칙에 따라 필요한 때에 회합하며, 동 규칙은 이사국 과반수의 요청에 의한 회의소집의 규정을 포함한다.

제 11 장
비자치지역에 관한 선언

제 73 조

주민이 아직 완전한 자치를 행할 수 있는 상태에 이르지 못한 지역의 시정(施政)의 책임을 지거나 또는 그 책임을 맡는 국제연합회원국은, 그 지역 주민의 이익이 가장 중요하다는 원칙을 승인하고, 그 지역주민의 복지를 이 헌장에 의하여 확립된 국제평화와 안전의 체제안에서 최고도로 증진시킬 의무와 이를 위하여 다음을 행할 의무를 신성한 신탁으로서 수락한다.

가. 관계주민의 문화를 적절히 존중함과 아울러 그들의 정치적·경제적·사회적 및 교육적 발전, 공정한 대우, 그리고 학대로부터의 보호를 확보한다.

나. 각지역 및 그 주민의 특수사정과 그들의 서로 다른 발전단계에 따라 자치를 발달시키고, 주민의 정치적 소망을 적절히 고려하며, 또한 주민의 자유로운 정치제도의 점진적 발달을 위하여 지원한다.

다. 국제평화와 안전을 증진한다.

라. 이 조에 규정된 사회적·경제적 및 과학적 목적을 실제적으로 달성하기 위하여 건설적인 발전조치를 촉진하고 연구를 장려하며 상호간 및 적절한 경우에는 전문적 국제단체와 협력한다.

마. 제12장과 제13장이 적용되는 지역외의 위의 회원국이 각각 책임을 지는 지역에서의 경제적·사회적 및 교육적 조건에 관한 기술적 성격의 통계 및 다른 정보를, 안전보장과 헌법상의 고려에 따라 필요한 제한을 조건으로 하여, 정보용으로 사무총장에 정기적으로 송부한다.

제 74 조

국제연합회원국은 이 장이 적용되는 지역에 관한 정책이, 그 본국지역에 관한 정책과 마찬가지로 세계의 다른 지역의 이익과 복지가 적절히 고려되는 가운데에, 사회적·경제적 및 상업적 사항에 관하여 선린주의의 일반원칙에 기초하여야 한다는 점에 또한 동의한다.

제 12 장
국제신탁통치제도

제 75 조

국제연합은 금후의 개별적 협정에 의하여 이 제도하에 두게 될 수 있는 지역의 시정 및 감독을 위하여 그 권위하에 국제신탁통치제도를 확립한다. 이 지역은 이하 신탁통치지역이라 한다.

제 76 조

신탁통치제도의 기본적 목적은 이 헌장 제1조에 규정된 국제연합의 목적에 따라 다음과 같다.

　가. 국제평화와 안전을 증진하는 것.
　나. 신탁통치지역 주민의 정치적·경제적·사회적 및 교육적 발전을 촉진하고, 각 지역 및 그 주민의 특수사정과 관계주민이 자유롭게 표명한 소망에 적합하도록, 그리고 각 신탁통치협정의 조항이 규정하는 바에 따라 자치 또는 독립을 향한 주민의 점진적 발달을 촉진하는 것.
　다. 인종·성별·언어 또는 종교에 관한 차별없이 모든 사람을 위한 인권과 기본적 자유에 대한 존중을 장려하고, 전세계 사람들의 상호의존의 인식을 장려하는 것.
　라. 위의 목적의 달성에 영향을 미치지 아니하고 제80조의 규정에 따를 것을 조건으로, 모든 국제연합회원국 및 그 국민을 위하여 사회적·경제적 및 상업적 사항에 대한 평등한 대우 그리고 또한 그 국민을 위한 사법상의 평등한 대우를 확보하는 것.

제 77 조

1. 신탁통치제도는 신탁통치협정에 의하여 이 제도하에 두게 될 수 있는 다음과 같은 범주의 지역에 적용된다.

   가. 현재 위임통치하에 있는 지역

   나. 제2차 세계대전의 결과로서 적국으로부터 분리될 수 있는 지역

   다. 시정에 책임을 지는 국가가 자발적으로 그 제도하에 두는 지역

2. 위의 범주안의 어떠한 지역을 어떠한 조건으로 신탁통치제도하에 두게 될 것인가에 관하여는 금후의 협정에서 정한다.

제 78 조

국제연합회원국 간의 관계는 주권평등원칙의 존중에 기초하므로 신탁통치제도는 국제연합회원국이 된 지역에 대하여는 적용하지 아니한다.

제 79 조

신탁통치제도하에 두게 되는 각 지역에 관한 신탁통치의 조항은, 어떤 변경 또는 개정을 포함하여 직접 관계국에 의하여 합의되며, 제83조 및 제85조에 규정된 바에 따라 승인된다. 이 직접 관계국은 국제연합회원국의 위임통치하에 있는 지역의 경우, 수임국을 포함한다.

제 80 조

1. 제77조, 제79조 및 제81조에 의하여 체결되고, 각 지역을 신탁통치제도하에 두는 개별적인 신탁통치협정에서 합의되는 경우를 제외하고 그리고 그러한 협정이 체결될 때까지, 이 헌장의 어떠한 규정도 어느 국가 또는 국민의 어떠한 권리, 또는 국제연합회원국이 각기 당사국으로 되는 기존의 국제문서의 조항도 어떠한 방법으로도 변경하는 것으로 직접 또는 간접으로 해석되지 아니한다.

2. 이 조 제1항은 제77조에 규정한 바에 따라 위임통치지역 및 기타지역을 신탁통치제도하에 두기 위한 협정의 교섭 및 체결의 지체 또는 연기를 위한 근거를 부여하는 것으로 해석되지 아니한다.

제 81 조

신탁통치협정은 각 경우에 있어 신탁통치지역을 시정하는 조건을 포함하며, 신탁통치지역의 시정을 행할 당국을 지정한다. 그러한 당국은 이하 시정권자라 하며 1 또는 그 이상의 국가, 또는 기구 자체일 수 있다.

제 82 조

어떠한 신탁통치협정에 있어서도 제43조에 의하여 체결되는 특별 협정을 해하지 아니하고 협정이 적용되는 신탁통치지역의 일부 또는 전부를 포함하는 1 또는 그 이상의 전략지역을 지정할 수 있다.

제 83 조

1. 전략지역에 관한 국제연합의 모든 임무는 신탁통치협정의 조항과 그 변경 또는 개정의 승인을 포함하여 안전보장이사회가 행한다.
2. 제76조에 규정된 기본목적은 각 전략지역의 주민에 적용된다.
3. 안전보장이사회는, 신탁통치협정의 규정에 따를 것을 조건으로 또한 안전 보장에 대한 고려에 영향을 미치지 아니하고, 전략지역에서의 정치적, 경 제적, 사회적 및 교육적 사항에 관한 신탁통치제도하의 국제연합의 임무 를 수행하기 위하여 신탁통치이사회의 원조를 이용한다.

제 84 조

신탁통치지역이 국제평화와 안전유지에 있어 그 역할을 하는 것을 보장하는 것이 시정권자의 의무이다. 이 목적을 위하여, 시정권자는 이점에 관하여 시정 권자가 안전보장이사회에 대하여 부담하는 의무를 이행함에 있어서 또한 지역 적 방위 및 신탁통치지역안에서의 법과 질서의 유지를 위하여 신탁통치지역의 의용군, 편의 및 원조를 이용할 수 있다.

제 85 조

1. 전략지역으로 지정되지 아니한 모든 지역에 대한 신탁통치협정과 관련하 여 국제연합의 임무는, 신탁통치협정의 조항과 그 변경 또는 개정의 승인

을 포함하여, 총회가 수행한다.

2. 총회의 권위하에 운영되는 신탁통치이사회는 이러한 임무의 수행에 있어
총회를 원조한다.

제 13 장
신탁통치이사회

구 성
제 86 조

1. 신탁통치이사회는 다음의 국제연합회원국으로 구성한다.

　가. 신탁통치지역을 시정하는 회원국

　나. 신탁통치지역을 시정하지 아니하나 제23조에 국명이 언급된 회원국

　다. 총회에 의하여 3년의 임기로 선출된 다른 회원국. 그 수는 신탁통치
　　　이사회의 이사국의 총수를 신탁통치지역을 시정하는 국제연합회원국
　　　과 시정하지 아니하는 회원국 간에 균분하도록 확보하는 데 필요한
　　　수로 한다.

2. 신탁통치이사회의 각 이사국은 이사회에서 자국을 대표하도록 특별한 자
격을 가지는 1인을 지명한다.

임무와 권한
제 87 조

총회와, 그 권위하의 신탁통치이사회는 그 임무를 수행함에 있어 다음을 할
수 있다.

　가. 시정권자가 제출하는 보고서를 심의하는 것

　나. 청원의 수리 및 시정권자와 협의하여 이를 심사하는 것

　다. 시정권자와 합의한 때에 각 신탁통치지역을 정기적으로 방문하는 것

　라. 신탁통치협정의 조항에 따라 이러한 조치 및 다른 조치를 취하는 것

제 88 조

신탁통치이사회는 각 신탁통치지역 주민의 정치적·경제적·사회적 및 교육적 발전에 질문서를 작성하며, 또한 총회의 권능안에 있는 각 신탁통치지역의 시정권자는 그러한 질문서에 기초하여 총회에 연례보고를 행한다.

표 결

제 89 조

1. 신탁통치이사회의 각 이사국은 1개의 투표권을 가진다.
2. 신탁통치이사회의 결정은 출석하여 투표하는 이사국의 과반수로 한다.

절 차

제 90 조

1. 신탁통치이사회는 의장 선출방식을 포함한 그 자체의 의사규칙을 채택한다.
2. 신탁통치이사회는 그 규칙에 따라 필요한 경우 회합하며, 그 규칙은 이사국 과반수의 요청에 의한 회의의 소집에 관한 규정을 포함한다.

제 91 조

신탁통치이사회는 적절한 경우 경제사회이사회 그리고 전문기구가 각각 관련된 사항에 관하여 전문기구의 원조를 이용한다.

제 14 장
국제사법재판소

제 92 조

국제사법재판소는 국제연합의 주요한 사법기관이다. 재판소는 부속된 규정에 따라 임무를 수행한다. 이 규정은 상설국제사법재판소 규정에 기초하며, 이 헌장의 불가분의 일부를 이룬다.

제 93 조

1. 모든 국제연합회원국은 국제사법재판소 규정의 당연 당사국이다.
2. 국제연합회원국이 아닌 국가는 안전보장이사회의 권고에 의하여 총회가 각 경우에 결정하는 조건으로 국제사법재판소 규정의 당사국이 될 수 있다.

제 94 조

1. 국제연합의 각 회원국은 자국이 당사자가 되는 어떤 사건에 있어서도 국제사법재판소의 결정에 따를 것을 약속한다.
2. 사건의 당사자가 재판소가 내린 판결에 따라 자국이 부담하는 의무를 이행하지 아니하는 경우에는 타방의 당사자는 안전보장이사회에 제소할 수 있다. 안전보장이사회는 필요하다고 인정하는 경우 판결을 집행하기 위하여 권고하거나 취하여야 할 조치를 결정할 수 있다.

제 95 조

이 헌장의 어떠한 규정도 국제연합회원국이 그들간의 분쟁의 해결을 이미 존재하거나 장래에 체결될 협정에 의하여 다른 법원에 의뢰하는 것을 방해하지 아니한다.

제 96 조

1. 총회 또는 안전보장이사회는 어떠한 법적 문제에 관하여도 권고적 의견을 줄 것을 국제사법재판소에 요청할 수 있다.
2. 총회에 의하여 그러한 권한이 부여될 수 있는 국제연합의 다른 기관 및 전문기구도 언제든지 그 활동범위안에서 발생하는 법적 문제에 관하여 재판소의 권고적 의견을 또한 요청할 수 있다.

제 15 장
사 무 국

제 97 조

사무국은 1인의 사무총장과 기구가 필요로 하는 직원으로 구성한다. 사무총장은 안전보장이사회의 권고로 총회가 임명한다. 사무총장은 기구의 수석행정직원이다.

제 98 조

사무총장은 총회, 안전보장이사회, 경제사회이사회 및 신탁통치이사회의 모든 회의에 사무총장의 자격으로 활동하며, 이러한 기관에 의하여 그에게 위임된 다른 임무를 수행한다. 사무총장은 기구의 사업에 관하여 총회에 연례보고를 한다.

제 99 조

사무총장은 국제평화와 안전의 유지를 위협한다고 그 자신이 인정하는 어떠한 사항에도 안전보장이사회의 주의를 환기할 수 있다.

제 100 조

1. 사무총장과 직원은 그들의 임무수행에 있어서 어떠한 정부 또는 기구외의 어떠한 다른 당국으로부터도 지시를 구하거나 받지 아니한다. 사무총장과 직원은 기구에 대하여만 책임을 지는 국제공무원으로서의 지위를 손상할 우려가 있는 어떠한 행동도 삼간다.
2. 각 국제연합회원국은 사무총장 및 직원의 책임의 전적으로 국제적인 성격을 존중할 것과 그들의 책임수행에 있어서 그들에게 영향력을 행사하려 하지 아니할 것을 약속한다.

제 101 조

1. 직원은 총회가 정한 규칙에 따라 사무총장에 의하여 임명된다.

2. 경제사회이사회·신탁통치이사회 그리고 필요한 경우에는 국제연합의 다른 기관에 적절한 직원이 상임으로 배속된다. 이 직원은 사무국의 일부를 구성한다.
3. 직원의 고용과 근무조건의 결정에 있어서 가장 중요한 고려사항은 최고수준의 능률, 능력 및 성실성을 확보할 필요성이다. 가능한 한 광범위한 지리적 기초에 근거하여 직원을 채용하는 것의 중요성에 관하여 적절히 고려한다.

제 16 장
잡 칙

제 102 조

1. 이 헌장이 발효한 후 국제연합회원국이 체결하는 모든 조약과 모든 국제협정은 가능한 한 신속히 사무국에 등록되고 사무국에 의하여 공표된다.
2. 이 조 제1항의 규정에 따라 등록되지 아니한 조약 또는 국제협정의 당사국은 국제연합의 어떠한 기관에 대하여도 그 조약 또는 협정을 원용할 수 없다.

제 103 조

국제연합회원국의 헌장상의 의무와 다른 국제협정상의 의무가 상충되는 경우에는 이 헌장상의 의무가 우선한다.

제 104 조

기구는 그 임무의 수행과 그 목적의 달성을 위하여 필요한 법적 능력을 각 회원국의 영역안에서 향유한다.

제 105 조

1. 기구는 그 목적의 달성에 필요한 특권 및 면제를 각 회원국의 영역안에서

향유한다.

2. 국제연합회원국의 대표 및 기구의 직원은 기구와 관련된 그들의 임무를 독립적으로 수행하기 위하여 필요한 특권과 면제를 마찬가지로 향유한다.

3. 총회는 이 조 제1항 및 제2항의 적용세칙을 결정하기 위하여 권고하거나 이 목적을 위하여 국제연합회원국에게 협약을 제안할 수 있다.

제 17 장
과도적 안전보장조치

제 106 조

안전보장이사회가 제42조상의 책임의 수행을 개시할 수 있다고 인정하는 제43조에 규정된 특별협정이 발효할 때까지, 1943년 10월 30일에 모스크바에서 서명된 4개국 선언의 당사국 및 불란서는 그 선언 제5항의 규정에 따라 국제평화와 안전의 유지를 위하여 필요한 공동조치를 기구를 대신하여 취하기 위하여 상호간 및 필요한 경우 다른 국제연합회원국과 협의한다.

제 107 조

이 헌장의 어떠한 규정도 제2차 세계대전 중 이 헌장 서명국의 적이었던 국가에 관한 조치로서, 그러한 조치에 대하여 책임을 지는 정부가 그 전쟁의 결과로서 취하였거나 허가한 것을 무효로 하거나 배제하지 아니한다.

제 18 장
개 정

제 108 조

이 헌장의 개정은 총회 구성국의 3분의 2의 투표에 의하여 채택되고, 안전보장이사회의 모든 상임이사국을 포함한 국제연합회원국의 3분의 2에 의하여 각자의 헌법상 절차에 따라 비준되었을 때, 모든 국제연합회원국에 대하여 발효한다.

제 109 조

1. 이 헌장을 재심의하기 위한 국제연합회원국 전체회의는 총회 구성국의 3분의 2의 투표와 안전보장이사회의 9개 이사국의 투표에 의하여 결정되는 일자 및 장소에서 개최될 수 있다. 각 국제연합회원국은 이 회의에서 1개의 투표권을 가진다.

2. 이 회의의 3분의 2의 투표에 의하여 권고된 이 헌장의 어떠한 변경도, 안전보장이사회의 모든 상임이사국을 포함한 국제연합회원국의 3분의 2에 의하여 그들 각자의 헌법상 절차에 따라 비준되었을 때 발효한다.

3. 그러한 회의가 이 헌장의 발효후 총회의 제10차 연례회기까지 개최되지 아니하는 경우에는 그러한 회의를 소집하는 제안이 총회의 동 회기의 의제에 포함되어야 하며, 회의는 총회 구성국의 과반수의 투표와 안전보장이사회의 7개 이사국의 투표에 의하여 결정되는 경우에 개최된다.

제 19 장
비준 및 서명

제 110 조

1. 이 헌장은 서명국에 의하여 그들 각자의 헌법상 절차에 따라 비준된다.

2. 비준서는 미합중국 정부에 기탁되며, 동 정부는 모든 서명국과 기구의 사무총장이 임명된 경우에는 사무총장에게 각 기탁을 통고한다.

3. 이 헌장은 중화민국·불란서·소비에트사회주의공화국연방·영국과 미합중국 및 다른 서명국의 과반수가 비준서를 기탁한 때에 발효한다. 비준서 기탁 의정서는 발효시 미합중국 정부가 작성하여 그 등본을 모든 서명국에 송부한다.

4. 이 헌장이 발효한 후에 이를 비준하는 이 헌장의 서명국은 각자의 비준서

기탁일에 국제연합의 원회원국이 된다.

제 111 조

중국어·불어·러시아어·영어 및 스페인어본이 동등하게 정본인 이 헌장은 미합중국 정부의 문서보관소에 기탁된다. 이 헌장의 인증등본은 동 정부가 다른 서명국 정부에 송부한다.

이상의 증거로서, 연합국 정부의 대표들은 헌장에 서명하였다.

일천구백사십오년 유월 이십육일 샌프란시스코시에서 작성하였다.

(영문)

Preamble

WE THE PEOPLES OF THE UNITED NATIONS DETERMINED

to save succeeding generations from the scourge of war, which twice in our lifetime has brought untold sorrow to mankind, and

to reaffirm faith in fundamental human rights, in the dignity and worth of the human person, in the equal rights of men and women and of nations large and small, and

to establish conditions under which justice and respect for the obligations arising from treaties and other sources of international law can be maintained, and

to promote social progress and better standards of life in larger freedom,

AND FOR THESE ENDS

to practice tolerance and live together in peace with one another as good neighbors, and

to unite our strength to maintain international peace and security, and

to ensure by the acceptance of principles and the institution of methods, that armed force shall not be used, save in the common interest, and

to employ international machinery for the promotion of the economic and social advancement of all peoples,

HAVE RESOLVED TO COMBINE OUR EFFORTS TO ACCOMPLISH THESE AIMS

Accordingly, our respective Governments, through representatives assembled in the city of San Francisco, who have exhibited their full powers found to be in good and due form, have agreed to the present Charter of the United Nations and do hereby establish an international organization to be known as the United Nations.

CHAPTER I
PURPOSES AND PRINCIPLES

Article 1

The Purposes of the United Nations are:

1. To maintain international peace and security, and to that end: to take effective collective measures for the prevention and removal of threats to the peace, and for the suppression of acts of aggression or other breaches of the peace, and to bring about by peaceful means, and in conformity with the principles of justice and international law, adjustment or settlement of international disputes or situations which might lead to a breach of the peace;

2. To develop friendly relations among nations based on respect for the principle of equal rights and self-determination of peoples, and to take other appropriate measures to strengthen universal peace;

3. To achieve international cooperation in solving international problems of an economic, social, cultural, or humanitarian character, and in promoting and encouraging respect for human rights and for fundamental freedoms for all without distinction as to race, sex, language, or religion; and

4. To be a center for harmonizing the actions of nations in the attainment of these common ends.

Article 2

The Organization and its Members, in pursuit of the Purposes stated in Article 1, shall act in accordance with the following Principles.

1. The Organization is based on the principle of the sovereign equality of all its Members.

2. All Members, in order to ensure to all of them the rights and benefits resulting from membership, shall fulfill in good faith the obligations assumed by them in accordance with the present Charter.

3. All Members shall settle their international disputes by peaceful means in such a manner that international peace and security, and justice, are not endangered.

4. All Members shall refrain in their international relations from the

threat or use of force against the territorial integrity or political independence of any state, or in any other manner inconsistent with the Purposes of the United Nations.

5. All Members shall give the United Nations every assistance in any action it takes in accordance with the present Charter, and shall refrain from giving assistance to any state against which the United Nations is taking preventive or enforcement action.

6. The Organization shall ensure that states which are not Members of the United Nations act in accordance with these Principles so far as may be necessary for the maintenance of international peace and security.

7. Nothing contained in the present Charter shall authorize the United Nations to intervene in matters which are essentially within the domestic jurisdiction of any state or shall require the Members to submit such matters to settlement under the present Charter; but this principle shall not prejudice the application of enforcement measures under Chapter VII.

CHAPTER II
MEMBERSHIP

Article 3

The original Members of the United Nations shall be the states which, having participated in the United Nations Conference on International Organization at San Francisco, or having previously signed the Declaration by United Nations of January 1, 1942, sign the present Charter and ratify it in accordance with Article 110.

Article 4

1. Membership in the United Nations is open to all other peace-loving states which accept the obligations contained in the present Charter and, in the judgment of the Organization, are able and willing to carry out these obligations.

2. The admission of any such state to membership in the United Nations will be effected by a decision of the General Assembly upon the recommendation of the Security Council.

Article 5

A member of the United Nations against which preventive or enforcement action has been taken by the Security Council may be suspended from the exercise of the rights and privileges of membership by the General Assembly upon the recommendation of the Security Council. The exercise of these rights and privileges may be restored by the Security Council.

Article 6

A Member of the United Nations which has persistently violated the Principles contained in the present Charter may be expelled from the Organization by the General Assembly upon the recommendation of the Security Council.

CHAPTER III
ORGANS

Article 7

1. There are established as the principal organs of the United Nations: a General Assembly, a Security Council, an Economic and Social Council, a Trusteeship Council, an International Court of Justice, and a Secretariat.

2. Such subsidiary organs as may be found necessary may be established in accordance with the present Charter.

Article 8

The United Nations shall place no restrictions on the eligibility of men and women to participate in any capacity and under conditions of equality in its principal and subsidiary organs.

CHAPTER IV
THE GENERAL ASSEMBLY

Article 9
Composition

1. The General Assembly shall consist of all the Members of the United Nations.

2. Each member shall have not more than five representatives in the General Assembly.

Functions and Powers
Article 10

The General Assembly may discuss any questions or any matters within the scope of the present Charter or relating to the powers and functions of any organs provided for in the present Charter, and, except as provided in Article 12, may make recommendations to the Members of the United Nations or to the Security Council or to both on any such questions or matters.

Article 11

1. The General Assembly may consider the general principles of cooperation in the maintenance of international peace and security, including the principles governing disarmament and the regulation of armaments, and may make recommendations with regard to such principles to the Members or to the Security Council or to both.

2. The General Assembly may discuss any questions relating to the maintenance of international peace and security brought before it by any Member of the United Nations, or by the Security Council, or by a state which is not a Member of the United Nations in accordance with Article 35, paragraph 2, and, except as provided in Article 12, may make recommendations with regard to any such questions to the state or states concerned or to the Security Council or to both. Any such question on which action is necessary shall be referred to the Security Council by the General Assembly either before or after discussion.

3. The General Assembly may call the attention of the Security Council

to situations which are likely to endanger international peace and security.

4. The powers of the General Assembly set forth in this Article shall not limit the general scope of Article 10.

Article 12

1. While the Security Council is exercising in respect of any dispute or situation the functions assigned to it in the present Charter, the General Assembly shall not make any recommendation with regard to that dispute or situation unless the Security Council so requests.

2. The Secretary-General, with the consent of the Security Council, shall notify the General Assembly at each session of any matters relative to the maintenance of international peace and security which are being dealt with by the Security Council and shall similarly notify the General Assembly, or the Members of the United Nations if the General Assembly is not in session, immediately the Security Council ceases to deal with such matters.

Article 13

1. The General Assembly shall initiate studies and make recommendations for the purpose of:

a. promoting international cooperation in the political field and encouraging the progressive development of international law and its codification;

b. promoting international cooperation in the economic, social, cultural, educational, and health fields, and assisting in the realization of human rights and fundamental freedoms for all without distinction as to race, sex, language, or religion.

2. The further responsibilities, functions and powers of the General Assembly with respect to matters mentioned in paragraph 1(b) above are set forth in Chapters IX and X.

Article 14

Subject to the provisions of Article 12, the General Assembly may recommend measures for the peaceful adjustment of any situation, regardless of origin, which it deems likely to impair the general welfare or friendly relations among nations, including situations resulting from a violation of the provisions of the present Charter setting forth the Purposes and Principles of the United Nations.

Article 15

1. The General Assembly shall receive and consider annual and special reports from the Security Council; these reports shall include an account of the measures that the Security Council has decided upon or taken to maintain international peace and security.

2. The General Assembly shall receive and consider reports from the other organs of the United Nations.

Article 16

The General Assembly shall perform such functions with respect to the international trusteeship system as are assigned to it under Chapters XII and XIII, including the approval of the trusteeship agreements for areas not designated as strategic.

Article 17

1. The General Assembly shall consider and approve the budget of the Organization.

2. The expenses of the Organization shall be borne by the Members as apportioned by the General Assembly.

3. The General Assembly shall consider and approve any financial and budgetary arrangements with specialized agencies referred to in Article 57 and shall examine the administrative budgets of such specialized agencies with a view to making recommendations to the agencies concerned.

Voting
Article 18

1. Each member of the General Assembly shall have one vote.

2. Decisions of the General Assembly on important questions shall be made by a two-thirds majority of the members present and voting. These questions shall include: recommendations with respect to the maintenance of international peace and security, the election of the non-permanent members of the Security Council, the election of the members of the Eco-

nomic and Social Council, the election of members of the Trusteeship Council in accordance with paragraph 1(c) of Article 86, the admission of new Members to the United Nations, the suspension of the rights and privileges of membership, the expulsion of Members, questions relating to the operation of the trusteeship system, and budgetary questions.

3. Decisions on other questions, Composition including the determination of additional categories of questions to be decided by a two-thirds majority, shall be made by a majority of the members present and voting.

Article 19

A Member of the United Nations which is in arrears in the payment of its financial contributions to the Organization shall have no vote in the General Assembly if the amount of its arrears equals or exceeds the amount of the contributions due from it for the preceding two full years. The General Assembly may, nevertheless, permit such a Member to vote if it is satisfied that the failure to pay is due to conditions beyond the control of the Member.

Procedure
Article 20

The General Assembly shall meet in regular annual sessions and in such special sessions as occasion may require. Special sessions shall be convoked by the Secretary-General at the request of the Security Council or of a majority of the Members of the United Nations.

Article 21

The General Assembly shall adopt its own rules of procedure. It shall elect its President for each session.

Article 22

The General Assembly may establish such subsidiary organs as it deems necessary for the performance of its functions.

CHAPTER V
THE SECURITY COUNCIL

Article 23

1. The Security Council shall consist of fifteen Members of the United Nations. The Republic of China, France, the Union of Soviet Socialist Republics, the United Kingdom of Great Britain and Northern Ireland, and the United States of America shall be permanent members of the Security Council. The General Assembly shall elect ten other Members of the United Nations to be non-permanent members of the Security Council, due regard being specially paid, in the first instance to the contribution of Members of the United Nations to the maintenance of international peace and security and to the other purposes of the Organization, and also to equitable geo-graphical distribution.

2. The non-permanent members of the Security Council shall be elected for a term of two years. In the first election of the non-permanent members after the increase of the membership of the Security Council from eleven to fifteen, two of the four additional members shall be chosen for a term of one year. A retiring member shall not be eligible for immediate re-election.

3. Each member of the Security Council shall have one representative.

Functions and Powers
Article 24

1. In order to ensure prompt and effective action by the United Nations, its Members confer on the Security Council primary responsibility for the maintenance of international peace and security, and agree that in carrying out its duties under this responsibility the Security Council acts on their behalf.

2. In discharging these duties the Security Council shall act in accordance with the Purposes and Principles of the United Nations. The specific powers granted to the Security Council for the discharge of these duties are laid down in Chapters VI, VII, VIII, and XII.

3. The Security Council shall submit annual and, when necessary, special reports to the General Assembly for its consideration.

Article 25

The Members of the United Nations agree to accept and carry out the decisions of the Security Council in accordance with the present Charter.

Article 26

In order to promote the establishment and maintenance of international peace and security with the least diversion for armaments of the world's human and economic resources, the Security Council shall be responsible for formulating, with the assistance of the Military Staff Committee referred to in Article 47, plans to be submitted to the Members of the United Nations for the establishment of a system for the regulation of armaments.

Voting
Article 27

1. Each member of the Security Council shall have one vote.

2. Decisions of the Security Council on procedural matters shall be made by an affirmative vote of nine members.

3. Decisions of the Security Council on all other matters shall be made by an affirmative vote of nine members including the concurring votes of the permanent members; provided that, in decisions under Chapter VI, and under paragraph 3 of Article 52, a party to a dispute shall abstain from voting.

Procedure
Article 28

1. The Security Council shall be so organized as to be able to function continuously. Each member of the Security Council shall for this purpose be represented at all times at the seat of the Organization.

2. The Security Council shall hold periodic meetings at which each of its members may, if it so desires, be represented by a member of the government or by some other specially designated representative.

3. The Security Council may hold meetings at such places other than the seat of the Organization as in its judgment will best facilitate its work.

Article 29

The Security Council may establish such subsidiary organs as it deems necessary for the performance of its functions.

Article 30

The Security Council shall adopt its own rules of procedure, including the method of selecting its President.

Article 31

Any Member of the United Nations which is not a member of the Security Council may participate, without vote, in the discussion of any question brought before the Security Council whenever the latter considers that the interests of that Member are specially affected.

Article 32

Any Member of the United Nations which is not a member of the Security Council or any state which is not a Member of the United Nations, if it is a party to a dispute under consideration by the Security Council, shall be invited to participate, without vote, in the discussion relating to the dispute. The Security Council shall lay down such conditions as it deems just for the participation of a state which is not a Member of the United Nations.

CHAPTER VI
PACIFIC SETTLEMENT OF DISPUTES

Article 33

1. The parties to any dispute, the continuance of which is likely to endanger the maintenance of international peace and security, shall, first of all, seek a solution by negotiation, enquiry, mediation, conciliation, arbitration, judicial settlement, resort to regional agencies or arrangements, or other peaceful means of their own choice.

2. The Security Council shall, when it deems necessary, call upon the parties to settle their dispute by such means.

Article 34

The Security Council may investigate any dispute, or any situation which might lead to international friction or give rise to a dispute, in order to determine whether the continuance of the dispute or situation is likely to endanger the maintenance of international peace and security.

Article 35

1. Any Member of the United Nations may bring any dispute, or any situation of the nature referred to in Article 34, to the attention of the Security Council or of the General Assembly.

2. A state which is not a Member of the United Nations may bring to the attention of the Security Council or of the General Assembly any dispute to which it is a party if it accepts in advance, for the purposes of the dispute, the obligations of pacific settlement provided in the present Charter.

3. The proceedings of the General Assembly in respect of matters brought to its attention under this Article will be subject to the provisions of Articles 11 and 12.

Article 36

1. The Security Council may, at any stage of a dispute of the nature referred to in Article 33 or of a situation of like nature, recommend appropriate procedures or methods of adjustment.

2. The Security Council should take into consideration any procedures for the settlement of the dispute which have already been adopted by the parties.

3. In making recommendations under this Article the Security Council should also take into consideration that legal disputes should as a general rule be referred by the parties to the International Court of Justice in accordance with the provisions of the Statute of the Court.

Article 37

1. Should the parties to a dispute of the nature referred to in Article 33 fail to settle it by the means indicated in that Article, they shall refer it to the Security Council.

2. If the Security Council deems that the continuance of the dispute is in fact likely to endanger the maintenance of international peace and

security, it shall decide whether to take action under Article 36 or to recommend such terms of settlement as it may consider appropriate.

Article 38

Without prejudice to the provisions of Articles 33 to 37, the Security Council may, if all the parties to any dispute so request, make recommendations to the parties with a view to a pacific settlement of the dispute.

CHAPTER VII
ACTION WITH RESPECT TO THREATS TO THE PEACE, BREACHES OF THE PEACE, AND ACTS OF AGGRESSION

Article 39

The Security Council shall determine the existence of any threat to the peace, breach of the peace, or act of aggression and shall make recommendations, or decide what measures shall be taken in accordance with Articles 41 and 42, to maintain or restore international peace and security.

Article 40

In order to prevent an aggravation of the situation, the Security Council may, before making the recommendations or deciding upon the measures provided for in Article 39, call upon the parties concerned to comply with such provisional measures as it deems necessary or desirable. Such provisional measures shall be without prejudice to the rights, claims, or position of the parties concerned. The Security Council shall duly take account of failure to comply with such provisional measures.

Article 41

The Security Council may decide what measures not involving the use of armed force are to be employed to give effect to its decisions, and it may call upon the Members of the United Nations to apply such measures. These may include complete or partial interruption of economic relations and of rail, sea, air, postal, telegraphic, radio, and other means of communication, and the severance of diplomatic relations.

Article 42

Should the Security Council consider that measures provided for in Article 41 would be inadequate or have proved to be inadequate, it may take such action by air, sea, or land forces as may be necessary to maintain or restore international peace and security. Such action may include demonstrations, blockade, and other operations by air, sea, or land forces of Members of the United Nations.

Article 43

1. All Members of the United Nations, in order to contribute to the maintenance of international peace and security, undertake to make available to the Security Council, on its call and in accordance with a special agreement or agreements, armed forces, assistance, and facilities, including rights of passage, necessary for the purpose of maintaining international peace and security.

2. Such agreement or agreements shall govern the numbers and types of forces, their degree of readiness and general location, and the nature of the facilities and assistance to be provided.

3. The agreement or agreements shall be negotiated as soon as possible on the initiative of the Security Council. They shall be concluded between the Security Council and Members or between the Security Council and groups of Members and shall be subject to ratification by the signatory states in accordance with their respective constitutional processes.

Article 44

When the Security Council has decided to use force it shall, before calling upon a Member not represented on it to provide armed forces in fulfillment of the obligations assumed under Article 43, invite that Member, if the Member so desires, to participate in the decisions of the Security Council concerning the employment of contingents of that Member's armed forces.

Article 45

In order to enable the United Nations to take urgent military measures Members shall hold immediately available national air-force contingents for combined international enforcement action. The strength and degree of readiness of these contingents and plans for their combined action shall be determined, within the limits laid down in the special agreement or agreements referred to in Article 43, by the Security Council with the assistance of the Military Staff Committee.

Article 46

Plans for the application of armed force shall be made by the Security Council with the assistance of the Military Staff Committee.

Article 47

1. There shall be established a Military Staff Committee to advise and assist the Security Council on all questions relating to the Security Council's military requirements for the maintenance of international peace and security, the employment and command of forces placed at its disposal, the regulation of armaments, and possible disarmament.

2. The Military Staff Committee shall consist of the Chiefs of Staff of the permanent members of the Security Council or their representatives. Any Member of the United Nations not permanently represented on the Committee shall be invited by the Committee to be associated with it when the efficient discharge of the Committee's responsibilities requires the participation of that Member in its work.

3. The Military Staff Committee shall be responsible under the Security Council for the strategic direction of any armed forces placed at the disposal of the Security Council. Questions relating to the command of such forces shall be worked out subsequently.

4. The Military Staff Committee, with the authorization of the Security Council and after consultation with appropriate regional agencies, may establish regional subcommittees.

Article 48

1. The action required to carry out the decisions of the Security Council for the maintenance of international peace and security shall be taken by all the Members of the United Nations or by some of them, as the Security Council may determine.

2. Such decisions shall be carried out by the Members of the United Nations directly and through their action in the appropriate international agencies of which they are members.

Article 49

The Members of the United Nations shall join in affording mutual assistance in carrying out the measures decided upon by the Security Council.

Article 50

If preventive or enforcement measures against any state are taken by the Security Council, any other state, whether a Member of the United Nations or not, which finds itself confronted with special economic problems arising from the carrying out of those measures shall have the right to consult the Security Council with regard to a solution of those problems.

Article 51

Nothing in the present Charter shall impair the inherent right of individual or collective self-defense if an armed attack occurs against a Member of the United Nations, until the Security Council has taken measures necessary to maintain international peace and security. Measures taken by Members in the exercise of this right of self-defense shall be immediately reported to the Security Council and shall not in any way affect the authority and responsibility of the Security Council under the present Charter to take at any time such action as it deems necessary in order to maintain or restore international peace and security.

CHAPTER VIII
REGIONAL ARRANGEMENTS

Article 52

1. Nothing in the present Charter precludes the existence of regional arrangements or agencies for dealing with such matters relating to the maintenance of international peace and security as are appropriate for regional action, provided that such arrangements or agencies and their

activities are consistent with the Purposes and Principles of the United Nations.

2. The Members of the United Nations entering into such arrangements or constituting such agencies shall make every effort to achieve pacific settlement of local disputes through such regional arrangements or by such regional agencies before referring them to the Security Council.

3. The Security Council shall encourage the development of pacific settlement of local disputes through such regional arrangements or by such regional agencies either on the initiative of the states concerned or by reference from the Security Council.

4. This Article in no way impairs the application of Articles 34 and 35.

Article 53

1. The Security Council shall, where appropriate, utilize such regional arrangements or agencies for enforcement action under its authority. But no enforcement action shall be taken under regional arrangements or by regional agencies without the authorization of the Security Council, with the exception of measures against any enemy state, as defined in paragraph 2 of this Article, provided for pursuant to Article 107 or in regional arrangements directed against renewal of aggressive policy on the part of any such state, until such time as the Organization may, on request of the Governments concerned, be charged with the responsibility for preventing further aggression by such a state.

2. The term enemy state as used in paragraph 1 of this Article applies to any state which during the Second World War has been an enemy of any signatory of the present Charter.

Article 54

The Security Council shall at all times be kept fully informed of activities undertaken or in contemplation under regional arrangements or by regional agencies for the maintenance of international peace and security.

CHAPTER IX
INTERNATIONAL ECONOMIC AND SOCIAL CO-OPERATION

Article 55

With a view to the creation of conditions of stability and well-being which are necessary for peaceful and friendly relations among nations based on respect for the principle of equal rights and self-determination of peoples, the United Nations shall promote:

a. higher standards of living, full employment, and conditions of economic and social progress and development;

b. solutions of international economic, social, health, and related problems; and international cultural and educational co-operation; and

c. universal respect for, and observance of, human rights and fundamental freedoms for all without distinction as to race, sex, language, or religion.

Article 56

All Members pledge themselves to take joint and separate action in co-operation with the Organization for the achievement of the purposes set forth in Article 55.

Article 57

1. The various specialized agencies, established by intergovernmental agreement and having wide international responsibilities, as defined in their basic instruments, in economic, social, cultural, educational, health, and related fields, shall be brought into relationship with the United Nations in accordance with the provisions of Article 63.

2. Such agencies thus brought into relationship with the United Nations are hereinafter referred to as specialized agencies.

Article 58

The Organization shall make recommendations for the coordination of the policies and activities of the specialized agencies.

Article 59

The Organization shall, where appropriate, initiate negotiations among the states concerned for the creation of any new specialized agencies required for the accomplishment of the purposes set forth in Article 55.

Article 60

Responsibility for the discharge of the functions of the Organization set forth in this Chapter shall be vested in the General Assembly and, under the authority of the General Assembly, in the Economic and Social Council, which shall have for this purpose the powers set forth in Chapter X.

CHAPTER X
THE ECONOMIC AND SOCIAL COUNCIL

Composition

Article 61

1. The Economic and Social Council shall consist of fifty-four Members of the United Nations elected by the General Assembly.

2. Subject to the provisions of paragraph 3, eighteen members of the Economic and Social Council shall be elected each year for a term of three years. A retiring member shall be eligible for immediate re-election.

3. At the first election after the increase in the membership of the Economic and Social Council from twenty-seven to fifty-four members, in addition to the members elected in place of the nine members whose term of office expires at the end of that year, twenty-seven additional members shall be elected. Of these twenty-seven additional members, the term of office of nine members so elected shall expire at the end of one year, and of nine other members at the end of two years, in accordance with arrangements made by the General Assembly.

4. Each member of the Economic and Social Council shall have one representative.

Functions and Powers
Article 62

1. The Economic and Social Council may make or initiate studies and reports with respect to international economic, social, cultural, educational, health, and related matters and may make recommendations with respect to any such matters to the General Assembly, to the Members of the United Nations, and to the specialized agencies concerned.

2. It may make recommendations for the purpose of promoting respect for, and observance of, human rights and fundamental freedoms for all.

3. It may prepare draft conventions for submission to the General Assembly, with respect to matters falling within its competence.

4. It may call, in accordance with the rules prescribed by the United Nations, international conferences on matters falling within its competence.

Article 63

1. The Economic and Social Council may enter into agreements with any of the agencies referred to in Article 57, defining the terms on which the agency concerned shall be brought into relationship with the United Nations. Such agreements shall be subject to approval by the General Assembly.

2. It may coordinate the activities of the specialized agencies through consultation with and recommendations to such agencies and through recommendations to the General Assembly and to the Members of the United Nations.

Article 64

1. The Economic and Social Council may take appropriate steps to obtain regular reports from the specialized agencies. It may make arrangements with the Members of the United Nations and with the specialized agencies to obtain reports on the steps taken to give effect to its own recommendations and to recommendations on matters falling within its competence made by the General Assembly.

2. It may communicate its observations on these reports to the General Assembly.

Article 65
The Economic and Social Council may furnish information to the Security Council and shall assist the Security Council upon its request.

Article 66
1. The Economic and Social Council shall perform such functions as fall within its competence in connection with the carrying out of the recommendations of the General Assembly.

2. It may, with the approval of the General Assembly, perform services at the request of Members of the United Nations and at the request of specialized agencies.

3. It shall perform such other functions as are specified elsewhere in the present Charter or as may be assigned to it by the General Assembly.

Article 67
1. Each member of the Economic and Social Council shall have one vote.

2. Decisions of the Economic and Social Council shall be made by a majority of the members present and voting.

Procedure
Article 68
The Economic and Social Council shall set up commissions in economic and social fields and for the promotion of human rights, and such other commissions as may be required for the performance of its functions.

Article 69
The Economic and Social Council shall invite any Member of the United Nations to participate, without vote, in its deliberations on any matter of particular concern to that Member.

Article 70
The Economic and Social Council may make arrangements for representatives of the specialized agencies to participate, without vote, in its deliberations and in those of the commissions established by it, and for its

representatives to participate in the deliberations of the specialized agencies.

Article 71

The Economic and Social Council may make suitable arrangements for consultation with non-governmental organizations which are concerned with matters within its competence. Such arrangements may be made with international organizations and, where appropriate, with national organizations after consultation with the Member of the United Nations concerned.

Article 72

1. The Economic and Social Council shall adopt its own rules of procedure, including the method of selecting its President.

2. The Economic and Social Council shall meet as required in accordance with its rules, which shall include provision for the convening of meetings on the request of a majority of its members.

CHAPTER XI
DECLARATION REGARDING NON-SELF-GOVERNING TERRITORIES

Article 73

Members of the United Nations which have or assume responsibilities for the administration of territories whose peoples have not yet attained a full measure of self-government recognize the principle that the interests of the inhabitants of these territories are paramount, and accept as a sacred trust the obligation to promote to the utmost, within the system of international peace and security established by the present Charter, the well-being of the inhabitants of these territories, and, to this end:

a. to ensure, with due respect for the culture of the peoples concerned, their political, economic, social, and educational advancement, their just treatment, and their protection against abuses;

b. to develop self-government, to take due account of the political aspirations of the peoples, and to assist them in the progressive development of their free political institutions, according to the particular circumstances of each territory and its peoples and their varying stages of advancement;

c. to further international peace and security;

d. to promote constructive measures of development, to encourage research, and to co-operate with one another and, when and where appropriate, with specialized international bodies with a view to the practical achievement of the social, economic, and scientific purposes set forth in this Article; and

e. to transmit regularly to the Secretary-General for information purposes, subject to such limitation as security and constitutional considerations may require, statistical and other information of a technical nature relating to economic, social, and educational conditions in the territories for which they are respectively responsible other than those territories to which Chapter XII and XIII apply.

Article 74

Members of the United Nations also agree that their policy in respect of the territories to which this Chapter applies, no less than in respect of their metropolitan areas, must be based on the general principle of good-neighborliness, due account being taken of the interests and well-being of the rest of the world, in social, economic, and commercial matters.

CHAPTER XII
INTERNATIONAL TRUSTEESHIP SYSTEM

Article 75

The United Nations shall establish under its authority an international trusteeship system for the administration and supervision of such territories as may be placed thereunder by subsequent individual agreements. These territories are hereinafter referred to as trust territories.

Article 76

The basic objectives of the trusteeship system, in accordance with the Purposes of the United Nations laid down in Article 1 of the present Charter, shall be:

a. to further international peace and security;

b. to promote the political, economic, social, and educational advancement of the inhabitants of the trust territories, and their progressive development towards self-government or independence as may be appropriate to the particular circumstances of each territory and its peoples and the freely expressed wishes of the peoples concerned, and as may be provided by the terms of each trusteeship agreement;

c. to encourage respect for human rights and for fundamental freedoms for all without distinction as to race, sex, language, or religion, and to encourage recognition of the interdependence of the peoples of the world; and

d. to ensure equal treatment in social, economic, and commercial matters for all Members of the United Nations and their nationals and also equal treatment for the latter in the administration of justice without prejudice to the attainment of the foregoing objectives and subject to the provisions of Article 80.

Article 77

1. The trusteeship system shall apply to such territories in the following categories as may be placed thereunder by means of trusteeship agreements:

a. territories now held under mandate;

b. territories which may be detached from enemy states as a result of the Second World War; and

c. territories voluntarily placed under the system by states responsible for their administration.

2. It will be a matter for subsequent agreement as to which territories in the foregoing categories will be brought under the trusteeship system and upon what terms.

Article 78

The trusteeship system shall not apply to territories which have become Members of the United Nations, relationship among which shall be based on respect for the principle of sovereign equality.

Article 79

The terms of trusteeship for each territory to be placed under the trusteeship system, including any alteration or amendment, shall be agreed upon by the states directly concerned, including the mandatory power in the case of territories held under mandate by a Member of the United Nations, and shall be approved as provided for in Articles 83 and 85.

Article 80

1. Except as may be agreed upon in individual trusteeship agreements, made under Articles 77, 79, and 81, placing each territory under the trusteeship system, and until such agreements have been concluded, nothing in this Chapter shall be construed in or of itself to alter in any manner the rights whatsoever of any states or any peoples or the terms of existing international instruments to which Members of the United Nations may respectively be parties.

2. Paragraph 1 of this Article shall not be interpreted as giving grounds for delay or postponement of the negotiation and conclusion of agreements for placing mandated and other territories under the trusteeship system as provided for in Article 77.

Article 81

The trusteeship agreement shall in each case include the terms under which the trust territory will be administered and designate the authority which will exercise the administration of the trust territory. Such authority, hereinafter called the administering authority, may be one or more states or the Organization itself.

Article 82

There may be designated, in any trusteeship agreement, a strategic area or areas which may include part or all of the trust territory to which the agreement applies, without prejudice to any special agreement or agreements made under Article 43.

Article 83

1. All functions of the United Nations relating to strategic areas,

including the approval of the terms of the trusteeship agreements and of their alteration or amendment, shall be exercised by the Security Council.

2. The basic objectives set forth in Article 76 shall be applicable to the people of each strategic area.

3. The Security Council shall, subject to the provisions of the trusteeship agreements and without prejudice to security considerations, avail itself of the assistance of the Trusteeship Council to perform those functions of the United Nations under the trusteeship system relating to political. economic, social, and educational matters in the strategic areas.

Article 84

It shall be the duty of the administering authority to ensure that the trust territory shall play its part in the maintenance of international peace and security. To this end the administering authority may make use of volunteer forces, facilities, and assistance from the trust territory in carrying out the obligations towards the Security Council undertaken in this regard by the administering authority, as well as for local defense and the maintenance of law and order within the trust territory.

Article 85

1. The functions of the United Nations with regard to trusteeship agreements for all areas not designated as strategic, including the approval of the terms of the trusteeship agreements and of their alteration or amendment, shall be exercised by the General Assembly.

2. The Trusteeship Council, operating under the authority of the General Assembly, shall assist the General Assembly in carrying out these functions.

CHAPTER XIII
THE TRUSTEESHIP COUNCIL

Composition
Article 86

1. The Trusteeship Council shall consist of the following Members of the United Nations:

a. those Members administering trust territories;

b. such of those Members mentioned by name in Article 23 as are not administering trust territories; and

c. as many other Members elected for three-year terms by the General Assembly as may be necessary to ensure that the total number of members of the Trusteeship Council is equally divided between those Members of the United Nations which administer trust territories and those which do not.

2. Each member of the Trusteeship Council shall designate one specially qualified person to represent it therein.

Functions and Powers
Article 87

The General Assembly and, under its authority, the Trusteeship Council, in carrying out their functions, may:

a. consider reports submitted by the administering authority;

b. accept petitions and examine them in consultation with the administering authority;

c. provide for periodic visits to the respective trust territories at times agreed upon with the administering authority; and

d. take these and other actions in conformity with the terms of the trusteeship agreements.

Article 88

The Trusteeship Council shall formulate a questionnaire on the political, economic, social, and educational advancement of the inhabitants of each trust territory, and the administering authority for each trust territory within the competence of the General Assembly shall make an annual report to the General Assembly upon the basis of such questionnaire.

Voting
Article 89

1. Each member of the Trusteeship Council shall have one vote.

2. Decisions of the Trusteeship Council shall be made by a majority of the members present and voting.

Procedure
Article 90

1. The Trusteeship Council shall adopt its own rules of procedure, including the method of selecting its President.

2. The Trusteeship Council shall meet as required in accordance with its rules, which shall include provision for the convening of meetings on the request of a majority of its members.

Article 91

The Trusteeship Council shall, when appropriate, avail itself of the assistance of the Economic and Social Council and of the specialized agencies in regard to matters with which they are respectively concerned.

CHAPTER XIV
THE INTERNATIONAL COURT OF JUSTICE

Article 92

The International Court of Justice shall be the principal judicial organ of the United Nations. It shall function in accordance with the annexed Statute which is based upon the Statute of the Permanent Court of International Justice and forms an integral part of the present Charter.

Article 93

1. All Members of the United Nations are ipso facto parties to the Statute of the International Court of Justice.

2. A state which is not a Member of the United Nations may become a party to the Statute of the International Court of Justice on conditions to be determined in each case by the General Assembly upon the recommendation of the Security Council.

Article 94

1. Each Member of the United Nations undertakes to comply with the decision of the International Court of Justice in any case to which it is a party.

2. If any party to a case fails to perform the obligations incumbent upon it under a judgment rendered by the Court, the other party may have recourse to the Security Council, which may, if it deems necessary, make recommendations or decide upon measures to be taken to give effect to the judgment.

Article 95

Nothing in the present Charter shall prevent Members of the United Nations from entrusting the solution of their differences to other tribunals by virtue of agreements already in existence or which may be concluded in the future.

Article 96

1. The General Assembly or the Security Council may request the International Court of Justice to give an advisory opinion on any legal question.

2. Other organs of the United Nations and specialized agencies, which may at any time be so authorized by the General Assembly, may also request advisory opinions of the Court on legal questions arising within the scope of their activities.

CHAPTER XV
THE SECRETARIAT

Article 97

The Secretariat shall comprise a Secretary-General and such staff as the Organization may require. The Secretary-General shall be appointed by the General Assembly upon the recommendation of the Security Council. He shall be the chief administrative officer of the Organization.

Article 98

The Secretary-General shall act in that capacity in all meetings of the General Assembly, of the Security Council, of the Economic and Social Council, and of the Trusteeship Council, and shall perform such other functions as are entrusted to him by these organs. The Secretary-General shall make an annual report to the General Assembly on the work of the Organization.

Article 99

The Secretary-General may bring to the attention of the Security Council any matter which in his opinion may threaten the maintenance of international peace and security.

Article 100

1. In the performance of their duties the Secretary-General and the staff shall not seek or receive instructions from any government or from any other authority external to the Organization. They shall refrain from any action which might reflect on their position as international officials responsible only to the Organization.

2. Each Member of the United Nations undertakes to respect the exclusively international character of the responsibilities of the Secretary-General and the staff and not to seek to influence them in the discharge of their responsibilities.

Article 101

1. The staff shall be appointed by the Secretary-General under regulations established by the General Assembly.

2. Appropriate staffs shall be permanently assigned to the Economic and Social Council, the Trusteeship Council, and, as required, to other organs of the United Nations. These staffs shall form a part of the Secretariat.

3. The paramount consideration in the employment of the staff and in the determination of the conditions of service shall be the necessity of securing the highest standards of efficiency, competence, and integrity. Due regard shall be paid to the importance of recruiting the staff on as wide a geographical basis as possible.

CHAPTER XVI
MISCELLANEOUS PROVISIONS

Article 102

1. Every treaty and every international agreement entered into by any Member of the United Nations after the present Charter comes into force shall as soon as possible be registered with the Secretariat and published by it.

2. No party to any such treaty or international agreement which has not been registered in accordance with the provisions of paragraph I of this Article may invoke that treaty or agreement before any organ of the United Nations.

Article 103

In the event of a conflict between the obligations of the Members of the United Nations under the present Charter and their obligations under any other international agreement, their obligations under the present Charter shall prevail.

Article 104

The Organization shall enjoy in the territory of each of its Members such legal capacity as may be necessary for the exercise of its functions and the fulfillment of its purposes.

Article 105

1. The Organization shall enjoy in the territory of each of its Members such privileges and immunities as are necessary for the fulfillment of its purposes.

2. Representatives of the Members of the United Nations and officials of the Organization shall similarly enjoy such privileges and immunities as are necessary for the independent exercise of their functions in connection with the Organization.

3. The General Assembly may make recommendations with a view to determining the details of the application of paragraphs 1 and 2 of this Article or may propose conventions to the Members of the United Nations for this

purpose.

CHAPTER XVII
TRANSITIONAL SECURITY ARRANGEMENTS

Article 106

Pending the coming into force of such special agreements referred to in Article 43 as in the opinion of the Security Council enable it to begin the exercise of its responsibilities under Article 42, the parties to the Four-Nation Declaration, signed at Moscow October 30, 1943, and France, shall, in accordance with the provisions of paragraph 5 of that Declaration, consult with one another and as occasion requires with other Members of the United Nations with a view to such joint action on behalf of the Organization as may be necessary for the purpose of maintaining international peace and security.

Article 107

Nothing in the present Charter shall invalidate or preclude action, in relation to any state which during the Second World War has been an enemy of any signatory to the present Charter, taken or authorized as a result of that war by the Governments having responsibility for such action.

CHAPTER XVIII
AMENDMENTS

Article 108

Amendments to the present Charter shall come into force for all Members of the United Nations when they have been adopted by a vote of two thirds of the members of the General Assembly and ratified in accordance with their respective constitutional processes by two thirds of the Members of the United Nations, including all the permanent members of the Security Council.

1. A General Conference of the Members of the United Nations for the purpose of reviewing the present Charter may be held at a date and place to be fixed by a two-thirds vote of the members of the General Assembly and by a vote of any nine members of the Security Council. Each Member of the United Nations shall have one vote in the conference.

2. Any alteration of the present Charter recommended by a two-thirds vote of the conference shall take effect when ratified in accordance with their respective constitutional processes by two thirds of the Members of the United Nations including all the permanent members of the Security Council.

3. If such a conference has not been held before the tenth annual session of the General Assembly following the coming into force of the present Charter, the proposal to call such a conference shall be placed on the agenda of that session of the General Assembly, and the conference shall be held if so decided by a majority vote of the members of the General Assembly and by a vote of any seven members of the Security Council.

CHAPTER XIX
RATIFICATION AND SIGNATURE

1. The present Charter shall be ratified by the signatory states in accordance with their respective constitutional processes.

2. The ratifications shall be deposited with the Government of the United States of America, which shall notify all the signatory states of each deposit as well as the Secretary-General of the Organization when he has been appointed.

3. The present Charter shall come into force upon the deposit of ratifications by the Republic of China, France, the Union of Soviet Socialist Republics, the United Kingdom of Great Britain and Northern Ireland, and the United States of America, and by a majority of the other signatory states. A protocol of the ratifications deposited shall thereupon be drawn up by the Government of the United States of America which shall communicate copies thereof to all the signatory states.

4. The states signatory to the present Charter which ratify it after it has come into force will become original Members of the United Nations on the date of the deposit of their respective ratifications.

Article 111

The present Charter, of which the Chinese, French, Russian, English, and Spanish texts are equally authentic, shall remain deposited in the archives of the Government of the United States of America. Duly certified copies thereof shall be transmitted by that Government to the Governments of the other signatory states.

IN FAITH WHEREOF the representatives of the Governments of the United Nations have signed the present Charter.

DONE at the city of San Francisco the twenty-sixth day of June, one thousand nine hundred and forty-five.

[출처: 외교부]

http://www.mofa.go.kr/trade/humanrights/latest/material/index.jsp?mofat=001&menu
=m_30_70_60&sp=/webmodule/htsboard/template/read/korboardread.jsp%3FtypeID=
6%26boardid=98%26tableName=TYPE_DATABOARD%26seqno=333138

【부록 2】 세계인권선언

세계인권선언 전문

(국문)

인류 가족 모든 구성원의 고유한 존엄성과 평등하고 양도할 수 없는 권리를 인정하는 것이 세계의 자유, 정의, 평화의 기초가 됨을 인정하며, 인권에 대한 무시와 경멸은 인류의 양심을 짓밟는 야만적 행위를 결과하였으며, 인류가 언론의 자유, 신념의 자유, 공포와 궁핍으로부터의 자유를 향유하는 세계의 도래가 일반인의 지고한 열망으로 천명되었으며, 사람들이 폭정과 억압에 대항하는 마지막 수단으로서 반란에 호소하도록 강요받지 않으려면, 인권이 법에 의한 지배에 의하여 보호되어야 함이 필수적이며, 국가간의 친선관계의 발전을 촉진시키는 것이 긴요하며, 국제연합의 여러 국민들은 그 헌장에서 기본적 인권과, 인간의 존엄과 가치, 남녀의 동등한 권리에 대한 신념을 재확인하였으며, 더욱 폭넓은 자유 속에서 사회적 진보와 생활수준의 개선을 촉진할 것을 다짐하였으며, 회원국들은 국제연합과 협력하여 인권과 기본적 자유에 대한 보편적 존중과 준수의 증진을 달성할 것을 서약하였으며, 이들 권리와 자유에 대한 공통의 이해가 이러한 서약의 이행을 위하여 가장 중요하므로,

따라서 이제 국제연합 총회는 모든 개인과 사회의 각 기관은 세계인권선언을 항상 마음속에 간직한 채, 교육과 학업을 통하여 이러한 권리와 자유에 대한 존중을 신장시키기 위하여 노력하고, 점진적인 국내적 및 국제적 조치를 통하여 회원국 국민 및 회원국 관할하의 영토의 국민들 양자 모두에게 권리와 자유의 보편적이고 효과적인 인정과 준수를 보장하기 위하여 힘쓰도록, 모든 국민들과 국가에 대한 공통의 기준으로서 본 세계인권선언을 선포한다.

제1조

모든 사람은 태어날 때부터 자유롭고, 존엄성과 권리에 있어서 평등하다. 사람은 이성과 양심을 부여받았으며 서로에게 형제의 정신으로 대하여야 한다.

제2조

모든 사람은 인종, 피부색, 성, 언어, 종교, 정치적 또는 그 밖의 견해, 민족적 또는 사회적 출신, 재산, 출생, 기타의 지위 등에 따른 어떠한 종류의 구별도 없이, 이 선언에 제시된 모든 권리와 자유를 누릴 자격이 있다.

나아가 개인이 속한 나라나 영역이 독립국이든 신탁통치지역이든, 비자치지역이든 또는 그 밖의 다른 주권상의 제한을 받고 있는 지역이든, 그 나라나 영역의 정치적, 사법적, 국제적 지위를 근거로 차별이 행하여져서는 아니된다.

제3조

모든 사람은 생명권과 신체의 자유와 안전을 누릴 권리가 있다.

제4조

어느 누구도 노예나 예속상태에 놓여지지 아니한다. 모든 형태의 노예제도 및 노예매매는 금지된다.

제5조

어느 누구도 고문이나, 잔혹하거나, 비인도적이거나, 모욕적인 취급 또는 형벌을 받지 아니한다.

제6조

모든 사람은 어디에서나 법 앞에 인간으로서 인정받을 권리를 가진다.

제7조

모든 사람은 법 앞에 평등하고, 어떠한 차별도 없이 법의 평등한 보호를 받을 권리를 가진다. 모든 사람은 이 선언을 위반하는 어떠한 차별에 대하여도, 또한 어떠한 차별의 선동에 대하여도 평등한 보호를 받을 권리를 가진다.

제8조

모든 사람은 헌법 또는 법률이 부여하는 기본권을 침해하는 행위에 대하여 담당 국가법원에 의하여 효과적인 구제를 받을 권리를 가진다.

제9조

어느 누구도 자의적인 체포, 구금 또는 추방을 당하지 아니한다.

제10조

모든 사람은 자신의 권리와 의무, 그리고 자신에 대한 형사상의 혐의를 결정함에 있어서, 독립적이고 편견 없는 법정에서 공정하고도 공개적인 심문을 전적으로 평등하게 받을 권리를 가진다.

제11조

1. 형사범죄로 소추당한 모든 사람은 자신의 변호를 위하여 필요한 모든 장치를 갖춘 공개된 재판에서 법률에 따라 유죄로 입증될 때까지 무죄로 추정받을 권리를 가진다.
2. 어느 누구도 행위시의 국내법 또는 국제법상으로 범죄를 구성하지 아니하는 작위 또는 부작위를 이유로 유죄로 되지 아니한다. 또한 범죄가 행하여진 때에 적용될 수 있는 형벌보다 무거운 형벌이 부과되지 아니한다.

제12조

어느 누구도 자신의 사생활, 가정, 주거 또는 통신에 대하여 자의적인 간섭을 받지 않으며, 자신의 명예와 신용에 대하여 공격을 받지 아니한다. 모든 사람은 그러한 간섭과 공격에 대하여 법률의 보호를 받을 권리를 가진다.

제13조

1. 모든 사람은 각국의 영역 내에서 이전과 거주의 자유에 관한 권리를 가

진다.

2. 모든 사람은 자국을 포함한 어떤 나라로부터도 출국할 권리가 있으며, 또한 자국으로 돌아올 권리를 가진다.

제14조

1. 모든 사람은 박해를 피하여 타국에서 피난처를 구하고 비호를 향유할 권리를 가진다.

2. 이 권리는 비정치적인 범죄 또는 국제연합의 목적과 원칙에 반하는 행위만으로 인하여 제기된 소추의 경우에는 활용될 수 없다.

제15조

1. 모든 사람은 국적을 가질 권리를 가진다.

2. 어느 누구도 자의적으로 자신의 국적을 박탈당하거나 그의 국적을 바꿀 권리를 부인당하지 아니한다.

제16조

1. 성년에 이른 남녀는 인종, 국적 또는 종교에 따른 어떠한 제한도 받지 않고 혼인하여 가정을 이룰 권리를 가진다. 이들은 혼인 기간 중 및 그 해소시 혼인에 관하여 동등한 권리를 가진다.

2. 결혼은 양당사자의 자유롭고도 완전한 합의에 의하여만 성립된다.

3. 가정은 사회의 자연적이며 기초적인 구성 단위이며, 사회와 국가의 보호를 받을 권리를 가진다.

제17조

1. 모든 사람은 단독으로는 물론 타인과 공동으로 자신의 재산을 소유할 권리를 가진다.

2. 어느 누구도 자신의 재산을 자의적으로 박탈당하지 아니한다.

제18조

모든 사람은 사상, 양심 및 종교의 자유에 대한 권리를 가진다. 이러한 권리는 자신의 종교 또는 신념을 바꿀 자유와 선교, 행사, 예배, 의식에 있어서 단독으로 또는 다른 사람과 공동으로, 공적으로 또는 사적으로 자신의 종교나 신념을 표명하는 자유를 포함한다.

제19조

모든 사람은 의견과 표현의 자유에 관한 권리를 가진다. 이 권리는 간섭받지 않고 의견을 가질 자유와 모든 매체를 통하여 국경에 관계없이 정보와 사상을 추구하고, 접수하고, 전달하는 자유를 포함한다.

제20조

1. 모든 사람은 평화적 집회와 결사의 자유에 관한 권리를 가진다.
2. 어느 누구도 어떤 결사에 소속될 것을 강요받지 아니한다.

제21조

1. 모든 사람은 직접 또는 자유롭게 선출된 대표를 통하여 자국의 통치에 참여할 권리를 가진다.
2. 모든 사람은 자국의 공무에 취임할 동등한 권리를 가진다.
3. 국민의 의사는 정부의 권위의 기초가 된다. 이 의사는 보통 및 평등 선거권에 의거하며, 또한 비밀투표 또는 이와 동등한 자유로운 투표 절차에 따라 실시되는 정기적이고 진정한 선거를 통하여 표현된다.

제22조

모든 사람은 사회의 일원으로서 사회보장제도에 관한 권리를 가지며, 국가적 노력과 국제적 협력을 통하여 그리고 각국의 조직과 자원에 따라 자신의 존엄성과 인격의 자유로운 발전을 위하여 불가결한 경제적, 사회적 및 문화적 권리의 실현에 관한 권리를 가진다.

제23조

1. 모든 사람은 근로의 권리, 자유로운 직업 선택권, 공정하고 유리한 근로조
   건에 관한 권리 및 실업으로부터 보호받을 권리를 가진다.
2. 모든 사람은 어떠한 차별도 받지 않고 동등한 노동에 대하여 동등한 보수
   를 받을 권리를 가진다.
3. 모든 근로자는 자신과 가족에게 인간적 존엄에 합당한 생활을 보장하여
   주며, 필요할 경우 다른 사회적 보호의 수단에 의하여 보완되는, 정당하고
   유리한 보수를 받을 권리를 가진다.
4. 모든 사람은 자신의 이익을 보호하기 위하여 노동조합을 결성하고, 가입
   할 권리를 가진다.

제24조

모든 사람은 근로시간의 합리적 제한과 정기적인 유급휴일을 포함한 휴식과
여가에 관한 권리를 가진다.

제25조

1. 모든 사람은 식량, 의복, 주택, 의료, 필수적인 사회역무를 포함하여 자신
   과 가족의 건강과 안녕에 적합한 생활수준을 누릴 권리를 가지며, 실업,
   질병, 불구, 배우자와의 사별, 노령, 그 밖의 자신이 통제할 수 없는 상황
   에서의 다른 생계 결핍의 경우 사회보장을 누릴 권리를 가진다.
2. 모자는 특별한 보살핌과 도움을 받을 권리를 가진다. 모든 어린이는 부모
   의 혼인 여부에 관계없이 동등한 사회적 보호를 향유한다.

제26조

1. 모든 사람은 교육을 받을 권리를 가진다. 교육은 최소한 초등기초단계에
   서는 무상이어야 한다. 초등교육은 의무적이어야 한다. 기술교육과 직업
   교육은 일반적으로 이용할 수 있어야 하며, 고등교육도 능력에 따라 모든
   사람에게 평등하게 개방되어야 한다.
2. 교육은 인격의 완전한 발전과 인권 및 기본적 자유에 대한 존중의 강화를

목표로 하여야 한다. 교육은 모든 국가들과 인종적 또는 종교적 집단간에 있어서 이해, 관용 및 친선을 증진시키고 평화를 유지하기 위한 국제연합의 활동을 촉진시켜야 한다.

3. 부모는 자녀에게 제공되는 교육의 종류를 선택함에 있어서 우선권을 가진다.

제27조

1. 모든 사람은 공동체의 문화생활에 자유롭게 참여하고, 예술을 감상하며, 과학의 진보와 그 혜택을 향유할 권리를 가진다.
2. 모든 사람은 자신이 창조한 모든 과학적, 문학적, 예술적 창작물에서 생기는 정신적, 물질적 이익을 보호받을 권리를 가진다.

제28조

모든 사람은 이 선언에 제시된 권리와 자유가 완전히 실현될 수 있는 사회적 및 국제적 질서에 대한 권리를 가진다.

제29조

1. 모든 사람은 그 안에서만 자신의 인격을 자유롭고 완전하게 발전시킬 수 있는 공동체에 대하여 의무를 부담한다.
2. 모든 사람은 자신의 권리와 자유를 행사함에 있어서, 타인의 권리와 자유에 대한 적절한 인정과 존중을 보장하고, 민주사회에서의 도덕심, 공공질서, 일반의 복지를 위하여 정당한 필요를 충족시키기 위한 목적에서만 법률에 규정된 제한을 받는다.
3. 이러한 권리와 자유는 어떤 경우에도 국제연합의 목적과 원칙에 반하여 행사될 수 없다.

제30조

이 선언의 그 어떠한 조항도 특정 국가, 집단 또는 개인이 이 선언에 규정된 어떠한 권리와 자유를 파괴할 목적의 활동에 종사하거나, 또는 그와 같은 행위를 행할 어떠한 권리도 가지는 것으로 해석되지 아니한다.

(영문)

Universal Declaration of Human Rights

PREAMBLE

Whereas recognition of the inherent dignity and of the equal and inalienable rights of all members of the human family is the foundation of freedom, justice and peace in the world,

Whereas disregard and contempt for human rights have resulted in barbarous acts which have outraged the conscience of mankind, and the advent of a world in which human beings shall enjoy freedom of speech and belief and freedom from fear and want has been proclaimed as the highest aspiration of the common people,

Whereas it is essential, if man is not to be compelled to have recourse, as a last resort, to rebellion against tyranny and oppression, that human rights should be protected by the rule of law,

Whereas it is essential to promote the development of friendly relations between nations,

Whereas the peoples of the United Nations have in the Charter reaffirmed their faith in fundamental human rights, in the dignity and worth of the human person and in the equal rights of men and women and have determined to promote social progress and better standards of life in larger freedom,

Whereas Member States have pledged themselves to achieve, in cooperation with the United Nations, the promotion of universal respect for and observance of human rights and fundamental freedoms,

Whereas a common understanding of these rights and freedoms is of the greatest importance for the full realization of this pledge,

Now, therefore, The General Assembly, Proclaims this Universal Declaration of Human Rights as a common standard of achievement for all peoples and all nations, to the end that every individual and every organ of society, keeping this Declaration constantly in mind, shall strive by teaching and education to promote respect for these rights and freedoms and by progressive measures, national and international, to secure their universal and effective recognition and observance, both among the peoples of Member

States themselves and among the peoples of territories under their jurisdiction.

Article 1

All human beings are born free and equal in dignity and rights. They are endowed with reason and conscience and should act towards one another in a spirit of brotherhood.

Article 2

Everyone is entitled to all the rights and freedoms set forth in this Declaration, without distinction of any kind, such as race, colour, sex, language, religion, political or other opinion, national or social origin, property, birth or other status.

Furthermore, no distinction shall be made on the basis of the political, jurisdictional or international status of the country or territory to which a person belongs, whether it be independent, trust, non-self-governing or under any other limitation of sovereignty.

Article 3

Everyone has the right to life, liberty and security of person.

Article 4

No one shall be held in slavery or servitude; slavery and the slave trade shall be prohibited in all their forms.

Article 5

No one shall be subjected to torture or to cruel, inhuman or degrading treatment or punishment.

Article 6

Everyone has the right to recognition everywhere as a person before the law.

Article 7

All are equal before the law and are entitled without any discrimination to equal protection of the law. All are entitled to equal protection against any discrimination in violation of this Declaration and against any incitement to such discrimination.

Article 8
Everyone has the right to an effective remedy by the competent national tribunals for acts violating the fundamental rights granted him by the constitution or by law.

Article 9
No one shall be subjected to arbitrary arrest, detention or exile.

Article 10
Everyone is entitled in full equality to a fair and public hearing by an independent and impartial tribunal, in the determination of his rights and obligations and of any criminal charge against him.

Article 11
1. Everyone charged with a penal offence has the right to be presumed innocent until proved guilty according to law in a public trial at which he has had all the guarantees necessary for his defence.

2. No one shall be held guilty of any penal offence on account of any act or omission which did not constitute a penal offence, under national or international law, at the time when it was committed. Nor shall a heavier penalty be imposed than the one that was applicable at the time the penal offence was committed.

Article 12
No one shall be subjected to arbitrary interference with his privacy, family, home or correspondence, nor to attacks upon his honour and reputation. Everyone has the right to the protection of the law against such interference or attacks.

Article 13
1. Everyone has the right to freedom of movement and residence within the borders of each State.

2. Everyone has the right to leave any country, including his own, and to return to his country.

Article 14

1. Everyone has the right to seek and to enjoy in other countries asylum from persecution.

2. This right may not be invoked in the case of prosecutions genuinely arising from non-political crimes or from acts contrary to the purposes and principles of the United Nations.

Article 15

1. Everyone has the right to a nationality.

2. No one shall be arbitrarily deprived of his nationality nor denied the right to change his nationality.

Article 16

1. Men and women of full age, without any limitation due to race, nationality or religion, have the right to marry and to found a family. They are entitled to equal rights as to marriage, during marriage and at its dissolution.

2. Marriage shall be entered into only with the free and full consent of the intending spouses.

3. The family is the natural and fundamental group unit of society and is entitled to protection by society and the State.

Article 17

1. Everyone has the right to own property alone as well as in association with others.

2. No one shall be arbitrarily deprived of his property.

Article 18

Everyone has the right to freedom of thought, conscience and religion; this right includes freedom to change his religion or belief, and freedom, either alone or in community with others and in public or private, to manifest his religion or belief in teaching, practice, worship and observance.

Article 19

Everyone has the right to freedom of opinion and expression; this right includes freedom to hold opinions without interference and to seek, receive and impart information and ideas through any media and regardless of frontiers.

Article 20

1. Everyone has the right to freedom of peaceful assembly and association.

2. No one may be compelled to belong to an association.

Article 21

1. Everyone has the right to take part in the government of his country, directly or through freely chosen representatives.

2. Everyone has the right to equal access to public service in his country.

3. The will of the people shall be the basis of the authority of government; this will shall be expressed in periodic and genuine elections which shall be by universal and equal suffrage and shall be held by secret vote or by equivalent free voting procedures.

Article 22

Everyone, as a member of society, has the right to social security and is entitled to realization, through national effort and international co-operation and in accordance with the organization and resources of each State, of the economic, social and cultural rights indispensable for his dignity and the free development of his personality.

Article 23

1. Everyone has the right to work, to free choice of employment, to just and favourable conditions of work and to protection against unemployment.

2. Everyone, without any discrimination, has the right to equal pay for equal work.

3. Everyone who works has the right to just and favourable remuneration ensuring for himself and his family an existence worthy of human dignity,

and supplemented, if necessary, by other means of social protection.

4. Everyone has the right to form and to join trade unions for the protection of his interests.

Article 24

Everyone has the right to rest and leisure, including reasonable limitation of working hours and periodic holidays with pay.

Article 25

1. Everyone has the right to a standard of living adequate for the health and well-being of himself and of his family, including food, clothing, housing and medical care and necessary social services, and the right to security in the event of unemployment, sickness, disability, widowhood, old age or other lack of livelihood in circumstances beyond his control.

2. Motherhood and childhood are entitled to special care and assistance. All children, whether born in or out of wedlock, shall enjoy the same social protection.

Article 26

1. Everyone has the right to education. Education shall be free, at least in the elementary and fundamental stages. Elementary education shall be compulsory. Technical and professional education shall be made generally available and higher education shall be equally accessible to all on the basis of merit.

2. Education shall be directed to the full development of the human personality and to the strengthening of respect for human rights and fundamental freedoms. It shall promote understanding, tolerance and friendship among all nations, racial or religious groups, and shall further the activities of the United Nations for the maintenance of peace.

3. Parents have a prior right to choose the kind of education that shall be given to their children.

Article 27

1. Everyone has the right freely to participate in the cultural life of the community, to enjoy the arts and to share in scientific advancement and its

benefits.

2. Everyone has the right to the protection of the moral and material interests resulting from any scientific, literary or artistic production of which he is the author.

Article 28

Everyone is entitled to a social and international order in which the rights and freedoms set forth in this Declaration can be fully realized.

Article 29

1. Everyone has duties to the community in which alone the free and full development of his personality is possible.

2. In the exercise of his rights and freedoms, everyone shall be subject only to such limitations as are determined by law solely for the purpose of securing due recognition and respect for the rights and freedoms of others and of meeting the just requirements of morality, public order and the general welfare in a democratic society.

3. These rights and freedoms may in no case be exercised contrary to the purposes and principles of the United Nations.

Article 30

Nothing in this Declaration may be interpreted as implying for any State, group or person any right to engage in any activity or to perform any act aimed at the destruction of any of the rights and freedoms set forth herein.

[출처: 외교부]

http://www.mofa.go.kr/trade/humanrights/latest/material/index.jsp?mofat=001&menu=m_30_70_60

【부록 3】 유엔 조직 및 주요기구

구분	창설연도	기구	약어	한글명칭	소재지
자문기관	2005	Peace building Commission	UN PBC	유엔평화구축위원회	
유엔총회	1946	United Nations Children's Fund	UNICEF	유엔아동기금	미국 뉴욕
	1947	International Refugee Organization	UNHRC	유엔난민기구	스위스 제네바
	1950	United Nations Relief and Works Agency for Palestine Refugees in the Near East	UNRWA	유엔팔레스타인 난민구호기구	팔레스타인 가자, 요르단 암만
	1961	World Food Programme	WFP	세계식량계획	이탈리아 로마
	1964	United Nations Conference on Trade and Development	UNCTAD	유엔무역개발회의	스위스 제네바
	1964	United Nations Population Fund	UNFPA	유엔인구기금	미국 뉴욕
	1966	United Nations Development Programme	UNDP	유엔개발계획	미국 뉴욕
	1970	United Nations Volunteers	UNV	유엔자원봉사단	독일 본
	1972	United Nations Environment Programme	UNEP	유엔환경계획	케냐 나이로비
	1978	United Nations Human Settlements Programme	UN-HABITAT	유엔인간정주계획	케냐 나이로비

(구분 열: 유엔총회 / 사업 및 기금을 위한 기구)

		1996	United Nations Capital Development Fund	UNCDF	유엔자본 개발기금	미국 뉴욕
		1997	United Nations Office on Drugs and Crime	UNODC	유엔마약범죄 사무소	오스트리아 빈
		2010	UN-Women	UN-Women	유엔여성기구	미국 뉴욕
	연구 및 훈련을 위한 기구	1963	United Nations Institute for Training and Research	UNITAR	유엔훈련조사 연구소	스위스 제네바
		1964	United Nations Research Institute for Social Development	UNRISD	유엔사회개발 연구소	스위스 제네바
		1965	United Nations Interregional Crime and Justice Research Institute	UNICRI	유엔지역간 범죄처벌 조사기관	이탈리아 토리노
		1978	United Nations Institute for Disarmament Research	UNIDIR	유엔군축 연구소	미국 뉴욕
		1996	United Nations System Staff College	UNSSC	유엔참모 양성학교	이탈리아 토리노
	기타 기관	1972	United Nations University	UNU	유엔대학	일본 도쿄
		1990	International Strategy for Disaster Reduction	ISDR	국제재해경감 전략기구	스위스 제네바
		1996	Joint United Nations Programme on HIV/AIDS	UNAIDS	유엔에이즈 계획	스위스 제네바
경제 이사회	기능 위원회	1946	Commission on Narcotic Drugs	CND	마약위원회	오스트리아 빈
		1946	Statistical Commission	UNSC	통계위원회	미국 뉴욕
		1946	Commission on the Status of Women	CSW	여성지위 위원회	미국 뉴욕
		1947	United Nations Office for Project Services	UNOPS	유엔연구 사업소	덴마크 코펜하겐
		1964	Commission Population and Development	CPD	인구개발 위원회	스위스 제네바
		1964	Commission for Social Development	CSOCD	사회개발 위원회	스위스 제네바

	1992	Commission on Crime Prevention and Criminal Justice	CCPCJ	범죄예방형사 사법위원회	오스트리아 빈
	1992	Commission on Science and Technology for Development	CSTD	개발을위한 과학기술위원회	스위스 제네바
	1992	Commission on Sustainable Development	CSD	지속가능발전 위원회	케냐 나이로비
	2001	United Nations Forum on Forests	UNFF	유엔산림포럼	미국 뉴욕
지역 위원회	1947	Economic Commission for Europe	ECE	유럽경제 위원회	스위스 제네바
	1947	Economic and Social Commission for Asia and Pacific	ESCAP	아시아태평양 경제사회위원회	태국 방콕
	1948	Economic Commission for Latin America and the Caribbean	ECLAC	라틴아메리카 경제위원회	칠레 산티아고
	1958	Economic Commission for Africa	ECA	아프리카 경제위원회	에티오피아 아디스 아바바
	1973	Economic and Social Commission for Western Asia	ESCWA	서아시아 경제사회위원회	레바논 베이루트
기타 기관	1946	Committee on Non-governmental Organization	CNGO	비정부간기구 위원회	미국 뉴욕
	1946	UN System's Chief Executives Board for Coordination	CEB	유엔기구 고위급 조정위원회	미국 뉴욕
	1953	Committee of Experts on the Transport of Dangerous Goods		위험물품수송 전문가위원회	스위스 제네바
	1962	Committee for Programme and Coordination	CPC	사업조정 위원회	미국 뉴욕
	1965	Committee for Development Policy	CDP	개발정책 위원회	미국 뉴욕
	1965	Group of Experts on Geographical Names	GEGN	지명전문가 그룹	미국 뉴욕
	1967	Committee of Experts on Public Administration	CEPA	공공행정 전문가위원회	미국 뉴욕

		1967	Committee of Experts on International Cooperation in Tax Matters		조세문제국제 협력전문가 위원회	미국 뉴욕
		1998	Committee on Energy and Natural Resources for Development		개발을위한 에너지자원 위원회	미국 뉴욕
			United nation permanent forum on Indigenous Issues	UNPFII	선주민에관한 연구포럼	
안전보장이사회	산하 기관	1946	Military Staff Committee	MSC	군사참모 위원회	미국 뉴욕
		1948	Peace Keeping Operations	PKO	평화유지활동	
		1991	International Criminal Tribunal for the Former Yugoslavia	ICTY	국제유고 전범재판소	네덜란드 헤이그
		1997	International Criminal Tribunal for Rwanda	ICTR	르완다국제 형사재판소	영국 런던
		2001	Counter-terrorism committee	CTC	대테러 작전위원회	
			Sanctions committee		제재위원회	
			Standing Committees and ad hoc bodies		상설 및 임시 위원회	
	보조 기관		Committee on Admission New Members		가입심사 위원회	
		1945	The International Court of Justice	ICJ	국제사법 재판소	네덜란드 헤이그
사무국	부서 사무실	1946	United Nations Office at Geneva	UNOG	유엔제네바 사무소	스위스 제네바
		1980	United Nations Office at Vienna	UNOV	유엔빈사무소	오스트리아 빈
		1991	Office for the Coordination of Humanitarian Affairs	OCHA	인도적지원 조정실	네덜란드 헤이그
		1992	Department of Peacekeeping Operations	DPKO	평화유지 활동국	
		1993	Office of the High Commissioner	OHCHR	인권최고대표	스위스

		for Human Rights		사무소	제네바
	1994	Office of Internal Oversight Services	OIOS	내부감사실	
	1996	United Nations Office at Nairobi	UNON	유엔나이로비 사무소	케냐 나이로비
	2005	Working Group on Children and Armed Conflict	CAAC	어린이와 무장 충돌에 대한 실무그룹	
		Executive Office of the Secretary-General	EOSG	사무총장경영 사무소	
		Department of Economic and Social Affairs	DESA	경제사회국	
		Department of Field Support	DFS	현장지원국	
		Department for General Assembly Affairs and Conference Management	DGACM	총회운영국	
		Department of Management	DM	관리국	
		Department of Political Affairs	DPA	정무국	
		Department of Public Information	DPI	공보국	
		Department of Safety and Security	DSS	안전보안국	
		Office of Legal Affairs	OLA	법률실	
		Office of the Special Adviser on Africa	OSAA	아프리카고문실	
		Office for Disarmament Affairs	UNODA	군축국	
		Office of the High Representative for the Least Developed Countries, Landlocked Developing Countries	OHRLLS	최빈 내륙국 고위대표실	
독립기구	1957	International Atomic Energy Agency	IAEA	국제원자력 기구	오스트리아 빈

	1995	World Trade Organization	WTO	세계무역기구	스위스 제네바
	1996	Comprehensive Nuclear-Test-Ban Treaty Organization	CTBTO	포괄적핵실험 금지기구	오스트리아 빈
	1997	Organization for the Prohibition of Chemical Weapons	OPCW	화학무기 금지기구	네덜란드 헤이그
	1873	World Meteorological Organization	WMO	세계기상기구	스위스 제네바
	1874	Universal Postal Union	UPU	만국우편연합	스위스 제네바
	1919	International Labor Organization	ILO	국제노동기구	스위스 제네바
	1925	United Nations World Tourism Organization	UNWTO	유엔세계관광 기구	스페인 마드리드
	1934	International Telecommunication Union	ITU	국제전기통신 연합	스위스 제네바
	1945	Food and Agriculture Organization of the United Nations	FAO	유엔식량 농업기구	이탈리아 로마
전문기구	1945	International Monetary Fund	IMF	국제통화기금	미국 워싱턴
	1946	United Nations Educational, Scientific and Cultural Organization	UNESCO	유엔교육과학 문화기구	프랑스 파리
	1946	International Bank for Reconstruction and Development	IBRD	세계은행그룹	미국 워싱턴
	1947	International Civil Aviation Organization	ICAO	국제민간항공 기구	캐나다 몬트리올
	1948	World Health Organization	WHO	세계보건기구	스위스 제네바
	1956	International Finance Corporation	IFC	국제금융공사	미국 워싱턴
	1958	International Maritime	IMO	국제해사기구	영국 런던

	Organization			
1960	International Development Association	IDA	국제개발협회	미국 워싱턴
1966	International Centre for Settlement of Investment Disputes	ICSID	국제투자분쟁 해결기구	미국 워싱턴
1967	World Intellectual Property Organization	WIPO	세계지적재산권 기구	스위스 제네바
1967	United Nations Industrial Development Organization	UNIDE	유엔공업 개발기구	오스트리아 빈
1977	International Fund for Agricultural Development	IFAD	국제농업개발 기금	이탈리아 로마
1988	Multilateral Investment Guarantee Agency	MIGA	국제투자보증 기구	미국 워싱턴

출처: www.un.org

【부록 4】 역대 유엔 사무총장 명단 및 재임기간

사진	역대순	국문명	영문명	출신국가	재임기간
	제1대	트리그브 할브란 리	Trygve Halvdan Lie	노르웨이	1946.2.1 ~ 1952.11.10
	제2대	다그 함마르셸드	Dag Hammarskjöld	스웨덴	1953.4.10 ~ 1961.9.18
	제3대	우 탄트	U Thant	미얀마	1961.11.30 ~ 1971.12.31
	제4대	쿠르트 발트하임	Kurt Josef Waldheim	오스트리아	1972.1.1 ~ 1981.12.31
	제5대	하비에르 페레스 데 케야르	Javier Pérez de Cuéllar	페루	1982.1.1 ~ 1991.12.31

	제6대	부트로스 부트로스 갈리	Boutros Boutros Ghali	이집트	1992.1.1 ~ 1996.12.3
	제7대	코피 아난	Kofi Atta Annan	가나	1997.1.1 ~ 2006.12.31
	제8대	반기문 (潘基文)	Ban Ki-moon	대한민국	2007.1.1 ~ 현재

출처: www.un.org

【부록 5】 유엔 사무국 조직도

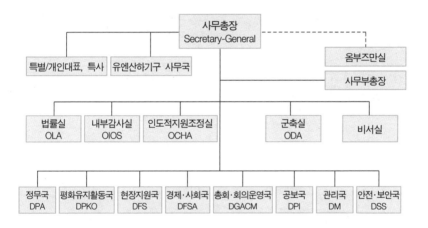

출처: www.un.org

【부록 6】 안전보장이사회 이사국 구성표(상임, 비상임)

구분	이사국	임기	비고
상임이사국	미국	임기제한없음	
	중국		
	프랑스		
	러시아연방		
	영국		
비상임이사국	아제르바이잔	2013	임기2년 재선불허용 (한국은 1996~1997년 비상임이사국으로 활동함)
	과테말라	2013	
	모로코	2013	
	파키스탄	2013	
	토고	2013	
	아르헨티나	2014	
	호주	2014	
	룩셈부르크	2014	
	한국	2014	
	르완다	2014	

출처: http://www.un.org/en/sc/members/

【부록 7】 유엔 주요 회원국가 예산 분담 현황

(2013년 기준, 단위: 달러)

회원국	분담률	분담액
오스트레일리아	2.074	52,851,369
브라질	2.934	74,766,593
캐나다	2.984	76,040,734
중국	5.148	131,185,558
프랑스	5.593	142,525,412
독일	7.141	181,972,818
이탈리아	4.448	113,347,584
일본	10.833	276,055,389
멕시코	1.842	46,939,355
대한민국	1.994	50,812,743
러시아	2.438	62,127,115
스페인	2.973	75,760,424
영국	5.179	131,975,525
미국	22	618,481,182
네덜란드	1.654	42,148,585
기타	20.765	529,150,756

1) 분담률(2013년)

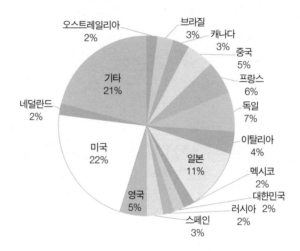

2) 분담액(2013년)

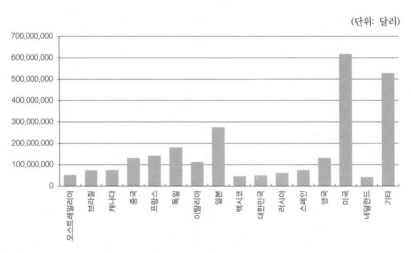

출처: http://www.globalpolicy.org/un-finance/tables-and-charts-on-un-finance/member-states-assessed-share-of-the-un-budget.html

【부록 8】 유엔 PKO 활동 현황

1. PKO 참여 현황(2013.6.30)

(단위: 명)

미션	군	군 옵서버	경찰	국제 민간군	지역군	합계
유엔정전감시기구 (UNTSO)	0	152	0	92	136	380
인·파 정전감시단 (UNMOGIP)	0	38	0	25	46	109
사이프러스 평화유지군 (UNFICYP)	859	0	68	36	108	1,071
유엔분리감시군 (UNDOF)	835	0	0	41	96	972
레바논 평화유지군 (UNIFIL)	10,656	0	0	327	650	11,633
서부사하라 선거감시단 (MINURSO)	27	203	6	94	167	497
코소보 임무단 (UNMIK)	0	9	7	128	208	352
라이베리아 임무단 (UNMIL)	5,790	120	1,458	415	916	8,699
코트디부아르 임무단 (UNOCI)	8,511	186	1,504	422	782	11,405
아이티안정화 임무단 (MINUSTAH)	6,207	0	2,586	432	1,306	10,531

수단 다푸르 임무단 (UNAMID)	14,474	336	4,893	1,064	2,910	23,677
콩고 평화유지군 (MONUSCO)	18,490	522	1,426	994	2,974	24,406
에티오피아 임무단 (UNISFA)	3,832	109	11	101	55	4,108
남수단 임무단 (UNMISS)	6,799	136	655	861	1,339	9,790
말리 다원통합 안정화 파견단 (MINUSMA)	N/A	N/A	N/A	N/A	N/A	N/A
합계	76,480	1,811	12,614	5,032	11,693	107,630

출처: http://www.un.org/en/peacekeeping/documents/bnote0613.pdf

2. PKO 파견지역

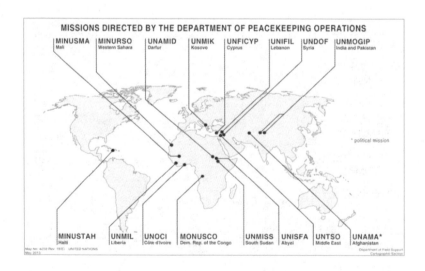

출처: http://www.un.org/en/peacekeeping/documents/bnote0613.pdf

3. 연도별 PKO 참여 인원

(단위: 명)

연도	민간경찰	군 옵서버	군	합계
1993	36,714	24,221	757,626	818,561
1994	20,127	28,311	823,454	871,892
1995	19,204	26,588	672,246	718,038
1996	28,277	17,066	267,043	312,386
1997	34,618	15,302	201,691	251,611
1998	32,085	10,155	113,614	155,854
1999	36,817	11,204	115,962	163,983
2000	79,945	17,244	307,825	405,014
2001	92,225	20,126	419,770	532,121
2002	82,883	21,462	429,836	534181
2003	57,545	20,805	389,062	467412
2004	65,847	23,848	598,233	687928
2005	76,488	26,537	709,201	812226
2006	93,552	32,338	778,157	904047
2007	115,720	32,158	850,707	998585
2008	138,135	32,147	903,506	1073788
2009	138,027	28,561	966,183	1,132,771
2010	163,784	27,947	1,013,147	1,204,878
2011	171,679	25,512	989,886	1187077

출처: http://www.globalpolicy.org/images/pdfs/images/pdfs/Monthly__Contributions_to_
UN_PKO_table_march_2012.pdf

4. 국가별 참여 현황(2012.6)

(단위: 명)

순위	국가	파견인원
1	파키스탄	9,366
2	방글라데시	9,114
3	인도	8,145
4	에티오피아	6,311
5	나이지리아	5,508
6	르완다	4,571
7	이집트	4,078
8	네팔	3,962
9	요르단	3,705
10	가나	2,924
16	중국	1,928
20	이탈리아	1,136
23	프랑스	1,098
33	한국	638
34	일본	545
46	영국	282
48	독일	252
55	미국	141
59	러시아	113

출처: http://www.un.org/en/peacekeeping/resources/statistics/contributors_archive.shtml

【부록 9】 인권, 환경, 개발 관련 주요 국제회의 및 국제협약

	국제회의	국제협약

인권	• 세계인권회의(1993. 비엔나)	• 시민적·정치적권리규약(B규약, 1990.7)
		  - 제1선택의정서
		  - 제2선택의정서
		• 경제적·사회적·문화적 권리규약
		  (A규약, 1990.7)
		• 인종차별철폐협약(1979.1)
		• 여성차별철폐협약(1985.1)
		  - 선택의정서(2007.1)
		• 고문방지협약(1995.2)
		  - 선택의정서
		• 아동권리협약(1991.12)
		  - 아동의 무력충돌 참여 선택의정서
		    (2004.10)
		  - 아동매매·성매매·음란물 선택의정서
		    (2004.10)

환경
및
개발
	• 유엔인간환경회의(UNCHE)
	  - 1972.6. 스웨덴 스톡홀름
	• 유엔환경개발회의(UNCED)
	  - 1992.6. 브라질 리우데자네이루
	• 지속가능발전 세계정상회의
	  (WSSD, Rio+10)
	  - 2002.9. 남아공 요하네스버그
	• 유엔지속가능발전회의
	  (UNCSD, Rio+20)
	  - 2012.6. 브라질 리우데자네이루
	• 사회개발정상회의(WSSD)
	  - 1995.3. 덴마크 코펜하겐
	• 개발재정지원에 관한 몬테레이회의
	  - 2002.3. 멕시코 몬테레이
		• 오존층보호를 위한 비엔나협약
		  - 1985.3. 오스트리아 빈
		• 오존층 파괴 물질에 관한 몬트리올 의정서
		  - 1987.9. 캐나다 몬트리올
		• 기후변화협약(UNFCCC)
		  - 1992.6. 브라질 리우데자네이루
		• 생물다양성보존협약
		  - 1992.6. 브라질 리우데자네이루
		• 기후 변화에 관한 국제 연합 규약의
		  교토의정서
		  - 1997.12. 일본 교토

【부록 10】 UN 인턴십 및 채용정보

1) 국제기구 진출의 필요조건

A. 전문지식

유엔의 전문직원(P급 이상)은 대부분 석사 또는 박사학위의 전문인력들
이므로 국제기구 진출 희망시 먼저 본인의 관심분야가 무엇이고 어떤 분
야의 전문가로 국제기구에서 활동하고 싶은지 구체적인 그림을 그린 후
이에 따른 학위 준비 및 전문지식 함양을 위한 꾸준한 노력이 필요함

B. 관련경험과 경력

일반 기업과 마찬가지로 유엔과 같은 국제기구에서도 해당 직무와 관련
된 경험과 경력이 채용에 유리하게 작용
즉, 해당분야의 전문지식과 관련 경력을 가진 지원자가 적합한 후보자로
인정되므로 본인이 희망하는 국제기구가 정해지면 먼저 해당분야의 채용
정보(공석공고)를 찾아보고, 요구되는 자질·학위·경력 등이 무엇인지 파
악한 후, 이에 맞추어 본인의 커리어 개발을 구체화할 필요가 있음

C. 어학능력

어학능력은 국제기구 진출을 위한 가장 기본적인 사항으로 유엔에서는
영어 이외에도 유엔공용어(불어, 스페인어, 중국어, 러시아어, 아랍어) 구
사가 가능한 경우 채용에 유리하니 전문지식 습득, 관련 경험 축적과 더
불어 어학능력 배양을 위한 꾸준한 노력이 요구됨

D. 건강한 신체

많은 업무량과 잦은 출장 등을 소화해야 하는 국제공무원의 경우 건강한
신체는 무엇보다 중요한 요소이므로 평소 꾸준한 체력관리가 필요함
특히 아프리카 및 분쟁지역 등 열악한 환경에서 근무할 시에는 새로운
환경에 능동적으로 적응할 수 있는 강인한 체력 및 정신력이 요구됨

E. 열정

위에 명시된 자격요건을 모두 충족하더라도 국제사회에 이바지하고자 하
는 강한 의지와 열정 없이는 국제공무원으로써 근무하는 것에 한계가 있
을 수 있음 국제공무원은 오지 근무 및 가족과 떨어져 지내는 어려운 상
황들을 동시에 고려해야 하므로, 본인의 확고한 의지와 열정이 기본적으
로 필요함

2) 국제기구 진출 경로

A. 공석공고

직원의 퇴직, 전출, 보직신설 등으로 결원이 발생하고 내부에 적임자가
없는 경우 국제적으로 공모함

유엔의 핵심가치 (Core Values)	유엔직원의 핵심역량 (Core Competencies)	유엔직원의 관리 능력 (Managerial Competencies)
• Integrity(고결한 자세) • Professionalism (전문가 의식) • Respect for Diversity (다양성 존중)	• 의사소통(Communication) • 팀워크(TeamWork) • 기획 및 조직력 (Planning&Organizing) • 책임감(Accountability) • 고객중심 (Client Orientation) • 창의성(Creativity) • 지속적인 학습 (Commitment to Continuous Learning) • 기술활용(Technological Awareness)	• 통찰력(Vision) • 리더십(Leadership) • 다른 직원 동기 유발 (Empowering Others) • 신뢰구축(Building Trust) • 판단력 및 결단력 (Judgment/Decision-making) • 업무관리(Managing Performance)

1. 공고

직원의 퇴직, 전출, 보직신설 등으로 결원이 발생하고 내부에 적임자가
없는 경우 국제적으로 공모함(해당 국제기구 홈페이지 등에서 확인 가능)
필요한 보직의 직무내용, 자격요건을 구체적으로 서술한 직원모집 공고가
회원국 정부 및 관련기관에 배포됨

때로는 각국 정부에 직원모집 공고가 도착하기 전에 이미 결원이 보충되
는 경우도 있음. 이는 공고에 명시된 마감기일 이전에라도 적임자가 있으
면 임용절차를 진행시키기 때문임

2. 응모

직원모집 공고가 된 보직에 맞는 학력 및 경력을 소유한 사람은 공고문상
의 응모요령에 따라 해당기구에 직접 응모

직원모집 공고는 응모기한이 4주 정도인 경우가 많으므로 직원 모집 정보
를 접하면 가급적 신속히 응모해야함

3. 서류전형

응모서류가 국제기구에 제출되면 해당 국제기구의 인사담당관에 의해 서
면 심사가 이루어지며, 독자적인 후보자 등록제도를 가지고 있는 국제기
구에서는 등록된 후보자를 중심으로 선발함

4. 면접(Competency-Based Interview)

서류심사 합격자를 대상으로 면접을 실시하며 통상 전화 및 화상 인터뷰
로 진행됨

지원자의 역량, 기술, 지식 등 경험 및 경력을 통하여 평가

5. 신원조회(Reference) 및 신체검사
면접이 끝나면 학력 및 경력 등 본인의 응모서류에 기재된 추천자에 관한
조회가 이루어짐. 신체검사 합격은 채용의 조건이므로 후보자는 반드시
신체검사를 받아야 함
6. 선발위원회의 심의 및 사무총장의 승인
필수적인 법적절차로, 동 과정을 완료하면 채용이 내정됨
7. 후보자에 대한 임용통지서 교부
후보자에 대한 법적수속에 기초한 채용의 의사표시
후보자가 수락하고 부임시기에 관해 후보자와 국제기구가 합의하면 후보자
는 승락서를 제출하며, 동 승락서를 국제기구가 수리하면 채용이 결정됨
8. 부임선서 및 임용통지서 서명
부임시기가 확정되면 국제기구에 의해 항공료가 지급되고 부임 수속이
이루어짐. 근무지에 도착하면 당해 기구의 사무총장 또는 대리자의 앞에
서 선서하며 직무내용, 고용조건을 명기한 임용통지서에 서명하게 됨

B. JPO(국제기구 초급전문가)

JPO 제도는 국제기구 진출을 희망하는 우리 젊은 인재(만 30세 미만)를
선발, 정부의 경비부담 하에 일정기간(2년) 유엔 및 국제기구에 수습 직
원으로 파견하는 제도(파견기간 종료후 자동적으로 직원으로 채용되는
것은 아님)

C. Young Professionals Programme(젊은 전문가 프로그램)

YPP는 2011년부터 NCRE(유엔국별경쟁시험)를 대체하여 실시되는 32세
이하의 젊은 인재들을 대상으로 한 유엔 사무국 전문직원(P1/P2) 채용시
험으로 정부의 비용부담 하에 국제기구에 파견되는 JPO와는 구분됨. 유
엔 사무국의 지리적 배분원칙geographical representation 적용 직위 약 3,300
여 개에 대해 회원국의 유엔분담금 비율 및 인구 등을 고려하여, 적정규
모 이하 진출국under-represented 또는 미진출국unrepresented 국민에 대해 채
용 기회를 제공. 해당 연도에 YPP 대상국에 포함되지 않는 국가의 국민

은 지원할 수 없음. 최종 합격자는 채용후보자명단Roster에 우선게재되며 실제로 채용되기까지는 최대 2년 정도의 시간이 소요될 수 있음(2년 안에 채용되지 않을 경우 자동적으로 후보자명단에서 제외됨)

지원자격
- YPP 채용시험 실시 대상국 국민
- 만 32세 이하(시험 실시년도 12월 31일 기준)
- 학사 학위 이상 소지자(시험 실시 분야 관련 전공자)
- 영어 또는 불어 능통자

모집 분야 및 인원
- 매년 유엔의 인력 수요에 따라 결정되며 2011년에는 행정Administration, 통계Statistics, 공보Public Information, 인도적 지원Humanitarian Affairs 분야에 대해 12.7(수) 시험 실시 예정

시험절차
- 1차 자격심사 → 필기(일반시험 및 전문시험) → 인터뷰
- 기존 NCRE의 경우, 채용후보자 명단Roster에 등재된 후 채용시까지 길게는 2년 이상이 소요되었으나, YPP 제도는 임용대기시간을 단축하고 (최대2년) 근무영역을 PKO까지 확대할 예정

유엔개발계획(UNDP)의 Leadership Development Programme(LEAD)
- LEAD 프로그램은 개발분야에 관심 있는 젊은 전문가를 지도자로 양성하기 위한 프로그램으로 매해 12~20명의 전문가 선발
- 프로그램 기간은 지원자의 업무수행 능력에 따라 상이하나 통상 총 4년으로, 지원서 작성 시 정책자문 및 개발 매니지먼트policy advice and development management 또는 비즈니스 운영business operations 트랙을 선택하여 P-3에 해당하는 직급으로 근무 시작
- UNDP Review Group의 모니터링과 업무보고서를 통해 지원자의 프로그램 지속참여 여부, 중간관리자로의 승진 결정
- 자격요건: 석사 이상, 3년 이상의 관련 경력(필드 경험 선호), 영어 및

기타 유엔 공용어 구사가능, 35세 미만 선호

유엔아동기금(UNICEF)의 New and Emerging Talent Initiative(NETI)

- 선발된 참가자는 뉴욕 본부 1개월 연수 후 필드사무소에서 11개월간 근무(총 1년)
- 참가자의 역량 계발을 위한 개인 코칭 프로그램과 멘토링 프로그램 제공
- UNICEF JPO의 경우, JPO로서 15개월간의 근무를 마쳐야만 지원 신청 가능
- 자격요건: 관련 분야 석사학위 이상, 국내외 2~5년 이상의 관련분야 경력자(P2: 최소 2년, P3: 최소 5년), 영어 및 기타 유엔공용어 구사자 우대

유엔교육과학문화기구(UNESCO)의 YPP

- 유네스코 회원국 중 미진출국 또는 과소진출국 국민에게 기회 부여
- 유네스코 사무국은 해당 국가 위원회를 통해 후보자 모집(유네스코한국위원회: www.unesco.or.kr)
- 최종 선발된 10명은 약 1년 동안의 근무를 마치고 업무 평가에 따라 채용 연장 여부 결정
- 자격요건: 30세 미만, 교육·자연과학·인문사회과학·커뮤니케이션·문화 등 관련 학위 소지자, 영어 또는 불어 능통자

경제협력개발기구(OECD)의 YPP

- 최종 선발된 참가자는 초급전문가 레벨인 A1(P1 레벨 상당)으로 2년간 근무
- 배치된 근무부서에서 관련 주제에 관해 분석, 연구, 보고 등의 업무 담당
- 자격요건: OECD 회원국 국적 소지자, 33세 미만, OECD 관련 전공 석사학위 이상으로 관련분야에서 최소 2년 근무 경험 필요, 영어 또는 불어 능통자

  그 외에도 YPP 프로그램을 운영하는 국제기구가 있으며, 금융관련 국

제기구의 YPP 프로그램은 기획재정부 국제금융국 국제기구과에 문의
하거나 국제금융기구 채용정보 홈페이지 참조

3) JPO 파견제도의 목적

1. 정의

국가의 비용부담 하에 유엔 및 관련 국제기구의 사무국에 수습 직원으로
파견 되어 정규직원과 동등한 조건으로 실제 근무하는 자

2. 목표

국제기구 사무국의 정규직원과 동등한 조건의 실제근무를 통해 국제기구
업무에 필요한 자질을 습득토록 하여 향후 국제기구 사무국 진출에 필요
한 전문인력 양성
국제기구 활동에 대한 일반국민의 인식 제고
국제기구에 대한 인적기여 제고

4) 자격요건

- 학력: 국내외 학사 이상 학위 소지자 ※ 학사취득 예정자의 경우 최종합
  격 선발통보전 졸업자까지 인정
- 연령: 만 32세 이하(시험시행연도의 12월 31일 기준) ※ 단, 남성 병역
  필자의 경우,「제대군인지원에관한법률」및 병역법을 준용하여, 군복무
  기간 1년 미만은 1세, 1년 이상 2년 미만은 2세, 2년 이상은 3세로 응시
  상한 연령을 각각 연장
- 국적: 대한민국 국민
- 병역: 남자의 경우 병역필 또는 면제자

5) 선발절차

Step 1.
시험공고
(2월 말~3월 초)

Step 2.
응시원서 접수
(4월 초)

Step 3.
1차 합격자 발표
(4월 말)

Step 4.
2차 시험
(5월 말~6월 초)

Step 8.
파견
(10월~이듬해 2월)

Step 7.
파견기구 선정
(7월~파견 시)

Step 6.
합격자 오리엔테이션
(7월)

Step 5.
최종 합격자 발표
(6월 말~7월 초)

6) 인턴십

전문분야 경력이 부족한 대학(원)생들이 국제기구 근무가 본인의 적성에 맞는지 미리 경험해 보고 인적 네트워크를 형성할 수 있는 기회
유엔 및 국제기구에서는 대학(원)생을 대상으로 무급 풀타임 인턴십 제도를 시행
각 기구별 또는 국가 사무소에 따라 인턴 대상, 자격요건 및 선발시기가 다르므로 평소 관심 있는 국제기구 홈페이지를 수시로 방문하여 확인 요망

※ 참고 사이트
국제기구 인턴십 홈페이지 링크 바로가기
http://social.un.org/index/Youth/UNOpportunities/Internships.aspx
http://www.un.org/Depts/OHRM/sds/internsh/index.htm
http://careers.un.org/lbw/home.aspx?viewtype=IP

※ 정부 지원 국제기구 인턴십
외교부: 중남미 지역 국제기구 인턴 파견 사업
• 외교부는 젊은이들의 국제기구 진출 지원 및 중남미 전문인력양성 지원

등을 목적으로 OAS(미주기구), ECLAC(유엔중남미경제위원회) 등의 중남미 지역기구에 대학생(3~4학년) 및 대학원생을 매해 선발하여 파견하고 있음

* 체재비 및 항공료 지원
* 문의: 외교부 중남미협력과 / 전화: (02)720-7094, 2100-8090

여성가족부: 국제전문여성 인턴 프로그램

* 국제사회 진출 능력을 갖춘 대학원생(당해 대학원 지원 예정자 포함)을 선발, 국제전문교육을 제공하고 국제기구 인턴십 또는 국제회의 참가시 체재비 및 항공료 지원
* 문의: 여성가족부 기획조정실 국제협력담당관 / 전화: (02)2075-4615

환경부: 국제환경규제·정책전문가 양성과정(IEETP)

* 환경부는 국제환경분야 전문가가 되고자 하는 젊은 인력을 매년 40~50명 선발하여 국내 전문교육 후 성적우수자에게 환경관련 국제기구 인턴십(최대 6개월) 기회를 부여하며 왕복항공료 및 체재비 일부를 지원
* 문의: 환경부 해외협력담당관실 / 전화: (044)201-6563

7) 유엔봉사단(UNV)

A. 유엔봉사단(UN Volunteers: UNV)이란?

가. 설립연혁

유엔봉사단^{UNV}은 1970년 12월 7일, 제25차 유엔총회 결의 제2659호에 의거하여 설립된 유엔 내 봉사기구(1971년 1월 1일부로 활동 개시)

나. 목적과 임무

유엔봉사단^{UNV}은 봉사정신^{volunteerism}을 통하여 전 세계의 지속가능한개발과 평화유지 기여를 목적으로 다음과 같은 임무를 수행함.

- 세계평화와 개발을 위한 봉사정신Volunteerism 지지
- 연계 파트너와 함께 개발 계획 프로그램 지원
- 전문 자원봉사단원 파견

다. 조직

본부는 독일 본Bonn에 소재하고 있으나 유엔개발계획UNDP에서 관할

※ UNDP 사무총장이 UNV 사무총장을 겸임하며 UNV 사무국장은 유엔 사무총장에 의해 임명됨.

- 사무국장(Executive Coordinator): Flavia Pansieri(이탈리아, 2008~)
- 재정은 관리기관인 유엔개발계획UNDP 및 그 외 유엔기구와 정부 또는 국가기관donor으로부터 충당
- 한국은 1986년 UNV와 협력양해각서를 체결하였으며 정부 공여금Trust Fund제공을 통해 한국인 유엔봉사단 파견 지원

라. 사업 및 활동

40여 개국의 정부 또는 국가 협력단체를 국별책임기관National Focal Point으 로 지정하여, 유엔기구, 비정부간기구NGO, 사기업 및 지역단체 등과 연계 하여 사업수행

농업, 보건 및 교육 이외에도 인권, 정보통신 기술, 지역개발, 산업 및 인 구 등 115여 개의 전문 카테고리에서 봉사단원을 선발·파견하여 인도주 의적 구호, 재건사업, 인권보호, 선거관리와 평화구축 등을 위해 활동

※ 7,303명의 봉사단원이 132개국에 파견(2011년 기준)

주요사업

- Development Assistance:
  - Delivery of Basic Services
  - Disaster/Crisis Prevention and Recovery
  - Environment and Climate Change
- Humanitarian and Peacekeeping Operations:
  - Humanitarian Assistance
  - UN Peacekeeping Operations
  - Post-Conflict Electoral Operations

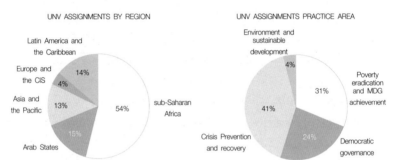

Number of UNV assignments 7,708
Number of individual UN Volunteers 7,303
Countries of assignment 132
Countries of origin 162

Origin of UN Volunteers
From developing countries 6,045 83%
From other countries[a] 1,258 17%
[a] *High-income OECD, Central and Eastern Europe and
the Commonwealth of independent States(CIS)*

Gender
Female International 1,805 National 968 2,773 38%
Male International 3,318 National 1,121 4,530 62%

NUMBER OF UNV ASSIGNMENTS WITH MAIN PARTNERS

United Nations[b] · 3,205
UNDP/UNV · · · · ·2,651
UNHCR · · · · · · · · · 991
WFP · · · · · · · · · · · · · · ·203
UNICEF · · · · · · · · · · · · · · ·121
UNFPA · · · · · · · · · · · · · · ·117
OHCHR · · · · · · · · · · · · · · · · 83
UN WOMEN · · · · · · · · · · · · · · · · 54
UNEP · · · · · · · · · · · · · · · · 48
UN-HABITAT · · · · · · · · · · · · · · · · 31
UNAISD · · · · · · · · · · · · · · · · 23
Others · · · · · · · · · · · · · · · · 181
Total: 7,708
[b] *united Nations includes DPKO and OCHA*

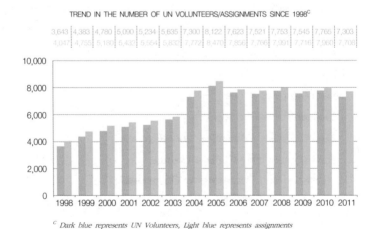

UNV ASSIGNMENTS BY REGION

Latin America and
the Caribbean
Europe and
the CIS 14%
4%
Asia and
the Pacific 13%
54%
sub-Saharan
Africa
15%
Arab States

UNV ASSIGNMENTS PRACTICE AREA

Environment and
sustainable
development
4%
Poverty
eradication
and MDG
31% achievement
41%
Crisis Prevention
and recovery
24% Democratic
governance

TREND IN THE NUMBER OF UN VOLUNTEERS/ASSIGNMENTS SINCE 1998[c]

3,643 4,383 4,780 5,090 5,234 5,635 7,300 8,122 7,623 7,521 7,753 7,545 7,765 7,303
4,047 4,755 5,180 5,432 5,554 5,832 7,772 8,470 7,856 2,766 7,991 7,716 7,960 7,703

[Bar chart showing values from 1998 to 2011 with y-axis from 0 to 10,000]

[c] *Dark blue represents UN Volunteers, Light blue represents assignments*

출처: UNV Annual Report Statistic 2011

B. 유엔봉사단원(UN Volunteers: UNV)이 되려면?

가. 자격요건

자원봉사주의Volunteerism의 원칙과 가치에 대한 확고한 의지

다문화 환경과 어려운 환경에 적응할 수 있는 능력

뛰어난 대인관계 능력과 조직력

자원봉사 경험자 및 개발도상국 근무 경험자 우대

최소 25세 이상

학사학위

관련경력 최소 2년 이상

다음 유엔 공용어 중 최소 1개 이상 능통자(영어, 불어, 스페인어)

나. 선발 및 파견

유엔봉사단UNV의 수요에 따라 온라인 후보자명부Roster에 등록된 지원자를 선발하여 파견

선발된 자원봉사단원에게는 생활비Volunteer Living Allowance: VLA, 정착비Settling-in-Grant, 여행비 및 보험료 등 지급

지원서 등록방법

① https://one.unv.org/main/index.php 접속

② 간단한 개인정보 등록 후(Part 1) 이메일로 전송받은 로그인 아이디와 비밀번호를 이용하여 지원서 작성(Part 2)

※ 기타 자세한 사항은 유엔봉사단UNV 홈페이지 참조:
http://www.unv.org

[출처] 외교부 국제기구 인사센터 http://www.mofa.go.kr/unrecruit/index.jsp
주유엔대표부 un.mofa.go.kr/korean/am/un/main/index.jsp

【부록 11】 지역별 유엔 협의체

1) 안데스공동시장(Andean Community)

MEMBERS	(4) Bolivia, Colombia, Ecuador, Peru
MISSION	Association of Andean countries dedicated to achieving "more rapid, more balanced and autonomous development" through Andean integration and a system of common institutions and law.
UN ACTIVITIES	The Andean Community has a Common Foreign Policy mechanism, which seeks the coordination of positions, statements and candidacies, such as at the UN. Meetings of heads of mission to the UN are to be held at least every quarter.

2) 아랍연맹(Arab League)

| | 정회원국 | 준회원국 |

MEMBERS	(21 + the Palestine Liberation Organization) Algeria, Bahrain, Comoros, Djibouti, Egypt, Iraq, Jordan, Kuwait, Lebanon, Libya, Mauritania, Morocco, Oman, Qatar, Saudi Arabia, Somalia, Sudan, Syria, Tunisia, UAE, Yemen (Palestine Liberation Organization)
MISSION	To promote economic, social, cultural, political and military cooperation among Arab states.
UN ACTIVITIES	The Arab League has an observer office in New York.

3) 아프리카연합(African Group / African Union)

(아프리카지역 54개국 중에서 모로코를 제외한 53개국이 회원국)

MEMBERS	(53) Algeria, Angola, Benin, Botswana, Burkina Faso, Burundi, Cameroon, Cape Verde, Central African Republic, Chad, Comoros, Republic of the Congo, Côte d'Ivoire, Democratic Republic of the Congo, Djibouti, Egypt, Equatorial Guinea, Eritrea, Ethiopia, Gabon, the Gambia, Ghana, Guinea, Guinea-Bissau, Kenya, Lesotho, Liberia, Libyan Arab Jamahiriya, Madagascar, Malawi, Mali, Mauritania, Mauritius, Mozambique, Namibia, Niger, Nigeria, Rwanda, Sao Tome and Principe, Senegal, Seychelles, Sierra Leone, Somalia, South Africa, Sudan, Swaziland, Togo, Tunisia, Uganda, United Republic of Tanzania, Zambia, Zimbabwe
MISSION	To coordinate the positions of African states at the UN, furthering the goals of the States; to defend states' integrity and independence; to accelerate political, social, and economic integration; to encourage international cooperation; to promote democratic principles and institutions African Union: to achieve greater unity among African
UN ACTIVITIES	Second largest regional group at the UN. For the elections to the

Human Rights Council, the African Group chose to submit a closed slate of thirteen candidates for thirteen pre-assigned African slots, thus ensuring that no contest was held for the African seats.

The African group has also been active in voicing collective opinions on the upcoming election of the next Secretary-General. The Permanent Observer Mission of the African Union acts as a secretariat for meetings of the African Group, assisting with the adoption of common strategies and positions.

4) 동남아시아국가연합
(Association of South East Asian Nations: ASEAN)

ASEAN MAP

MEMBERS	(10) Brunei Darussalam, Cambodia, Indonesia, Laos, Malaysia, Myanmar, Philippines, Singapore, Thailand, Vietnam
MISSION	"The ASEAN Declaration states that the aims and purposes of the Association are: (1) to accelerate economic growth, social progress and cultural development in the region and (2) to promote regional peace and stability…"
UN ACTIVITIES	Occasionally hold ASEANUN summits on the sidelines of the General Assembly. ASEAN has organized a series of annual joint summits with UN officials on conflict prevention in South East Asia.

5) 카리브공동체(Caribbean Community: CARICOM)

1. Antigua	6. Grenada	11. St Kitts
2. Bahamas	7. Guyana	12. St Lucia
3. Barbados	8. Haiti	13. Suriname
4. Belize	9. Jamaica	14. St Vincent
5. Dominica	10. Montserrat	15. Trinidad

MEMBERS	(15) Antigua and Barbuda, The Bahamas, Barbados, Belize, Dominica, Grenada, Guyana, Haiti, Jamaica, Montserrat, Saint Kitts and Nevis, Saint Lucia, Saint Vincent and the Grenadines, Suriname, Trinidad and Tobago (Associate members: Anguilla, Bermuda, British Virgin Islands, Cayman Islands, Turks and Caicos Islands
MISSION	Economic co-operation through the Caribbean Common Market; Co-ordination of foreign policy among the independent Member States; and Common services and cooperation in functional matters such as health, education and culture, communications and industrial relations.
UN ACTIVITIES	CARICOM members make joint statements at the UN. The CARICOM also has an active relationship with the UN Economic Commission on Latin America and the Caribbean ECLAC). Chairmanship of the UN CARICOM caucus rotates quarterly by alphabetical order.

6) 민주주의 회의(Democracy Caucus)

MEMBERS	(120) Afghanistan, Albania, Andorra, Antigua and Barbuda, Argentina, Australia, Austria, Bahamas, Bahrain, Bangladesh, Barbados, Belgium, Belize, Benin, Bolivia, Bosnia-Herzegovina, Botswana, Brazil, Bulgaria, Canada, Cape Verde, Chile, Colombia, Costa Rica, Croatia, Cyprus, Czech Republic, Denmark, Dominica, Dominican Republic, East Timor, Ecuador, El Salvador, Estonia, Fiji, Finland, France, Georgia, Germany, Ghana, Greece, Grenada, Guatemala, Guyana, Honduras, Hungary, Iceland, India, Indonesia, Ireland, Israel, Italy, Jamaica, Japan, Jordan, Kenya, Kiribati, Latvia, Lesotho, Liechtenstein, Lithuania, Luxembourg, Macedonia, Madagascar, Malawi, Malaysia, Mali, Malta, Marshall Islands, Mauritius, Mexico, Micronesia, Moldova, Monaco, Mongolia, Morocco, Mozambique, Namibia, Nauru, Netherlands, New Zealand, Nicaragua, Niger, Nigeria, Norway, Palau, Panama, Papua New Guinea, Paraguay, Peru, Philippines, Poland, Portugal, Romania, Russia, St. Kitts and Nevis, St. Lucia, St. Vincent and the Grenadines, Samoa, San Marino, Sao Tome and Principe, Senegal, Serbia and Montenegro, Seychelles, Slovakia, Slovenia, South Africa, South Korea, Spain, Sri Lanka, Suriname, Sweden, Switzerland, Tanzania, Thailand, Trinidad and Tobago, Turkey, Tuvalu, Ukraine, United Kingdom, United States, Vanuatu, Venezuela, Zambia
MISSION	"To consult, coordinate possible actions, and foster cooperation to deepen democratic governance, protect human rights, and to promote and improve democratic practices ······ [and] to strengthen the international mechanisms to support democracy"
UN ACTIVITIES	Periodic meetings, convened by chair; support for creation of UN Democracy Fund. The caucus has issued statements on the Human Rights Council, and has begun to hold annual ministerial meetings during the General Assembly.

7) 유럽연합(European Union: EU)

■ 회원국
▨ 가입희망국

MEMBERS	(28) Austria, Belgium, Bulgaria, Croatia, Cyprus, Czech, Republic, Denmark, Estonia, Finland, France, Germany, Greece, Hungary, Ireland, Italy, Latvia, Lithuania, Luxembourg, Malta, Netherlands, Poland, Portugal, Rumania, Slovakia, Slovenia, Spain, Sweden
MISSION	"The European Union (EU) is a family of democratic European countries, committed to working together for peace and prosperity. It is not a State intended to replace existing States, nor is it just an organisation for international cooperation. The EU is, in fact, unique. Its member states have set up common institutions to which they delegate some of their sovereignty so that decisions on specific matters of joint interest can be made democratically at European level."
UN ACTIVITIES	"Through the establishment of the EU's common foreign and security policy in 1992, EU Member States have enhanced the coordination of their actions in international organizations and

have undertaken to uphold common positions in such forums in order to give greater impact to their collective weight in the world." "During the 58th session of the General Assembly (up to 20 July 2004), EU Member States cast identical votes on 289 out of 322 resolutions (89.75%). EU Member States could not get consensus on 33 resolutions, twelve of which were on the issue of nuclear weapons and disarmament as well as sixteen on the issue of decolonisation and human rights. The EU failed to reach consensus on only three resolutions concerning the Middle East during this the Liaison Office of the Council Secretariat, where coordination meetings are held. EU Member States, together with the European Commission, regularly coordinate their actions at the UN. This coordination has gradually increased and now covers all six main committees of the General Assembly and its subordinate bodies, including ECOSOC and the subordinate functional commissions. More than a thousand internal EU coordination meetings occur each year." session." "Member states are assisted by the European Commission, which has an observer mission at the UN, along with the Liaison Office of the Council Secretariat, where coordination meetings are held. EU Member States, together with the European Commission, regularly coordinate their actions at the UN. This coordination has gradually increased and now covers all six main committees of the General Assembly and its subordinate bodies, including ECOSOC and the subordinate functional commissions. More than a thousand internal EU coordination meetings occur each year."

8) 77그룹(Group of 77: G-77)

| 창립멤버국가 | + 현멤버국가 | 탈퇴국가 |

MEMBERS

Note that the name has remained G-77, even though the membership has increased. (131 plus the Palestine Liberation Organization) Afghanistan, Algeria, Angola, Antigua and Barbuda, Argentina, The Bahamas, Bahrain, Bangladesh, Barbados, Belize, Benin, Bhutan, Bolivia, Bosnia and Herzegovina, Botswana, Brazil, Brunei, Burkina Faso, Burma, Burundi, Cambodia, Cameroon, Cape Verde, Central African Republic, Chad, Chile, China, Colombia, Comoros, Democratic Republic of the Congo, Republic of the Congo, Costa Rica, Cote d'Ivoire, Cuba, Djibouti, Dominica, Dominican Republic, East Timor, Ecuador, Egypt, El Salvador, Equatorial Guinea, Eritrea, Ethiopia, Fiji, Gabon, The Gambia, Ghana, Grenada, Guatemala, Guinea, Guinea-Bissau, Guyana, Haiti, Honduras, India, Indonesia, Iran, Iraq, Jamaica, Jordan, Kenya, North Korea, Kuwait, Laos, Lebanon, Lesotho, Liberia, Libya, Madagascar, Malawi, Malaysia, Maldives, Mali, Marshall Islands, Mauritania, Mauritius, Federated States of Micronesia, Mongolia, Morocco, Mozambique, Namibia, Nepal, Nicaragua, Niger, Nigeria, Oman, Pakistan, Palau, Panama, Papua New Guinea, Paraguay, Peru, Philippines, Qatar, Romania,

	Rwanda, Saint Kitts and Nevis, Saint Lucia, Saint Vincent and the Grenadines, Samoa, Sao Tome and Principe, Saudi Arabia, Senegal, Seychelles, Sierra Leone, Singapore, Solomon Islands, Somalia, South Africa, Sri Lanka, Sudan, Suriname, Swaziland, Syria, Tanzania, Thailand, Togo, Tonga, Trinidad and Tobago, Tunisia, Turkmenistan, Uganda, UAE, Uruguay, Vanuatu, Venezuela, Vietnam, Yemen, Zambia, Zimbabwe, Palestine Liberation Organization
MISSION	"As the largest Third World coalition in the United Nations, the Group of 77 provides the means for the developing world to articulate and promote its collective economic interests and enhance its joint negotiating capacity on all major international economic issues in the United Nations system, and promote economic and technical cooperation among developing countries."
UN ACTIVITIES	Produces joint declarations, action programmes and agreements on specific topics Makes statements, sponsors and negotiates resolutions and decisions at global conferences and other meetings held under the aegis of the United Nations dealing with international economic cooperation and development. Work is organized into regional chapters based at the various UN seats; the chairmanship of each chapter is rotated among member states. Ministerial meetings, held every year before the General Assembly session as well as before the General Conference of UNCTAD, UNESCO and UNIDO, are the supreme decision-making bodies of the G-77. Other technical and follow-up committees meet regularly.

9) 메르코수르Mercosur
(Common Market of the South, Mercado Comun del Sur)

MEMBERS	(4) Argentina, Brazil, Paraguay, Uruguay
MISSION	To integrate member states' economies in support of growth and development; to act as a body for political consensus among members.
UN ACTIVITIES	Foreign ministers recently agreed to develop more common positions at the UN. They are expected to present common Mercosur positions on disarmament, human rights, and other issues at the 2006 General Assembly.

10) 비동맹운동(Non-Aligned Movement: NAM)

참관국 지위

| MEMBERS | (114 plus the Palestine Liberation Organization) Afghanistan, Algeria, Angola, The Bahamas, Bahrain, Bangladesh, Barbados, Belarus, Belize, Benin, Bhutan, Bolivia, Botswana, Brunei, Burkina Faso, Burma, Burundi, Cambodia, Cameroon, Cape Verde, Central African Republic, Chad, Chile, Colombia, Comoros, Democratic Republic of the Congo, Republic of the Congo, Cote d'Ivoire, Cuba, Cyprus, Djibouti, Dominican Republic, Ecuador, Egypt, Equatorial Guinea, Eritrea, Ethiopia, Gabon, The Gambia, Ghana, Grenada, Guatemala, Guinea, Guinea-Bissau, Guyana, Honduras, India, Indonesia, Iran, Iraq, Jamaica, Jordan, Kenya, North Korea, Kuwait, Laos, Lebanon, Lesotho, Liberia, Libya, Madagascar, Malawi, Malaysia, Maldives, Mali, Malta, Mauritania, Mauritius, Mongolia, Morocco, Mozambique, Namibia, Nepal, Nicaragua, Niger, Nigeria, Oman, Pakistan, Panama, Papua New Guinea, Peru, Philippines, Qatar, Rwanda, Saint Lucia, Sao Tome and Principe, Saudi Arabia, Senegal, Serbia, Seychelles, Sierra Leone, Singapore, Somalia, South Africa, Sri Lanka, Sudan, Suriname, Swaziland, Syria, Tanzania, Thailand, Togo, Trinidad and Tobago, Tunisia, |

	Turkmenistan, Uganda, UAE, Uzbekistan, Vanuatu, Venezuela, Vietnam, Yemen, Zambia, Zimbabwe, Palestine Liberation Organization
MISSION	Originally formed as an association of developing countries that wished to transcend the East-West divide, the NAM is today an association of political and economic coordination among the developing countries.
UN ACTIVITIES	The chairmanship and secretariat of the NAM rotates with each high-level summit, usually every two or three years. A number of committees, working groups and bureaus carry out the NAM's work in different domains. A New York- based Coordinating Bureau (NAM-CoB) supervises the day-to-day work of the NAM. Members of the NAM on the Security Council are expected to coordinate with each other on common positions. Ministers will meet in New York during the sessions of the General Assembly.

11) 이슬람회의기구(Organization of the Islamic Conference: OIC)

MEMBERS	(57) Afghanistan, Albania, Algeria, Azerbaijan, Bahrain, Bangladesh, Benin, Brunei, Burkina Faso, Cameroon, Chad, Comoros, Cote d'Ivoire, Djibouti, Egypt, Gabon, The Gambia, Guinea, Guinea-Bissau, Guyana, Indonesia, Iran, Iraq, Jordan, Kazakhstan, Kuwait, Kyrgyzstan, Lebanon, Libya, Malaysia, Maldives, Mali, Mauritania, Morocco, Mozambique, Niger, Nigeria, Oman, Pakistan, Qatar, Saudi Arabia, Senegal, Sierra Leone, Somalia, Sudan, Suriname, Syria, Tajikistan, Togo, Tunisia, Turkey, Turkmenistan, Uganda, UAE, Uzbekistan, Yemen, Palestine Liberation Organization
MISSION	"The Organization of the Islamic Conference(OIC) is an international organization grouping fifty seven States which have decided to pool their resources together, combine their efforts and speak with one voice to safeguard the interests and secure the progress and wellbeing of their peoples and of all Muslims in the world."
UN ACTIVITIES	Consult and present common statements in the UN, especially in the Human Rights Council. A Summit Conference is held every three years, setting policy for the OIC; meetings of foreign ministers are held once a year. Ad hoc committees also meet regularly.

12) 리오그룹(Rio Group / Permanent Mechanism of Political Consultation and Coordination)

MEMBERS	(18) Argentina, Bolivia, Brazil, Chile, Colombia, Costa Rica, Dominican Republic, Ecuador, El Salvador, Honduras, Mexico, Nicaragua, Panama, Paraguay, Peru, Uruguay, Venezuela, plus one representative from CARICOM
MISSION	"To expand and systematize political cooperation among the member states. To examine international issues which may be of interest and coordinate common positions on these issues. To promote more efficient operation and coordination of Latin American cooperation and integration organizations."
UN ACTIVITIES	Make joint statements, hold consultative meetings.

출처: www.demcoalition.org

【부록 12】 유엔기구의 한국 관련 결의안 목록 (안전보장이사회, 총회)

1) 안전보장이사회

Resolution Number	Date	Topic
S/RES/82 (1950)	1950.06.25	Complaint of aggression upon the Republic of Korea
S/RES/83 (1950)	1950.06.27	Complaint of aggression upon the Republic of Korea
S/RES/84 (1950)	1950.07.07	Complaint of aggression upon the Republic of Korea
S/RES/85 (1950)	1950.07.31	Complaint of aggression upon the Republic of Korea
S/RES/90 (1951)	1951.01.31	Complaint of aggression upon the Republic of Korea
S/RES/702 (1991)	1991.08.08	Admission of new Members: Democratic People's Republic of Korea, Republic of Korea
S/RES/825 (1993)	1993.05.11	Democratic People's Republic of Korea
S/RES/1695 (2006)	2006.07.15	Condemns Democratic People's Republic of Korea's Missile Launches
S/RES/1718 (2006)	2006.10.14	Non-proliferation/Democratic People's Republic of Korea
S/RES/1874 (2009)	2009.06.12	Non-proliferation/Democratic People's Republic of Korea
S/RES/1928 (2010)	2010.06.07	Non-proliferation/Democratic People's Republic of Korea

S/RES/1985 (2011)	2011.06.10	Non-proliferation/Democratic People's Republic of Korea
S/RES/2050 (2012)	2012.06.12	Non-proliferation/Democratic People's Republic of Korea
S/RES/2087 (2013)	2013.01.22	Non-proliferation/Democratic People's Republic of Korea
S/RES/2094 (2013)	2013.03.07	Non-proliferation/Democratic People's Republic of Korea

2) 총회

Resolution Number	Date	Topic
A/RES/112 (II) A-B	1947.11.14	The problem of the independence of Korea
A/RES/195 (III)	1948.12.12	The problem of the independence of Korea
A/RES/293 (IV)	1949.10.21	The problem of the independence of Korea
A/RES/376 (V)	1950.10.07	The problem of the independence of Korea
A/RES/384 (V)	1950.12.14	Intervention of the Central People's Government of the People's Republic of China in Korea
A/RES/410 (V) A-B	1950.12.01	Relief and rehabilitation of Korea
A/RES/483 (V)	1950.12.12	Provision of a United Nations distinguishing ribbon or other insignia for personnel which has participated in Korea in the defence of the Principles of the Charter of the United Nations
A/RES/498 (V)	1951.02.01	Intervention of the Central People's Government of the People's Republic of China in Korea
A/RES/500 (V)	1951.05.18	Additional measures to be employed to meet the aggression in Korea
A/RES/507 (VI)	1952.02.05	The problem of the independence of Korea: report of the United Nations Commission for the Unification and rehabilitation of Korea; Relief

		and rehabilitation of Korea: report of the United Nations Agent General for Korean Reconstruction
A/RES/574 (VI)	1951.12.07	United Nations Korean Reconstruction Agency: financial statements for the period from the commencement of operations (1 December 1950) to 30 June 1951, and report of the Board of Auditors
A/RES/610 (VII)	1952.12.03	Korea: reports of the United Nations Commission for the Unification and Rehabilitation of Korea
A/RES/661 (VII)	1952.11.25	United Nations Korean Reconstruction Agency: financial report and accounts for the financial year ended 30 June 1952, and report of the Board of Auditors
A/RES/701 (VII)	1953.03.11	Korea: reports of the United Nations Agent General for Korean Reconstruction
A/RES/705 (VII)	1953.04.18	The Korean question
A/RES/711 (VII) A	1953.08.28	Implementation of paragraph 60 of the Korean Armistice Agreement
A/RES/711 (VII) B-C	1953.08.28	The Korean question
A/RES/712 (VII)	1953.08.28	Tribute to the armed forces who have fought in Korea to resist aggression and uphold the cause of freedom and peace
A/RES/716 (VIII)	1953.12.08	The Korean question
A/RES/725 (VIII)	1953.12.07	The Korean question: report of the Agent General of the United Nations Korean Reconstruction Agency
A/RES/767 (VIII)	1953.11.27	United Nations Korean Reconstruction Agency: financial report and accounts for the financial year ended 30 June 1953, and report of the Board of Auditors
A/RES/804 (VIII)	1953.12.03	Question of atrocities committed by the North Korean and Chinese Communist forces against United Nations prisoners of war in Korea

A/RES/811 (IX)	1954.12.11	The Korean question
A/RES/828 (IX)	1954.12.14	Report of the Agent General of the United Nations Korean Reconstruction Agency
A/RES/880 (IX)	1954.12.04	United Nations Korean Reconstruction Agency: financial report and accounts for the financial year ended 30 June 1954, and report of the Board of Auditors
A/RES/906 (IX)	1954.12.10	Complaint of detention and imprisonment of United Nations military personnel in violation of the Korean Armistice Agreement
A/RES/910 (X) A-B	1955.11.29	Report of the United Nations Commission for the Unification and Rehabilitation of Korea
A/RES/920 (X)	1955.10.25	Report of the Agent General of the United Nations Korean Reconstruction Agency
A/RES/965 (X)	1955.12.03	United Nations Korean Reconstruction Agency: financial report and accounts for the financial year ended 30 June 1955 and report of the Board of Auditors
A/RES/977 (X)	1955.12.15	Establishment and maintenance of a United Nations Memorial Cemetery in Korea
A/RES/1010 (XI) A-B	1957.01.11	Report of the United Nations Commission for the Unification and Rehabilitation of Korea
A/RES/1020 (XI)	1956.12.07	Report of the Agent General of the United Nations Korean Reconstruction Agency
A/RES/1082 (XI)	1956.12.21	United Nations Korean Reconstruction Agency: financial report and accounts for the financial year ended 30 June 1956 and report of the Board of Auditors
A/RES/1159 (XII)	1957.11.26	Report of the Agent General of the United Nations Korean Reconstruction Agency
A/RES/1171 (XII)	1957.11.26	United Nations Korean Reconstruction Agency: financial report and accounts for the financial year ended 30 June 1957 and report of the Board

		of Auditors
A/RES/1180 (XII)	1957.11.29	The Korean question
A/RES/1264 (XIII)	1958.11.14	The Korean question
A/RES/1268 (XIII)	1958.11.14	United Nations Korean Reconstruction Agency: financial report and accounts for the financial year ended 30 June 1958 and report of the Board of Auditors
A/RES/1304 (XIII)	1958.12.10	Report of the Agent General of the United Nations Korean Reconstruction Agency and progress report of the Administrator for Residual Affairs of the Agency
A/RES/1433 (XIV)	1959.12.05	Progress report of the Administrator for Residual Affairs of the United Nations Korean Reconstruction Agency
A/RES/1455 (XIV)	1959.12.09	The Korean question
A/RES/1547 (XV)	1960.12.18	United Nations Korean Reconstruction Agency: final financial report and accounts and report of the Board of Auditors
A/RES/1740 (XVI)	1961.12.20	The Korean question
A/RES/1855 (XVII)	1962.12.19	The Korean question
A/RES/1964 (XVIII)	1963.12.13	The Korean question
A/RES/2132 (XX)	1965.12.21	The Korean question
A/RES/2224 (XXI)	1966.12.19	The Korean question
A/RES/2269 (XXII)	1967.11.16	The Korean question
A/RES/2466 (XXIII)	1968.12.20	The Korean question
A/RES/2516 (XXIV)	1969.11.25	Question of Korea
A/RES/2668 (XXV)	1970.12.07	Question of Korea
A/RES/3333 (XXIX)	1974.12.17	Question of Korea
A/RES/3390 (XXX) A-B	1975.11.18	Question of Korea

A/RES/46/1	1991.09.17	Admission of the Democratic People's Republic of Korea and the Republic of Korea to membership in the United Nations
A/RES/55/11	2000.10.31	Peace, security and reunification on the Korean peninsula
A/RES/60/173	2005.12.16	Situation of human rights in the Democratic People's Republic of Korea
A/RES/61/174	2006.12.19	Situation of human rights in the Democratic People's Republic of Korea
A/RES/62/5	2007.10.31	Peace, security and reunification on the Korean peninsula
A/RES/62/167	2007.12.18	Situation of human rights in the Democratic People's Republic of Korea
A/RES/63/190	2008.12.18	Situation of human rights in the Democratic People's Republic of Korea
A/RES/64/175	2009.12.18	Situation of human rights in the Democratic People's Republic of Korea
A/RES/65/225	2010.12.21	Situation of human rights in the Democratic People's Republic of Korea
A/RES/66/174	2011.12.19	Situation of human rights in the Democratic People's Republic of Korea
A/RES/67/181	2012.12.20	Situation of human rights in the Democratic People's Republic of Korea

출처: www.un.org

【부록 13】 한국의 ODA 현황

1) 한국의 연도별 순 ODA

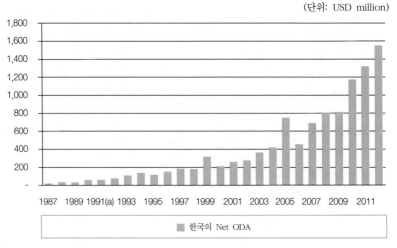

(단위: USD million)

■ 한국의 Net ODA

출처: www.oecd.org/dac/stats

2) 한국의 ODA 실적(2011, 2012년)

(1) 2011년 분야별·지역별 총괄표

● 분야별

(단위: 백만 원, 천 달러)

분야	금액(₩)	금액($)	비율(%)
보건	61,753	55,769	13.7
교육	110,872	100,128	24.5
공공행정	76,429	69,022	16.9
농림수산	42,942	38,781	9.5
산업에너지	55,107	49,767	12.2
긴급구호	22,885	23,377	5.7
미분류	46,815	42,279	10.4
기타	32,036	28,932	7.1

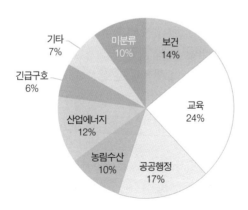

● 지역별

(단위: 백만 원, 천 달러)

지역	금액(₩)	금액($)	비율(%)
아시아	205,591	185,669	45.5
아프리카	72,688	65,644	16.1
중남미	44,009	39,744	9.7
중동	12,145	10,968	2.7
동구 및 CIS	25,627	23,144	5.7
국제기구	41,687	37,647	9.2
미분류	50,094	45,240	11.1

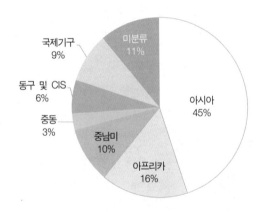

(2) 2012년 분야별·지역별 총괄표

● 분야별

(단위: 백만 원, 천 달러)

분야	금액(₩)	금액($)	비율(%)
보건	80,683	71,661	16.1
교육	133,317	118,409	26.6
공공행정	75,174	66,768	15
농림수산	65,236	57,941	13
산업에너지	65,582	58,248	13.1
긴급구호	2,230	1,980	0.4
기타	79,117	70,270	15.8

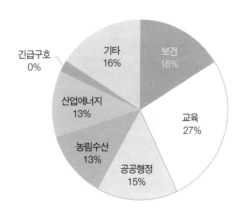

● 지역별

(단위: 백만 원, 천 달러)

지역	금액(₩)	금액($)	비율(%)
아시아	235,333	209,017	46.9
아프리카	102,345	90,901	20.4
중남미	55,072	48,914	11
중동	18,038	16,021	3.6
동구 및 CIS	22,558	20,035	4.5
국제기구	16,105	14,304	3.2
미분류	51,887	46,085	10.3

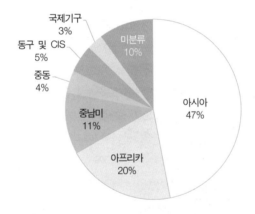

출처: www.koica.go.kr

* 추가부록을 볼 수 있는 곳은 ☞ www.unescoapceiu.org

색 · 인

필 · 자 · 소 · 개

(가나다 순)

▌박재영

현 | 국립경상대학교 정치외교학과 교수

미국 Northern Illinois University 정치학 박사

연구분야: 국제기구(정부간기구/국제비정부기구), 국제정치, 국제환경, 국제개발

▌박흥순

현 | 선문대학교 국제관계학과 교수

미국 University of South Carolina 국제정치학 박사

연구분야: 국제정치학, 국제기구, 국제협력

▌오영달

현 | 충남대학교 정치외교학과 교수

영국 University of Wales, Aberystwyth 국제정치학 박사

연구분야: 국제정치론, 현대국제관계이론, 국제기구론, 국제인권론, 국제법

▌ 이서항

현 | 단국대학교 우석한국영토연구소 초빙교수
미국 Kent State University 대학원 정치학 박사
연구분야: 국제해양정치, 국제안보, 국제기구

▌ 이신화

현 | 고려대학교 정치외교학과 교수
미국 University of Maryland at College Park 국제정치학 박사
연구분야: 글로벌안보와 국제기구, 유엔 PKO와 인도적 위기,
　　　　　동북아시아 다자안보 및 외교정책, 비전통안보

▌ 정우탁

현 | 유네스코 아시아태평양 국제이해교육원 원장
서강대학교 정치외교학 박사
연구분야: 국제기구, 국제개발협력, 국제이해교육

▌ 조한승

단국대학교 정치외교학과 교수
미국 University of Missouri-Columbia 정치학 박사(국제관계 전공)
연구분야: 국제분쟁, 안보정책, 국제기구